바이블매트릭스

바이블 매트릭스

4

하나님들의 과학기술과 우리가 창조해야 할 미래·상

차원용 지음

갈모산방

필자는 신(神)과 과학의 선적(善的)인 조화를 견지하는 유신론(有神論, theism)자이다. 그렇다고 유일신(唯一神, monotheism)을 지지하지는 않는다. 성경에는 많은 하나님들(God, Elohim)이 등장한다. 그런 점에서 다신론(多神論, polytheism)을 지지한다. 그렇다고 필자의 다신론에 귀신이나 무당 신을 포함시키지는 않는다. 우리가 아비지 →할아버지→증조할아버지→고조할아버지→그 이상의 더 높은 서열의 아버지들이 계시듯이, 하나님들께서도 족보상으로 꽤나 많은 하나님들이 계신다. 이렇게 접근해 볼 때 최고 높으신 하나님이 기독교(그리스도교)에서 말하는 '여호와 하나님(Lord God)'이요 가톨릭에서 말하는 '주 하느님'이 될 수도 있다. 이를 히브리 성경에는 이스라엘의 하나님인 '야훼(Yahweh, YHWH, JHWH, Jehovah)' 하나님으로 기록하고 있다. 그런데 신약으로 가면 예수님은 하나님을 '야훼'라 부르지 않고 '하나님 아버지(God the Father)'라 부르신다.

성경에는 수많은 하나님들의 과학기술들이 등장한다. 먼 과거의 처녀자리(VIRGO)가 시작되던 BC 13020년의 노아 방주, 즉 잠수함 기술도 등장하고, 「요한계시록」 등의 예언서에는 먼 미래의 지하왕국과 바다왕국의 과학기술에서 특이점-블랙홀을 이용한 별들의 핵융합과 핵전쟁기술도 등장한다. 따라서 어떤 것은 오늘날의 과학기술로 이해가 되기도 하고, 어떤 것은 이해가 되지 않아 단지 하나의 신화(Mythology)나 신비(Mystery), 특히 기적(Miracle)으로 간주하기도 한다. 그리고 그것은 전지전능하신 하나님들의 영역이라고 생각하고 그냥 지나쳐 버린다. 그러나 과학적으로 볼 때 기적은 없다. 성경에 등장하는 하나님들의 기적이란 모두 진실의 역사적 사실이며, 그것은 과학기술로 이해할 수 있다. 단지 하나님들이 사용했던 과학기술들을 그 당시의 기록자들이 이해하지 못해 기적으로 표현한 것뿐이다. 또한 현재 우리가 이해 못하는 부분들은, 아직도 우리가 그러한 과학기술들을 찾아내지 못했기 때문에 이해를 못하는 것이다. 그러나 언젠가는 과학기술이 발전하다 보면 우리는 분명하게 성경에 기록된 내용이 사실이며 진실임을 이해하게 될 것이다.

또 하나 중요한 점은 하나님들은 지성(Intelligence)과 과학(Science)으로 우주와 인간을 창조했으며, 이제 하나님들의 지성과 과학은 우리들로 하여금 하나님들의 창조 행위를 반복하도록 하고 있다는 데 있다. 미래의 역사는 다시 과거로 돌아가는 것이다. 과거로 돌아가되 시대의 변화에 따른 수준만 다를 뿐이다. 그러므로 우리는 과거에 하나님들께서 사용했던 과학기술들을 반드시 찾아내서 하나님들의 창조 행위를 반복해야 한다. 창조 행위를 반복하되 더 낫게 해야 한다. 극단적으로 말하자면, 우리가 다시 창세기로 돌아가지만, 먼 미래에는 창세기에 등장했던 에덴 동산보다 월등히 높은 수준의 낙원과 천년왕국을 건설해야 한다.

1부에서는 하나님들을 왜 하나님(God), 즉 히브리어 성경의 엘로힘(Elohim)과 여호와 하나님(Lord God), 즉 히브리어 성경의 야훼(Yahweh)로 분리하여 기록되었는지를 자세히 분석하고, 고대 수메르 문서에 등장하는 여러 신들의 이름들이 구약성경에도 그대로 기록되어 있음을 분석하여 제시해 보기로 한다. 이를 통해 의로운 하나님들과 불의의 하나님들을 구분하여 제시해 보도록 한다. 그리고 「요한계시록」의 하늘에서 쫓겨나 이 땅에 내려오시는 하나님들은 과연 어느 하나님들인가를 밝힌다. 또한 「요한계시록」에서 말하는 용과 뱀과 마귀와 사단은 어느 하나님들인가를 밝히고, 불의의 하나님들을 분별할 줄 아는 지혜 있는 방법을 제시해 보도록 한다.

2부에서는 지금까지 공부한 필자의 과학지식과 그것을 바탕으로 최대한 상상력을 발휘하여, 구약성경에 등장하는 주요 기적들을 하나하나씩 과학기술로 풀어보기로 한다. 이것은 매우 중요한 것인데 '과거는 바로 미래(the Past becomes the Future)'이며, 미래란 과거 하나님들의 창조 행위를 반복하는 것이기 때문이다. 그러므로 구약에 표현된 기적 같은 사건의 실체(역사)를 파악하여 그 사건의 구체적인 과학기술들을 밝혀, 사건들이 기적이 아니라 실제 과학적으로 일어난 살아있는 역사임을 증명해 보기로 한다. 그런 점에서 성경은 진실이며 역사를 기록한 하나님들과 인간의 기록이라는 점을 밝힌다.

3부의 주제는 파란 미래(Blue pill)를 찾는 경건한 자(Godly man)와 붉은 미래(Red pill)를 찾는 불경한 자(Ungodly man)이다. 물론 경건한 자가 되어야 한다. 과학을 진보시키되 그 목적은 의로운 데 사용해야 한다. 경건한 자란 '의로운 자(Righteous men)'를 말하는데, 하나님 아버지(God the Father)를 아버지라 부를 수 있는 자, 즉 하나님을 사랑하는 자를 뜻하며, 동시에 예수님을 사랑하는 자를 뜻한다. 이러한 관점에서 세차운동(歲差運動, Precession)으로 보는 세대(Generation)의 상징과 미래 과학기술들을 알아보도록 한다. 지금 과학기술의 진보는 엄청 빠르다. 우리가 앞으로 어떻게 과학기술을 진보시키고 어느 방향으로 나아갈 것이며, 우리의 미래는 긍정적인가 부정적인가를 고민해 보도록 한다. 그 다음 과학의 궁극적 목적, 즉 우리의 사명에 대해 알아보도록 한다. 특히 이 땅에 건설할 미래의 에덴 동산(낙원)과 천년왕국에 대해 알아보고, 우리가 다 함께 건설해야 할 두 번째 우주 창조인 '새 하늘과 새 땅'에 대해 알아보도록 한다.

필자는 선지자도 아니요 예언자도 아니요 목사도 아니요 신부도 아니요 장로도 아니다. 그렇다고 그 흔한 집사도 아니다. 특정 종교가 없는 그저 평범한 인간이요 인문학자이자 과학자이다. 그렇지만 적그리스도(Antichrist)인지 아닌지를 구분하는 잣대인(「마태복음」 28:19, 「요한일서」 2:22, 「요한일서」 4:2-3, 「요한이서」 1:7), 성부(聖父, Lord God the Father Almighty), 성자(聖子, His Only Son our Lord, Jesus Christ), 그리고 성령(聖靈, Holy Spirit)의 삼위일체(Trinity)를 믿고 사랑하며 이 책을 썼다. 이런 점에서 이 책의 독자는 정해져 있다. 크리스찬을 위한 책도 아니요 목사와 신부와 장로를 위한 책도 아니요 종교를 위한 책도 아니다. 이 책은 하나님 아버지(God the Father)와 예수님이 영광(Glory), 즉 오늘날의 과학기술 이상의, 천상의 하나님 아버지의 과학지식으로 이 땅에 오실 때, 기꺼이 '아버지'라 부르고 환영할 수 있는 경건한 자들(the godly, godly men) 또는 의로운 자들(the righteous, righteous men)을 위한 책이다.

과학과 고고학이 전부는 아니다. 단지 과학과 고고학은 창조 지식(비밀)을 밝히는 여러 가지 접근 방법 중 하나(one of them)라는 점에 주의해야 한다. 또 한 가지, 필자는 라엘리안 운동(Raelian Movement)과라엘 집단과는 무관하다. 미안하지만 그건 절대적으로 아니다.

　마지막으로 『바이블 매트릭스』시리즈를 쓰면서, 밤낮없이 자식이 잘 되라고 기도하여 주신 어머니 박승련 권사(89세)님께 이 책을 바칩니다. 어머니 감사 드립니다. 그리고 어머니 사랑합니다. 또한 지금까지 제 삶을 이끌어 주신 예수님께 감사 드립니다. 예수님 사랑합니다! 이 책을 읽는 모든 분들께 감사 드리며 모두 사랑합니다.

2014년 4월
차원용

차례

3부 우리가 창조해야 할 미래의 과학기술과 우리의 사명인 두 번째 우주 창조 _165

질문과 관점들 – 파란 미래를 찾는 경건한 자와 붉은 미래를 찾는 불경한 자 _166

1장 세차운동으로 보는 세대별 상징과 미래 과학기술 —————— 169

1부

성경에 등장하는 수많은 하나님(신)들과
수메르의 신들

질문들

고대 수메르 문서들에는 많은 신(神)들이 등장한다. 그것도 각각 신들의 이름이 정해져 있다. 그런데 구약성경에도 많은 하나님(신)들이 등장한다. 히브리 성경(Hebrew Bible)에도 단수의 하나님(신)을 뜻하는 엘(El)과 복수의 하나님(신)들을 뜻하는 엘로힘(Elohim) 또는 엘림(Elim)이 등장한다. 엘로힘은 히브리어 성경에 2,500번이나 나오는데, 그리스어의 70인역(Septuagint)과 영문성경에서는 유일신(唯 神)에 입각하여 엘로힘을 모두 'God' 또는 'god'으로 표현하고 있으며, 때론 'gods'로 표현하기도 한다. 특히 이스라엘의 하나님(the God of Israel)인 '야훼(Yahweh=YHWH)'를 영문성경에서는 'the LORD'로, '야훼 엘로힘(Yahweh Elohim)'을 'the LORD God'으로 표현하고 있으며, 한글성경에서는 '여호와' 또는 '여호와 하나님', 그리고 가톨릭 성경에서는 '주님' 또는 '주 하느님'으로 표현하고 있다.

결국 구약성경에는 크게 세부류의 하나님(신)들이 등장한다. 첫째는 히브리 성경의 '야훼' 또는 '야훼 엘로힘'으로 영문성경의 'the LORD(여호와)' 또는 'the LORD God(여호와 하나님)'이고, 둘째는 히브리 성경의 '엘로힘(Elohim)'으로 영문성경의 'God(하나님)'이며, 셋째는 이스라엘의 하나님이 아닌 다른 나라의 하나님을 뜻하는 히브리 성경의 엘로힘 또는 엘림을 영문성경에서는 'god' 혹은 'gods'로 표현하고 있다. 특히 한글성경은 'god'을 '신'으로, 'gods'를 '신들'로 번역하여 표현하고 있다. 그리고 하나님(God)과 여호와 하나님(the LORD)은 같은 분이시고, 따라서 하나님은 한 분이라고 기독교나 유대교에서는 가르친다. 과연 그럴까?

만약 고대 수메르시대의 신들이 구약성경에 실제로 등장한다면 어찌겠는가? 이것은 무엇을 의미하는 것일까? 이 땅에는 신들이 많이 오셨다는 것 이외에 어떤 의미를 주는 것일까? 유일신(一神論, 唯一神論)이 아니라 다신론(多神論, polytheism)을 입증하는 것일까?

「예레미야」 50장 2절에는 히브리어 성경의 므로닥(Merodach), 즉 마르둑(Marduk)이라는 수메르의 신이 등장한다. 여신들도 등장한다. 바로 아세라(Asherah)와 아스다롯(Ashtoreth, Ashtoret, Astaroth) 여신들이다. 왜 여신들이 구약성경에 등장하는 것일까? 구약성경에는 '하늘 황후 또는 하늘 여신(Queen of Heaven)'이 등장하는데, 이는 구체적으로 어느 여신을 말하는 것일까? 또한 담무스(Tammuz) 신과 네르갈(Nergal) 신도 등장한다. 이들 신들은 대부분 엔키(Enki) 신계이거나, 아눈나키의 신권을 찬탈한 젊은 신들이거나, 난잡한 섹스를 한 의롭지 못한 여신들이다. 구약성경은 왜 이렇듯 의롭지 못한 신들의 이름들을 구체적으로 기록하고 있을까? 여기에 우리가 모르는 어떤 까닭이 있지 않을까?

「창세기」 6장에는 네피림(Nephilim)이 등장한다. 이들을 '하나님의 아들들(sons of God)'이라 표현하고 있다. 이들은 누구인가? 이들이 인간의 딸들과 결혼하여 거인들(Great men)을 낳았는데, 만약 '하나님의 아들들'이 '인간'이라면 어떻게 키가 100미터 이상의 거인들을 낳을 수 있겠는가? 따라서 '하나님의 아들들'이란 주어진 위치와 역할을 이탈하고 이 땅에 내려온 젊은 신들인 이기기(Igigi) 신들을 말하는 것은 아닐까?

마지막으로 「요한계시록」 12장 7절에는 '하늘의 전쟁(there was war in heaven)', 즉 '신들의 전쟁'을 예언하고 있는데, 12장 8절~12절에는 '하늘의 전쟁에서 쫓겨 내려오는 큰 용(the great dragon)'을 예언하고 있다. 용은 도대체 누구란 말인가? 「요한계시록」 20장 2절에는 "용(the dragon)을 잡으니 곧 옛 뱀(ancient serpent)이요 마귀(the devil)요 사단(Satan)이요"라고 예언되어 있는데, 이때 용-뱀-마귀-사단은 누구란 말인가? 혹시 의롭지 못한 하나님들, 즉 엘로힘을 말하는 것은 아닐까?

1장
엘로힘(Elohim)=하나님(God), 야훼=여호와 (LORD), 다른 나라의 엘로힘=신들(gods)

1절 복수의 신들인 엘로힘의 등장

필자는 『바이블 매트릭스』 1권 『우주창조의 비밀』의 1부 7장 3절 "검은 머리 인간(흑인), 신들은 각자 엘(El)이라 불림, 복수의 신인 엘로힘(Elohim)"에서 다음과 같은 사실을 이미 밝힌 바 있다.

『창조의 서사시』〈점토판 6〉에는 아주 중요한 개념의 단어가 나온다. 바로 아카드어(Akkadian)로 엘루(Elu) 혹은 엘리(El)라는 단어이다. 그 뜻은 정확하게 '드높은 존재(Lofty One)'라는 뜻이다. 여기에서 바벨로니아어, 아시리아어, 히브리어, 우가리트(Ugraritic)어의 일(il)[1] 또는 엘(El)[2]이 나왔다(시친 III, p. 317). 북서 셈어(Northwest Semitic)의 엘(El)은 단수의 '신(a god)'을 의미하는데, 신들은 개별적으로는 엘이라고 불렸다. 이는 '강하다(to be strong)', '앞서 가다(to be in front)'라는 단

---

1 일(il) - http://en.wikipedia.org/wiki/Ilah
2 엘(El) - http://en.wikipedia.org/wiki/El_(deity)

수의 신을 의미한다. 이 단수를 뜻하는 엘(El)에서 복수를 뜻하는 히브리어의 엘로힘(Elohim)[3]이 되었다. 엘로힘(Elohim)은 히브리어 성경[4]에 2,500번이나 나오는데, 그리스어의 70인역(Septuagint)에서는 유일신(唯一神)에 입각하여 엘로힘을 모두 'God(하나님)'으로 표현하고 있다. 그러나 영문성경에서는 때론 'god' 혹은 'gods'로 표현하기도 하는데, 이 경우는 이스라엘이 아닌 다른 나라의 하나님을 뜻하는 것으로 한글 성경은 'god'을 '신'으로, 'gods'를 '신들'로 번역하여 표현하고 있다. 엘로힘의 주어에 단수의 동사가 쓰이면 단수의 신으로, 복수의 동사가 쓰이면 복수의 신으로 해석하는 것이 옳은 방법이나, 영문성경에 나오는 'God' 혹은 'gods'는 히브리어 성경의 복수의 하나님들인 'Elohim' 혹은 'Elim'에 해당된다.

『창조의 서사시』〈점토판 6〉에는 인간을 창조하자는 마르둑(Marduk) 신의 제의에 대해 고위 신들의 회의가 소집되고 이 회의를 통해 인간을 창조하자는 칙령이 내려진다.

『창조의 서사시』〈점토판 6(VI)〉

97. "분명, 검은 머리의 인간들은 신들에게 속했다(신들의 소유였다)
98. "… 인간들은 신들의 이름을 엘이라 불렀고, 마르둑은 가장 고귀한 엘로 불렸다
99. "… 신들은 선언했고 신들의 이름은 숭배되었다…
97. "Verily, the decision (concerning) the Black-headed [belongeth to]

---

3 엘로힘(Elohim) - http://en.wikipedia.org/wiki/Elohim
4 히브리어 성경 - http://en.wikipedia.org/wiki/Hebrew_Bible

the gods

98. "⋯ all our names have they called, he (Marduk) is most holy (elu or el)

99. "⋯ they proclaimed and venerated(?) his names.(King, 1902; Budge, 1921)

간단한 예를 들어보자. 「출애굽기」 15장 11절에는 "여호와여 신 중에 주와 같은 자 누구니이까(Who among the gods is like you, O LORD)"라는 구절이 나오는데, 이때의 'the gods'는 히브리 성경의 엘로힘(Elohim) 혹은 엘림(Elim)이며, 'LORD'는 '야훼(Yahweh)'를 의미한다. 신들 중에 야훼 신이 최고의 신이라는 뜻으로, 그것은 신들이 많다는 것을 의미한다.

「출애굽기」 15:11 - 여호와여 신 중에 주와 같은 자 누구니이까 주와 같이 거룩함에 영광스러우며 찬송할 만한 위엄이 있으며 기이한 일을 행하는 자 누구니이까("Who among the gods is like you, O LORD? Who is like you--majestic in holiness, awesome in glory, working wonders?)(NIV)

「시편」 89장 6절에는 "대저 궁창에서 능히 여호와와 비교할 자 누구며 권능 있는 자 중에 여호와와 같은 자 누구리이까(For who in the skies compares to Yahweh, who can be likened to Yahweh among the sons of gods (bênê 'Ēlîm)"(NIV)라는 구절이 나오는데, 영문성경의 'the sons of gods'는 히브리 성경의 '베니 엘림(bene Elim)'이다. 야훼 하나님하고는 다른 하나님들의 아들인 젊은 신들을 일컫는 것이다.

2절 문맥상으로 보는 복수의 하나님들

위에서 설명한 인간 창조의 과정은 『창조의 서사시』 내용으로, 이는 히브리 성경의 「창세기」 1장 26절~27절을 말하는 내용이다. 여기에는 인간 창조의 과정을 말하면서, 엘로힘(Elohim)이라는 복수의 단어가 나온다. 내용상으로 볼 때 많은 신들이 인간 창조 과정에 관여하고 있음을 알 수 있다. 그러나 영문성경과 한글성경에서는 모두 '하나님(God)'으로 표현하고 있는데, 이는 유일신의 입장에서 편집한 것이다.

「창세기」 1:26 - 하나님(엘로힘)이 가라사대 <u>우리의 형상</u>을 따라 <u>우리의 모양</u>대로 우리가 사람을 만들고 그로 바다의 고기와 공중의 새와 육축과 온 땅과 땅에 기는 모든 것을 다스리게 하자 하시고 (Then <u>God(Elohim)</u> said, "Let us make man in <u>our image</u>, in <u>our likeness</u>, and let them rule over the fish of the sea and the birds of the air, over the livestock, over all the earth, and over all the creatures that move along the ground)"(NIV)

1:27 - 하나님(엘로힘)이 자기 형상 곧 하나님의 형상대로 사람을 창조하시되 남자와 여자를 창조하시고(So <u>God(Elohim)</u> created man in his own image, in the image of God he created him; male and female he created them)(NIV)

하나님(엘로힘)은 말씀하셨다. '자(Let us)….' 분명 한 분의 하나님이 아니다. 물론 많은 하나님들이 아니라 많은 천사들이 관여하고 있다고 해석할 수도 있다. 그러나 천사들도 다 이름이 있다. 예를 들어 일곱 천사장 중의 하나로 하나님의 메시지를 인간에게 전달하는 전령(messenger)

의 역할을 하고 낙원을 관장하며, 오늘날 로봇과 같은 존재이자 그 이상의 존재인 체루빔(cherubim)을 관장하는 천사장은 가브리엘(Gabriel)이고, 일곱 천사장 중의 하나로 인간의 선행(human virtue)과 각 나라의 군대를 관장하는(commands the nations) 천사장은 미가엘(Michael) 등으로 천사장들이나 천사들은 접미사 '-el'이 붙는다. 따라서 성경은 천사들을 'God(Elohim)'이라 표현하지 않는다. 우리의 형상(our image)을 따라 우리의 모양(our likeness)대로… 한 분의 하나님이 아니라 여러 하나님들이 관여해 '우리'라고 표현했다는 것이 중요하다.

따라서 자세히 알고 보면 성경은 거짓말을 하지 않는다. 히브리어 성경이나 영문성경이나 한글성경은 우리가 살펴본『바이블 매트릭스』1권『우주 창조의 비밀』과 2권『인간 창조와 노아 홍수의 비밀』의 고대 수메르 문서를 그대로 반영하고 있다는 것을 알 수 있다. 문제는 그것을 유일신(唯一神)의 관점으로만 생각해 '오로지 하나님은 한 분이시다'라고 주장하는 분들이다.

자, 이번에는「창세기」3장 22절을 보자. 이 장면은 아담과 하와가 선악과를 따먹고 에덴 동산에서 쫓겨나는 장면이다. 아울러 여호와 하나님, 즉 야훼 엘로힘께서 생명나무의 실과를 금지시키는 장면이다.

「창세기」3:22 - 여호와 하나님이 가라사대 보라 이 사람이 선악을 아는 일에 우리 중 하나같이 되었으니 그가 그 손을 들어 생명나무 실과도 따먹고 영생할까 하노라 하시고(And the LORD God said, "The man has now become like one of us, knowing good and evil. He must not be llowed to reach out his hand and take also from the tree of life and eat, and live forever"(NIV)

아담과 이브가 선악을 하는 일에 "우리 중 하나같이 되었으니 (become line one of us)"라고 말씀하신 대목이다. 이는 『바이블 매트릭스』 2권 『인간 창조와 노아 홍수의 비밀』의 4부인 "엔키 신과 선악과란 무엇인가?"에서 밝혔듯이, 아담과 이브가 3가지의 선악과의 비밀 중 2가지를 알게 되어, 즉 엔키 신이 임신의 능력과 지식을 주어, 그 결과 아담이 많은 하나님들, 즉 엘로힘(Elohim) 중의 한 명의 하나님과 같이 되었다는 뜻이다. 따라서 아담은 천 살에서 칠십을 뺀 930살을 살았다. 에덴 동산에서 거주했기 때문에 생명나무의 열매를 따먹은 결과이다. 그러나 이때부터 생명나무를 금지했기 때문에 후손들은 자꾸 생명이 줄어 일찍 죽어간다.

자, 이번에는 바벨탑 사건을 보자. 여기서도 "우리가 내려가서(let us go down)"라는 말씀이 나온다. 분명 복수의 하나님들보고 야훼 하나님께서 말씀하신 것이다.

「창세기」 11:7 - 자, 우리가 내려가서 거기서 그들의 언어를 혼잡케 하여 그들로 서로 알아듣지 못하게 하자 하시고(Come, let us go down and confuse their language so they will not understand each other)(NIV)

3절 이스라엘의 하나님(the God of Israel)인 야훼(Yahweh)=여호와 (LORD)

구약성경은 분명히 이스라엘의 하나님(the God of Israel)을 야훼(Yahweh)로 기록하고 있다. 영문성경(NIV)에서 '이스라엘의 하나님'을 검색하면 「출애굽기」 5장 1절의 "이스라엘 하나님 여호와(the LORD, the

God of Israel)"에서부터 구약성경의 끝인 「말라기」 2장 16절의 "이스라엘의 하나님 여호와(the LORD God of Israel)"까지 총 195절에 걸쳐 등장한다. 히브리어 성경으로 정확히 말하면 '이스라엘의 엘로힘, 야훼'이다. 단수로 볼 땐 엘(El)의 야훼이지만 복수로 볼 땐 많은 엘로힘 중에 한 분의 하나님이란 의미이다.

이스라엘의 하나님인 야훼(Yahweh=YHWH=JHWH=Jehovah, 히브리어= יהוה)의 실제 이름은 영문성경인 뉴 라이빙(New Living)과 가톨릭 성경의 「출애굽기」 3장 15절에 처음 등장한다. 다른 영문성경인 NIV, KJV, 그리고 Good News에는 야훼를 'the LORD'라 표현하고 있다. 그리고 영문성경 뉴 라이빙에는, 야훼(Yahweh)는 'YHWH'의 음역(transliteration)이며, 때때로 'Jehovah'로 간주되기도 하고 'the LORD'로 번역되기도 한다는 각주가 붙어 있다.

「출애굽기」 3:15 - 하나님이 또 모세에게 이르시되 너는 이스라엘 자손에게 이같이 이르기를 나를 너희에게 보내신 이는 너희 조상의 하나님 곧 아브라함의 하나님, 이삭의 하나님, 야곱의 하나님 여호와라 하라 이는 나의 영원한 이름이요 대대로 기억할 나의 표호니라(God also said to Moses, "Say this to the people of Israel : Yahweh(1), the God of your ancestors - the God of Abraham, the God of Isaac, and the God of Jacob - has sent me to you. This is my eternal name, my name to remember for all generations. / (1) Yahweh is a transliteration of the proper name YHWH that is sometimes rendered "Jehovah"; in this translation it is usually rendered "the LORD")(New Living

이때의 야훼(Yahweh)는 「출애굽기」 3장 14절에 정의를 명시한 "나는 스스로 있는 자(I AM WHO I AM)"(NIV, KJV, Good News) 또는 'I WILL BE WHAT I WILL BE'(New Living의 각주)이다. 또한 「출애굽기」 6장 2절과 3절에도 등장한다.

「출애굽기」 6:2~3 - '하나님이 모세에게 말씀하여 가라사대 나는 여호와로라. 내가 아브라함과 이삭과 야곱에게 전능의 하나님으로 나타났으나 나의 이름을 여호와로는 그들에게 알리지 아니하였고(And God said to Moses, "I am Yahweh - 'the LORD.' I appeared to Abraham, to Isaac, and to Jacob as El-Shaddai - 'God Almighty' - but I did not reveal my name, Yahweh, to them)(New Living)

이때 KJV에는 'JEHOVAH'라 표현하고 있으며(「출애굽기」 6:3), 대부분의 한글성경은 이를 '여호와'로 번역하고 있고, 가톨릭 한글성경은 '야훼'로 번역하고 있다. 중요한 것은 아브라함과 이삭과 야곱에게는 '전능의 하나님(히브리어로 El-Shaddai = God Almighty)'으로 나타났으나, 그들에게는 이름이 무엇인지 알리지 않았고, 이제서야 그 이름이 야훼 (Yahweh)라고 알렸다는 점이다.

그렇다면 문맥상 야훼(Yahweh, the LORD, Jehovah, 여호와)라는 이름은 「출애굽기」 3장 15절이나 6장 2~3절부터 등장해야 한다. 그렇지만 「창세기」 2장 4절부터 'the LORD God'(KJV/NIV 등 대부분의 영문성경) 또는 'Jehovah God'(ASV) 또는 'Yahweh God'(World English)이 등장한다. 이는 무엇을 의미하는 것일까?

구약성경이 이스라엘의 입장에서 이스라엘의 하나님인 야훼가 최고 높으신(Most High) 유일신(唯一神)이라는 것을 강조하기 위해 유대교(Judaism)의 입장에서 유대인들(Jews)이 편집했다는 것을 의미한다. 즉 유대인들은 「출애굽기」를 가장 먼저 편집하였으며, 이어서 「창세기」와 다른 토라(Torah)의 내용들을 편집하였다.[5] 따라서 「창세기」 1장과 그 이후에 등장하는 'God', 즉 '엘로힘(Elohim)'을 제외하곤 구약성경 어디를 보나 'Yahweh=the LORD)' 또는 'Yahweh Elohim=the LORD God)'으로 일관성 있게 정리되었다. 참고로 가톨릭 성경은 '하나님(God)'을 '하느님'으로, '여호와 하나님(the LORD God)'을 '주 하느님'으로, 그리고 '여호와(the LORD)'를 '주님'으로 표현하고 있다.

4절 엔키 신과 후손 신들과 창조관련 신들은 엘로힘으로, 엔릴 신과 후손 신들은 야훼로 기록

히브리 성경과 영문구약성경의 내용을 모두 종합해 보면, 히브리 성경의 '엘로힘(Elohim)'은 한글과 영문성경의 '하나님(God)'으로, 히브리 성경의 '야훼(Yahweh)'는 '여호와(LORD)'로, 히브리 성경의 '야훼 엘로힘(Yahweh Elohim)'은 '여호와 하나님(LORD God)'으로 표현하고 있다는 것을 알 수 있다. 왜 구약성경은 이렇게 구분해서 기록했을까?

우리가 이미 『바이블 매트릭스』 시리즈 1권 『우주 창조의 비밀』의 부록인 "구약성경의 역사"에서 살펴보았듯이, 유대 전통에 따르면 토라(Torah)는 야훼(Yahweh)께서 모세(Moses, BC 1526-BC 1406)에게 직접 말씀하시고 공개한 내용을 모세가 썼다고(「출애굽기」 24:4, 「레위기」 27:34,

---

5 자세한 것은 『바이블 매트릭스』 시리즈 1권 『우주 창조의 비밀』의 부록인 "구약성경의 역사"를 참조하라.

「민수기」 33:2) 생각하지만, 성서 학자들은 모세의 출애굽 사건 이후 바벨론 유수(幽囚 또는 捕囚 또는 포로, Babylonian Captivity/Babylon Exile, BC 605-BC 538) 기간에 전승된 문서를 여러 집단의 저자들이 수집하고 편집한 것으로 보고 있다. 야훼계 집단의 J[Jahwist, Jehovah, Jaweh(독일어), JHWH] 문서는 「창세기」에서 여호와 하나님을 야훼라 부르는 전승을 기록한 것이고, 엘로힘계 집단의 E(Elohist, Elohim) 문서는 하나님을 엘로힘(Elohim)이라고 부르고 있는 전승을 기록했으며, 신명기계 집단의 D(Deuteronomist, Deuteronomy) 문서는 주로 「신명기」에 수집된 법률과 관습을 담았고, 제관계 집단의 P(Priestly Source, Priesthood) 문서는 주로 제사장들에 의해 작성된 것으로 「레위기」의 제사법과 5경의 나머지 역사 부분들을 다루고 있다. 따라서 이를 JEDP[6] 문서가설이라 보는데, 이는 여러 집단의 저자들이 신학 계열에 따라 토라, 즉 『모세오경』을 편집한 신학문서로 보고 있다.

이러한 관점에서 고대 수메르 문서들인, 즉 『바이블 매트릭스』 2권 『인간 창조와 노아 홍수의 비밀』의 근간이 되는 『길가메시 서사시』, 『아트라하시스 서사시』, 『수메르 왕 연대기』, 『에리두 창세기』, 그리고 『바이블 매트릭스』 1권 『우주 창조의 비밀』의 『창조의 서사시』의 내용을 요약해 보면, 구약성경은 하늘에 거처하는 안/아누(An, Anu) 신의 적자(嫡子) 아들인 엔릴(Enlil) 신과 그의 아들 신들은 이스라엘의 신인 야훼(Yahweh), 즉 여호와(LORD)로 표현하고 있다고 볼 수 있다. 반면 안(An) 신의 서자(庶子)로 태어난 엔키(Enki) 신과 그의 아들인 마르둑(Marduk) 신과 닌후르쌍/아루루(Ninhursanga/Aruru) 여신과 같은 다른 신들은 엘로힘(Elohim), 즉 하나님(God)으로 표현하고 있다고 볼 수 있다.

---

6 JEDP 문서가설 - http://en.wikipedia.org/wiki/JEDP

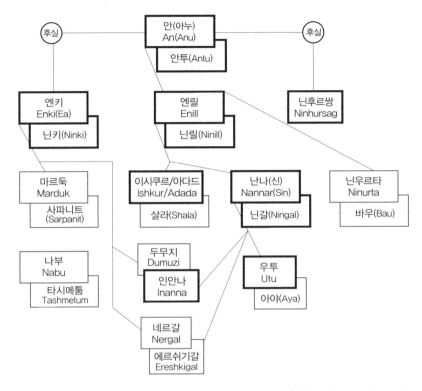

수메르시대의 주요 신들의 족보도. 굵은 선의 신들과 여신들은 12명의 아눈나키(Anunnaki) 그룹. 마르둑 신의 배우자인 사파니트는 인간이고, 여신인 닌후르쌍은 혼자 살았으나 이복형제인 엔릴 신과의 사이에서 엔릴의 정식 승계자인 닌우르타를 낳음. 그러나 마르둑이 엔릴의 신권과 왕권을 찬탈함. Credit : 시친, I, 2009, p. 190, © Z. Sitchin, Reprinted with permission.

이렇게 가설을 두는 것은 우주를 창조하신 신도 『창조의 서사시』에는 마르둑 신이고(설사 바벨로니아인들이 마르둑 신을 위해 편집했다 손치더라도 기록상으로는), 그는 엔키 신의 아들이다. 또 이 땅에 제일 먼저 내려오신 신도 엔키 신이며, 인간을 창조하신 신도 엔키 신이요, 실제 엔키 신은 뱀(serpent)이요, 선악과의 두 번째 비밀인 임신의 능력과 세 번째 비밀인 과학지식의 능력을 인간에게 전수하신 신도 엔키 신이다.

또한 엔키 신이 라멕(Lamech)의 아내인 바타나쉬(Batanash)와의 직접적인 성관계를 통해 낳은 아들이 반신반인(半神半人, Demigod)인 노아(Noah)[7]이며, 노아에게 방주를 만들라고 하신 이도 엔키 신이다. 이러한 관점에서 볼 때, 엔키 신과 마르둑 신과 관련된 내용이 나오는 「창세기」에는 이들 신들을 엘로힘(Elohim), 즉 하나님(God)이라고 표현하고 있지는 않을까?

그 반대로 최고 의사결정을 내릴 때에나 선악과를 금지하는 내용이나 신들의 입장에서 의로운 일을 할 때에는 그 의로운 편에 서신 엔릴 신과 엔릴 신의 아들들을 야훼(Yahweh), 즉 여호와(LORD)로 표현하고 있지는 않을까? 여기서 의로운 편이란 인간 입장이 아니라 신들의 입장에서 의롭다는 뜻이다.

자, 이를 하나 하나씩 증명해 보자. 「창세기」 1장부터 노아의 홍수를 다룬 「창세기」 8장까지만 살펴보기로 한다. 지면상 엘로힘(Elohim), 즉 하나님(God)으로 표현된 것만 증명해 보기로 하고, 야훼(Yahweh), 즉 여호와(LORD)로 표현된 것은 독자들이 한번 증명해 보기 바란다. 단 영문성경은 대표적으로 NIV를 인용하기로 한다.

「창세기」 1장의 1절에서 31절의 6일까지의 창조와 그리고 「창세기」 2장의 1절에서 3절까지의 7일의 안식일까지에는, 야훼(Yahweh), 즉 여호와(LORD)가 아니라, 모두 엘로힘(Elohim), 즉 하나님(God)이 등장한다. 『창조의 서사시』에 따르면 우주 창조와 인간 창조는 엔키 신과 마

---

7 노아의 태생에 대해서는 『바이블 매트릭스』 2권 『인간 창조와 노아 홍수의 비밀』의 7부인 "노아(Noah) 태생의 비밀, 노아는 엔키 신의 아들, 노아는 파란 눈의 백인"을 참조하라.

르둑 신께서 직접 창조하셨기 때문에, 하나님(God), 즉 엘로힘(Elohim)으로 표현하고 있는 것이다.

특히 「창세기」 1장 26절과 27절의 인간 창조에도 야훼(Yahweh), 즉 여호와(LORD)가 아니라, 모두 엘로힘(Elohim), 즉 하나님(God)으로 표현하고 있다. 이는 인간 창조는 실제로 엔키 신이 주도하고 그의 아내인 닌키(Ninki) 여신, 그리고 닌후르쌍 여신이 관여했다는 것을 증명하는 것이다.[8]

「창세기」 1:26 - 하나님(엘로힘)이 가라사대 우리의 형상을 따라 우리의 모양대로 우리가 사람을 만들고 그로 바다의 고기와 공중의 새와 육축과 온 땅과 땅에 기는 모든 것을 다스리게 하자 하시고(Then God(Elohim) said, "Let us make man in our image, in our likeness, and let them rule over the fish of the sea and the birds of the air, over the livestock, over all the earth, and over all the creatures that move along the ground")(NIV)

1:27 - 하나님(엘로힘)이 자기 형상 곧 하나님의 형상대로 사람을 창조하시되 남자와 여자를 창조하시고(So God(Elohim) created man in his own image, in the image of God he created him; male and female he created them)(NIV)

「창세기」 3장은 이브와 아담이 뱀(Serpent)의 꼬임에 속아 선악과, 즉 두 번째 비밀인 임신하는 능력을 갖게 된다는 내용이다. 특히 이때

---

8 인간 창조에 대해서는 『바이블 매트릭스』 2권 『인간 창조와 노아 홍수의 비밀』의 2부인 "인간 창조의 비밀-고고학적 증빙"을 참조하라.

의 뱀은 엔키 신을 일컫는다. 엔키 신이 임신하도록 아담과 이브의 유전자를 조작했다. 특히 「창세기」 3장 1절을 보면 여호와 하나님(야훼 엘로힘)과 하나님(Elohim)이 동시에 등장하는데, 이때의 여호와 하나님은 엔릴 신을 의미한다고 볼 수 있고, 하나님은 엔키 신을 의미한다고 볼 수 있는데, 뱀 즉 엔키 신께서 말하기를 '하나님이 참으로….'에서, 엔키 신이 엔릴 신을 엘로힘(Elohim)으로 대하고 있다는 것을 알 수 있다. 그만큼 경쟁관계에 있다는 것을 알 수 있다. '뱀이 가장 간교하더라'라는 의미는 엔키 신이 항상 엔릴 신의 명령을 거역하는데 그 방법이 간교하다는 뜻이다. 예를 들어 인간에겐 비밀로 하자고 서약해 놓고 갈대 벽에다 대고 홍수의 비밀을 노아에게 말하는 방법이다.[9]

「창세기」 3:1 – 여호와 하나님(야훼 엘로힘)의 지으신 들짐승 중에 뱀이 가장 간교하더라 뱀이 여자에게 물어 가로되 하나님(엘로힘)이 참으로 너희더러 동산 모든 나무의 실과를 먹지 말라 하시더냐(Now the serpent was more crafty than any of the wild animals the LORD God(Yahweh Elohim) had made. He said to the woman, "Did God(Elohim) really say, 'You must not eat from any tree in the garden'?")(NIV)

「창세기」 3장 5절은 뱀, 즉 엔키 신께서 이브에게 하는 말이다. 너희가 선악과를 먹는 날에는 하나님(Elohim)과 같이 될 줄을 하나님, 즉 엔릴 신도 알고 계신다는 의미이다. 여기에서도 엔키 신이 엔릴 신을 엘로힘(Elohim)으로 대하고 있다는 것을 알 수 있다.

---

9 노아의 홍수에 대해서는 『바이블 매트릭스』 2권 『인간 창조와 노아 홍수의 비밀』을 참조하라.

「창세기」 3:5 - 너희가 그것을 먹는 날에는 너희 눈이 밝아 하나님(엘로힘)과 같이 되어 선악을 알 줄을 하나님(엘로힘)이 아심이니라("For God(Elohim) knows that when you eat of it your eyes will be opened, and you will be like God(Elohim), knowing good and evil")(NIV)

「창세기」 4장 25절은 아담이 아내와 동침하여 셋이란 아들을 낳는 내용이다. 이때 임신을 다시 한 것은 하나님, 즉 엘로힘(Elohim), 즉 엔키 신께서 임신하는 능력을 주었다는 의미이다. 그래서 야훼(Yahweh) 즉 여호와(LORD)가 아니라, 엘로힘(Elohim), 즉 하나님(God)으로 표현하고 있다.

「창세기」 4:25 - 아담이 다시 아내와 동침하매 그가 아들을 낳아 그 이름을 셋이라 하였으니 이는 하나님(엘로힘)이 내게 가인의 죽인 아벨 대신에 다른 씨를 주셨다 함이며(Adam lay with his wife again, and she gave birth to a son and named him Seth, saying, "God(Elohim) has granted me another child in place of Abel, since Cain killed him")(NIV)

「창세기」 5장 1절은 「창세기」 1장 26절~27절의 내용을 반복하는 것이다. 여기에도 야훼(Yahweh), 즉 여호와(LORD)가 아니라, 모두 엘로힘(Elohim), 즉 하나님(God)으로 표현하고 있다. 이는 인간 창조는 실제로 엔키 신이 주도하고 그의 아내인 닌키(Ninki) 여신, 그리고 닌후르쌍 여신이 관여했다는 것을 증명하는 것이다. 따라서 아담의 자손을 얘기 할 때에는 엘로힘(Elohim), 즉 하나님(God)으로 표현하고 있다.

「창세기」 5:1 - 아담 자손의 계보가 이러하니라 하나님(엘로힘)이 사람을 창조하실 때에 하나님(엘로힘)의 형상대로 지으시되(This is the written account of Adam's line. When God(Elohim) created man, he made him in the likeness of God(Elohim)(NIV)

이런 관점으로 볼 때 재미있는 내용을 발견하게 된다. 바로 「창세기」 5장 22절~24절의 에녹(Enoch)에 관한 내용이다. 여기에도 야훼(Yahweh), 즉 여호와(LORD)가 아니라, 에녹은 엘로힘, 즉 하나님과 동행하다(walked with God)가 365세에 엘로힘, 즉 하나님이 데려갔다고 기록되어 있다. 그렇다면 엔키가 창조한 아다파(Adapa)[10]가 천상의 하늘을 여행했듯이, 에녹도 엔키 신께서 데려가신 것이 아닐까?

「창세기」 5:22 - 에녹은 므두셀라를 낳은 후 삼백 년을 하나님(엘로힘)과 동행하며 자녀를 낳았으며(And after he became the father of Methuselah, Enoch walked with God(Elohim) 300 years and had other sons and daughters)(NIV)

5:24 - 에녹이 하나님(엘로힘)과 동행하더니 하나님(엘로힘)이 그를 데려가시므로 세상에 있지 아니하였더라(Enoch walked with God(Elohim); then he was no more, because God(Elohim) took him away)

「창세기」 6장을 보자. 6장 2절에는 "엘로힘 즉 하나님(엘로힘)의 아들들(sons of God)이 사람의 딸들의 아름다움을 보고 자기들의 좋아하는 모든 자로 아내를 삼는지라"라고 기록되어 있고, 6장 4절에는 "당시에 땅에 네피림(Nephilim)이 있었고 그 후에도 하나님(엘로힘)의 아들들이 사람의 딸들을 취하여 자식을 낳았으니"라고 기록되어 있다. 히브리 성경에는 이를 'bênê 'Ēlîm(Bene Elim)'이라 기록하고 있다.

---

10 http://en.wikipedia.org/wiki/Adapa

『바이블 매트릭스』 2권 『인간 창조와 노아 홍수의 비밀』의 5부인 "홍수의 비밀(1/2), 신들의 문제"에서 이미 살펴보았듯이 이때의 '하나님의 아들들'이란 바로 네피림(Nephilim), 즉 이기기(Igigi) 신들이다. 200여 명의 이기기 신들이 자신들의 위치를 이탈하고 이 땅에 내려와 마르둑(Marduk) 신의 결혼식에 참가한 후, 인간의 딸들을 납치하여 결혼하고, 마르둑 신과 결탁하여 그 세를 레바논과 바빌론으로 확장하였다. 이미 거론했듯이 마르둑은 엔키 신의 아들로 이기기 신들과 지지자들을 이끌고 갈대아(Chaldea), 즉 바벨론의 아카드(Akkad)와 수메르(Smuer, 「창세기」 10장 10절의 '시날=Shinar)로 진군해 아눈나키(Anunnaki)의 권력과 신권을 찬탈하고 스스로 바벨론의 옥좌에 올라, 신들 중의 최고의 신으로 등극했다. 따라서 이기기 신들은 엘로힘, 즉 하나님의 아들들이라 표현하고 있다.

여하튼 「창세기」는 여호와, 즉 야훼의 관점에서 좋지 않은 사건은 모두 엘로힘, 즉 하나님이라고 표현하고 있으며, 고대 수메르 문서의 관점에서 볼 때, 「창세기」는 정확히 구분하여 기록하고 있다는 것을 알 수 있다. 특히 히브리 성경에는 '하나님의 아들들'을 'Bene Elim'으로 기록하고 있는데, 이는 'Elohim'과 같은 뜻이나, 'Elohim'보다는 더 낮은 젊은 신들을 의미하는 것으로 보인다.

또 하나 획기적인 성경 구절이 있다. 바로 「창세기」 6장 9절의 내용이다. "노아는… 그가 하나님(엘로힘)과 동행하였으며(he walked with God(Elohim)"라고 기록하고 있다. 바로 엘로힘, 즉 하나님, 즉 엔키 신과 동행한 것이다. 『바이블 매트릭스』 시리즈 2권 『인간 창조와 노아 홍수의 비밀』에서 살펴보았듯이 노아→우트나피시팀→아트라하시스→지우수드라는 동일 인물로 분명 엔키 신의 아들이라 했다. 그래서 이들은 엔키 신의 신전에서 엔키 신과 함께 생활했다. 엔키 신에게 항상 기도하고 애원하며 방주를 만들 때에는, 아프리카로 엔키 신을 따라 갈 것이라고 슈루팍의 사람들에게 그럴듯한 거짓말까지 했다. 이를 두고 하나님, 즉 엔키 신과 동행했다고 성경은 사실대로 기록하고 있다.

「창세기」 6:9 - 노아의 사적은 이러하니라 노아는 의인이요 당세에 완전한 자라 그가 하나님(엘로힘)과 동행하였으며(This is the account of Noah. Noah was a righteous man, blameless among the people of his time, and he walked with God(Elohim)(NIV)

「창세기」 6장 13절에는 엘로힘, 즉 하나님, 즉 엔키 신께서 노아에게 방주를 만들라고 명령하는 내용이 나온다. "하나님(엘로힘)이 노아에게 이르시되…(So God(Elohim) said to Noah…)"가 바로 이 대목이다. 여기서도 분명 야훼(Yahweh), 즉 여호와(LORD)가 아니라, 엘로힘, 즉 하나님이 노아의 방주를 만들라고 명령하는 것이다. 이것은 엔키 신이 노아에게 갈대 벽에 대고 노아 홍수의 비밀과 방주를 만들라는 내용과 똑 같다. 이렇게 본다면 성경은 분명 엔키 신은 엘로힘, 즉 하나님으로, 엔릴 신은 야훼(Yahweh), 즉 여호와(LORD)로 정확히 구분하여 기록하고 있다는 것에 놀라움을 금치 못한다.

마찬가지로 「창세기」 6장 22절에는 "노아가 그와 같이 하되 하나님(엘로힘)이 자기에게 명하신 대로 다 준행하였더라"라고 기록하고 있으며, 7장 9절에도 "하나님(엘로힘)이 노아에게 명하신 대로 암수 둘씩 노아에게 나아와 방주로 들어갔더니"라고 기록하고 있다. 분명 야훼(Yahweh), 즉 여호와(LORD)가 아니라, 엘로힘, 즉 하나님이 노아에게 명령한대로 그대로 따랐다고 기록하고 있다. 이때의 엘로힘이란 바로 엔키 신이시다. 엔키 신께서 갈대 벽을 통해 말씀하신 대로 노아가 그 명령을 충실히 따랐다는 의미이다.

「창세기」 7장 16절에는 엘로힘, 즉 하나님과 야훼(Yahweh), 즉 여호와(LORD)가 동시에 등장한다. 엔릴 신은 노아의 방주에 처음엔 반대했지만 결국 엔릴 신과 엔키 신이 화해했다. 따라서 앞의 하나님은 엔키 신을 의미하는 것이고, 뒤의 여호와는 엔릴 신을 의미하는 것이다. 성경은 인간의 역사를 담은 귀중한 역사서이다. 역사서란 어떤 사건의 결과를 기록한 것이다. 결과로 보자면 엔릴 신이 노아를 인정했으므로 "여호와께서 그를 닫아 넣으시니라"로 기록했다고 보아야 할 것이다.

「창세기」 7:16 - 들어간 것들은 모든 것의 암수라 하나님(엘로힘)이 그에게 명하신 대로 들어가매 여호와(야훼)께서 그를 닫아 넣으시니라(The animals going in were male and female of every living thing, as God(Elohim) had commanded Noah. Then the LORD(Yahweh) shut him in(NIV)

「창세기」 8장 15절을 보자. 엘로힘, 즉 하나님이 노아에게 "방주에서 나오라"고 말씀하신다. 이 하나님은 어느 분이실까? 가장 오래된 c.BC 2150년경의 『에리두 창세기』의 세그먼트 디(Segment D)를 보면 알 수 있는데 (Black et al., 『The Flood Story, Segment D』, 1998-2006), 바로 태양의 신인 우투/샤마시(Utu/Shamash) 신이다. 우투 신이 레이저 광선(rays) 무기를 사용해 문을 연후 방주에 들어와 다 나오라고 하신 것이다.

「창세기」 8:15 - 하나님(엘로힘)이 노아에게 말씀하여 가라사대 (Then God(Elohim) said to Noah)(NIV)

8:16 - 너는 네 아내와 네 아들들과 네 자부들로 더불어 방주에서 나오고("Come out of the ark, you and your wife and your sons and their wives)

따라서 성경에서 말하는 「창세기」 1장의 하나님(God)은 히브리어 성경의 복수의 신들인 엘로힘(Elohim)을 말하고, 「창세기」 2장부터 등장하는 여호와 하나님(Lord God)은 히브리어 성경의 야훼(Yahweh) 하나님을 말하는 것이다. 그리고 구약성경은, 고대 수메르 문서에 등장하는 엔키 신과 엔키 신의 후손 신들과 창조 관련 다른 신들을 엘로힘(Elohim)으로 기록하고, 엔릴 신과 엔릴 신의 후손 신들을 야훼(Yahweh)로 기록했다고 볼 수 있다.

5절 이집트나 다른 나라의 엘로힘은 격하된 신들(gods)로 편집하여 기록

구약성경에는 '이스라엘의 하나님(the God of Israel)'을 야훼(Yahweh) 하나님으로 기록하고 있다. 그렇다면 '이집트의 하나님'은 나오지 않을까? 이집트의 하나님이 구약성경에 기록되어 있다면 분명 하나님들은 상당히 많다는 것을 증명하는 것이다. 단지 주의할 것은 유대인들이 편집하였기 때문에 '하나님(God)'이라 표현하지 않고, 이집트의 신들이나 다른 나라의 신들은 '신(god)' 또는 '신들(gods)'이라 표현하였다는 점이다. 이때 'gods'는 히브리 성경의 엘로힘(Elohim)이다.

한글성경(한글개역)에서 '이집트의 하나님'을 검색하면 한 건도 안 나온다. '이집트의 신들'로 검색해야 나온다. 또한 영문성경

(NIV)에서 'the God of Egypt'를 검색하면 나오지 않는다. 다른 나라의 신을 'God'으로 표현했을 리가 없기 때문이다. 따라서 'the gods of Egypt'로 검색해 보니 3구절에서 나왔다. 한글성경의 '애굽 신들의 집(temples)'은 그냥 집이 아니라 신들의 신성한 신전인 지구라트(Ziggurat)를 의미하는 것이다. 그리고 이집트를 다스렸던 신들은 엔키 신을 비롯하여 그의 아들들인 마르둑(Marduk), 두무지(Dumuzi), 네르갈(Nergal) 신 등이다.

「출애굽기」 12:12 - 내가 그 밤에 애굽 땅에 두루 다니며 사람과 짐승을 무론하고 애굽 나라 가운데 처음 난 것을 다 치고 <u>애굽의 모든 신</u>에게 벌을 내리리라 나는 여호와로라(On that same night I will pass through Egypt and strike down every firstborn--both men and animals-- and I will bring judgment on <u>all the gods of Egypt</u>. I am the LORD(NIV)

「예레미야」 43:12 - 내가 <u>애굽 신들의 집</u>에 불을 놓을 것인즉 느부갓네살이 그들을 불사르며 그들을 사로잡을 것이요 목자가 그 몸에 옷을 두름같이 애굽 땅을 자기 몸에 두르고 평안히 그곳을 떠날 것이며(He will set fire to <u>the temples of the gods of Egypt</u>; he will burn their temples and take their gods captive. As a shepherd wraps his garment around him, so will he wrap Egypt around himself and depart from there unscathed)

「예레미야」 43:13 - 그가 또 애굽 땅 벧세메스의 주상들을 깨뜨리고 <u>애굽 신들의 집</u>을 불사르리라 하셨다 할찌니라(There in the temple of the sun in Egypt he will demolish the sacred pillars and will burn down <u>the temples of the gods of Egypt</u>)

자, 이번에는 '다른 나라의 신들(the gods of nations)'이 구약성경에 등장하는지 살펴보자. 「신명기」 29장 18절에는 'the gods of those nations'가 등장하고, 「열왕기하」 18장 35절에는 'all the gods of these nations'가 등장하며, 「열왕기하」 19장 12절에는 'the gods of the nations'가 등장한다. 이들 신들은 인간들이 나무나 돌로 만든 우상의 신들(man-made gods)이(「신명기」 3:28; 「사도행전」 19:26) 아니라 진짜 신들 (gods)이다. 이렇듯 각 나라를 다스렸던 신들이 상당히 많이 등장한다.

「신명기」 29:18 - 너희 중에 남자나 여자나 가족이나 지파나 오늘 날 그 마음이 우리 하나님 여호와를 떠나서 그 모든 민족의 신들에 게 가서 섬길까 염려하며 독초와 쑥의 뿌리가 너희 중에 생겨서Make sure there is no man or woman, clan or tribe among you today whose heart turns away from the LORD our God to go and worship the gods of those nations; make sure there is no root among you that produces such bitter poison(NIV)

「열왕기하」 18:35 - 열국의 모든 신 중에 누가 그 땅을 내 손에서 건 졌기에 여호와가 예루살렘을 내 손에서 능히 건지겠느냐 하셨느니라 (Who of all the gods of these countries has been able to save his land from me? How then can the LORD deliver Jerusalem from my hand?")

「열왕기하」 19:12 - 내 열조가 멸하신 열방 곧 고산과 하란과 레셉 과 들라살에 있는 에덴 족속을 그 나라의 신들이 건졌느냐(Did the gods of the nations that were destroyed by my forefathers deliver them: the gods of Gozan, Haran, Rezeph and the people of Eden who were in Tel Assar?)

6절 아브라함의 열조가 섬겼던 신들, 다른 족속들을 다스린 여신들과 가증한 신들(gods)

자, 이번에는 이스라엘 근접 나라나 동쪽의 메소포타미아 지역을 다스렸던 신들이 구약성경에 등장하는지 살펴보자. 여기에 등장하는 신들도 인간들이 나무나 돌로 만든 우상의 신들(man-made gods)이 아니라 진짜 신들이라는 점이다. 때론 'gods'로 표현하기도 하고 구체적인 신의 이름을 들어 표현하기도 한다.

「여호수아」 24장 14절에는 여호수아가 이스라엘 백성들에게 "너희의 열조가 강 저편과 애굽에서 섬기던 신들을 제하여 버리고"라 말하는 구절이 등장하고, 15절에는 "너희 열조가 강 저편에서 섬기던 신이든지 혹 너희의 거하는 땅 아모리 사람의 신이든지… 여호와를 택하든지 하라"라는 구절이 나온다. 애굽에서 섬기던 신들이란 이집트와 아프리카에서 프타(Ptah)라 불렸던 엔키 신이나, 라(Ra)라 불렸던 마르둑 신을 말하는 것이다. 엔키 신의 아들이 마르둑 신이다.

「여호수아」 24:14 - 그러므로 이제는 여호와를 경외하며 성실과 진정으로 그를 섬길 것이라 너희의 열조가 강 저편과 애굽에서 섬기던 신들을 제하여 버리고 여호와만 섬기라("Now fear the LORD and serve him with all faithfulness. Throw away the gods your forefathers worshiped beyond the River and in Egypt, and serve the LORD)(NIV)

24:15 - 만일 여호와를 섬기는 것이 너희에게 좋지 않게 보이거든 너희 열조가 강 저편에서 섬기던 신이든지 혹 너희의 거하는 땅 아모리 사람의 신이든지 너희 섬길 자를 오늘날 택하라 오직 나와 내 집은

여호와를 섬기겠노라(But if serving the LORD seems undesirable to you, then choose for yourselves this day whom you will serve, whether the gods your forefathers served beyond the River, or the gods of the Amorites, in whose land you are living. But as for me and my household, we will serve the LORD")(NIV)

강 건너편이란 데라(Terah, BC 2236-BC 2031)가 살던 지역인 니푸르(Nippur)를 말하는데, 이곳에서 데라는 아브라함(Abram, Abraham, BC 2166-BC 1991)과 나홀(Nahor)과 하란(Haran)을 낳았다(「창세기」 11:27~32). 데라는 수메르(Smuer) 남부에서 활약한 셈(Shem)계(系)의 아르박삿(Arphaxad) 계열 족속으로 왕가 사제 집안의 출신이다. 그러다가 신전과 궁정 사이의 연락을 위해 남쪽 우르(Ur)로 이주하였다가 (BC 2113), 갈대아(Chaldea) 우르를 떠나 가나안(Canaan) 땅으로 가기 위해 하란(Haran)에 거하다가 205세에 하란에서 죽는다.

이 당시의 시대적 배경을 살펴보자. 엔릴 신계의 왕권이 약화되면서 수메르 지역의 우르(Ur)를 중심으로 우르 제3왕조(Ur III Empire, BC 2119-BC 2004)의 첫 번째 왕인 우르남무(Ur-Nammu, Ur-Engur, Ur-Gur, 통치 BC 2113-BC 2096)의 새 제국이 들어서게 된다. 그래서 사제인 데라가 우르로 이주한 것이다. 우르 왕국의 주신(Patron God)은 엔릴 신의 둘째아들인 난나(Nannar) 신이었고, 난나 신은 북쪽의 하란(Harran)의 주신(Patron god)이기도 했다. 그러나 난나 신은 마르둑 신의 거센 도전을 받고 있었고, 그래서 야훼께서 데라에게 가족을 데리고 하란으로 이주하라고 명령하신다. 결국 난나 신께서 다스렸던 우르 제3왕조는 멸망의 길로 들어서고 마르둑 신과 그 직계 신들에게 갈대아 지방을 다 내주게 된다. 여기서 중요한 것은 열조가 섬기던 난나 신을 버리라는 것이다. 그렇다면 난나 신보다 권위가 높은 하나님이 야훼라는 것이 아닐까? 그렇다면 난나 신의 아버지인 엔릴 신을 두고 하는 말이 아닐까?

또한 광의적으로 이렇게 해석해 볼 수도 있다. 니푸르나 우르나 모두 강 저편, 즉 유프라테스 강(Euphrates, 「창세기」 2장 14절의 '유브라데') 너머의 갈대아 지역에 속한다. 갈대아는 원래 바빌로니아(Babylonia) 남부의 수메르를 가리키는 고대 지명이다. 그러다가 바벨탑(The Tower of Babylonia) 사건[「창세기」 11장, c.BC 3450, BC 2357(B)-BC 2118(B)] 이후 바빌로니아 전체로 지명이 확대되었다. 그래서 구약성경에서는 갈대아를 흔히 바빌로니아와 동의어로 사용하고 있다. 따라서 갈대아인(Chaldean)은 바로 바빌로니아인(Babylonian)이다. 구약과 신약 전체를 통해 바빌로니아인들은, 여호와 하나님과 적대시되는, 이스라엘 민족과 적대시되는, 바빌론의 수호신이었던 마르둑(Marduk) 신을 주신으로 섬겼다. 따라서 강 저편에서 섬기던 신은 바로 마르둑 신이라고 볼 수 있다. 또한 아모리 족속들의 신들(the gods of the Amorites)이란, 아모리 족속들이 함(Ham)계 족속이므로, 이들도 마르둑 신과 마르둑 신의 직계 하위급 신들(lesser god)을 섬겼음을 알 수 있다.

「여호수아」 6장 10절에는 '아모리 족속들의 신들(the gods of the Amorites)'이 등장하고, 「여호수아」 10장 6절에는 '바알 신들(the Baals)', 여신들인 '아스다롯(the Ashtoreths)', '아람의 신들(the gods of Aram)', '시돈의 신들(the gods of Sidon)', '모압의 신들(the gods of Moab)', '암몬의 신들(the gods of the Ammonites)'과 '팔레스타인(블레셋)의 신들(the gods of the Philistines)'이 등장한다.

「여호수아」6:10 - 내가 또 너희에게 이르기를 나는 너희 하나님 여호와니 너희의 거하는 아모리 사람의 땅의 신들을 두려워 말라 하였으나 너희가 내 목소리를 청종치 아니하였느니라 하셨다 하니라(I said to you, 'I am the LORD your God; do not worship the gods of the Amorites, in whose land you live.' But you have not listened to me")(NIV)

「여호수아」10:6 - 이스라엘 자손이 다시 여호와의 목전에 악을 행하여 바알들과 아스다롯과 아람의 신들과 시돈의 신들과 모압의 신들과 암몬 자손의 신들과 블레셋 사람의 신들을 섬기고 여호와를 버려 그를 섬기지 아니하므로(Again the Israelites did evil in the eyes of the LORD. They served the Baals and the Ashtoreths, and the gods of Aram, the gods of Sidon, the gods of Moab, the gods of the Ammonites and the gods of the Philistines. And because the Israelites forsook the LORD and no longer served him)(NIV)

「열왕기상」11장 7절, 11장 33절과「열왕기하」23장 13절에는 '모압의 가증한 신인 그모스(Chemosh the detestable god of Moab)'와 '암몬의 가증한 신인 몰록(Molech the detestable god of the Ammonites)'이라는 신의 이름이 구체적으로 거론되고 있다.

「열왕기상」11:7 - 모압의 가증한 그모스를 위하여 예루살렘 앞 산에 산당을 지었고 또 암몬 자손의 가증한 몰록을 위하여 그와 같이 하였으며(On a hill east of Jerusalem, Solomon built a high place for Chemosh the detestable god of Moab, and for Molech the detestable god of the Ammonites)(NIV)

「열왕기상」 11:33 – 이는 저희가 나를 버리고 시돈 사람의 여신 아스다롯과 모압의 신 그모스와 암몬 자손의 신 밀곰을 숭배하며 그 아비 다윗의 행함 같지 아니하여 내 길로 행치 아니하며 나 보기에 정직한 일과 나의 법도와 나의 율례를 행치 아니함이니라(I will do this because they have forsaken me and worshiped Ashtoreth the goddess of the Sidonians, Chemosh the god of the Moabites, and Molech the god of the Ammonites, and have not walked in my ways, nor done what is right in my eyes, nor kept my statutes and laws as David, Solomon's father, did)(NIV)

「열왕기하」 23:13 – 또 예루살렘 앞 멸망산 우편에 세운 산당을 더럽게 하였으니 이는 옛적에 이스라엘 왕 솔로몬이 시돈 사람의 가증한 아스다롯과 모압 사람의 가증한 그모스와 암몬 자손의 가증한 밀곰을 위하여 세웠던 것이며(The king also desecrated the high places that were east of Jerusalem on the south of the Hill of Corruption--the ones Solomon king of Israel had built for Ashtoreth the vile goddess of the Sidonians, for Chemosh the vile god of Moab, and for Molech the detestable god of the people of Ammon)(NIV)

여기에서 왜 유달리 '가증한(detestable)' 또는 '가증한(vile)'이라고 표현했을까? 이들 신들은 인간들로 하여금 그 자녀들을 불살라 신들에게 번제를 드리도록 했기 때문이다(「레위기」 18:21 & 20:2~5; 「신명기」 12:31; 「열왕기하」 17:31; 「예레미야」 19:5).

「레위기」 18:21 – 너는 결단코 자녀를 몰렉에게 주어 불로 통과케 말아서 네 하나님의 이름을 욕되게 하지 말라 나는 여호와니라("Do not give any of your children to be sacrificed to Molech, or you must not profane the name of your God. I am the LORD)(NIV)

「열왕기하」17:31 – 아와 사람들은 닙하스와 다르닥을 만들었고 스발와임 사람들은 그 자녀를 불살라 그 신 아드람멜렉과 아남멜렉에게 드렸으며(the Avvites made Nibhaz and Tartak, and the Sepharvites burned their children in the fire as sacrifices to Adrammelech and Anammelech, the gods of Sepharvaim)(NIV)

이외에 「열왕기하」 19장 37절에는 '니스록 신(god Nisroch)'이 등장하고, 「역대하」 25장 20절에는 '에돔의 신들(the gods of Edom)'이 등장하며, 「역대하」 28장 23절에는 '다메섹의 신들(the gods of Damascus)'이 등장한다.

7절 성경에 등장하는 바알(Baal)과 벨(Bel) 신 및 다곤(Dagon) 신

구약성경에 등장하는 바알(Baal)과 벨(Bel)은 같은 의미로 고대 수메르 시대의 엔(En)에서 온 말이다. 그 뜻은 'Lord' 혹은 'Master'란 의미로 '신' 또는 '주님'이라는 뜻이다. 벨(Bel)은 남성 신에 쓰이고, 여성 신에는 벨이트(Belit)가 쓰였다. 동부 셈어(East Semitic), 즉 바벨론에서는 벨(Bel)이 쓰였고, 북서 셈어(Northwest Semitic), 즉 가나안(Canaan) 일대에서는 주로 바알(Baal)이 쓰였다.

고대 아카드(Akkad, Agade) 왕조시대(Akkadian Empire, c.BC 2330~c.BC 2193)에는 수메르(Sumer)의 신인 엔릴(Enlil)을 일컬었으나, 바벨론(Babylon)시대에는 마르둑(Marduk) 신을 일컬었다. 또한 수메르 시대

(c.BC 5000~c.BC 2400)에는 연장자 벨(Elder Bel)과 젊은 벨(Younger Bel)로 나누기도 했는데, 연장자 벨은 아눈나키(Anunnaki)의 12명의 고위신(高位神)들을 일컬었고, 젊은 벨은 젊은 마르둑(Marduk) 신을 일컬었다.

구약성경에는 바알(Baal) 신의 이름이 「사사기」 2장 11절에 등장하기 시작하여, 신약성경의 「로마서」 11장 4절까지 100회 정도 등장하는데, 이는 모두 야훼, 즉 여호와의 적으로 표현되는 수메르시대의 엔키 신의 아들인 마르둑을 비롯한 직계 후손 신들을 일컫는다 보아도 타당할 것으로 보인다.

특히 「사사기」 2장~3장을 보면 확연해지는데, 이스라엘 민족들이 가나안에 정착한 후, 야훼의 언약을 버리고, 가나안 족속들을 다 물리치지 않고, 가나안 족속들과 언약을 세우며 같이 산다. 이에 야훼의 사자(The angel of the LORD)가 나타나 꾸짖어 이르기를 "너희는 이 땅 거민과 언약을 세우지 말며 그들의 단을 헐라 하였거늘 너희가 내 목소리를 청종치 아니하였도다 그리함은 어쩜이뇨"(「사사기」 2:2), "그러므로 내가 또 말하기를 내가 그들을 너희 앞에서 쫓아내지 아니하리니 그들이 너희 옆구리에 가시가 될 것이며 <u>그들의 신들이</u> 너희에게 올무가 되리라 하였노라(Now therefore I tell you that I will not drive them out before you; they will be thorns in your sides and <u>their gods</u> will be a snare to you")(NIV)(「사사기」 2:3)

여기에서 가나안 족속들의 신들이란 어느 신들을 말하는 것일까? 「사사기」 2장에는 에브라임(Ephraim) 지파 출신인 여호수아(Joshua)가 110세로 죽는다(BC 1390). 여호수아가 죽자 그 후에 일어난 이스라엘 민족의 다른 세대는 여호와를 알지 못하며, 여호와께서 이스라엘을 위하여 행하신 일도 알지 못한다. 그 결과 이스라엘 자손들이 여호와를 버리고 가나안 일대의 바알(Baals) 신들을 섬긴다.

「사사기」 2:11 - 이스라엘 자손이 여호와의 목전에 악을 행하여 바알들을 섬기며(Then the Israelites did evil in the eyes of the LORD and served the Baals)(NIV)

벨(Bel)은 「예레미야」 50장 2절과 51장 44절에 처음 등장하는데, 이는 차후에 다시 설명하겠지만, 이때의 벨(Bel)은 바로 마르둑(므로닥, Marduk) 신을 의미한다. 결국 마르둑 신은 야훼 하나님의 적으로 표현되고 있으며, 결국 바벨론과 함께 수치를 당하며 멸망할 것이라 예언하고 있다. 벨은 바벨론에서 사용하던 말임을 알 수 있다.

「예레미야」 50:2 - 너희는 열방 중에 광고하라 공포하라 기를 세우라 숨김이 없이 공포하여 이르라 바벨론이 함락되고 벨이 수치를 당하며 므로닥이 부스러지며 그 신상들은 수치를 당하며 우상들은 부스러진다 하라(Announce and proclaim among the nations, lift up a banner and proclaim it; keep nothing back, but say, 'Babylon will be captured; Bel will be put to shame, Marduk filled with terror. Her images will be put to shame and her idols filled with terror')(NIV)

「예레미야」 51:44 - 내가 벨을 바벨론에서 벌하고 그 삼킨 것을 그 입에서 끌어내리니 열방이 다시는 그에게로 흘러가지 아니하겠고 바벨론 성벽은 무너지리로다(I will punish Bel in Babylon and make him spew out what he has swallowed. The nations will no longer stream to him. And the wall of Babylon will fall)(NIV)

신약의 「고린도후서」 6장 15절에는 '그리스도와 벨리알이 어찌 조화되며'라는 구절이 나오는데, 이는 마귀(devil)를 뜻하는 그리스어로, 벨리안(Belian), 벨리압(Beliab), 그리고 벨리알(Belial)을 의미하는데, 그 어원은 벨(Bel)이다.

「고린도후서」 6:15 - 그리스도와 <u>벨리알</u>이 어찌 조화되며 믿는 자와 믿지 않는 자가 어찌 상관하며 What harmony is there between Christ and <u>Belial</u>? What does a believer have in common with an unbeliever?(NIV); How can Christ and <u>the Devil</u> agree? What does a believer have in common with an unbeliever?(Good News); What harmony can there be between Christ and <u>the devil</u>(1)? How can a believer be a partner with an unbeliever? / (1)Greek Beliar; various other manuscripts render this proper name of the devil as <u>Belian</u>, <u>Beliab</u>, or <u>Belial</u>(New Living)

다곤(Dagon) 신은 「사사기」 16장 23절에 등장하는데, 마지막 사사인 삼손(Damson)이 압제자인 블레셋(팔레스타인, Philistines) 사람들에게 40년 동안 고난을 당한다. 또한 「사무엘상」 5장에도 등장하는데, 이스라엘 백성들이 블레셋 사람들에게 언약궤(Ark of Covenant, Ark of Testimony, Ark of God)를 빼앗긴다.

다곤은 원래 아시리아와 바벨론에서 숭배하던 풍요의 신이었는데, 나중에 북서 지방에서도 숭배되었다. 북서 지방의 아모리 족속들이 숭배하였고, 우가리트(Ugarit, 시리아의 Ras Shamra)에서도 숭배되었다. 또한 다곤은 팔레스타인을 다스렸던 주요 신들 중의 한 신이었다. 히브리어 성경에는 'דגון', 현대어로는 'Dagon', 우가리트어로는 'dgn, Dagnu', 아모리어로는 'Dagan' 등으로 쓰였다.

「사사기」 16:23 - 블레셋 사람의 방백이 가로되 우리의 신이 우리 원수 삼손을 우리 손에 붙였다 하고 다 모여 그 신 다곤에게 큰 제사를 드리고 즐거워하고(Now the rulers of the Philistines assembled to offer a great sacrifice to Dagon their god and to celebrate, saying, "Our god has delivered Samson, our enemy, into our hands")(NIV)

「사무엘상」 5:2 - 블레셋 사람이 하나님의 궤를 가지고 다곤의 당에 들어가서 다곤의 곁에 두었더니(Then they carried the ark into Dagon's temple and set it beside Dagon)

8절 간단히 살펴보는 가나안의 역사와 가나안의 신들

구약성경의 주된 배경은 이스라엘과 가나안(Canaan)이다. 그래서 성경에는 가나안의 많은 신들이 등장한다. 이들 신들은 과연 누구일까? 그것을 알아내려면 가나안의 역사를 알아야 한다.

원래 가나안(Canaan)은 고대 수메르시대의 12명의 고위급 신들로 구성된 아눈나키(Ahnunnaki)의 결정과 약속에 따라 아눈나키 그룹의 최고 높은 신인 엔릴(Enlil)계를 따르는 셈(Shem)족이 거주하게 된 땅이었으나, 두 번째 높은 신인 엔키(에아, Enki, Ea)계와 엔키 신을 따르는 함(Ham)족이 이 결정을 거부하고 가나안 지역을 무력으로 점령하고 있었다. 이 사건은 노아의 대홍수가 일어난 BC 13020년 후의 일이다.

엔키 신계가 가나안 지역을 무력으로 점령한 이유는 가나안 아래 지역의 시나이(Sinai) 우주공항(Departing Platform as Runways Platform)

과 예루살렘 근처의 모리야 산(성전산, Mount Moriah, Temple mount, 아브라함이 아들 이삭을 번제물로 바치려 했던 산임)에 있던 우주비행통제센터(Spacecraft Mission Control Center)를 장악하고자 함이었다.

그 이후 이집트에서 신들의 제1차 피라미드 전쟁(The First Pyramid War, c.BC 9330-c.BC 8970)이 일어난다. 이집트 기자(Giza)에 있는 피라미드는 그 당시의 신들과 100미터 키의 반신반인(半神半人, Demigod)들인 거인(Great or Giant Man)이 세운 것으로[11], 피라미드는 신들의 고향인 니비루(Nibiru) 행성에서 오고 가는 우주선을 안내하는 관제센터(Marker and Control Tower for Spacecraft)였다. 노아의 방주가 닿았다는 터키의 아라라트(Ararat, 「창세기」 8:4절의 '아라랏') 산도 관제센터였다. 착륙장(Landing Platform, Landing Zone)은 레바논(Lebanon)의 바알벡(Baalbek)이었고, 금을 싣고 니비루로 돌아가는 우주선 이륙장은 시나이 반도에 위치한 시나이 우주공항이었다.

1차 피라미드 전쟁의 내용을 보면, 엔키 신의 맏아들인 마르둑(Marduk) 신의 후손인 세트(Seth)가 형인 오시리스(Asar, Osiris)를 붙잡아 사지를 절단하고 나일 강 유역과 피라미드의 단독 지배권을 확립한다. 이에 마르둑 신은 세트를 죽이고자 했으나, 마르둑 신의 아버지인 엔키 신은 오시리스 시체에서 정액을 빼내 오시리스의 아내인 이시스(Ast, Isis)의 자궁에 주입해 호루스(Horus, Horon)를 낳게 한다. 마르둑 신의 동생인 기빌(Gibil)이 호루스에게 우주비행사와 미사일 다루는 방법 및 철로 무기를 만드는 방법을 가르쳐 준다. 호루스의 군대는 세트에게 쳐들어가

---

[11] 누가 피라미드를 건설했나? - 『바이블 매트릭스』 시리즈 2권 『인간 창조와 노아 홍수의 비밀』의 5부 2장 4절의 "피라미드와 스핑크스에 동원된 거인들??"을 참조하라.

공중전을 벌인다. 호루스는 세트가 쏜 독이 든 화살에 맞는다. 그러나 엔키 신의 아들인 토트(닝기쉬지다, Thoth, Ningishzidda)가 호루스에게 해독제(antidote)를 주고 눈부신 무기(blinding weapon)를 준다. 세트는 눈부신 무기에 맞아 그의 고환이 으깨진다. 호루스는 세트를 붙잡아 아눈나키 앞에 세운다. 아눈나키는 이때 세트로 하여금 이미 엔키 신계의 함족이 무력으로 점령한 가나안 땅에 살도록 결정한다. 이로써 세트는 공식적으로 가나안을 지배하게 되었으며 이에 따라 엔키 신계의 모든 자손들이 우주 관련 시설을 통제하게 된다. 이에 반발한 엔릴 신계가 제2차 피라미드 전쟁(c.BC 8670-c.BC 8500)을 일으키지만 여전히 가나안은 함 족속들이 차지하게 된다(Sitchin, 1976 & 1991 & 2004; 시친, III, 2장, 2009).

이로써 「창세기」 12장에 등장하는 아브라함(Abram, Abraham, BC 2166-BC 1991)의 이야기를 이해할 수 있다. 야훼 하나님은 아브라함 보고 약속했던 가나안 땅으로 가라고 명령한다. 가나안 땅은 원래 아눈나키의 결정과 약속에 따라 셈 족속에게 주려고 했던 땅이나. 그러나 가나안 땅은 함 족속이 불법으로 차지하고 있었다. 결국 아브라함의 후손들은 출애굽을 하여 가나안 땅에 진입해 함 족속인 아모리 족속(Amorites)과 가나안 족속(Canaanites) 등을 무찌르고 가나안에 입성해 이스라엘 왕국을 이루게 된다.

이렇게 본다면 구약성경에 등장하는 바알 신들(Baals)과 많은 신들은 모두 야훼, 즉 여호와 하나님의 적으로 표현되는 수메르시대의 엔키 신의 아들인 마르둑을 비롯한 직계 후손 신들과 저위급 신들(lesser gods or lower god)을 일컫는다 보아도 타당할 것이다.

9절 성경에 등장하는 그 외의 수많은 신들(gods)

자, 이번에는 구약성경에 등장하는 그 외의 많은 신들을 살펴보자. 영문성경 NIV에서 'gods'를 검색해 보니 「창세기」 31장 19절의 집의 수호신(household gods)인 드라빔(Teraphim, Teraph의 복수)에서부터 신약의 「갈라디아서(Galatians)」 4장 8절의 본질상 하나님이 아닌 신들(gods)까지 230절이나 등장한다. 한글성경(한글개혁)에서 '다른 신'을 검색해 보니 「출애굽기」 20장 3절의 '다른 신들(other gods)'에서부터 구약성경 「호세아」 13장 4절의 '다른 신들(other gods)'까지 76절이나 등장한다. 물론 이들 신들 중에는 인간이 나무나 돌로 만든 우상신이나 집의 수호신들도 포함되어 있다.

이번에는 NIV에서 'other gods'을 검색해 보니 「출애굽기」 18장 11절의 '모든 신(other gods)'에서부터 구약성경 「호세아」 3장 1절의 '다른 신들(other gods)'까지 63절이나 등장한다.

수메르 종교(Sumerian Religion)[12]에 따르면 우르 3왕조(Third Dynasty of Ur, Ur III Empire, BC 2119~BC 2004) 동안에만 이 땅에는 고위급 신들과 저위급 신들을 포함해 총 3,600명의 판테온(The Pantheon, 신전)의 신들이 있었다고 기록하고 있다.

---

12 http://en.wikipedia.org/wiki/Sumerian_religion

2장
야훼(Yahweh), 즉 여호와 하나님은 최고 높으신 신인가

고대 수메르(Smuer) 문서에도 고위급 신들로 구성된 아누나키(Anunnaki)가 등장한다. 수메르시대의 수메르어(Smuerian)로 쓰여진 고문서에 따르면 이 땅에 내려 오신 고위급 신들(Higher gods) 중 최고 12명으로 구성된 고위 신들의 그룹을 위대한 아눈나키(Great Annunakki)라 불렀다. 접두사 안(An, 또는 Anu)은 하늘이란 뜻이고, 접미사 키(ki)는 지구(earth)라는 뜻으로 히브리 성경 「창세기」 1장 1절의 에레츠(Eretz, 지구)를 의미한다. 이 땅에 오신 엔릴(Enlil) 신(神)이 최고 높은(Most High or Great Mountain) 신으로 아눈나키의 수장이 된다. 반면 하늘의 고위 신들의 그룹은 아눈나(Anuna or Anunna)라고 불렀다. 반면 이기기 신들(Igigi Gods), 즉 네피림(Nephilim)에 속하는 신들은 주로 하위급 신들로 젊은 신들이었다.

따라서 구약성경에도 이러한 신들의 계급이 등장하지 않을까? 그렇다면 구약에 등장하는 야훼(Yahweh)는 최고 높으신 하나님(Most High God)일까?

1절 나 이외의 다른 신을 섬기지 말라

「출애굽기」 20장 3절에는 "너는 나 외에는 다른 신들을 네게 있게 말찌 니라"라는 말씀이 등장하고, 22장 20절에는 "여호와 외에 다른 신에게 희생을 드리는 자는 멸할찌니라"라는 말씀이 등장하며, 34장 14절에는 "너는 다른 신에게 절하지 말라 여호와는 질투라 이름하는 질투의 하 나님임이니라"라는 말씀이 등장한다.

물론 이스라엘 백성들에게 여호와 하나님이 말씀하신 것이지만, 다 른 신들을 인정하고 있다는 것은 아닐까? 또한 동시에 다른 신들보다 여호와 하나님이 더 능력이 있고 권위가 있다는 것은 아닐까? 이것은 여호와 하나님이 최고위급 신이란 뜻은 아닐까?

「출애굽기」 20:3 - 너는 나 외에는 다른 신들을 네게 있게 말찌니라 ("You shall have no other gods before me)(NIV)

22:20 - 여호와 외에 다른 신에게 희생을 드리는 자는 멸할찌니라 ("Whoever sacrifices to any god other than the LORD must be destroyed)

34:14 - 너는 다른 신에게 절하지 말라 여호와는 질투라 이름하 는 질투의 하나님임이니라(Do not worship any other god, for the LORD, whose name is Jealous, is a jealous God)

「예레미야」 25:6 - 너희는 다른 신을 좇아 섬기거나 숭배하지 말 며 너희 손으로 만든 것을 인하여 나의 노를 격동치 말라 그리하면 내 가 너희를 해치 아니하리라 하였으나(Do not follow other gods to serve and worship them; do not provoke me to anger with what your hands have made. Then I will not harm you)(NIV)

2절 나는 모든 신들 중의 최고의 신, 나는 처음이요 마지막?

「시편」 86장 8절에는 "주여 신들 중에 주와 같은 자 없사오며 주의 행사와 같음도 없나이다"라는 구절이 등장하고, 「시편」 95장 3절에는 "대저 여호와는 크신 하나님이시요 모든 신 위에 크신 왕이시로다"라는 구절이 등장하며, 「시편」 96장 4절에는 "여호와는 모든 신들보다 경외할 것임이여"라는 구절이 등장한다. 모든 신들 중에 여호와가 최고(LORD, the great God, the great King above all gods)라는 뜻이다. 또한 「다니엘」 2장 47절에는 여호와는 '모든 신들 중의 신(God is the God of gods)'이라고 기록되어 있다. 그렇다면 신들 중에 최고의 신이란 뜻이 아닌가?

「시편」 86:8 - 주여 신들 중에 주와 같은 자 없사오며 주의 행사와 같음도 없나이다(Among the gods there is none like you, O Lord; no deeds can compare with yours.)(NIV)

「시편」 95:3 - 대저 여호와는 크신 하나님이시요 모든 신 위에 크신 왕이시로다(For the LORD is the great God, the great King above all gods.)

「시편」 96:4 - 여호와는 광대하시니 극진히 찬양할 것이요 모든 신보다 경외할 것임이여(For great is the LORD and most worthy of praise; he is to be feared above all gods.)

「다니엘」 2:47 - 왕이 대답하여 다니엘에게 이르되 너희 하나님은 참으로 모든 신의 신이시요 모든 왕의 주재시로다 네가 능히 이 은밀한 것을 나타내었으니 네 하나님은 또 은밀한 것을 나타내시는 자시로다(The king said to Daniel, "Surely your God is the God of gods and the Lord of kings and a revealer of mysteries, for you were able to reveal this mystery.")

아주 재미있고 의미 심장한 구절이 나온다. 바로 「이사야」 44장 6절 의 내용으로 "이스라엘의 왕인 여호와, 이스라엘의 구속자인 만군의 여호와가 말하노라 나는 처음이요 나는 마지막이라 나 외에 다른 신이 없느니라"라고 말씀하신 구절이다. 이 구절을 어떻게 해석해야 할까? 물론 이스라엘의 하나님인 야훼 신만이 이스라엘을 구원할 수 있다고 강조한 것이다. 이스라엘의 하나님은 이스라엘을 좌지우지할 수 있다. 그래서 나 이외에 이스라엘을 구원할 신은 없다고 선언한 것이다. 이 에는 아무런 의문이 없다. 의문의 가치도 없다. 그러나 다른 의문이 있 다. "나는 처음이요 나는 마지막이라" 말씀하신 대목이다.

「이사야」 44:6 - 이스라엘의 왕인 여호와, 이스라엘의 구속자인 만 군의 여호와가 말하노라 나는 처음이요 나는 마지막이라 나 외에 다른 신이 없느니라("This is what the LORD says--Israel's King and Redeemer, the LORD Almighty: I am the first and I am the last; apart from me there is no God(NIV); Thus saith the LORD the King of Israel, and his redeemer the LORD of hosts; I am the first, and I am the last; and beside me there is no God(KJV); The LORD, who rules and protects Israel, the LORD Almighty, has this to say : "I am the first, the last, the only God; there is no other god but me(Good News); This is what the Lord says - Israel's King and Redeemer, the Lord of Heaven's Armies : "I am the First and the Last; there is no other God)(New Living)

이는『바이블 매트릭스』시리즈 1권『우주 창조의 비밀』의 3부 3장 3절 "예수님 = 나는 알파와 오메가, 처음과 나중, 시작과 끝"에서 살펴본 내용과 같기 때문이다.

「요한계시록」에는 예수님을 '알파요 오메가(the Alpha and the Omega)', '처음이요 나중(the First and the Last)', 그리고 '시작과 끝(the Beginning and the End)'으로 표현하고 있는데, 그 의미는 무엇일까?

「요한계시록」1:17 - 내가 볼 때에 그 발 앞에 엎드러져 죽은 자같이 되매 그가 오른손을 내게 얹고 가라사대 두려워 말라 나는 처음이요 나중이니(When I saw him, I fell at his feet as though dead. Then he placed his right hand on me and said: "Do not be afraid. I am the First and the Last)(NIV)

2:8 - 서머나 교회의 사자에게 편지하기를 처음이요 나중이요 죽었다가 살아나신 이가 가라사대("To the angel of the church in Smyrna write: These are the words of him who is the First and the Last, who died and came to life again)

21:6 - 또 내게 말씀하시되 이루었도다 나는 알파와 오메가요 처음과 나중이라 내가 생명수 샘물로 목마른 자에게 값없이 주리니(He said to me: "It is done. I am the Alpha and the Omega, the Beginning and the End. To him who is thirsty I will give to drink without cost from the spring of the water of life.)

22:13 - 나는 알파와 오메가요 처음과 나중이요 시작과 끝이라(I am the Alpha and the Omega, the First and the Last, the Beginning and the End.)

알파와 오메가요 처음과 나중이요 시작과 끝이라!! 이것은 특이점-블랙홀-빅뱅이 연속된다는 뜻일 것이다. 그래서 이렇게 해석할 수 있다. 구약「창세기」에 등장하는 우주는 첫 번째 창조이고 신약의「요한계시록」에 등장하는 우주는 두 번째 창조라고 말할 수 있다. 첫 번째 우주는 종말을 고할 것이다. 그러나 종말이 아니라 그것은 새로운 차원의 우주공간으로 들어간다는 뜻이다. 그리고 <u>하나님과 예수님은 특이점-블랙홀-빅뱅을 관장하시고 계시다</u>라고 해석할 수 있다. 블랙홀은 생명의 어머니라고 했다. 그 것은 창조의 아버지인 하나님과 예수님을 의미한다.

그렇다면 야훼 하나님은「요한계시록」에 등장하는 그 하나님이란 말인가? 오로지 한 분의 아들, 즉 독생자를 두신 예수님의 아버지란 말인가? 그런데 왜 신약에서는 야훼라는 이스라엘의 신의 이름이 등장하지 않는 것일까? 고대 수메르 문서에 등장하는 하늘의 안(An) 신은 아들이 엔릴 신과 엔키 신, 즉 두 분의 아들을 두지 않았는가?

혹시 엔키 신이 말씀하신 대목을「이사야」를 쓰신 저자는 인용하지 않았을까? 『바이블 매트릭스』시리즈 2권『인간 창조와 노아 홍수의 비밀』의 7부 1장과 2장에서 밝힌 "엔키 신의 '증거의 책(Book of Witnessing)'"과 "과거는 바로 미래다(the Past becomes the Future)"에서 밝힌 내용을 인용하지 않았을까?

작고하신 시친(Zecharia Sitchin)은 여기저기 흩어지고(dispersed) 파편 조각이 난(fragmented) 점토판들을 수집하여 총 14개 점토판에 새겨진 매우 긴 문서인 '증거의 책(Book of Witnessing)'이라는 엔키 신의 자서전을 재구성하고 편집하여『엔키의 잃어버린 책(The Lost Book of

Enki, 2004)』을 발간하였다.

엔키 신의 '증거의 책'에는 엔키 신이 에리두(Eridu)의 서기관(master scribe)이었던 엔두브사르(Endubsar)를 선택하여, 엔키 신이 말하는 대로 적어 '증거의 책'을 쓰게 하고, 적당한 시점에 모든 사람에게 공개하라는 내용이 적혀 있다. 따라서 엔키 신의 '증거의 책'은 구약성경에 등장하는 예언서(Prophecy)의 기초(foundation)가 된다. 도입 부분의 증거(Attestation)라는 점토판과 〈점토판 14〉에서 엔키 신은 다음과 같이 말한다. "과거는 바로 미래이다(the Past becomes the Future)", "과거에 미래가 숨어 있다(in the past the future lies hidden)", "과거의 미래가 심판이다(Let the Future of the Past the judge be!)(Sitchin, 『The Lost Book of Enki』, 2004, p. 9 & 12 & 317).

엔키 신은 14개 점토판을 통해 최초(Beginnings), 전시대(Prior Times), 구시대(Olden Times)의 비밀을 밝히고, 대홍수(Great Calamity)가 어떻게 일어 났는지를 밝힌다. 따라서 이는 엔키 신의 말씀(The Words of the Lord Enki)이다. '증거의 책'은 과거의 증거의 책(Book of Witnessing of the past)이며, 미래를 예측하는 책(Book of Foretelling)이며, 이 책에서 엔키 신은 '첫 번째가 나중이 된다는 것(first things shall also be the last things)'을 말씀하신다(Sitchin, 『The Lost Book of Enki』, 2004, p. 14).

이는 신약성경에 가면 "먼저 된 자로서 나중 되고, 나중 된 자로서 먼저 될 자가 많으니라(But many who are first will be last, and many who are last will be first)"라는 내용과 일맥 상통한다(한글개역/NIV, 「마태복음」 19:30, 20:16; 「마가복음」 10:31; 「누가복음」 13:30). 또 「욥기」 8장 7절의 "네 시작은 미약하였으나 네 나중은 심히 창대하리라(Your beginnings will seem humble, so prosperous will your future be)"(NIV)와 관계가 있으며, 이는 『바이블 매트릭스』 시리즈 1권 『우주 창조의 비밀』편에서 살펴본 「요한계시록」 22장 13절의 예수님이 말씀하신 "나는 알파와 오메가요 처음과 나중이요 시작과 끝이라(I am the Alpha and the Omega, the First and the Last, the Beginning and the End)"(NIV)와 일맥 상통한다.

3절 야훼는 최고 높으신 하나님(the most high God)

자, 이번에는 영문성경(KJV)에서 '가장 높으신(the most high God or the LORD most high)'을 검색해 보았다. 그 이유는 최상급인 'the most'가 나온다면 이것은 하위급(the lower) 하나님들이 있다는 것을 증빙하기 때문이다.

검색결과 「창세기」 14장 18절의 '지극히 높으신 하나님(the most high God)'에서부터 「호세아(Hosea)」 11장 7절의 '위에 계신 자(most High)'까지 43절에 등장하고 있고, 신약에서는 「마가복음」 5장 7절의 '지극히 높으신 하나님의 아들 예수여(Jesus, thou Son of the most high God)'에서부터 「히브리서」 7장 1절의 '지극히 높으신 하나님(the most high God)'까지 다섯 번이나 등장한다.

수많은 신들 중에 야훼(Yahweh)는 최고 높으신 하나님(the most high God)임을 쉽게 알 수 있으며, 이 땅에는 수많은 하나님(신)들이 내려오셨다는 것도 알 수 있다.

4절 자기들의 하나님(엘로힘)을 '천지를 창조하신 최고의 하나님' 이라 말하다

다음 내용은 「창세기」 14장에 나오는 '아브람이 롯을 구하다(Abram Rescues Lot)'에 등장하는 이야기로 아브람이 동부의 네 왕들의 동맹군과 가나안의 다섯 왕들의 전쟁에 끼어든다. 결국 아브람이 동부 동맹군을 다 물리치고 돌아오자 가나안의 살렘 왕(king of Salem)과 소돔 왕(king of Sodom)이 나와 대대적으로 아브람을 영접한다. 그리고 자기들의 하나님을 '천지를 창조하신 최고의 엘로힘(하나님)(God Most High, Creator of heaven and earth)'이라 말한다.

「창세기」 14:18 - 살렘 왕 멜기세덱이 떡과 포도주를 가지고 나왔으니 그는 지극히 높으신 하나님의 제사장이었더라(Then Melchizedek king of Salem brought out bread and wine. He was priest of God Most High(NIV)

19 - 그가 아브람에게 축복하여 가로되 천지의 주재시요 지극히 높으신 하나님이여 아브람에게 복을 주옵소서(and he blessed Abram, saying, "Blessed be Abram by God Most High, Creator of heaven and earth)

20 - 너희 대적을 네 손에 붙이신 지극히 높으신 하나님을 찬송할찌로다 하매 아브람이 그 얻은 것에서 십분 일을 멜기세덱에게 주었더라(And blessed be God Most High, who delivered your enemies into your hand." Then Abram gave him a tenth of everything.)

21 - 소돔 왕이 아브람에게 이르되 사람은 내게 보내고 물품은 네가 취하라(The king of Sodom said to Abram, "Give me the people and keep the goods for yourself.")

22 - 아브람이 소돔 왕에게 이르되 천지의 주재시요 지극히 높

으신 하나님 여호와께 내가 손을 들어 맹세하노니(But Abram said to the king of Sodom, "I have raised my hand to the LORD, God Most High, Creator of heaven and earth, and have taken an oath)

23- 네 말이 내가 아브람으로 치부케 하였다 할까 하여 네게 속한 것은 무론 한 실이나 신들메라도 내가 취하지 아니하리라(that I will accept nothing belonging to you, not even a thread or the thong of a sandal, so that you will never be able to say, 'I made Abram rich.')

24 - 오직 소년들의 먹은 것과 나와 동행한 아넬과 에스골과 마므레의 분깃을 제할찌니 그들이 그 분깃을 취할 것이니라(I will accept nothing but what my men have eaten and the share that belongs to the men who went with me--to Aner, Eshcol and Mamre. Let them have their share.")

여기서 중요한 핵심은 다들 자기들이 신봉하는 하나님을 "천지를 창조하신 지극히 높으신 하나님(God Most High, Creator of heaven and earth)"이라 말을 하고 있다는 것이다. 엄밀히 얘기하면 이때의 높으신 하나님은 엘로힘이다. 그들이 신봉하는 높으신 하나님은 엘로힘 중에 한분의 하나님이라는 뜻이다.

살렘 왕 멜기세덱이 떡과 포도주를 가지고 나왔으니 그는 '지극히 높으신 하나님의 제사장(He was priest of God Most High)'이었다. 이 구절에서 이스라엘의 하나님은 한결같이 야훼(Yahweh, the LORD)로 표현하고 있는 구약을 보면, 왜 이 구절에서는 야훼로 표현하지 않고, 지극히 높은 엘로힘(하나님)으로 표현했는가이다. 이는 분명 멜기세덱은 제사장이었으므로 자기가 신봉하는 신에게 다가가서 얘기를 하고 지시를 받는 제사장 신분이다. 분명 이 당시의 가나안은 마르둑 신이나 그의 아들 나부 신이나 그 직계 신을 신봉하고 있었다는 증거이다. 멜기세덱은 더 나아가 아브람(아브라함)에게 축복하여 가로되 "천지의 주재시요 지극히 높으신 하나님(God Most High, Creator of heaven and earth)이여 아브람에게 복을 주옵소서"라고 자기네의 엘로힘(하나님)에게 기도조로 말을 한다. 그리고 계속해서 아브람의 대적을 아브람의 손에 붙이신 '지극히 높으신 하나님(God Most High)', 즉 자기네가 신봉하는 엘로힘(하나님)을 찬송할찌로다라고 말을 한다. 이에 아브람은 그 얻은 것에서 십분의 일을 멜기세덱에게 준다.

소돔 왕이 아브람에게 이르되 사람은 내게 보내고 물품은 네가 취하라하니, 아브람이 소돔 왕에게 이르되 "천지의 주재시요 지극히 높으신 하나님 여호와께(the LORD, God Most High, Creator of heaven and earth) 내가 손을 들어 맹세하노니"라고 말을 한다. 이제서야 아브라함의 하나님 이름이 등장한다. 그것도 지극히 높은 엘로힘 중에 아브라함이 신봉하는 하나님은 '야훼'라고 분명히 밝힌 것이다. 이렇듯 구약성경에 많은 하나님들(엘로힘)이 등장한다.

5절 하위급 하나님들(엘로힘)을 대동하신 여호와(야훼)

자, 이번에는 여호와(야훼)께서 여호와 보다 낮은 하위급 하나님들을 대동하는 장면을 살펴보자. 바로 「창세기」 18장에는 아브라함 앞에 '세분의 방문객들(The Three Visitors)'이 나타나신다. 이 내용은 아브라함이 아들 이삭을 낳을 것이라고 여호와로부터 약속 받는 장면과 함께 소돔과 고모라의 멸망이 다가왔다는 것을 확인하는 내용이다.

극적인 장면은 「창세기」 18장 1절부터 시작한다. 아브라함이 헤브론의 마므레 상수리 수풀 근처에서 쉬고 있었다. 아브라함이 눈을 들어 본즉 사람 셋이 맞은편에 섰는지라(three men standihng nearby), 그가 그들을 보자 곧 장막문에서 달려나가 영접하며 몸을 땅에 굽혔다. 세분의 하나님들(엘로힘)이 아브라함 앞에 나타난 것이다. 아브라함은 곧장 이들이 누구인지를 알아보는데, 사람들과는 다른 옷차림, 즉 우주복을 입고 있었기 때문이다. 그런데 왜 사람(men)이라고 표현했는지 아리송한 대목이다. 분명 천사들은 아니고, 분명 세 분의 하나님들인데, 유일신의 입장에서 야훼라고 표현할 수 없어서, 이렇게 표현하지 않았나 생각된다. 그렇다고 엘로힘을 뜻하는 하나님(God)이라 표현하자니, 이것도 마땅치 않았을 것이다. 왜냐하면 분명 세 분이었고, 이 세 분 중에 한 분이 야훼(여호와)였기 때문이다.

아브라함은 풍성한 식사를 대접한다(「창세기」 18:8). 식사를 하신 세 분의 하나님들은 늙은 아브라함과 사라에게 적통의 후사를 약속한다. 후사도 중요한 것이겠지만 거기에는 불길한 다른 목적이 있었다. 세분의 하나님들이 오신 진짜 목적은 소돔과 고모라의 죄상을 확인하러 온 것이었다(「창세기」 18:20-21). 두 분의 하나님들이 소돔으로 떠나자(「창세기」 18:16), 이제서야 홀로 남은 하나님은 여호와(야훼)로 등장하여 아브라함과 대화를 하신다(「창세기」 18:17).

이렇듯 구약성경에는 최고 높은 하나님들과 직급이 낮은 하나님들이 수없이 등장한다. 이것은 무엇을 말하는 것일까? 최고 높은 엘로힘(하나님)은 그 수하에 많은 하위급 엘로힘을 거느리고 있다는 것을 증명하는 것이다.

3장
'야훼께서 자리를 비우시다'와
'손에 붙이시다'의 의미

구약성경을 연구하다 보면 재미있는 구절을 발견하게 된다. 바로 "여호와께서 너희 중에 계시지 아니하니(the LORD is not with you)"라는 구절과 "그들을 버리고 내 얼굴을 숨기리라(…forsake them; I will hide my face from then)"라는 구절이 그것이다. 그 뜻은 이스라엘 백성이 여호와의 명령과 언약을 거역하면 벌을 받게 되는데, 그 벌의 대가로 여호와께서 이스라엘 백성을 버리고 자리를 비우신다는 뜻이다. 야훼께서 자리를 비우실 때마다 이스라엘 백성은 각종 전쟁에서 패하게 된다. 이를 구약성경에서는 다른 나라나 다른 나라의 왕의 '손에 붙이시매(handed over to the king of other nation)'라고 표현하고 있다. 그럼 '야훼께서 자리를 비우시다'와 '손에 붙이시다'의 의미는 무엇일까?

이스라엘 민족은 야훼의 명령 또는 언약을 파기하고 야훼를 배반하면, 반드시 그 대가로 벌을 받고, 벌을 받은 후 회개하고 다시 야훼를 부르짖으면, 야훼께서 구원하고 일으켜 세우는 일이 수 없이 반복된다. 벌을 받으면 그 대가로 다른 나라 민족의 노예가 되는데, 예를 들면 400년간의 이집트의 노예생활(BC 1806-BC 1406년), 110년간의 앗수르 포로(Assyria Exile/Captivity, BC 723-BC 612)와 70년간의 바벨론 유수(Babylonian Captivity/Babylon Exile, BC 605-BC 538)가 그것들이다. 또한 벌을 받으면 그 대가로 전쟁에서 무조건 패하게 된다. 물론 야훼께 순종할 때에는 전쟁에서 무조건 승리한다. 이러한 관점에서 성경의 역사 순으로 그 사례를 분석해 보고 그 의미를 알아보자.

1절 이집트 노예생활, 야훼께서 400년간 자리를 비우시고, 이집트의 신들에게 신탁

「창세기」 15장 13절에서 16절을 보면 야훼께서 아브라함에게 이르시기를, "네 자손이 이방에서 객이 되어 그들을 섬기겠고 그들은 사백 년 동안 네 자손을 괴롭게 하리니… 네 자손은 사 대(fourth generations)만에 이 땅으로 돌아오리니, 이는 아모리 족속의 죄악이 아직 관영치 아니함이니라(for the sin of the Amorites has not yet reached its full measure)"라고 말씀하신다. 왜 400년 동안 이집트의 노예가 되어야 하는지 그 이유를 정확하게 설명하시지 않고, 아직 아모리 족속들의 죄를 판단할 때가 아니라고만 말씀하신다.

앞에서도 살펴보았듯이 가나안 지역은 원래 아눈나키의 결정에 따라 셈족이 거처해야 할 땅이었지만, 엔키 신과 마르둑 신을 따르는 함(Ham)족의 아모리 족속들과 가나안 족속들이 무단으로 점령하여 살고 있었다. 이렇게 본다면 이것은 신들의 영유권 다툼의 문제라고 볼 수도 있다.

그렇다 손치더라도, 왜 아무 잘못도 없는 아브라함(Abram, Abraham,

BC 2166-BC 1991)의 후손들, 즉 이스라엘 민족은 400년 동안 이집트의 노예가 되었는가이다. 이집트의 노예가 되었다는 것은 아브라함의 열 조께서 야훼가 아니라 다른 신들을 쫓아 섬긴 벌의 대가가 아닐까? 그 결과 400년 동안 야훼께서 이스라엘 민족을 이집트의 신들(gods)의 손 (hand)에 붙이신 것은 아닐까? 다시 말하면 이집트의 신들에게 이스라 엘 민족을 신탁한 것은 아닐까?

「출애굽기」 3장 7절과 8절을 보면, 야훼께서 애굽에 있는 이스라엘 백성들의 울부짖는 소리를 들으시고, 야훼께서 하늘에서 내려와, 이스 라엘 백성들을 애굽의 손(hand)에서 건져내시고 가나안 땅으로 인도 할 것이라고 모세에게 이르신다. 여기서 중요한 대목이 나온다. "울부 짖는 소리를 듣고… 하늘에서 내려와서"가 그것이다. 그렇다면 야훼께 서는 400년 동안 이스라엘 민족과 떨어져 있었다는 것이 아닌가? 400 년 동안 자리를 비우셨다는 것이 아닌가? 400년 동안 이집트의 신들에 게 이스라엘 백성을 맡기신 것은 아닐까?

「출애굽기」 3:7 - 여호와께서 가라사대 내가 애굽에 있는 내 백성의 고통을 정녕히 보고 그들이 그 간역자로 인하여 부르짖음을 듣고 그 우고를 알고(The LORD said, "I have indeed seen the misery of my people in Egypt. I have heard them crying out because of their slave drivers, and I am concerned about their suffering.)(NIV)

3:8 - 내가 내려와서 그들을 애굽인의 손에서 건져내고 그들을 그 땅에서 인도하여 아름답고 광대한 땅, 젖과 꿀이 흐르는 땅 곧 가나 안 족속, 헷 족속, 아모리 족속, 브리스 족속, 히위 족속, 여부스 족속 의 지방에 이르려 하노라(So I have come down to rescue them from the hand of the Egyptians and to bring them up out of that land into a good and spacious land, a land flowing with milk and honey--the home of the Canaanites, Hittites, Amorites, Perizzites, Hivites and Jebusites.)

그렇다면 애굽에서 400년 동안 노예생활을 하게 된 원인은 무엇이었을까? 앞에서 보았듯이 이스라엘 민족이 야훼께 무슨 잘못을 하면 그 벌의 대가로 다른 나라가 다스리도록 한다. 그렇다면 무슨 잘못을 저질렀을까?

이 당시의 상황을 살펴보자. 이 당시에는 신들의 전쟁으로 인해 시나이 반도에 있던 우주공항(Spaceport, 이륙장)과 소돔과 고모라가 핵으로 멸망되고(BC 2023), 그 여파로 수메르와 그 찬란한 문명이 붕괴되고, 메소포타미아 전 지역의 고대도시 국가가 붕괴되었다(시친, III, 14장, 2009). 이러한 암흑기를 거쳐 함(Ham)족의 후손인 가나안의 아모리(Amorites) 족속들이 갈대아(Chaldea) 지역의 수메르와 바벨론을 중심으로, 북으로는 아시리아를 포함해 메소포타미아 전역을 장악하는 고대 바빌로니아 제1왕조를 연다. 이것이 고대 바빌로니아 왕조(BC 1830-c.BC 1531)이다.

그런데 고대 바빌로니아 제6대 왕인 함무라비(Hammurabi, 통치 BC 1792-BC 1750)는 '함무라비 법전'으로 유명하지만, 셈(Shem)족과는 적대적인 바벨론의 수호신이었던 마르둑(Marduk, 므로닥, Merodach)이라는 신을 주신(主神)으로 섬겼다. 마르둑은 이 당시 수메르의 고위급 신들의 신권을 찬탈하여 '벨(Bel=바알=Baal) 마르둑(므로닥)'이라 불리는 국가적인 숭배 대상이 된다. 벨은 바빌론에서, 바알은 가나안에서 숭배되던 전쟁과 풍요의 신으로, 결국 마르둑이 가나안까지 장악해 바알이라는 우상 숭배 대상의 신이 된다. 마르둑(므로닥)은 고대 수메르 문서, 그리고 성경에 뱀이나 악마로 표현되는 반-야훼의 신이다. 마르둑(므로닥) 신은 구약성경에 딱 한 번 나오는데 그게 「예레미야」 50장 2절에 기록되어 있다. 결국 메소포타미아는 뱀과 사탄으로 표현되는 마르둑 신에 의해 짓밟히고 지배당한다.

「여호수아」 24장 14절에는 여호수아(Joshua, 지도자 재위, BC 1406-BC 1390)가 이스라엘 백성들을 보고 "너희의 열조가 강 저편과 애굽에서 섬기던 신들을 제하여 버리고"라는 구절이 등장하고, 15절에는 "너희 열조가 강 저편에서 섬기던 신이든지 혹 너희의 거하는 땅 아모리 사람의 신이든지… 여호와를 택하든지 하라"라는 구절이 나온다.

「여호수아」 24:14 – 그러므로 이제는 여호와를 경외하며 성실과 진정으로 그를 섬길 것이라 너희의 열조가 강 저편과 애굽에서 섬기던 신들을 제하여 버리고 여호와만 섬기라("Now fear the LORD and serve him with all faithfulness. Throw away the gods your forefathers worshiped beyond the River and in Egypt, and serve the LORD)(NIV)

24:15 – 만일 여호와를 섬기는 것이 너희에게 좋지 않게 보이거든 너희 열조가 강 저편에서 섬기던 신이든지 혹 너희의 거하는 땅 아모리 사람의 신이든지 너희 섬길 자를 오늘날 택하라 오직 나와 내 집은 여호와를 섬기겠노라(But if serving the LORD seems undesirable to you, then choose for yourselves this day whom you will serve, whether the gods your forefathers served beyond the River, or the gods of the Amorites, in whose land you are living. But as for me and my household, we will serve the LORD.)(NIV)

강 건너편이란 데라(Terah, BC 2236-BC 2031)가 살던 지역인 니푸르(Nippur)를 말하는데, 이곳에서 데라는 아브라함(Abram, Abraham, BC 2166-BC 1991)과 나홀(Nahor)과 하란(Haran)을 낳았다(「창세기」 11:27~32). 데라는 수메르(Smuer) 남부에서 활약한 셈(Shem)계(系)의 아르박삿(Arphaxad) 계열 족속으로 왕가 사제 집안의 출신이다. 그러다가 신전과 궁정 사이의 연락을 위해 남쪽 우르(Ur)로 이주하였다가(BC 2113), 갈대아 우르를 떠나 가나안(Canaan) 땅으로 가기 위해 하란(Haran)에 거하다가 205세에 하란에서 죽는다.

그런데 광의적으로 보면 니푸르나 우르나 모두 강 저편, 즉 유프라테스 강(Euphrates, 「창세기」 2장 14절의 '유브라데') 너머의 갈대아(Chaldea) 지역에 속한다. 갈대아는 원래 바빌로니아(Babylonia) 남부의 수메르(Smuer, 「창세기」 10장 10절의 '시날=Shinar')를 가리키는 고대 지명이다. 그러다가 바벨탑(The Tower of Babylonia) 사건[「창세기」 11장, c.BC 3450, BC 2357(B)-BC 2118(B)] 이후 바빌로니아 전체로 지명이 확대되었다. 그래서 구약성경에서는 갈대아를 흔히 바빌로니아와 동의어로 사용하고 있다. 따라서 갈대아인(Chaldean)은 바로 바빌로니아인(Babylonian)이다. 구약과 신약 전체를 통해 바빌로니아인들은, 여호와 하나님과 적대시되는, 이스라엘 민족과 적대시되는, 바빌론의 수호신이었던 마르둑(Marduk) 신을 주신으로 섬겼기 때문이다. 따라서 강 저편에서 섬기던 신은 바로 마르둑 신임을 알 수 있다.

아브라함의 조상들이 마르둑 신을 섬김으로써, 야훼께서 아브라함을 우르에서 나오게 하여 가나안 땅을 거쳐 그 후손들로 하여금 이집트에서 살게 하였으나, 그 대신 아브라함의 후손들은 조상들이 마르둑 신을 섬긴 대가의 벌로 이집트의 노예가 된 것이다. 어찌 보면 야훼 하나님은 갈 곳 없는 이스라엘 민족을 400년간 이집트를 다스리는 신에게 신탁한 것이라고 볼 수 있다.

2절 40년간의 광야생활, 야훼께서 40년간 자리를 비우다, 아말렉 전쟁에서 패하다

선지자 모세(Moses, BC 1526-BC 1406)가 80세에(「출애굽기」 7:7, 「신명기」 18:15, 아론은 83세) 리더가 되어, BC 1446년에 애굽을 탈출한 지 2년 이월에, 시내 산(Mount of Sinai, 히브리어로 Horeb)의 시내광야를 떠나 하세룻(Hazeroth)을 거쳐 세벨 산(Mt. Shepher)을 거쳐 시나이 반도 중간쯤에 있는 파란 광야(Wilderness of Paran)에 진을 치고(「민수기」 10:11-2, 「민수기」 12:16), 각 지파 족장 12명을 뽑아 40일간의 가나안 땅을 탐지한다(「민수기」 13:17-26, 「신명기」 1:19-33).

세일 산(Mt. Seir)을 지나 바란 광야의 북쪽 지역과 신 광야(Wilderness of Zin)의 남쪽 지역인 가데스 바네아(Kadesh Barnea)에 진을 치고, 가나안 탐지 후 보고 과정에서, 가나안 땅은 네피림(Nephilim)의 자손인 키가 4미터의 거인(Giant)[13]인 아낙(Anak, Anakim, Anakite) 자손들이 사는 곳이며, 젖(Milk)과 꿀(Honey)이 흐르는 땅이 아니라, 사람 살 곳이 못 되는 땅이라고 악평을 한자들 때문에(「민수기」 13:25-33, 「신명기」 1:28), 하나님의 벌을 받아 탐지한 날수 40일이 40년으로 바뀌고(「민수기」 14:34), 가나안 점

---

13 네피림(Nephilim)과 거인들(Giants)에 대한 자세한 내용은 『바이블 매트릭스』 시리즈 2권 『인간 창조와 노아 홍수의 비밀』의 5부인 "홍수의 비밀(1/2), 신들의 문제, 네피림(Nephilim)"을 참조하라.

령이 늦춰져 40년간의 광야생활(Wilderness or Desert, Shur & Sin & Paran & Zin, BC 1446-BC 1406)을 한다(「출애굽기」 16:36).

출애굽한 이스라엘 민족의 20세 이상은, 정탐 사실을 올바로 보고 한 유다(Judah) 지파의 갈렙(Caleb)과 에브라임(Ephraim) 지파의 「여호수아」(Joshua)를 제외하곤, 이 40년 동안 모두 광야에서 죽는다(「민수기」 14:20-35, 「민수기」 26:63-65, 「민수기」 32:11-13, 「신명기」 1:34-39, 「신명기」 2:14-16, 「여호수아」 5:6). 아론(Aaron)도 모세도 결국 가나안 땅을 밟기 전에 죽는다(「신명기」 1:36-39).

「민수기」 14장 34절에는 "사십년간 너희가 너희의 죄악을 질찌니 너희가 나의 싫어 버림을 알리라 하셨다"라는 구절이 나온다. 야훼께서 40년 동안 이스라엘을 싫어하신다 함은 40년 동안 자리를 비우신다는 뜻이다. 이것을 모른 채 목이 굳은(Stiff necked) 이스라엘 백성은 피곤함에도 격정에 사로잡혀, 아말렉인들(Amalekites)과 산지에 사는 가나안인들(Canaanites)을 공격한다. 이때 모세가 "여호와께서 너희 중에 계시지 아니하니 올라가지 말라 너희 대적 앞에 패할까 하노라"라고 경고했지만, 결과는 이스라엘의 패배로 끝난다(「민수기」 14:39-45, 「신명기」 25:17-19). 왜 패배했을까? 야훼께서 이스라엘 백성과 같이 계시지 않으셨기 때문이다. 즉 자리를 비우셨기 때문이다.

「민수기」 14:34 - 너희가 그 땅을 탐지한 날수 사십 일의 하루를 일 년으로 환산하여 그 사십 년간 너희가 너희의 죄악을 질찌니 너희가 나의 싫어 버림을 알리라 하셨다 하라(For forty years--one year for each of the forty days you explored the land--you will suffer for your sins and know what it is like to have me against you)(NIV)

14:42 - 여호와께서 너희 중에 계시지 아니하니 올라가지 말라 너희 대적 앞에서 패할까 하노라(Do not go up, because the LORD is not with you. You will be defeated by your enemies.)

3절 내 얼굴을 가리리라, 이스라엘의 포로(유수)를 예언하는 야훼

야훼께서 모세를 모압 평지의 아바림 산(Mt. Abarim) 또는 느보 산(Mt. Nebo)의 비스가(Pisgah) 꼭대기에 오르게 하여, 이스라엘 자손에게 줄 땅을 확인케 한 후, 형인 아론(Aaron)과 같이 죽어 열조로 돌아갈 것을 명한 후, 후계자로 눈의 아들(Son of Nun)인 여호수아(Joshua)를 임명하고 안수토록 한다(「민수기」27:12-23, 「신명기」3:23-29, 「신명기」34장). 결국 모세는 40년의 광야생활이란 벌의 대가와, 두 번째의 반석에서 물이 나게 하는 므리바 물(Waters of Meribah)의 기적 때, 야훼의 명령을 거역한 대가로(「민수기」20:1-13), 가나안 땅이란 목전을 앞두고 120세에 죽게 된다.

이때 야훼는 모세에게 마지막으로 "이스라엘이 가나안 땅에 들어가 그들이 배불리 먹고 살찌면 나를 배반하고 나를 멸시하여 내 언약을 어기고 다른 신을 쫓아 음란과 모든 악행을 행할진대 그러면 그때에 내가 진노하여 그들을 버리고 내 얼굴을 숨겨 그들에게 보이지 않게 할 것"이라고, 이스라엘의 배반(Israel's Rebellion Predicted)을 예언하신다(「신명기」31:16~17).

「신명기」31:17 - 그때에 내가 그들에게 진노하여 그들을 버리며 내 얼굴을 숨겨 그들에게 보이지 않게 할 것인즉 그들이 삼킴을 당하여 허다한 재앙과 환난이 그들에게 임할 그때에 그들이 말하기를 이 재앙이 우리에게 임함은 우리 하나님이 우리 중에 계시지 않은 까닭이 아니뇨 할 것이라(On that day I will become angry with them and forsake them; I will hide my face from them, and they will be destroyed. Many disasters and difficulties will come upon them, and on that day they will ask, 'Have not these disasters come upon us because our God is not with us?')(NIV)

여기서 중요한 내용이 나온다. "그들을 버리고 내 얼굴을 숨기리라(… forsake them; I will hide my face from then, and they will be destroyed)"(NIV)가 그 것인데, 야훼께서 진노하여 이스라엘 백성을 버린다는 것이다. 얼굴을 가린다는 말씀은 자리를 비운다는 것이다. 그러면 이스라엘은 야훼께서 같이하지 않으시므로 아시리아나 바벨론 등에 멸망 당한다는 뜻이다. 그때 이스라엘 백성은 "이 재앙이 우리에게 임함은 우리 하나님이 우리 중에 계시지 않은 까닭이 아니뇨?"라고 말할 것이란 얘기이다.

4절 앗수르, 바벨론, 바사의 침략에 숨겨진 비밀 – 다른 신들에 신탁

1. 솔로몬 왕의 죄의 대가, 이스라엘이 남과 북으로 나뉘다

가나안 정착 후 이스라엘 12지파 출신들의 12명의 사사들(士師, the Judges)의 통치가 시작되고(BC 1375-BC 1049), 베냐민 지파(Benjamite)의 사울(Saul)이 이스라엘의 초대 왕(Saul, 통치 BC 1050-BC 1010)이 되며(「사무엘상」 10:17-27), 2대 왕인 다윗 왕(David, 통치 BC 1010-BC 970)에 이어 3대 왕인 솔로몬 왕(Solomon, 통치 BC 970-BC 930)이 예루살렘을 수도로 하는 이스라엘의 통일왕국(BC 1050-BC 930)을 이룬다.

그러나 이스라엘 족속과 더불어 솔로몬 왕은 여호와 하나님이 BC 1445년에 모세(Moses)에게 시내 산에서 약속했던 언약인 "너는 다른 신에게 절하지 말라 여호와는 질투라 이름하는 질투의 하나님임이니라(Do not worship any other god, for the LORD, whose name is Jealous, is a jealous God)"(NIV, 「출애굽기」34:14)와 "너희는 다른 신을 좇아 섬기거나 숭배하지 말며 너희 손으로 만든 것을 인하여 나의 노를 격동치 말라 그리하면 내가 너희를 해치 아니하리라 하였으나(Do not follow other gods to serve and worship them; do not provoke me to anger with what your hands have made. Then I will not harm you)"(NIV, 「예레미야」25:6)라는 말씀을 어기고, 이방인(異邦人, Gentile, Foreigner, Alien, Pagan)과 결혼하여 그 결과 가나안의 바알(Baal) 신과 아세라(Asherah) 여신, 시돈 사람(Sidonians)의 풍요의 여신인 아스다롯(Ashtoreth), 암몬(Ammonites) 사람의 몰렉(밀곰, Molech)과 다른 신을 좇아 섬기고 숭배하고, 복술(Divination)과 사술(Sorcery)을 행한(「사사기」2:13, 「사사기」10:6, 「열왕기상」11:5) 대가로 하나님의 벌을 받게 된다(「열왕기상」11:14-25, 「열왕기하」17:7-24, 「예레미야」25:6 & 11-12, 「에스라」9:1-15).

그것은 솔로몬의 대적(Solomon's Adversaries)을 만들어 이스라엘의 통일왕국을 찢어(Tear) 놓는다. 그 결과 통일왕국은 북쪽의 북이스라엘 왕국(Kingdom of Israel)과 남쪽의 남유대(다) 왕국(Kingdom of Judah)으로 분열된다(BC 931).[14]

2. 앗수르 포로와 바벨론 유수

그 다음 북이스라엘 왕국(BC 931-BC 722)은 신아시리아 왕조(Neo-Assyrian Empire, c.BC 912-c.BC 626)의 살만에셀 5세(Shalmaneser V, 통치 BC 727-BC 722) 왕과 그 다음의 사르곤 2세(Sargon II, 통치 BC 721-

BC 705) 왕이 북이스라엘 수도인 사마리아(Samaria)를 침공하여 멸망시키면서(BC 723-BC 722), 신아시리아의 수도인 니네베(Nineveh)와 동쪽 산악지대의 메디아(Media, 구약성경의 '메대', Medes)로의 앗수르 포로(Assyria Exile/Captivity, BC 723-BC 612)시대가 시작 된다(「열왕기하」 17:1-6 & 23, 「열왕기하」 18:9-10).

이때부터 이스라엘 유대인의 디아스포라(Diaspora, 이산, 離散)가 시작되었다. 즉 북이스라엘 왕국이 아시리아 영토에 편입되었는데, 이때 많은 유대인이 고향을 떠났다. 그렇다면 앞서 얘기했듯이 110년 기간 동안 신아시리아 왕조의 신들에게 신탁을 해놓고, 야훼께서는 자리를 비우셨다는 것이 아닌가?

---

14 솔로몬 왕의 사치스러운 생활과 국민들에 대한 과중한 세금과 노역은 이스라엘 왕국이 분열되는 결과를 초래했다. 게다가 말년에는 여호와 하나님을 예전처럼 잘 섬기지 않고, 이방 왕비들의 꼬임에 넘어가 다른 신을 숭배하였다. 그리하여 야훼는 솔로몬에게 심판을 선포하시고 그것을 바로 시행하셨다. 먼저 에돔[Edomite, 이삭의 아들인 야곱의 쌍둥이 형인 에서(Esau, Edom)의 족속들] 사람 하닷(Hadad)을 일으켜 솔로몬의 원수(adversary)가 되게 하였고(「열왕기상」 11:14-22), 또 다메섹(다마스커스, Damascus, Aram 즉 Syria, 성경의 '수리아'에 있는 도시)의 르손(Rezon)을 일으켜 솔로몬의 원수가 되게 하였다(「열왕기상」 11:23-25). 또한 솔로몬의 신복인 여로보암(Jeroboam)에게 솔로몬을 대적하게 하고, 선지자 아히야(Ahijah)를 통해서 여로보암에게 열 지파를 주겠다고 하셨다(「열왕기상」 11:30-32). 솔로몬이 세상을 떠나자 이 말씀대로 이루어진다. 백성들은 솔로몬의 후계자인 르호보암(Rehoboam) 왕에게 국가 노역을 덜어줄 것을 요청하지만, 이를 무시하고 강압 통치를 계속한 결과 12지파 중에 10지파(르우벤, 시므온, 단, 납달리, 갓, 아셀, 잇사갈, 스불론, 에브라임, 므낫세)가 여로보암을 독자적인 왕으로 추대하고 북이스라엘 왕국을 세웠다. 결국 르호보암은 2지파(유다, 베냐민)을 중심으로 남유다만을 다스리게 되었다. 특히 예루살렘이 어디에 위치하고 있느냐가 중요한데 바로 베냐민 지파에 속해 있다. 이는 여호와 하나님이 선지자 아히야를 통해서 말씀 하신바 오직 내 종 다윗(David)을 위해 예루살렘을 솔로몬에게 준다라고 기록되어 있다(「열왕기상」 11:32). 따라서 솔로몬의 아들 르호보암은 예루살렘의 베냐민 지파와 유다 지파 등 오로지 2지파만을 다스리게 되었다. 이와 같이 르호보암의 강압통치가 국가 분열의 원인이지만, 근본적인 원인은 솔로몬 왕의 하나님에 대한 반역과 말씀을 어긴 범죄에 기인했다고 볼 수 있다. 기타 내용은 다음 사이트를 참조하라.
http://ko.wikipedia.org/wiki/%EC%86%94%EB%A1%9C%EB%AA%AC
http://100.naver.com/100.nhn?docid=95154

또한 남유대(다) 왕국(BC 931-BC 586)은 신아시리아 왕조를 멸망시킨 신바빌로니아 왕조(BC 625-BC 539)에 의해 멸망되었다(BC 586, 「열왕기하」 25장, 「역대하」 36:18-19; 「예레미야」 52:13-14).

이스라엘의 하나님인 야훼와 적대시 되는 마르둑(Marduk)을 주신으로 모시는 신바빌로니아의 느부갓네살 2세(네부카드네자르 2세, Nebuchadnezzar II, 통치 BC 605-BC 562)는 예루살렘을 정복하고 솔로몬 왕(통치 BC 970-BC 930)이 세운 장엄하고 아름다운 예루살렘 성전(Temple of Jerusalem)을 파괴하였으며(BC 586), 유대인들을 노예로 끌고가 바벨론에 유폐시켰다(「열왕기하」 24장 & 25장; 「역대하」 36장).

바야흐로 유대인들은 그 유명한 70년 동안의 바벨론 유수 시대(Babylonian Captivity/Babylon Exile, BC 605-BC 538)를 맞게 된다(「역대하」 36:21; 「예레미야」 25:11-12 & 29:10, 「마태복음」 1:11-12). 그러자 비슷한 디아스포라 이주현상이 일어났다. 이러한 역사적 사건들을 통해 개척자 같은 정신으로, 혹은 어쩔 수 없이 이스라엘 민족의 많은 무리가 다른 지역, 특히 인접지역이자 연고지인 이집트로 이주하였다.

바벨론 유수는 BC 539년 페르시아 제국(BC 691-BC 330)의 키루스 대왕(고레스, Cyrus, 쿠루쉬, Kurush, 통치 BC 559-BC 529)이 세를 남쪽으로 확장시켜 바빌론 성을 무혈점령하고, 신바빌로니아 왕조를 멸망시킨 후, BC 538년에 고레스 칙령을 발표해 1차 포로 귀환이 이루어지기까지 지속되었다(「역대하」 36:20, 「에스라」 1장).

이 사건 이후 강 건너 메소포타미아에서의 바벨론 유수기를 거쳐 고향으로 돌아온 이스라엘인 또는 히브리인(헤브라이인, Heberites,

Hebreians)을 모두 유대인이라 불렀고, 이들은 스스로 이스라엘인이라고 불렀다.

3. 앗수르, 바벨론, 바사의 침략에 숨겨진 비밀 – 다른 신들에 신탁?

110년간의 앗수르 포로와 70년간의 바벨론 유수 사건은 솔로몬 왕과 남유대(다) 왕국의 유대 백성이 다른 신을 좇아 섬기고 숭배한 대가로 야훼께서 노하여 내린 벌이다(「예레미야」 25:6 & 11-12, 「에스라」 9:1-15). 그런데 앞서 이스라엘 민족이 400년간 이집트의 노예생활을 한 것은 이스라엘의 야훼께서 갈 곳이 없는 이스라엘 백성들을 이집트의 신들에게 신탁시킨 것이라고 소개했다. 이러한 신탁의 증거가 많이 나오는데 구약성경의 구절을 살펴보자.

남유대왕국 12번째 왕인 히스기야(Hezekiah, 통치 BC 729-BC 686) 왕 14년에(BC 715)[15], 신아시리아 왕조의 산헤립(센나케리브, Sennacherib, 통치 BC 704-BC 681) 왕이 남유대왕국의 예루살렘을 포위하고 히스기야 왕에게 이르기를 "<u>내가 어찌 여호와의 뜻이 아니고야 이제 이곳을 멸하러 올라왔겠느냐 여호와께서 전에 내게 이르시기를 이 땅으로 올라와서 쳐서 멸하라 하셨느니라</u>(Am I now come up without the LORD against this place to destroy it? The LORD said to me, Go up against this land, and destroy it)"(KJV, 「열왕기하」 18:25-26)라고 히브리어로 말하는 장면이 나온다.

---

15 "히스기야(Hezekiah) 왕 재위 14년에 신아시리아의 산헤립(Sennacherib) 왕이 예루살렘을 비롯한 유다 전 도시를 쳐서 취했다" 했으므로 BC 715년에 일어난 일이지만, 산헤립 왕은 BC 704년에 재위한 것으로 보아 역사적으로 연대가 일치하지 않는다. 그러나 산헤립은 태자 때부터 신아시리아 제국을 맡았고 부왕인 사르곤 2세((Sargon II)는 주로 원정 중이었으므로 태자왕 산헤립으로 보면 연대가 일치한다.

이게 무슨 말인가? 이스라엘의 하나님인 야훼께서 예루살렘을 침략하라는 명령을 받았다고 말하는 것이 아닌가? 더욱이 놀라운 것은 이에 응대하는 유대인들이다. 예루살렘 성벽에 있는 유대 백성들이 들을 수 있으니 히브리어로 말하지 말고, 아시리아어인 아람어(Aramaic)로 말해 달라고 간청하고 있지 않은가? 도대체 야훼께서는 어느 나라 신이란 말인가? 유대 민족의 신인가, 아시리아의 신인가? 그렇다면 범민족의 신인가?

「예레미야」 25장 9절에는 신바빌로니아의 왕인 네브카드네자르 2세 왕(느부갓네살, Nebuchadnezzar, 통치 BC 605-BC 562)을 여호와 하나님이 '나의 종(My servant)'이라고 부르고 있다는 것이다. 어떻게 남유대 왕국을 멸망시키고 유대 백성을 사로잡아간 느부갓네살 왕이 '나의 종'이란 말인가?

「다니엘」 1장 2절에는 유다 백성뿐 아니라 유다에 있던 야훼의 성전인 예루살렘 성전의 중요한 기구(Articles or Sacred Objects)까지 느부갓네살 왕에게 맡긴 것으로 나와 있다(BC 605). 이것을 성경은 '붙이다(handed over)'로 표현하고 있는데, 예를 들어 "하나님이 갈대아 왕의 손에 저희를 다 붙이시매(God handed all of them over to Nebuchadnezzar"(NIV, 「역대하」 36:17)로 표현하고 있다. 또 "주께서 유다 왕 여호야김과 하나님의 전 기구 얼마를 그의 손에 붙이시매(The Lord gave him victory over King Jehoiakim of Judah and permitted him to take some of the sacred objects from the Temple of God"(New Living, 다니엘 1:2)로 표현하고 있다.

여기서 우리가 눈여겨 봐야 할 대목은 유대 백성뿐만 아니라 예루살렘 성전에 있던 하나님의 전 기구를 맡겼다는 것이다. 이 기구들의 용도는 무엇이었을까?[16] 그리고 왜 맡긴 것일까? 구체적으로 누구에게 맡긴 것일까? 야훼께서 느부갓네살 왕에게 직접 맡기신 것일까?

또 다른 재미있는 구절이 있다. 「에스라(Ezra)」 1장에는 페르시아(「에스라」의 '바사') 제국(BC 691-BC 330)의 키루스(「에스라」의 '고레스') 대왕(Cyrus, 쿠루쉬, Kurush, 통치 BC 559-BC 529)이 신바빌로니아를 멸망시킴으로써 유대인의 바벨론 유수에 종지부를 찍는다.

고레스는 왕위에 오른 지 첫해인 BC 538년에 이렇게 말한다. "<u>하늘의 신 여호와께서 세상 만국으로 내게 주셨고 나를 명하사 유다 예루살렘에 전을 건축하라 하셨나니</u>(LORD, the God of heaven, has given me all the kingdoms of the earth and he has appointed me to build a temple for him at Jerusalem in Judah)"(NIV, 「에스라」 1:2), 그리고 계속해서 다음과 같이 말한다. "이스라엘의 하나님은 참 신이시라 너희 중에 무릇 그 백성 된 자는 다 유다 예루살렘으로 올라가서 거기 있는 여호와의 전을 건축하라 너희 하나님이 함께 하시기를 원하노라(Anyone of his people among you--may his God be with him, and let him go up to Jerusalem in Judah and build the temple of the LORD, the God of Israel, the God who is in Jerusalem)."(NIV, 「에스라」 1:3)

여하튼 고레스 왕은 예루살렘 성전 재건의 임무를 그것이 하늘에 계신 야훼의 명령에 의한 것이라고 말하고 있다. 그렇다면 야훼께서는 히브리인이 아닌 이방의 왕들과 참으로 특이한 관계를 맺고 있었다는

---

16 2부인 "성경에 등장하는 하나님들과 과거와 미래의 과학기술"을 참조하라

것이다. 이러한 관계를 히브리인들은 어떻게 설명할 것인가?[17]

　　결정적인 구절은 다음이다. "고레스 왕이 또 여호와의 전 기명을 꺼내니 옛적에 느부갓네살이 예루살렘에서 옮겨다가 <u>자기 신들의 당</u>에 두었던 것이라(Also Cyrus the king brought forth the vessels of the house of the LORD, which Nebuchadnezzar had brought forth out of Jerusalem, and had put them in <u>the house of his gods</u>)."(NIV, 「에스라」 1:7)

　　그렇다. 이스라엘의 야훼께서 예루살렘 성전의 전 기구, 즉 과학통신기구를 맡긴 곳은 바로 느부갓네살 왕이 모시던 신이다. 느부갓네살 왕은 이스라엘 야훼 신의 전 기구를 가져다가 그가 모시던 신들의 당에 두었던 것인데, 그렇다면 그 신들은 누구인가? 바로 마르둑(Marduk) 또는 므로닥(Merodach) 신과 그 족속의 신들이다.

　　야훼께서 자리를 비우실 때는 야훼의 백성들뿐만 아니라 야훼께서 쓰시던 전 기구, 즉 금과 은 등의 과학적인 통신용 기구들을 다른 신들에게 맡긴 것이라 볼 수 있다.

---

17 어원적으로 보면 페르시아는 아케메네스(Achaemenids) 왕조이다. 고레스와 페르시아 왕조의 창시자들은 스스로를 하캄아니시(Hacham-Anish, 현명한 자)라고 불렀던 전통에 따라 셈족의 호칭이었던 같은 뜻의 아케메네스라고 불렸다. 따라서 셈족인 히브리 신인 야훼와 아케메네스의 현명한 신들 사이에는 긴밀한 유사성이 있는 것처럼 보이지만, 학문적으로나 고고학적으로 이 유사성이 사실인지는 밝혀지지 않았다.

4장
구약성경에 등장하는 수메르의 신들

1절 구약성경 「예레미야」에 등장하는 마르둑(므로닥) 신

1. 마르둑(Marduk)은 어느 신(神)인가?

『바이블 매트릭스』 시리즈 1권 『우주 창조의 비밀』의 1부인 "고고학적으로 발굴된 『창조의 서사시』 내용의 미시적 접근"과 2권 『인간 창조와 노아 홍수의 비밀』 5부인 "홍수의 비밀(1/2), 신들의 문제, 네피림(Nephilim)"에서 살펴보았듯이, 마르둑 신은 고대 수메르 문서들에 등장하는 신(神)의 이름이다. 수메르시대의 수메르어로 마르둑(Marduk), 그 이후 아카드어로 아마르우트(AMAR.UTU), 그리고 히브리(Hebrew) 성경의 히브리어인 므로닥(Merodach) 신을 말한다. 순수한 언덕의 아들이라는 뜻으로 바벨로니아에서 숭배하던 젊은 벨(Young Bel), 그리고 가나안에서 숭배하던 바알(Baal)로 주님(Lord)이란 뜻이다. 연장자 벨(Elder Bel)은 하늘에서 이 땅에 오신 엔릴(Enlil) 신과 엔키(Enki) 신을 말한다. 엔릴 신과 엔키 신의 아버지는 하늘에 거주하시며, 이 땅에는 연례행사 차나 급한 일이 있을 경우에 오시는 안(An, 아누=Anu) 신이시다. 먼저 태어난 신이 엔키 신이지만 서자(庶子)로 태어나셨고, 엔릴 신이 나중에 태어나셨지만 적자(嫡

子)로 태어난지라, 이 땅에 오셔서 12명의 신들로 구성된 최고회의 그룹인 아눈나키(Anunnaki)의 수장이 되신다. 마르둑은 엔키(Enki) 신이 하늘에서 낳은 첫째아들로 지구에 내려와 인간인 아내인 사파니트(Sarpanit)와 결혼했다. 이는 BC 13,020년경에 일어난 노아의 대홍수 이전의 일들이다.

그 이후 마르둑 신은 c.BC 2024년경에 이기기(Igigi) 신들과 함께 지지자들을 이끌고 갈대아(Chaldea), 즉 바벨론의 아카드와 수메르로 진군해 아눈나키의 권력과 신권을 찬탈하고 스스로 바벨론의 옥좌에 올라, 신들 중의 최고의 신으로 등극했다. 마르둑 신과 그의 아들 나부(Nabu) 신 등은 시나이 반도에 있던 시나이 우주공항(Departing Platform as Runways Platform)과 예루살렘 근처의 모리야 산(성전산, Mount Moriah, Temple mount, 아브라함이 아들 이삭을 번제물로 바치려 했던 산임)에 있던 우주비행통제센터(Spacecraft Mission Control Center)를 장악하고자 가나안의 추종자들을 집결시켰다.[18]

바빌론의 옥좌에 오른 마르둑 신은 고대 바빌로니아 왕조(BC 1830-c.BC 1531)와 이어지는 신바빌로니아 왕조(BC 625~BC 539)에서도 수호신(patron God)으로 섬겼다. 마르둑 신은 구약성경에 딱 한 번 나오는데, 예레미야가 c.BC 620년경에 쓴 것으로 추정되는 「예레미야」에 나오는 마르둑 신이며, 히브리어로 므로닥 신이다.

---

18 마르둑(Marduk) 신의 권력 찬탈 - 여기에 숨겨진 비밀이 「창세기」 11장의 바벨탑(The Tower of Babel) 사건이며, 아브라함을 여호와 하나님이 부르신(「창세기」 12장) 이유이며, 여호와 하나님이 소돔과 고모라를 멸망시킨(「창세기」 19장) 이유이다. 자세한 것은 2부 6장의 "바벨탑과 아브라함과 소돔과 고모라에 숨겨진 비밀"을 참조하라.

2. 「예레미야」 46장 25절에 등장하는 아몬(Amon) 신은 마르둑 신

마르둑 신은 이집트를 다스린 엔키 신의 아들이다. 이집트에서는 마르둑 신을 뱀이란 뜻의 '라(Ra)' 또는 숨은 자라는 '아몬(Amon)' 또는 '아멘(Amen)' 또는 '아멘-라(Amen-Ra)'로 불렸다. c.BC 3450년경에 일어난 바벨탑 사건과 두무지 신의 죽음에 연루되어 산채로 피라미드에 갇혔다가 비상 갱도를 통해 풀려나 추방되었던 마르둑 신은 이때부터 기회가 올 때까지 숨어 살았기 때문에 '숨은 자'라는 통칭을 얻었다.

특히 마르둑 신은 상이집트(Upper Egypt)의 테베에서 강력한 지지를 받고 있었고, 예레미야가 예언을 하면서 활동하던 시기(BC 626-BC 586)에는 전 이집트에서 마르둑 신을 신봉하고 있었다. 그런데 「예레미야」의 46장 25절에는 바로 '테베의 아몬 신(Amon god of Thebes)'이라는 내용이 나온다.

「예레미야」 46:25 - 나 만군의 여호와 이스라엘의 하나님이 말하노라 보라 내가 노의 아몬과 바로와 애굽과 애굽 신들과 왕들 곧 바로와 및 그를 의지하는 자들을 벌할 것이라(The LORD Almighty, the God of Israel, says: "I am about to bring punishment on Amon god of Thebes, on Pharaoh, on Egypt and her gods and her kings, and on those who rely on Pharaoh(NIV); The Lord of Heaven's Armies, the God of Israel, says : "I will punish Amon, the god of Thebes(1), and all the other gods of Egypt. I will punish its rulers and Pharaoh, too, and all who trust in him. / (1)Hebrew of No.)(New Living)

이스라엘의 야훼께서 이집트의 테베가 받드는 신인 마르둑 신을 벌한다는 내용이다. 마르둑 신뿐만이 아니라 파라오 왕들과 이집트의

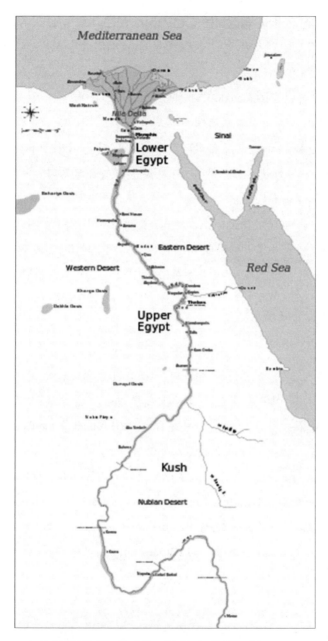

c.BC 620년경의 상이집트의 테베는 아몬, 즉 마르둑 신을 신봉.
Image Credit : http://en.wikipedia.org/wiki/Lower_Egypt

다른 신들까지도 벌을 내린다는 내용이다. 다른 신들이란 마르둑 신의 아들인 나부(Nabu) 신을 비롯한 마르둑 신의 직계 신들을 의미한다.

3. 「예레미야」 50장 2절에 등장하는 마르둑(므로닥) 신

「예레미야」에서 말하는 벨(Bel)의 뜻은 'Lord' 혹은 'Master'란 의미로 '신' 또는 '주님' 이라는 뜻이다. 벨(Bel)은 남성 신에 쓰이고, 여성 신에 는 벨이트(Belit)가 쓰였다. 동부 셈어(East Semitic), 즉 바벨론에서는 벨(Bel)이 쓰였고, 북서 셈어(Northwest Semitic), 즉 가나안(Canaan) 일대 에서는 주로 바알(Baal)이 쓰였다.

그러므로 「예레미야」에서의 벨(Bel)은 바로 마르둑(Marduk), 즉 히 브리어로 므로닥(Merodach) 신을 의미한다. 결국 마르둑 신은 바벨론 과 함께 수치를 당하며 멸망할 것이라 예언하고 있다.

「예레미야」 50:2 - 너희는 열방 중에 광고하라 공포하라 기를 세우 라 숨김이 없이 공포하여 이르라 바벨론이 함락되고 벨이 수치를 당 하며 므로닥이 부스러지며 그 신상들은 수치를 당하며 우상들은 부스 러진다 하라(Announce and proclaim among the nations, lift up a banner and proclaim it; keep nothing back, but say, 'Babylon will be captured; Bel will be put to shame, Marduk filled with terror. Her images will be put to shame and her idols filled with terror.(NIV); Declare ye among the nations, and publish, and set up a standard; publish, and conceal not: say, Babylon is taken, Bel is confounded, Merodach is broken in pieces; her idols are confounded, her images are broken in pieces.)(KJV)

「예레미야」 51:44 – 내가 벨을 바벨론에서 벌하고 그 삼킨 것을 그 입에서 끌어내리니 열방이 다시는 그에게로 흘러가지 아니하겠고 바벨론 성벽은 무너지리로다(I will punish Bel in Babylon and make him spew out what he has swallowed. The nations will no longer stream to him. And the wall of Babylon will fall)(NIV)

따라서 구약성경은 마르둑 신을 여호와 하나님인 야훼(Yahweh) 신의 적으로 표현하고 있으며, 멸망해야 할 바벨론의 주신(patron deity) 또는 수호신인 젊은 벨(Bel)이나 바알(Baal)로 기록하고 있다. 「요한계시록」 18장에는 이를 뒷받침하듯이 바벨론의 멸망(The Fall of Babylon)을 다루고 있다. 이는 차후 『바이블 매트릭스』 시리즈 5권 『예수님의 재림과 새 하늘과 새 땅의 창조』에서 보다 자세히 소개할 예정이다.

4. 그리스 신화에 이어지는 신권의 찬탈

마르둑 신의 신권 찬탈은 그리스 신화(Greek mythology, c.BC 900~c.BC 800)에도 그대로 전해졌다.

그리스 신화를 보면 최초의 때에는 카오스(혼돈, Chaos)가 있었고, 그 다음에 가이아(Gaea, 지구)와 그의 남편인 우라노스(Uranus, 하늘) 사이에 남자 6명과 여자 6명 등 12명의 티탄들(Titans)이 태어난다. 티탄들의 전설적인 행동은 지상에서 이루어졌지만 그들은 모두 하늘에 각자에게 해당되는 천체(행성을 포함)들을 갖고 있었다. 남자 티탄 중 가장 어렸던 크로노스(Cronus)가 아버지 우라노스의 성기를 자르고 왕좌를 찬탈하고, 크로노스는 누이 레아(Rhea)를 아내로 삼아 3명의 아들과 3명의 딸을 낳는다. 하데스(Hades), 포세이든(Poseidon), 제우스(Zeus)가 아들이고, 헤스티아(Hestia), 데메테르(Demeter), 헤라(Hear)가

딸이다. 막내아들인 제우스는 아버지 크로노스를 폐위시키고 신권과 왕권을 찬탈한다.

2절 구약성경의 섹스와 매춘의 여신인 인안나(아세라, 아스다롯)

1. 하늘의 여왕이자 섹스의 여신인 인안나의 상징 및 족보

고대 수메르 문서(c.BC 5000~c.BC 2400)에 의하면 여러 신들이 등장한다. 제일 먼저 안(An, Anu, 아누)은 하늘에 거처하면서 지구에서 일어난 일들을 보고 받고 지시하곤 하였다. 급한 일이 있거나 연례 행사 때는 이 땅에 내려오곤 했다. 그 다음 안(An)의 두 번째 아들이지만 호적상의 적자(嫡子)인 엔릴(Enlil) 신은 이 땅에 내려온 신들 중의 최고의 신(head of the pantheon)으로서 이 땅의 문명을 주도하고, 주로 북반구 전 지역을 총괄하였다. 특히 엔릴 신은 니푸르(Nippur)의 에쿠르(Ekur) 신전에 거주하면서 주로 메소포타미아 지역을 돌보았다(메소포타미아 문명 발생, c.BC 3800).

두 번째 권력의 신은 안의 첫째아들이지만 서자(庶子)인 엔키(Enk) 신이었는데 에리두(Eridu)의 신전에 거주하면서 주로 아프리카와 이집트를 돌보았다(이집트 문명 발생, c.BC 3100). 반면 신들의 권력을 찬탈하기 위해 기회를 틈틈이 노리는 엔키의 아들인 마르둑(Marduk) 신은 아프리카를 오가면서 주로 바벨론(바빌론)에 거처했다.

그 다음 중요한 여신이 등장하는데, 그게 바로 수메르의 인안나(Inanna) 여신이다. 인안나 여신은 그 이후의 아카드 시대에는 아카드어로 이시타르(Ishtar, 이슈타르, 이시타르, 이사타르)로 불렸으며, 섹스와 사랑과 풍요와 전쟁의 여신(Goddess of sexual love, fertility, and warfare or battle)(Kramer & Wolkstein, 1983)으로 불렸고, 구약성경의 표현대로 '하늘 황후 또는 하늘 여신(Queen of Heaven)'이라 불렸으며(『예레미야』 7장과 44장), 증조 할아버지인 안(An) 신과 다른 신들과의 난잡한 섹스로 인해 '신들의 여인(Lady of the Gods)'으로 불렸다. 또한 인안나 여신은 하늘의 여왕으로 그녀가 가는 곳마다 모든 땅의 여신이었으며, 고귀한 여신이었다

인안나 여신은 엔릴 신의 손녀이자 하늘에 거처하는 안(An) 신의 증손녀였다. 인안나는 안 신의 증손녀에 불과했지만, 하늘과 땅의 신들 사이에서 중요한 위치에 올라선, 불굴의 의지를 가진 여신이었다. 그녀는 결국 안 신이 가장 사랑하는 사람이라는 아누니툼(Anunitum)이라 불렸는데, 그만큼 증조 할아버지가 지구를 방문할 때마다 섹스를 할 정도의 연인이 되었다. 그 대가로 그녀는 우르크(Uruk, 에렉, 에레크)에 세워진 안의 신전인 우누그-기(Unug-ki), 즉 에안나(Eanna)를 차지하게 되고 안(An)으로부터 특별한 우주선(Skyship)을 받는다. 이로써 우르크와 에안나가 그녀의 거처가 된다(Sitchin, 1990 & 2004). 그녀는 이 우주선을 타고 메소포타미아, 인더스, 아프리카 및 아래세계를 넘나든다. 따라서 인안나 여신은 우르크의 주신(Patron god)이며, 인안나 여신의 지구라트(Ziggurat) 신전은 우르크에 세워진 에안나로 하늘의 집(house of heaven)이라는 뜻이다. 노아 홍수 이후에는 인더스 강 유역을 관할하였다(인더스 문명 발생, c.BC 2900).

인안나 여신은 그리스 신화의 '사랑과 아름다움의 여신'인 아프로디테(Aphrodite)와 동일시되었으며, 로마 신화에는 아침과 저녁 별(the morning & evening star)인 금성(Venus)으로 표현하기도 했다(Campbell,

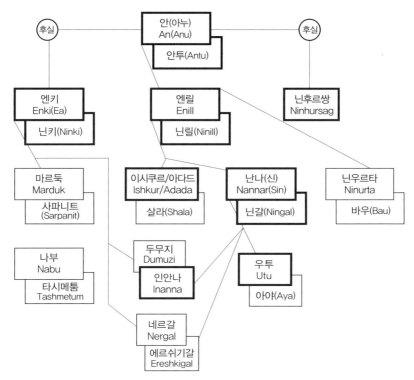

수메르시대의 주요 신들의 족보도. 굵은 선의 신들과 여신들은 12명의 아눈나키(Anunnaki) 그룹. 마르둑 신의 배우자인 사파니트는 인간이고, 여신인 닌후르쌍은 혼자 살았으나 이복형제인 엔릴 신과의 사이에서 엔릴의 정식 승계자인 닌우르타를 낳음. 인안나 여신도 아눈나키 그룹의 멤버이며, 엔키 신의 아들인 두무지 신과 결혼했다. Credit : 시친, I, 2009, p. 190, © Z. Sitchin, Reprinted with permission.

1976; Jacobsen, 1976). 구약성경 「이사야」 14장 12절에는 음부로 내려간 바벨론 왕을 들어 "너 아침의 아들 계명성이여 어찌 그리 하늘에서 떨어졌으며(How you have fallen from heaven, O morning star, son of the dawn!)" 라고 표현하고 있는데, 아마도 인안나 여신을 간접적으로 표현하고 있는 것 같다. 왜냐하면 그 다음의 13절과 14절에는 바벨론 왕이 그의 마음에 이르기를 "가장 높은 구름에 올라 지극히 높은 자와 비기리라"라고 기록되어 있기 때문이다. 신권을 찬탈하고자 하는 인안나 여신과 마르둑 신을

말하고 있음을 알 수 있다. 바벨론은 마르둑 신이 지배하고 있었기 때문에, 바벨론 왕을 들어 이렇게 표현하였다고 볼 수 있다.

「이사야」 14:13 - 내가 하늘에 올라 하나님의 뭇 별 위에 나의 보좌를 높이리라 내가 북극 집회의 산 위에 좌정하리라("I will ascend to heaven; I will raise my throne above the stars of God;

I will sit enthroned on the mount of assembly, on the utmost heights of the sacred mountain.)

14 - 가장 높은 구름에 올라 지극히 높은 자와 비기리라 하도다 (I will ascend above the tops of the clouds; I will make myself like the Most High.")(NIV)

인안나 여신의 족보를 보면, 엔릴 신이 지구에서 낳은 둘째아들이 난나(Nannar) 신인데, 난나 신은 지구에서 쌍둥이 남매를 낳았다. 딸이

아프로디테의 원형인 수메르의 여신인 인안나. 치마를 들어 올려 하반신을 드러낸 모습. Credit : 시친, I, 2009, p. 180, © Z. Sitchin, Reprinted with permission.

프랑스 루브르(Louvre) 박물관에 보존되어 있는 꽃병에 조각된 인안나(이시타르) 여신상. Credit : Photographed by AnonMoos(2009), Described by Black & Green(1992) at http://en.wikipedia.org/wiki/Inanna

바로 인안나 여신이며 쌍둥이 오빠는 우투(Utu) 신이다. 인안나 여신은 엔키 신이 지구에서 낳은 둘째아들인 두무지(Dumuzi) 신과 결혼했다.

인안나 여신 하면 반드시 약혼자나 연인으로 등장하는 신이 있다. 그 신이 바로 두무지 신이다. 인안나는 수많은 연인 중 두무지 신을 남편으로 삼았다. 인안나 여신과 두무지 신과의 사랑과 다툼에 대해서는 「두무지-인안나(Dumuzid-Inana)」의 노래(찬송) 버전 A에서 Z까지, 다시 버전 A1에서 F1까지 많은 기록이 남아 있다(Black et al., 1998~2006). 그 중 버전 'C', 'J', 'Y'와 그 외 「인안나 H(Inana H)」라는 노래(Black et al., 1998~2006)에는 아름답고도 노골적인 성적 표현도 실려 있다. 인안나 여신은 자신의 미를 자랑하는 나체로 자주 묘사되곤 한다. 심지어는 치마를 들어 올려 하반신을 드러낸 모습으로도 그려진다.

인안나 여신은 구약성경에 실제로 등장하는데, 시돈(Sidon)과 두레(Tyre)의 여신인 아스타테(Astarte), 가나안(Canaan)의 여신인 아세라(Asherah), 그리고 가나안과 시돈의 여신인 아스다롯(Ashtoreth, Ashtoret, Astaroth)으로 불렸으며, 지저분한 섹스의 여신과 매춘(prostitute)의 여신으로 기록되어 있다. 차차 소개하겠지만, 인안나 여신의 남편인 두무지 신도 구약성경에 실제로 등장한다.

수메르의 사랑의 여신(love goddesses)인 인안나와 그녀의 사랑(lover)인, 죽었다가 다시 살아나는 신(Dying-god)인[19] 두무지와의 연인관계는 이집트 신화의 이시스(Ast, Isis)와 호루수(Horus, Horon), 바빌론 신화의 이시타르(Ishtar)와 탐무즈(Tammuz), 그리고 그리스 신화의 아프로디테(Aphrodite)와 아도니스(Adonis)로 발전한 것으로 학자들은 보고 있다(Campbell, 1976).

2. 고고학적 발견, 인안나 여신의 신전과 신상이 발굴되다

인안나 여신이 다스렸던 고대 수메르 도시인 우르크(Uruk)는 1849년에 영국의 고고학자인 로프터스(William Kennett Loftus)에 의해 발견되고 1850년에 발굴되었다. 1851년에 로프터스는 엘람(Elam)[20] 지역의 수사(Susa)에서 발굴의 결과를 발표하였다. 1853년에 우르크에 대한 대대적인 발굴작업이 시도되고 로프터스는 1854년까지 발굴을 지휘했으며, 그 결과 흙으로 된 원통형 벽(Clay cone wall)과 쐐기 모양의 수메르어 설형문자(Sumerian Cuneiform)로 쓰여진 점토판들(Clay tablets,

---

19 http://en.wikipedia.org/wiki/Dying_god
20 엘람(Elam) – 페르시아, 구약의 바사, Persia, 지금의 이란. http://en.wikipedia.org/wiki/Elam

粘土板)을 발굴하였다.

그 후 1902년에 독일의 동양사발굴단(German Oriental Society)[21]
의 고고학자인 안드레(Walter Andrae)에 의해 우르크가 재 발굴되었으
며, 1912~1913년에 독일의 동양사발굴단의 요단(Julius Jordan)은 우르
크, 즉 지금의 이라크 남부 무타나 행정지역(Al Muthanna Governorate)
의 재발굴을 시도하여, 인안나(Inanna) 여신의 지구라트(Ziggurat) 신
전(Temple)인 에안나(Eanna)를 발견하였다. 이 인안나 신전은 우르크
에 존재했던 4개의 신전 중 하나였는데, 벽돌과 다양한 색체로 된 모
자이크(mosaics)로 유명하다. 또한 요단은 c.BC 3000년 것으로 추정되
는 우르크 도시의 성벽을 발견하였다. 독일의 동양사발굴단은 1928-
1939년 발굴을 재시도하여 1933~1934년에 첫 번째 우르크 왕조(c.BC
2900-c.BC 2370) 시대의 c.BC 2800년 것으로 추정되는 인안나 여신이
조각된 우르크의 꽃병(Uruk Vase or Warka Vase)[22]을 발견하였다(Kleiner
& Mamiya, 2006).

이 꽃병은 우르크 3왕조 시대의 것으로, 신들의 결혼식, 즉 신성한
결혼(Divine marriage)에 참가한 주신과 인안나 여신을 위해, 벌거벗은
남자들이 각종 물건들을 바치는 것으로 묘사되어 있다. 인안나 여신은
양쪽 겨드랑이에 갈대로 조각된 날개가 달려 있어 날아다니는 여신임
을 알 수 있다. 지금은 프랑스 루브르 박물관에 보존되어 있으며 복사
본이 독일 베를린의 동독 박물관(Berliner Vorderasiatischen Museums)의
5번 방에 보존되어 있다.

---

[21] http://en.wikipedia.org/wiki/Deutsche_Orient-Gesellschaft
[22] http://en.wikipedia.org/wiki/Uruk_Vase

또한 1903~1914년에 독일의 동양사발굴단은 아시리아(Assyria)의 수도였던 아슈르(Ashur, 구약의 '앗수르=Asshur')를 발굴하여 인안나 신전을 발견하고, 인안나 여신의 벽면 조각품을 발견하였다. 머리에는 평평한 이어폰이 달린 헬멧을 쓰고, 눈을 보호하는 보안경을 썼으며, 나머지 옷들은 몸을 보호하는 특수 우주복 차림이다. 이는 성스러운 신들의 우주복 차림으로 고대 수메르에 등장하는 신들은 이와 같은 우주복을 입고 우주선을 타고 이동했음을 알 수 있다. 인안나 여신은 안(An) 신에게서 받은 우주선(Skyship)을 타고 본인이 가고 싶은 곳을 넘나들었다.

우르크에서 발굴된 c.BC 2800년 것으로 추정되는 우르크의 꽃병. 숭배자들이 인안나 여신의 신전에 공물을 바치고 있다. 우르크의 꽃병은 이라크 박물관에 보관되어 오다가 2003년에 도난을 당했고, 그 이후 돌아왔으나 깨져서 왼쪽의 사진처럼 부분적으로 복원되었다. Credit : Near East Collection: Middle Eastern & Islamic Cuisine from Yale University[23]

23 http://www.library.yale.edu/neareast/exhibitions/cuisine.html

1903~1914년에 독일의 동양사발굴단 (German Oriental Society)에 의해 발견된 인안나 여신의 벽면 조각품. Credit : 시친, I, 2009, p. 200. © Z. Sitchin. Reprinted with permission.

3. 증조부의 정부(情婦), 매춘의 방법 등 100가지 문명의 서판을 획득

이 땅에 올 때 젊은 여신이었던 인안나는 c.BC 2900년경에 인더스 강 유역에 위치한 변방인 아라타(Aratta)[24]라는 지역을 영지로 받아 그곳에 그녀의 신전을 갖고 있었다. 그러나 인안나의 야심은 그보다 훨씬 컸다. 『수메르 왕 연대기(Sumerian King List)』(Black et al, 1998~2006)와 『엔메르카르와 아라타의 영주(Enmerkar and the lord of Aratta)』(Black et al., 1998~2006)라는 서사시에 따르면, 첫 번째 우르크 왕조(c.BC 2900-c.BC 2370)의 첫 번째 왕은 난나(신) 신의 아들인 우투(Utu, 샤마시) 신이 인간의 아내인 아야(Aya)로부터 얻은 반신반인(半神半人, Demigod)인 메시키앙가세르(Meshkianggasher)였다. 그의 아들인 엔메르카르(Enmerkar)가 그 뒤를 이어 두 번째 왕이 된다. 그리고 인안나 여신과 우투 신은

---

[24] http://en.wikipedia.org/wiki/Aratta

쌍둥이 남매지간이다. 그런 연유로 엔메르카르는 자신의 고모인 인안나 여신의 설득에 넘어가 그녀를 아라타에서 우르크로 이주시켜 우르크의 여신이 되도록 한다. 우르크의 여신이 된 인안나는 우르크에 있는 안(An) 신의 처소인 에안나(Eanna)를 틈틈이 노리다가 안 신이 이 땅에 내려올 때 그의 눈에 들어 그 다음부터는 안 신의 정부(情婦)가 된다. 이로써 우르크와 안의 신전 주인 자리를 차지한 인안나는 우르크의 지위와 자신의 힘을 강화하기 위해 책략을 짜내기 시작한다.

인안나 여신은 사랑과 풍요와 섹스의 여신뿐 아니라 남을 설득하고 속이는 책략에도 뛰어난 재주가 있었다. 고대 수메르에서 발굴된 점토판에 기록된 「인안나와 엔키(Inanna and Enki)」라는 이야기의 내용을 살펴보자(Black et al., 1998~2006).

인안나 여신은 수메르의 에리두(Eridu) 주신이자 인간에게 문화와 농경 및 기타 지식을 전수해 준 엔키(Enki, 에아, Ea) 신을 유인해, 엔키 신이 갖고 있던 문명의 서판(Tablets of Civilization)인 메(MEs)[25]를 탈취한다. 엔키 신은 인안나의 친할아버지인 엔릴(Enlil) 신의 배다른 형이므로 인안나의 할아버지이다. 문명의 서판인 메는 오늘날로 해석하면 문명의 지식이 담긴 컴퓨터 프로그램이다. 이 메에는 왕권과 신관들의 역할, 무기, 법적 절차, 목공예, 악기 다루는 법, 옷을 직조하는 방법에서부터 매춘(Prostitution) 등의 타락하는 방법, 권능을 주는 방법, 문명의 긍정적인 방법과 부정적인 방법 등 100여 가지의 모든 지식의 비밀이 담겨 있는 서판이었다.

---

25 http://en.wikipedia.org/wiki/Me_(mythology)

이를 탈취하기 위해 인안나 여신은 우주복을 입고 본인의 하늘의 배인(Boat of Heaven) 우주선을 타고 엔키의 신전인 에리두로 간다. 엔키는 어여쁜 손녀인 인안나의 매력에 흠뻑 빠져 술에 취한다. 술에 취한 엔키는 인안나의 요구를 들어 준다. 즉 백 가지의 비밀이 담긴 메를 인안나에에 준다(시친, I, pp. 178-179, 2009; 시친 III, pp. 382-383). 이 틈을 타서 인안나는 메를 갖고 하늘의 배를 타고 자기의 본거지인 우르크로 돌아간다. 술에서 깬 엔키 신은 뒤 늦게 본인의 실수를 깨닫고 충신을 보내 인안나를 뒤쫓게 한다. 유프라테스 강을 건너는 그녀를 저지하여 메를 되찾고자 노력했으나 실패한다. 이로써 엔키 신의 권력과 능력이 우르크의 인안나 여신으로 넘어가게 되고, 따라서 수메르의 왕권이 키시 왕조(Kish or Cush, c.BC 3800-c.BC 2900)에서 우르크 왕조(c.BC 2900-c.BC 2370)로 넘어간다.

4. 길가메시를 꼬시는 인안나

첫 번째 우르크 왕조의 다섯 번째 왕이 길가메시(Gilgamesh, c.BC 2700, 통치 126년)이다. 『수메르 왕 연대기(Sumerian King List)』(Black et al, 1998-2006)와 『엔메르카르와 아라타의 영주(Enmerkar and the lord of Aratta)』(Black et al., 1998~2006)라는 고대 수메르어로 된 서사시에 따르면, 첫 번째 우르크 왕조의 첫 번째 왕은 난나(Nannar) 신의 아들인 우투(Utu) 신이 인간의 아내인 아야(Aya)로부터 얻은 반신반인(半神半人, Demigod)인 메시키앙가세르(Meshkianggasher)였다.

대홍수 이전의 시대에는 「창세기」 6장 1절~7절에 나오듯이, 하나님의 아들들(sons of God), 즉 네피림(Nephilim), 즉 이기기(Igigi) 신들이, 주어진 역할과 위치를 이탈하고 이 땅에 내려와 인간의 딸들을 아내로 삼아 반신반인이자 100미터의 거인(Great Man)들을 낳고[26], 이 거인들이 고대의 용사인 동시에 세상에 죄악을 퍼뜨렸다고 기록되어 있듯이, 이들 때문에 신들의 진노를 사 노아의 홍수가 일어났지만, 대홍수 이후에는 신들과 인간들의 통혼이 일상적인 일이었으며, 유전자가 안정이 되어 반신반인들은 키가 4~5미터로 줄어들었다.

따라서 우투(샤마시) 신도 인간인 아야를 아내로 맞아 반신반인인 메시키앙가세르를 낳았다. 그는 신전의 대제사장 자리에 올랐고, 우투(샤마시) 신과 인안나(이시타르) 여신이 합세하여, 메시키앙가세르 대제사장을 우르크의 왕으로 임명하고 최초의 우르크 왕조를 연다. 이로써 수메르 북쪽의 키시에 세워졌던 첫 번째 키시 왕조가 그 다음 아래 지역인 우르크에 세워진 우르크 왕조로 넘어가, 인안나 여신의 시대가 도래하게 된다. 이 당시 우르크는 인안나 여신이 관할하던 지역이라 『길가메시 서사시(Epic of Gilgamesh)』(Temple, 1991; Thompson, 1928)에 인안나(이시타르) 여신이 등장하는 것은 필연적이며 우투(샤마시) 신도 필연적으로 등장한다.

메시키앙가세르의 아들인 엔메르카르(Enmerkar)가 그 뒤를 이어 두 번째 왕이 된다. 그리고 엔메르카르의 아들이 루갈반다(Lugalbanda 또는 Banda)인데, 그는 엔릴(Enlil) 신의 첫째아들인 닌우르타(Ninurta) 신의 딸인 닌순(Ninsun) 여신과 결혼하여 그 유명한 길가메시(Gilgamesh)를 낳는다. 따라서 길가메시는 신인 어머니와 인간인 아버지 사이에서 출생한 반신반인(半神半人, Demigod, 2/3는 신이고 1/3은 인간)으로 우르크의 다섯 번째 왕이 된다.

---

26 자세한 내용은 『바이블 매트릭스』 시리즈 2권 『인간 창조와 노아 홍수의 비밀』의 5부인 "홍수의 비밀(1/2), 신들의 문제, 네피림(Nephilim)"을 참조하라.

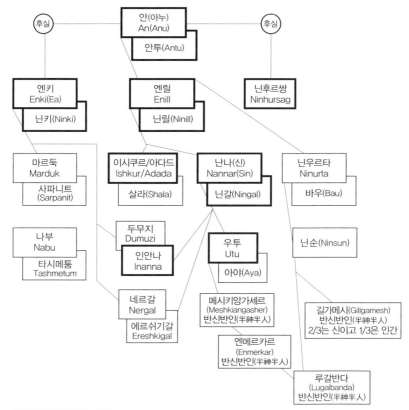

반신반인인 길가메시의 족보

　길가메시를 칭송하는 『길가메시 서사시』는 길가메시가 동물에 의해 야생에서 길러진 짐승 같은 인간(wild-man)인 그의 친구 엔키두(Enkidu)와 함께 불멸의 생명나무(Tree of Life)를 찾아 레바논의 바알벡(Baalbek)에 위치한 신들의 우주공항(착륙장)인 세다 산(Cedar Forest, 삼목나무 산, Landing Platform)으로의 여행 여정, 세다 산을 지키는 오늘날의 로봇과 같은 훔바바(Humbaba)와의 격투, 엔키두의 죽음, 그리고 페르시아만 동쪽의 해 뜨는 지역의 우주기지인 딜문(Dilmun)으로 여행을 떠나, 대홍수의 영웅인 우트나피시팀(Utnapishtim)을 만나 대홍수의 비밀(이야기)을 듣고, 불멸의 영생은 아니지만 생명을 연장할 수 있는 비밀의 식물을 얻고 돌아오는 길에 뱀에게 도난당해 실망하는, 그러나 인간은 죽는다는 사실을 인정하는 내용으로 구성되어있다.

길가메시와 엔키두는 우주공항인 세다 산으로 간다. 우주공항에는 공항을 지키는, 불을 내뿜는 괴물(fire-belching monster), 즉 오늘날의 레이저를 쏘는 로봇과 같은 훔바바(후와와)가 이들의 진입을 저지한다. 그러나 반신반인인 길가메시에게는 레이저도 먹히지 않는다. 길가메시와 엔키두는 훔바바의 목을 날리고 박살낸다. 이 전투에서 승리한 후 우르크로 돌아온 길가메시는 머리를 감고 털이 달린 외투를 입고 허리띠를 묶고 깨끗하게 몸 단장을 한 후 그의 왕관을 쓴다.

이때 우주선(Skyship)에서 이를 지켜보던 인안나(이시타르) 여신의 눈이 번쩍 뜨인다. 길가메시가 참으로 아름다웠기 때문이다. 이시타르는 다음과 같이 청혼한다.

"오 길가메시, 이리 와서 나의 연인이 되어 다오.
와서 너의 열매를 내게 다오.
너는 나의 남편이 되고,
나는 너의 부인이 되리라
(O Gilgamesh, will you not be my lover?
Give me that fruit the tree of man yields to woman.
I will give you myself as wife:
you shall be my husband!)"(Temple, 1991, Tablet VI)

그러나 길가메시는 이시타르의 남성 편력을 잘 알고 있었다. 길가메시는 다음과 같이 말한다.

"당신의 연인 중에 당신이 영원히 사랑한 사람이 있습니까?
연인들 중에 오랫동안 당신을 만족시키는 연인이 있습니까?
자 당신의 연인들에 대해 말해 주겠는데:
두무지(탐무즈, 담무스)는 당신이 젊었을 때의 남편인데,
당신은 그에게 매년 비탄만을 안겨주고
(What lover did you love forever?
Which of your shepherds is there,
Who has satisfied you for long?
Come, I will tell you the tales of your lovers:
For Tammuz, your young husband,
For him you wail year after year!)"(Temple, 1991, Tablet VI)

길가메시는 이시타르의 복잡한 남성 편력을 예를 들면서 자기가 이시타르의 연인이 된다 한들 조만간 다른 연인들과 마찬가지로 개털이 될 것이라며 이시타르의 청을 거절한다.

청을 거절당하고 모욕을 당한 이시타르는 하늘에 올라가 아버지인 안(An)[27] 신과 어머니인 안룸(Anrum, 수메르어로는 Antu)에게 울면서 하소연한다. 그러면서 하늘의 황소(Bull of Heaven)[28]인 구갈라나(Gugalana)[29]를 자기에게 달라고 요청한다. 하늘의 황소로 하여금 길가

---

27 수메르 문서에는 안(An) 신은 인안나(이시타르) 증조할아버지인데 아카드어의 길가메시에는 인안나의 아버지로 나온다.

28 이는 12개 별자리 중 황소자리시대(BC 4380~BC 2220)에 일어났음을 의미한다.

메시를 죽이겠다는 것이다. 이시타르는 만약 황소를 안 준다면, 죽은 자들(the dead)로 하여금 모두 일어나서, 산 자들(the living)보다 수를 많게 하여 산 자들을 모두 삼키게 하겠다고 안 신을 협박한다. 결국 안 신은 이 협박에 굴복하고 이시타르는 하늘의 황소를 데리고 내려와 길가메시와 싸우게 된다.

그 결과 길가메시와 그의 친구인 엔키두(Enkidu)가 신의 아무런 도움 없이 하늘의 황소인 구갈라나를 죽이고 사지를 절단하고 심장을 도려내서 샤마시(우투) 신에게 바친다. 이시타르가 고통에 슬피 울고 있을 때 엔키두는 구갈라나의 둔부를 이시타르 여신에게 흔들어대면서, 이시타르 여신도 잡히기만 하면 구갈라나와 같은 운명을 맞이하게 될 것이라고 위협한다.

우르크 도시는 축제가 한창이지만 엔키두는 불길한(ominous) 꿈을 꾼다. 신에 대한 경건치 못한 행동(impiety)으로 엔키두는 결국 나중에 죽게 된다. 하늘의 황소는 죽어 아래세계(Underworld or Netherworld)로 내려져 거기에서 장사 의식이 치러진다. 이는 이시타르로 하여금 아래세계를 두 번째 여행하는 동기를 제공하게 된다.

5. 인안나와 사르곤의 야심, 신권에 도전, 아카드 왕조의 멸망

신들이 인간에게 왕권을 줌으로써 수메르 최초의 왕권은 키시(Kish, Cush, 구스, c.BC 3800-c.BC 2900)에 세워졌으며[30], 그 다음 우르크(c.BC 2900-c.

---

29 구갈라나 - Gugalana, Gugalanna, The Great Bull of Heaven, 수메르시대의 신(神), 나중에 별자리의 황소자리(황소좌, Taurus)가 됨. http://en.wikipedia.org/wiki/Gugalanna
30 Sumerian King List - http://en.wikipedia.org/wiki/Sumerian_king_list

BC 2370) 왕조로 넘어간다. 이때 사르곤(Sargon of Akkad, 통치 c.BC 2334-c.BC 2279)이 인안나 여신의 도움으로 아카드 왕조(Akkadian Empire, c.BC 2330-c.BC 2193)를 세우고 왕도를 아카드(Akkad)로 정한다.

정원사(Gardener) 출신인 아버지의 아들로, 왕에게 술잔을 따라 올리는 직책(Cupbearer)을 맡게 된 궁정 신하 사르곤이 졸지에 아카드의 왕이 된 것은, 인안나 여신이 잠든 사이 사르곤이 인안나 여신을 강간함으로써 둘은 사랑에 빠지고 연인이 된 이유에서이다.

메소포타미아 전 지역을 장악하려는 인안나의 의도와 지시를 받은 사르곤이, 마르둑 신의 신전이 있는 바빌론의 신성한 흙을 아카드로 가져와 아카드를 신들의 관문으로 삼으려 하자, 인안나 여신과 마르둑 신의 갈등이 고조된다. 사르곤에 이어 사르곤의 손자인 나람신(Naram-Sin, Saram-Suen, 통치 c.BC 2254-c.BC 2218)이 왕위에 오르면서 반란이 일어난다(Tinny, 1995). 호전적인 인안나의 지시를 받은 나람신이 시나이 반도를 가로질러 이집트를 공략함으로써 이집트를 관할하고 있던 엔키 신과 갈등을 일으킨다.

이와 같은 신들의 권력 싸움에서, 인안나 여신은 메소포타미아의 권력을 찬탈하기로 결심한다. 이러한 인안나 여신의 패권에 맞추어, 나람신이 신들의 최고 신인 엔릴이 거주하는 니푸르(Nippur)에 있던 엔릴 신의 신전인 에쿠르(Ekur)[31]를 침략 약탈하고 니푸르의 신성을 모독한다. 이에 엔릴 신의 노여움이 극에 달하고, 엔릴 신은 메소포타미아 전 지역에 병,

---

31 에쿠르(Ekur) - '산처럼 높은 집'이라는 뜻. 지금의 '우주통제센터' 같은 곳. http://en.wikipedia.org/wiki/Ekur

기근, 죽음을 불러일으켜 메소포타미아를 멸망시키고자 한다. 엔릴 신의 멸망을 방지하기 위하여, 8명으로 구성된 고위 신들의 그룹인 아눈나키 (Anunnaki)가 긴급회의를 열어 아카드의 멸망을 결정하고 오늘날의 핵무기로 멸망시킨다(c.BC 2218). 이를 신들에 의한 '아카드의 저주(The Curse of Akkad)'라고 한다(Black et al., 1998~2006). 이로써 인안나 여신의 '신권 투쟁'은 일단락되고 다음 기회를 노리게 된다.

따라서 화려했던 사르곤의 아카드 왕조가 막을 내리게 된다. 어찌 보면 신들의 권력 투쟁에 의해 한 왕조의 흥망이 결정된다고 볼 수 있다. 그 이후 엔릴 신은 메소포타미아를 그의 아들인 난나(Nannar, Sin)

인안나와 사르곤 정복자. 인안나는 나중에 하늘의 무서운 무기인, 에너지의 근원으로 알려진 '하늘에서 밝게 빛나는 물체(The Heavenly Bright Object)'를 받아, 이때부터 전쟁(War)의 여신으로 둔갑하여, 메소포타미아를 1,000년 동안 지배하며 권력을 찬탈하기에 이른다. 이 무서운 무기와 불멸의 힘으로 수메르 도시들을 관리하고, 인간들로 하여금 시중들게 하고 복종하게 하고 그들을 섬기도록 했다. Credit : Sitchin, III, 1985, p. 256, © Z. Sitchin, Reprinted with permission.

에 맡기고 우르(Ur)가 새 제국의 왕도로 천명되어 세 번째 우르 왕조 (Third Dynasty of Ur, Ur III Empire, BC 2119-BC 2004)가 들어선다. 이 세 번째 우르 왕조의 첫 번째 왕이 우르남무 왕(Ur-Nammu, Ur-Engur, Ur-Gur, 통치 BC 2113-BC 2096)[32]이다. 우르남무 왕의 어머니는 닌순 (Ninsun) 여신이었다. 그는 반신반인으로 니푸르의 수호자라는 이름을 받지만 전쟁터에서 죽는다. 우르 시대가 도래함으로써 「창세기」 11장 의 아브라함(Abram, Abraham, BC 2166-BC 1991)시대가 열린다.

6. 구약의 아세라(Asherah)와 아스다롯(Ashtoreth) 여신은 인안나 여신

모든 땅의 여신이었던 수메르의 인안나 여신은 신아시리아와 신바빌 로니아 시대에도 이시타르(Ishtar)[33]로 불리며(Campbell, 1976) 영향력 을 행사했으며, 북서 지방의 가나안 전 지역에서도 풍요(Fertility)와 섹 스(Sex)의 여신인 아세라(Asherah)[34]로 불렸다. 특히 아람(Aram, 시리아), 시돈(Sidon), 모압(Moab), 암몬(Ammo), 팔레스타인(Philistines, 구약의 블레셋)에서는 아스다롯(Ashtoreth, Ashtoret, Astaroth)[35] 또는 아스타테 (Astarte, 영문성경 Good News에만 나옴)[36]로 불렸다(「사사기」 10:6, 「열왕기상」 11:5 & 33, 「열왕기하」 23:13).

「사사기」 3:7 – 이스라엘 자손이 여호와 목전에 악을 행하여 자기 들의 하나님 여호와를 잊어버리고 바알들과 아세라들을 섬긴지라(The Israelites did evil in the eyes of the LORD; they forgot the LORD their God

---

32 우르남무 왕(Ur-Nammu, Ur-Engur, Ur-Gur, 통치 BC 2113-BC 2094) –http://en.wikipedia. org/wiki/Ur-Namma
33 http://en.wikipedia.org/wiki/Ishtar
34 http://en.wikipedia.org/wiki/Asherah
35 http://en.wikipedia.org/wiki/Astaroth
36 http://en.wikipedia.org/wiki/Astarte

and served the Baals and the Asherahs.)(NIV)

「사사기」10:6 - 이스라엘 자손이 다시 여호와의 목전에 악을 행하여 바알들과 아스다롯과 아람의 신들과 시돈의 신들과 모압의 신들과 암몬 자손의 신들과 블레셋 사람의 신들을 섬기고 여호와를 버려 그를 섬기지 아니하므로(Again the Israelites did evil in the eyes of the LORD. They served the Baals and the Ashtoreths, and the gods of Aram, the gods of Sidon, the gods of Moab, the gods of the Ammonites and the gods of the Philistines. And because the Israelites forsook the LORD and no longer served him,)(NIV)

「열왕기상」11:5 - 이는 시돈 사람의 여신 아스다롯을 좇고 암몬 사람의 가증한 밀곰을 좇음이라(He followed Ashtoreth the goddess of the Sidonians, and Molech the detestable god of the Ammonites(NIV); Solomon worshiped Ashtoreth, the goddess of the Sidonians, and Molech①, the detestable god of the Ammonites. / ①Hebrew Milcom, a variant spelling of Molech; also in 11.33)(New Living)

「열왕기상」11:33 - 이는 저희가 나를 버리고 시돈 사람의 여신 아스다롯과 모압의 신 그모스와 암몬 자손의 신 밀곰을 숭배하며 그 아비 다윗의 행함 같지 아니하여 내 길로 행치 아니하며 나 보기에 정직한 일과 나의 법도와 나의 율례를 행치 아니함이니라(I will do this because they have forsaken me and worshiped Ashtoreth the goddess of the Sidonians, Chemosh the god of the Moabites, and Molech the god of the Ammonites, and have not walked in my ways, nor done what is right in my eyes, nor kept my statutes and laws as David, Solomon's father, did)(NIV)

「열왕기하」23:13 - 또 예루살렘 앞 멸망산 우편에 세운 산당을 더 럽게 하였으니 이는 옛적에 이스라엘 왕 솔로몬이 시돈 사람의 가증한 아스다롯과 모압 사람의 가증한 그모스와 암몬 자손의 가증한 밀곰을 위하여 세웠던 것이며(The king also desecrated the high places that were east of Jerusalem on the south of the Hill of Corruption--the ones Solomon king of Israel had built for Ashtoreth the vile goddess of the Sidonians, for Chemosh the vile god of Moab, and for Molech the detestable god of the people of Ammon)(NIV)

이 아세라나 아스다롯 여신은 구약성경에서 이스라엘 민족의 하나님인 야훼(Yahweh)의 경멸의 대상 또는 멸절되어야 할 여신으로 등장한다(「사사기」 2:13, 3:7, 10:6; 「사무엘상」 7:3-4,12:10, 31:10, 「열왕기상」 11:5, 11:33, 18:19, 23:13). 특히 아세라, 즉 아스다롯 여신은 지역을 다스린 바알 신들(Baals)과 한 편이 되어 다른 신들을 공격했는데, 그래서 아스다롯(Ashtoreth)을 바알의 얼굴 마담(face of Baal)이라 불렀다.[37] 구약성경에는 따라서 바알 신과 아스다롯 여신이 함께 등장한다.

7. 구약의 '하늘 황후 또는 하늘 여신(Queen of Heaven)'은 인안나 여신

「예레미야」(Jeremiah, 예언활동, BC 626-BC 585)가 c.BC 620년경에 쓴 것으로 추정되는 「예레미야」에는 '하늘 황후 혹은 하늘 여신[(Queen of Heaven(NIV), queen of heaven(KJV)]'[38]으로 표현하고 있는데, 이 여신이 바로 수메르시대의 인안나이고, 아카드와 바벨론과 아시리아 시대의

---

37 Ashtoreth(Astarte in Ugarit) - http://en.wikipedia.org/wiki/Ashtoreth
38 http://en.wikipedia.org/wiki/Queen_of_heaven_(Antiquity)
   http://en.wikipedia.org/wiki/Queen_of_Heaven

이시타르이며, 가나안 시대와 솔로몬 왕 시대의 아세라이며 아스다롯
(아스타테) 여신이다.

「예레미야」에는 이스라엘 백성들이 야훼 하나님을 배반하고, 하늘 여
신에게 분향하며(burning incense), 하늘 여신을 위하여 가루를 반죽하여
과자를 만들고, 여신에게 전제(offerings)를 드려, 야훼 하나님의 노(anger)
를 격동시켜 재앙의 벌을 받게 된다는 내용이 기록되어 있다(「예레미야」
7:18, 44:17-25). 그 벌은 바로 신바벨로니아에 의해 남유대왕국이 BC 586
년에 멸망하고, 바벨론 유수가 시작되면서 남은 유대인들은 뿔뿔이 흩어
져 이집트로 피신하게 되는데, 이집트로 피신한 유대인들을 보고 예레미
야가 야훼의 말씀을 전하는 내용이다. 이집트로 피신한 유대인들을 이집
트의 왕의 손에 붙여 이집트의 칼을 피한 소수의 유대인들만 애굽 땅에서
나와 유다 땅으로 돌아올 것이라는 예언의 말씀이다.

「예레미야」 7:18 – 자식들은 나무를 줍고 아비들은 불을 피우며 부
녀들은 가루를 반죽하여 하늘 황후를 위하여 과자를 만들며 그들이 또
다른 신들에게 전제를 부음으로 나의 노를 격동하느니라(The children
gather wood, the fathers light the fire, and the women knead the dough
and make cakes of bread for the Queen of Heaven. They pour out drink
offerings to other gods to provoke me to anger(NIV); The children gather
wood, and the fathers kindle the fire, and the women knead their dough,
to make cakes to the queen of heaven, and to pour out drink offerings unto
other gods, that they may provoke me to anger(KJV); The children gather
firewood, the men build fires, and the women mix dough to bake cakes for
the goddess they call the Queen of Heaven. They also pour out offerings of
wine to other gods, in order to hurt me)(Good New)

「예레미야」 44:17 – 우리 입에서 낸 모든 말을 정녕히 실행하여 우리의 본래 하던 것 곧 우리와 우리 선조와 우리 왕들과 우리 방백들이 유다 성읍들과 예루살렘 거리에서 하던 대로 하늘 여신에게 분향하고 그 앞에 전제를 드리리라 대저 그 때에는 우리가 식물이 풍부하며 복을 받고 재앙을 만나지 아니하였더니(We will certainly do everything we said we would: We will burn incense to the Queen of Heaven and will pour out drink offerings to her just as we and our fathers, our kings and our officials did in the towns of Judah and in the streets of Jerusalem. At that time we had plenty of food and were well off and suffered no harm)(NIV)

18 – 우리가 하늘 여신에게 분향하고 그 앞에 전제 드리던 것을 폐한 후부터는 모든 것이 핍절하고 칼과 기근에 멸망을 당하였느니라 하며(But ever since we stopped burning incense to the Queen of Heaven and pouring out drink offerings to her, we have had nothing and have been perishing by sword and famine)(NIV)

19 – 여인들은 가로되 우리가 하늘 여신에게 분향하고 그 앞에 전제를 드릴 때에 어찌 우리 남편의 허락이 없이 그에게 경배하는 과자를 만들어 놓고 전제를 드렸느냐(The women added, "When we burned incense to the Queen of Heaven and poured out drink offerings to her, did not our husbands know that we were making cakes like her image and pouring out drink offerings to her?")(NIV)

25 – 만군의 여호와 이스라엘의 하나님이 이같이 말씀하시되 너희와 너희 아내들이 입으로 말하고 손으로 이루려 하여 이르기를 우리가 서원한 대로 반드시 이행하여 하늘 여신에게 분향하고 전제를 드

리리라 하였은즉 너희 서원을 성립하며 너희 서원을 이행하라 하시느니라(This is what the LORD Almighty, the God of Israel, says: You and your wives have shown by your actions what you promised when you said, 'We will certainly carry out the vows we made to burn incense and pour out drink offerings to the Queen of Heaven.' "Go ahead then, do what you promised! Keep your vows!)(NIV)

8. 구약에 등장하는 매춘의 여신 인안나(아세라)

고대 그리스의 역사가인 헤로도토스(Herodotus, c.BC 480-c.BC 420)의 『역사(The Histories 1.199)』에 따르면 수메르시대(c.BC 5000-c.BC 2400)의 티그리스(Tigris)와 유프라테스(Euphrates) 강 주변에는 인안나 여신을 위해 세워진 신당이나 신전(shrines and temples)이 많이 있었다고 한다. 특히 인안나 여신이 주로 거주하던 곳이 우르크에 있는 에안나(Eanna) 신전이었다.

인안나의 신전은 신성한 돌(Sacred Stones, 구약성경의 '주상' 또는 '석상')을 이용해 피라미드 계단식으로 만들어졌는데, 7개의 계단으로 만들어졌다. 다른 신전들과 마찬가지로 이를 지구라트(Ziggurat)로 불렀다. 다른 신전들과는 달리, 여기저기 세워진 인안나 여신의 신전들은 섹스를 하기 위한 장소들이었다. 이 신전들에서 인안나 여신은 신들과 섹스를 즐겼다. 그래서 인안나 여신을 두고 '신들의 여인(Lady of the Gods)'이라고 불렀다. 인안나 여신은 신들하고만 섹스를 한 것이 아니었다. 신들뿐만 아니라 인간의 왕들과도 섹스를 즐겼다.

인안나 여신은 한때 아카드(Akkad) 왕국을 세운 사르곤(Sargon, 통치 c.BC 2334-c.BC 2279) 왕과 사랑에 빠지기도 했다. 인안나의 정식 연인은 두무지(Dumuzi) 신이었다. 그러나 인간의 왕들은 연례행사인 항연(New Year Festival) 때 두무지를 대신해 인안나 여신과 하룻밤 섹스를 해야 정당성을 인정 받곤 했는데 이게 관습(Ritual)으로 이어졌다. 그래서 수메르에서는 매년 한 번씩 인안나를 상징하는 신전의 여 사제와 두무지를 상징하는 왕이 혼례를 거행하여 신방을 차리는 축제가 있었는데, 이는 그 해의 풍요를 기원하는 의식이었다. 이를 신성한 결혼(Sacred Marriage)[39] 혹은 신성한 매춘(Sacred Prostitution)[40]이라 불렀다(Fraser, 1922; Kramer, 1970; Ellis, 1987).

인안나 여신은 신들과 인간의 왕들하고만 섹스를 한 것이 아니었다. 그 섹스 대상이 어린 미동(美童)들까지 확대되었다. 그래서 여기저기 세워진 인안나의 신전에는 아름 다운 미동들과 여성 사제들이(Priestesses) 인안나 여신의 시중을 들었다.

「열왕기하」23장 7절에는 이곳에 성스러운 매춘을 하는 미동들(male shrine prostitutes, NIV)과 여인들(women)이 있었다고 기록하고 있다. 물론 수메르 여신인 인안나가 나중에 수천 년이 흘러 가나안에서는 아세라(Asherah)로 불렸다. 아름다운 사제 처녀들은 이곳에서 아세라를 위해 휘장을 짰다(Weaving). 휘장이란 아세라 여신이 아름다운 미동들과의 섹스를 하기 위한 침상이었다. 인안나, 즉 아세라 여신이 자리를 비우고 없을 때는 미동들과 아름다운 여 사제들이 서로 부둥켜안고 아세라 여신이 가르쳐 준 섹스를 즐겼다.

---

39 http://en.wikipedia.org/wiki/Sacred_marriage
40 http://en.wikipedia.org/wiki/Sacred_prostitution

「열왕기하」 23:7 – 또 여호와의 전 가운데 미동의 집을 헐었으니 그
곳은 여인이 아세라를 위하여 휘장을 짜는 처소이었더라(He also tore
down the quarters of the male shrine prostitutes, which were in the temple
of the LORD and where women did weaving for Asherah)(NIV)

「열왕기하」 23장 7절 이외에도 '미동의 집', '남색하는 자', '남창', '창
기의 집'을 뜻하는 'male shrine prostitutes', 'male prostitutes of the
shrines', 'shrine prostitutes'은 「열왕기상」 14장 24절, 15장 12절, 22장
46절,「욥기」 36장 14절과 「호세아」 4장 14절에도 등장한다. 이때 'shrines'
이란 신성한 또는 성스러운 신전들 혹은 신들에 속한다는 뜻이다.

실제로 『길가메시 서사시』 〈점토판 1〉에는 신전의 매춘녀(a temple
prostitute)인 샴햇(Shamhat)이 원시 인간인(a primitive man) 엔키두
(Enkidu)와 7일간의 섹스를 하는 내용이 소개되고, 〈점토판 6〉에는 인안
나 여신이 '그녀의 사람들', 즉 수녀들, 춤을 추며 노래하는 여인들, 신전
의 매춘녀와 매춘부들(her people=votaries=girl-devotees, the dancing and
singing girls, the prostitutes=harlots of the temple, the courtesans=hetaerae)
을 모두 불러, 길가메시와 엔키두가 죽인 '하늘의 황소(Bull of Heaven)'
에 대해 통곡하게 하는 장면이 나온다(Sandars, 1985; Thompson, 1928;
Temple, 1991).

수메르에서 발견된 「인안나-두무지 J」라는 노래(찬송)에는 미동들과
사제들과 아름다운 여성들이 섹스하는 장면이 담겨 있다(Black et al.,
1998~2006). 그래서 「열왕기하」 23장 7절에는 이곳을 신전의 남성과 여
성들의 매춘 장소인 'male shrine prostitutes(NIV)', 'male and female
shrine prostitutes(New Living)', 'temple prostitutes(Good News)'라 표

현하고 있다.

따라서 구약성경에는 인안나(아세라, 아스다롯) 여신을 매춘
(Prostitute)의 여신 또는 악덕(Vile)의 여신, 가증하고 불쾌한(Repulsive)
여신으로 표현하면서(「열왕기상」 15:13, 「열왕기하」 23:7, 23:13, 「역대하」
15:16), 야훼께서는 이스라엘 백성들 보고 이 여신을 섬기지 말라고 명
령하고, 이 여신의 신상들을 다 깨뜨리라고 출애굽할 때부터 모세에게
명령하고 있는 것이다(「출애굽기」 34:13).

9. 아래세계(Underworld, Netherworld)로 내려간 인안나

고대 수메르에서 발굴된 일련의 점토판에는 오늘날 우리에게 알려진
한 서사시가 적혀 있다. 그것은 인안나가 아래세계(the underworld or
the netherworld)로 내려갔다 오는 여행에 관한 이야기로 「인안나의 아
래세계 하강(The Descent of Inanna Into the Lower World)」으로 불린다
(Black et al., 1998-2006; Kramer & Wolkstein, 1983; Jastrow, 1915 & 2010).

이 아래세계는 구약성경에 등장하는 히브리어 스올(Sheol, לאוש)[41]
로, 그 의미는 음부(the grave) 혹은 지옥(The hell) 혹은 깊은 곳(the
deep) 혹은 구멍(the pit) 혹은 신약에 등장하는 사망(Death), 하데스
(Hades), 그리고 무저갱(Abyss)이라는 뜻이다. c.BC 250년에 이집트의
알렉산드리아(Alexandria)에서 히브리어 성경의 '스올'을 그리스어로
번역한 단어가 '하데스'인데, 이도 아래세계란 뜻이다.

---

41 히브리어의 발음을 영어로 표현 - http://en.wikipedia.org/wiki/Sheol

'스올'은 한글개역개정의 「창세기」 37장 35절에 처음 등장한다. 한글개역과 한영해설성경은 '음부'라 번역되어 있으며, 킹제임스 흠정역에는 '무덤'으로 번역되어 있다. 영문성경 NIV와 KJV에는 'the grave'로, Good News에는 'the dead'로 되어 있다. New Living에는 'my grave'로 번역하면서 히브리어로 '스올(Sheol)'로 내려간다는 뜻이라고 각주를 달고 있어, 필자가 보기에는 New Living이 가장 충실한 영문성경 같다는 생각이 든다.

「창세기」 37:35 - 그 모든 자녀가 위로하되 그가 그 위로를 받지 아니하여 가로되 내가 슬퍼하며 <u>음부</u>에 내려 아들에게로 가리라 하고 그 아비가 그를 위하여 울었더라(His family all tried to comfort him, but he refused to be comforted. "I will go to my <u>grave</u>(1) mourning for my son," he would say, and then he would weep. / (1) Hebrew go down to <u>Sheol</u>)(New Living)

한글개역에서는 「요나」 2장 2절에 처음 등장하는데, "가로되 내가 받는 고난을 인하여 여호와께 불러 아뢰었삽더니 주께서 내게 대답하셨고 내가 <u>스올</u>의 뱃속에서 부르짖었삽더니 주께서 나의 음성을 들으셨나이다(He said, "I cried out to the Lord in my great trouble, and he answered me. I called to you from the land of <u>the dead</u>(1), and Lord, you heard me! / (1) Hebrew from <u>Sheol</u>)(New Living).

문명의 개시지인 수메르(시날, Smuer, Shinar)인의 종교에서 아래세계는 이 세상의 영웅이나 보통 사람들이 죽으면 가는 고향의 집, 즉 깜깜(dark)하고 음울한(dreary) 장소로 생각했다. 즉 수메르 당시에는 누구나 죽으면 가는 곳이 아래세계였다. 단지 이 세상에서의 행동, 즉 업

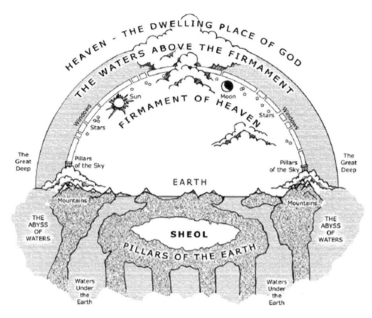

고대인들이 본 하늘의 구조. Credit : Hotmetalbridge.com[42]

적에 따라 아래세계에서 대접을 잘 받거나 더 나은 위치를 차지한다고 믿었다. 그래서 학자들은 아래세계라는 문구가 등장할 때마다 지하세계(Unterwelt)나 죽은 자의 세계(Totentwelt)로 번역해 왔다. 최근에 들어서야 수메르 학자들은 명부나 저승(Netherworld)이라는 단어로 대체해 부정적인 의미를 다소 완화시키고 있다(시친, I, 2009, p. 432; Sitchin, 1991, Chapter 11).

그렇다면 아래세계란 스올만을 의미하는 것인가? 고대 수메르 지역에서 발굴된 고고학적 문서들을 보면, 신들의 관할 영역에 따라 지구가 북반구와 남반구로 나뉘었다. 여기에서 남반구란 아래세계를 말

---

42 http://www.hotmetalbridge.com/2011/10/bible-science.html

하는 것이다. 따라서 아래세계란 지구의 아프리카와 남극 대륙을 포함한 남반구로 보는 것이 타당하다. 엔릴 신의 관할 지역은 북반구이고, 엔키 신의 관할 지역은 남반구였다.

이 아래세계의 지역을 다스렸던 신이 바로 엔키(에아, Enki, Ea) 신의 셋째아들인 네르갈(Nergal) 신이었다. 그런데 네르갈 신은 인안나 여신의 동생인 에르쉬기갈(Ereshkigal, Ereckigala)을 배우자로 택해 결혼했다. 수메르 시절 어느 누구도, 산 사람이든 죽은 사람이든 신이든, 아래세계에 한 번 내려가면 절대로 돌아올 수 없었다. 이러한 곳에 인안나 여신이 간다.

인안나 여신은 총 두 번에 걸쳐 아래세계를 여행하게 되는데, 그 첫 번째 여행은 약혼자 두무지(Dumuzi) 신이 죽어 아래세계로 내려갔을 때이다. 두무지는 엔키 신이 이 땅에서 낳은 둘째아들로 인안나와 약혼을 하자, 두무지의 형인 마르둑(Marduk) 신이 이를 반대한다. 처음부터 마르둑과 인안나 여신 사이는 불편한 관계였다. 마르둑 신은 엔키 신계였고, 인안나 여신은 엔릴 신계로, 족보가 달랐다. 따라서 마르둑 신은 약혼을 파기시키기 위해, 그의 여동생인 게시티안나(Geshtinanna, Geshtin-ana, Jectin-ana, Belili)[43]를 사주하여 오빠인 두무지 신을 꼬셔 섹스하도록 시킨다. 게시티안나는 사주 받은 대로 강간을 당했다고 마르둑 신에게 보고하고, 마르둑 신은 사신을 보내 두무지를 체포하도록 한다. 두무지는 이를 피해 폭포 뒤에 숨다가 미끄러져 익사하여 아래세계로 보내진다.

---

43 http://en.wikipedia.org/wiki/Geshtinanna

여기서 잠깐 「신명기」 25장 5절에서 10절 내용을 보자. 여기에는 레비레이트혼(Levirate)에 관한 '죽은 형제에 대한 의무'라는 내용이 나온다. 남편이 죽고 그 아내가 아들이 없을 때 그 아내는 남편의 형제 또는 근친자가 아내로 삼아야 한다는 옛 유대인의 관습 이야기다. 바로 이러한 이유로 인안나 여신은 두무지 신이 죽자 동생인 네르갈 신을 만나러 아래세계로 간 것이다. 물론 네르갈은 이미 에르쉬기갈이란 아내가 있었다. 그러나 인안나는 네르갈이 받아준다면 네르갈의 아들을 낳아 네르갈이 지배하고 있던 아래세계를 지배할 수 있다는 욕심이 있었던 것이다.

인안나 여신이 도착하자마자 에르쉬기갈 여신은 그녀의 진입을 막고 무력으로 인안나를 무장해제시킨 뒤 말뚝에 달아 죽인다. 인안나가 죽자 아래세계를 총괄하던 엔키 신이 두 명의 사자를 보내, 죽은 인안나 시체를 향해 전자기파를 쏘고 생명수(Water of Life)와 생명나무(Plant of Life)를 먹여 구출한다. 인안나 여신은 두무지 신의 시체를 메소포타미아로 옮겨 살린다.

두 번째 여행을 보자. 『길가메시 서사시』의 〈점토판 6〉에 따르면 인안나 여신의 충신, 즉 하늘의 황소(Bull of Heaven)인 구갈라나(Gugalana)를 길가메시와 엔키두(Enkidu)가 죽인다(Temple, 1991, George, 1999; Mitchell, 2004). 그는 죽어 아래세계로 내려져 거기에서 장례 의식이 치러진다. 인안나 여신이 이곳으로 두 번째 여행을 간다.

첫 번째 아래세계 여행에서 인안나 여신이 경험한 것은 아래세계에 내려가면 절대 돌아올 수 없다는 사실이었다. 그래서 내려가기 전에 그녀의 충신인 닌슈부르 또는 닌큐부라(Ninshubur or Nincubura)에게, 만약 아래세계에 내려가서 돌아오지 못하는 경우에는, 엔릴 신, 난나 신, 그리고 엔키 신에게 구해달라고 간청할 것을 지시하고, 멀리 날아갈 수 있는 우주복과 헬멧(모자, 헤드기어 및 안면 가리개), 여신의 상징인 왕관, 청금색(lapis-lazuli) 목걸이, 청금석으로 만들어진 측량하는 잣대(lapis-lazuli measuring rod) 등, 신의 권력을 상징하는 7가지의 옷 장식들을 고아하게 차려 입고 내려간다(Black et al., 1998-2006).

이러한 옷의 장식은 인안나 여신이 엔키 신으로부터 탈취한 문명의 서판(Tablets of Civilization)인 메스(MEs)의 권한을 상징하는 것이다. 장례식에 나타난 인안나의 옷차림과 오만한 행동(haughty behavior)은 동생인 에르쉬기갈로 하여금 무언가 미심쩍다는 의심을 사기에 충분했다(Kilmer, 1971). 그래서 에르쉬기갈은 문지기에게 인안나 여신으로부터 소지하고 있는 잣대를 반드시 빼앗으라고 지시를 내린다. 오늘날 무장해제와 같은 수법이다. 잣대를 내놓으라는 문지기 말에 인안나 여신은 "왜냐고?" 묻는다. 그러자 문지기는 "아래세계로 가는 신성한 권력의 절차((a divine power of the underworld has been fulfilled)"라고 대답한다. 인안나 여신은 도구를 문지기에게 주고 통과한다. 이런 식으로 전체 7개의 문을 통과하면서 인안나 여신은 처음 입었던 권력의 옷과 도구들을 모두 무장해제 당한다.

마침내 동생인 에르쉬기갈 앞에 도착한다. 그러나 인안나 여신은 옷의 장식들을 다 뺏겨 거의 벌거벗은 몸이 되었다. 인안나 여신은 권능을 다 잃었다. 그 대신 에르쉬기갈이 인안나로부터 빼앗은 권력의 7가지 옷과 도구들을 입고 보좌에 앉아 있다. 분노에 찬 인안나는 벌거벗은 몸을 에르쉬기갈에게 내던진다. 에르쉬기갈은 인안나를 감옥에 넣고 60개의 병(diseases)을 인안나에게 풀어놓는다. 그리고 재판이 열린다. 7명의 재판관들(seven judges)로 구성된 안나(Anna, Anuna)는 인안나에 대한 결정을 내린다. 그들은 인안나를 쳐다봤다. 그것은 죽음의 시선이었다. 그들은 인안나에게 말을 했다. 그것은 노여움으로 가득 찬 말이었다. 그들은 인안나에게 소리를 쳤다. 그것은 무거운 죄의 소리였다. 이러한 고통을 당하던 인안나 여신은 결국 죽은 시체로 변해갔다. 그리고 그들은 죽은 시체를 하나의 갈고리에 매달아 놓았다.

동생인 에르쉬기갈은 언니인 인안나를 시기하고 싫어했음에 틀림 없다. 왜냐하면 에르쉬기갈은 아래세계에서 살고 있었기 때문이었다. 그래서 에르쉬기갈은 항상 비에 흠뻑 젖은 또는 사고를 당한 검은 양(Black sheep)처럼 보였다. 똑같은 신인데도 불구하고 에르쉬기갈은 다른 살아 있는 신들과 같이 어울리지 못했다. 아래세계는 그 어느 누구

영국 대영박물관에 보관되어 있는 이시타르 여신상. 사자와 올빼미는 그녀의 상징이며 권력과 법의 상징인 왕홀과 자를 들고 하늘을 날아 다니는 날개(즉 우주복)를 갖고 있는 이시타르 여신.

도 빠져나갈 수 없기 때문이었다. 반면 언니인 인안나는 지상의 세계에서 섹스, 사랑, 풍족을 누리는 여신이었다.

3일 낮과 밤이 지나자 닌슈부르(Ninshubur)는 인안나 여신의 지시에 따라 엔릴, 난나, 엔키의 신전에 가서 인안나를 구해달라고 요청한다. 엔릴과 난나는 인안나가 스스로 일으킨 문제라며 거절한다.[44] 그런데 여기서 이상한 일이 벌어진다. 인안나 여신이 아래세계로 내려가자, 지상에서의 모든 섹스 활동이 중지된 것이다. 매춘도 중지된다. 이러한 상황을 보고 받은 엔릴 신은 쌍수를 들고 이 상황을 환영했을 것이다. 그러나 엔키 신은 깊이 생각하다가 인안나 여신을 도와주기로 결정한다.[45]

엔키 신은 성별이 없는 형상(asexual figures), 즉 간성인(間性, intersex)인 아수슈나미르(Asu-shu-namir)를 만든다. 우선 그의 손톱의 티끌로부터 쿠르자라(Kurjara)와 갈라투라(Galatura)를 만든 후, 쿠르자라에게는 생명나무(Life-giving plant, Plant of Life)를 갈라투라에게는 생명수(Life-giving water, Water of Life)를 주어 에르쉬기갈에게 보낸다. 엔키 신은 가기 전

---

44 엔릴(Enlil) 신과 그의 아들 난나(Nannar, Sin) 신이 거절했다는 사실에 유의하자. 구약성경에 인안나(아세라, 아스다롯) 여신은 악덕의 여신과 섹스의 여신으로 이스라엘 하나님인 야훼의 멸절의 대상이 된다.

45 엔키(Enki) 신은 도와주기로 결정했다는 사실에 유의하자. 엔키 신의 아들인 마르둑(Marduk) 신은 나중에 수메르(Sumer) 신들 중에 최고의 신인 주신(主神)의 자리, 즉 엔릴 신의 자리를 강탈하여 '벨(Bel=바알=Baal) 마르둑(므로닥)'이라는 이름으로, 바빌론과 가나안에서 숭배되던 전쟁과 풍요의 신으로, 성경에는 멸절의 대상이 된다. 마르둑은 구약성경에 딱 한 번 나오는데 그게「예레미야」50장 2절이다.「요한계시록」14장 8절과 17장 18절에는 바빌론(Babylon), 즉 위대한 도시를 여자(Woman)로 표현하며, 음행과 매춘의 도시로 표현하고 있다. 따라서 바빌론의 성별은 여성(Her)이다. 이 여성은 인안나 여신의 상징으로 보인다. 결국 바빌론은 무너진다(Fallen is Babylon the Great)(「예레미야」50:2,「요한계시록」14:8 & 17:18,「요한계시록」18장).

에 명심할 것을 지시한다. 파리처럼 재빠르게 날아 문을 통과하고 팬텀 (phantoms)처럼 재빠르게 문을 통과하라고 지시한다. 그리고 에르쉬기갈 앞에서 "당신이 신이라면 엔키 신의 말에 귀를 기울이고, 만약 신이 아니라면 하늘과 땅의 위대한 신인 엔키의 신이 내리는 운명만이 있을 것"이라고 경고하라는 지시도 받는다. 또한 에르쉬기갈이 제공하는 생명나무와 생명수를 거절하고, 가져가는 생명나무와 생명수를 사용하라는 지시도 받는다.

갈라투라는 무엇을 원하느냐는 에르쉬기갈의 질문에 인안나 여신의 시체만을 원한다고 대답한다. 시체를 건네주자 재빨리 생명나무와 생명수를 인안나 여신의 시체에 뿌려 마침내 인안나를 살리는 데 성공한다. 인안나 여신은 이제 자유의 몸이 되어, 들어올 때의 7개의 문을 지나면서 무장 해제되었던 권력의 7가지 옷들과 도구들을 모두 되찾아 지상의 세계로 돌아온다.

하지만 문제가 있었다. 에르쉬기갈의 악마들(Demons)이 인안나 여신을 따라다니며 지상의 누군가가 신이든 사람이든 아래세계에 불려와 인안나 여신이 있던 자리를 채우기 전에는 절대 자유로울 수 없다고 고집한다. 여러 사람의 이름이 올려지지만, 인안나 여신은 지상에서 그들과의 좋은 관계 때문에 거절한다. 그들을 자기 대신 아래세계에 보낼 수 없었기 때문이었다. 마침내 집에 가까이 오자 나무 아래에서 좋은 옷을 입고 편히 쉬고 있는 남편인 두무지 신을 발견한다. 아니 자기 아내는 지금 아래세계에서 행방불명이 되어 있는데 편히 쉬고 있다니!! 그리고 두무지 신은 전혀 애도하는 기색도 안 보인다. 인안나 여신은 두무지 신이 괘씸하다고 생각한다. 또한 전에 자기가 없는 사이에 두무지 신이 바람 피운 일을 떠올린다. 그래서 마침내 악마로 하여금 두무지 신을 아래세계로 데려가도록 하고, 자기가 아래세계에서 겪었던 수모를 당하도록 결정한다.

두무지 신은 이 운명을 피해 도망을 쳤으나, 파리 한 마리가 인안나 여신과 악마들에게 나타나 그의 위치를 알려준다. 이때 두무지의 누이 동생인 게시티안나(Geshtinanna)가 두무지 대신 자기가 아래세계에 가겠다고 나선다((Black et al., 『Dumuzid and Geshtin-ana』 & 『Dumuzid's dream』, 1998-2006). 그래서 1년 중 6개월은 두무지가, 6개월은 두무지의 누이동생이 인안나를 대신해서 아래세계로 가기로 결정된다.

자기 남편인 두무지 신을 아래세계로 보낸 인안나 여신!! 결국 그녀는 그것을 후회하고 두무지 신을 그리워한다. 풍요(Fertility)의 여신인 인안나도 두무지 신이 6개월 동안 아래세계에 있을 때는 아무런 능력을 발휘하지 못하고 시들해졌다. 이때가 가을과 겨울이었다. 하지만 봄과 여름엔 두무지 신이 아래세계에서 나와 인안나 여신과 같이 있을 때에는 사랑과 생명으로 가득 차서 풍요의 여신이 다시 된다.

3절 구약성경에 등장하는 두무지(담무스, 탐무즈) 신

두무지 신(神)의 이름은 수메르어로는 두무지(Dumuzi or Dumuzid), 아카드어로는 두주(Duzu), 바벨로니아어로는 탐무즈 또는 담무스(Tammuz)이다. 엔키(Enki) 신이 지구에서 낳은 둘째아들로 음식과 농작물을 관할하던 신이었으며, 인안나(Inanna) 여신의 정식 남편이다. 두무지 신이 관할하던 도시는 금(Gold)을 캐던 장소인 남아프리카 짐바브웨(Zimbabwe)를 비롯한 아프리카였으며, 두무지 신의 지구라트 신전은 금을 정제하던 수메르의 바드티비라(Bad-tibira)에 세워졌던 에아라리(e.a.ra.li)였다. 에아라리의 근원은 금을 캐던 짐바브웨 근처의 초원인 아라리(A-RA-LI), 즉 '빛나는 광맥이 있는 물의 장소'이다 (Horowitz, 1998, p. 283).

구약성경 「에스겔(Ezekiel, 에제키엘, 이흐지키엘)」 8장 14절에는 실제로 담무스(Tammuz) 신이 등장한다. 예언자 「에스겔」이 활동하던 시기는 BC 593-BC 571년이었다.

이때의 이스라엘 상황을 보자. 이스라엘 왕국은 여러 다른 신들을 섬긴 대가로 야훼의 벌을 받아 북이스라엘 왕국(BC 931-BC 722)과 남유대(다) 왕국(BC 931-BC 586)으로 분열된다. 분열된 이후에도 정신을 못 차린 북이스라엘 왕국은 신아시리아 왕조(Neo-Assyrian Empire, c.BC 912-c.BC 626)의 살만에셀 5세(Shalmaneser V, 통치 BC 727-BC 722) 왕과 그 다음의 사르곤 2세(Sargon II, 통치 BC 721-BC 705) 왕이 북이스라엘 수도인 사마리아(Samaria)를 침공하여 멸망시키면서(BC 723-BC 722), 신아시리아의 수도인 니네베(Nineveh)와 동쪽 산악지대의 메디아(Media, 구약성경의 '메대', Medes)로의 앗수르 포로(Assyria Exile/Captivity, BC 723-BC 612)시대가 시작된다(「열왕기하」 17:1-6 & 23, 「열왕기하」 18:9-10). 또한 남유대(다) 왕국(BC 931-BC 586)은 신아시리아 왕조를 멸망시킨 신바빌로니아 왕조(BC 625-BC 539)에 의해 멸망된다(BC 586)(「열왕기하」 25장, 「역대하」 36:18-19; 「예레미야」 52:13-14).

이스라엘의 하나님인 야훼와 적대시되는 마르둑(Marduk)과 두무지를 주 신으로 모시는 신바빌로니아의 느부갓네살 2세(네부카드네자르 2세, Nebuchadnezzar II, 통치 BC 605-BC 562)는 예루살렘을 정복하고 솔로몬 왕(통치 BC 970-BC 930)이 세운 장엄하고 아름다운 예루살렘 성전을 파괴하였으며(BC 586), 유대인들을 노예로 끌고 가 바벨론에 유폐시켰다(「열왕기하」24장 & 25장;「역대하」36장). 바야흐로 그 유명한 70년 동안의 바벨론 유수 시대(Babylonian Captivity/Babylon Exile, BC 605-BC 538)를 맞게 된다(「역대하」36:21;「예레미야」25:11-12 & 29:10,「마태복음」1:11-12).

「에스겔」8장은 남유다왕국의 19번째 마지막 왕인 시드기야(Zedekiah, 통치 BC 597-BC 586) 왕 때의 일이다. 18번째 왕이 여호야긴(Jeoiachin, 통치 BC 598-BC 597)이었는데, 바벨론으로 끌려가 포로(Exile)가 되었다. 이때 에스겔도 함께 바벨론의 포로가 된다. 여호와긴 왕이 사로잡힌 지 오년이 되었다(「에스겔」1:1~2)했고, 에스겔이 사로잡힌 지 13년 4월 5일이라 했으니,「에스겔」을 쓸 때가 BC 593년이었다.「에스겔」은 하나님이 에스겔에게 나타나 하나님의 이상(Visions of God)을 보여 준 계시를 쓴 것으로, 예루살렘의 우상숭배(Idolatry in the Temple)와 다른 신들을 섬긴 결과가 어떻게 되는지를 계시로 받아 기록한 내용이다. 예루살렘 성전 문에는 투기의 우상(idol of jealousy)이 있고, 그 안에서는 가증한 짓(detestable things)을 하며, 벽에는 곤충과 동물과 모든 우상의 그림을 그렸고, 70인의 장로들이 향로를 피워 제사를 지내며, 동쪽에서 떠오르는 태양(sun)을 숭배한다. 물론 이러한 죄의 대가가 예루살렘의 파괴와 남유다 왕국의 멸망으로 다가온다.

그런데 「에스겔」8장 14절에는 "그가 또 나를 데리고 여호와의 전으로 들어가는 북문에 이르시기로 보니 거기 여인들이 앉아 담무스를 위하여 애곡하더라(Then he brought me to the entrance to the north gate of the house of the LORD, and I saw women sitting there, mourning for Tammuz(NIV); He brought me to the north gate of the Lord's Temple, and some women were sitting there, weeping for the god Tammuz(New Living); So he took me to the north gate of the Temple and showed me women weeping over the death of the god Tammuz(Good News); Then he brought me to the door of the gate of the LORD's house which was toward the north; and, behold, there sat women weeping for Tammuz)"(KJV)라고 기록되어 있다.

분명히 담무스는 탐무즈이며, 이는 수메르시대의 두무지 신을 일컫는다. 수메르 문서에서는 두무지 신은, 바벨탑 사건(c.BC 3450)을 일으킨 마르둑(Marduk) 신이 체포를 하려고 하자, 이를 피해 폭포 뒤에 숨다가 미끄러져 익사하여 아래세계로 보내진다. 이로 인해 인안나 여신과 인안나 여신을 섬기던 나라의 많은 사람들이 애곡한다. 그러나 인안나 여신이 아래세계로 가서 두무지 신을 데려와 살린다.

그런데 영문성경 NIV와 KJV는 그저 '탐무즈'라고 표현한 반면, New Living과 Good News는 '탐무즈 신'이라고 정확하게 표현하고 있다. 그러나 그 표현은 엘로힘의 소문자 '신(god)'이다.

4절 구약성경에 등장하는 네르갈 신

네르갈(Nergal, Nirgal, Nirgali) 신(神)은 엔키(Enki) 신이 지구에서 낳은 셋째아들로 죽은 자들이 가는 아래세계(Netherworld, Underworld)를 다스리던 신이다. 배우자는 난나(Nannar) 신의 딸이자 인안나 여신의 동생인 에르쉬기갈(Ereshkigal, Ereckigala) 여신이다.

c.BC 2316년경에 인안나 여신이 주도하는 아카드(Akkad, Agade, 아가데) 왕조(Akkadian Empire, c.BC 2350-c.BC 2193)의 사르곤(Sargon, 사루킨, 샤르루킨, c.BC 2334-c.BC 2294) 왕이 메소포타미아 지역, 아프리카 지역, 인도 지역, 시나이 우주공항과 딜문(Dilmun, Til.Mun) 지역의 네 지역을 아카드에 통합시키려는 시도로, 마르둑 신의 영역인 바벨론에 있는 신성한 흙을 가져옴으로써, 마르둑 신과 인안나 여신의 갈등이 고조되었다. 이 사태를 해결하기 위해 아눈나키는 마르둑 신의 동생인, 그 당시 이집트의 최고의 신인 네르갈에게 요청을 하였다. 네르갈 신은 남아프리카에서 바벨론으로 달려가 마르둑 신에게 바벨론을 떠나도록 설득함으로써 마르둑 신은 바벨론을 떠나 사태가 마무리된다. 그러나 이때 네르갈 신과 함께 왔던 사람들은 바벨론에 남게 되고, 이것은 네르갈 신의 영향력이 수메르의 땅에 오랫동안 유지되는 발판이 되었다. 이들이 남은 지역은 바벨론에서 멀지 않은 곳인 바로 쿠타(구다, Cuthah, 키시, Cush) 지역이었는데, 아마도 영구 주둔지였을 것으로 생각된다. 따라서 쿠타 사람들은 네르갈 신을 받들어 모셨다.

그 이후 네르갈 신과 인안나 여신은 동맹으로 이어졌다. 이 동맹관계를 이용해 인안나 여신은 야심을 펼쳐갔다. 인안나 여신은 자신의 권위가 회복되자 아카드 왕권을 재확립하고 아버지인 '난나 신이 가장 좋아하는 자'라는 뜻의 이름을 지닌, 사르곤의 손자인 나람신(Naram-Sin, Saram-Suen, 통치 c.BC 2254-c.BC 2218)을 왕에 앉히고, 무자비한 정복자로 변해갔다. 바알벡 우주 착륙장을 점령했으며, 시나이 우주공항을 거쳐 이집트(마간)까지 쳐들어갔다. 더 나아가 천상의 신인 아누와 엘릴 신의 지위와 권위의 상징에 대한 공격이 이루어졌다. 인안나 여신은 이 모든 일을 나람신에게 시켰다. 나람신은 엔릴 신의 지구라트인 니푸르의 에쿠르를 공격하고 막중한 신성모독을 했다. 그 결과 인안나 여신이 사실상의 메소포타미아 권력을 찬탈한 것이었다. 이는 엔릴 신과 고위 아눈나키의 반발을 사게 되어, 고위 아눈나키가 핵으로 아카드 왕국을 멸망시킨다(c.BC 2218). 인안나 여신은 동맹자인 네르갈 신의 영역인 남아프리카로 도망쳐 숨는다. 따라서 네르갈 신의 이름과 인안나 여신의 이름은 메소포타미아에서 이집트에서 엘람(페르시아)에 이르기까지 숭배의 대상이 되었다.

신아시리아 왕조의 살만에셀 왕과 그 다음의 사르곤 2세 왕은 북이스라엘(Kingdom of Israel, BC 931-BC 722)의 수도인 사마리아(Samaria)와 남부 팔레스타인 지역인 가자(Gaza)를 침입하여 멸망시킨다(BC 723-BC 722). 이때 사르곤 2세 왕은 신아시리아 남부 도시인 바벨론(Babylon), 쿠타(Cuthah)와 서북부 도시인 하마스(Hamath) 지역에 사는 사람들을 사마리아에 강제로 이주시킨다(「열왕기하」 17:24). 그 결과 이스라엘 민족과 이들간의 이종교배가 일어나고(Inter-mixed), 이로 인해 태어난 후손들을 그 후 역사적으로 사마리아인(Samaritans)이라고 불렀다. 그 후 BC 716년에 사르곤 2세 왕은 아랍인들까지 사마리아에 이주시켰다. 그 결과 풍습과 관습, 그리고 그들이 섬기던 신(God)까지 혼합되어 사마리아에 남아 있던 이스라엘 족속들의 유대 민족 전통이 부패하기 시작했다. 이후 사마리아인들은 각종 우상과 신상들을 만들고 특히 풍요와 농토의 신인 바알(Baal) 신을 섬기게 되었다. 따라서 이 지역의 이스라엘 민족도 야훼를 배반하고 이들과 같이 우상을 만들며 다른 신을 섬기게 되었다(「열왕기하」 17장).

「열왕기하」 17장은 이 당시의 이러한 상황을 잘 설명해 주고 있다. 바로 네르갈 신은 구약성경의 「열왕기하」 17장 30절에 등장하는데, 각 민족이 각기 자기의 신상을 만들었는데, "굿 사람들은 네르갈을 만들었고(the men from Cuthah made Nergal)"(NIV)라는 기록에서, 우리는 네르갈 신이 메소포타미아의 도시인 구스(Cush, Cuth, Cuthah, 키시, Kish)의 주신(Patron god)임을 알 수 있다. 네르갈 신은 엘람(페르시아)에서도 공식적인 주신(Patron God)으로 숭배되었다.

5장

「창세기」 6장의 네피림(Nephilim)은 배반한 이기기(Igigi) 신들

자 이번에는 하위급 신들(lower gods)이 「창세기」에 등장하는데, 『바이블 매트릭스』 시리즈 2권 『인간 창조와 노아 홍수의 비밀』에서 소개한 5부인 "홍수의 비밀(1/2), 신들의 문제, 네피림(Nephilim)"을 그대로 인용하되 본권의 주제에 맞추어 간단히 다시 소개하기로 한다.

1절 이기기 신들(네피림)이 위치를 이탈해 인간의 딸들과 결혼해 야기시킨 문제

1. 「창세기」 6장 1절~7절 요약

「창세기」 6장 1절~7절의 내용은 많은 성경학자들과 신학자들을 괴롭혔다. 이해하기가 무척 난해하기 때문이다. 그러나 고고학 문서와 다른 성경, 즉 위경의 내용들을 공부하다 보면 이게 무슨 내용인지 정확히 이해할 수 있다. 우선 「창세기」 6장을 보자.

　「창세기」 6:1 – 사람이 땅 위에 번성하기 시작할 때에 그들에게서 딸들이 나니(When men began to increase in number on the earth and daughters were born to them)(NIV)

6:2 – 하나님의 아들들이 사람의 딸들의 아름다움을 보고 자기들의 좋아하는 모든 자로 아내를 삼는지라(the sons of God saw that the daughters of men were beautiful, and they married any of them they chose)

6:3 – 여호와께서 가라사대 나의 신이 영원히 사람과 함께 하지 아니하리니 이는 그들이 육체가 됨이라 그러나 그들의 날은 일백이십 년이 되리라 하시니라(Then the LORD said, "My Spirit will not contend with man forever, for he is mortal; his days will be a hundred and twenty years.")

6:4 – 당시에 땅에 네피림이 있었고 그 후에도 하나님의 아들들이 사람의 딸들을 취하여 자식을 낳았으니 그들이 용사라 고대에 유명한 사람이었더라(The Nephilim were on the earth in those days--and also afterward--when the sons of God went to the daughters of men and had children by them. They were the heroes of old, men of renown.)

6:5 – 여호와께서 거인의 죄악이 세상에 관영함과 그 마음의 생각의 모든 계획이 항상 악할 뿐임을 보시고 (The LORD saw how great man's wickedness on the earth had become, and that every inclination of the thoughts of his heart was only evil all the time.)

6:6 – 땅 위에 사람 지으셨음을 한탄하사 마음에 근심하시고(The LORD was grieved that he had made man on the earth, and his heart was filled with pain.)

6:7 – 가라사대 나의 창조한 사람을 내가 지면에서 쓸어 버리되 사람으로부터 육축과 기는 것과 공중의 새까지 그리하리니 이는 내가 그것을 지었음을 한탄함이니라 하시니라(So the LORD said, "I will wipe mankind, whom I have created, from the face of the earth…men and animals, and creatures that move along the ground, and birds of the air…for

I am grieved that I have made them.")

이를 요약하면 다음과 같다. 인간이 임신하는 능력을 얻어 인간의 숫자가 번성하였다. 이브는 엷은 갈색 피부(a light brown skin)에 금발 머리(a sandy-blonde)라고 했다. 이 당시에는 엔키 신이 인간의 유전자를 통제하던 시기라는 점을 이해한다면 여자들은 다 갈색 피부에 금발 머리였다는 것을 짐작할 수 있다. 그 아름다움은 이루 말할 수 없었을 것이다. 따라서 하나님의 아들들이 사람의 딸들의 아름다움을 보고 자기들의 좋아하는 모든 자로 아내를 삼았다. 그 결과 그 사이에서 거인들(Great/Giant man)이 탄생한다. 키가 100미터~140미터의 거인들이 출생했다. 거인들이란 반신반인들(半神半人, Demigod)이다. 이 거인들이 문제였다. 거인들은 사악(great man's wickedness)했다. 이게 노아 홍수의 첫 번째 비밀이다. 여호와 하나님은 이 거인들을 비롯해 인간을 다 죽이기로 결정한다.

문제는 하나님의 아들들(sons of God)인데, 많은 신학자들이 이를 '인간'이라 해석하고 있다. 정답은 미안하지만 아니다이다. 이는 바로 '하나님의 아들들', 즉 네피림(Nephilim)이라고 「창세기」 6장 4절에 분명히 기록하고 있는데, 이는 젊은 이기기(Igigi) 신들을 말한다. '하나님의 아들들'이 '인간'이라면 왜 거기서 거인들이 탄생하겠는가? 또한 성경학자들과 신학자들은 '천사'라고 해석한다. 그러나 그것도 잘못 해석한 것이다. 「마태복음」 22장 30절에는 예수님께서 "부활 때에는 장가도 아니 가고 시집도 아니 가고 하늘에 있는 천사들과 같으니라(For in the resurrection they neither marry, nor are given in marriage, but are as the angels of God in heaven.)"(KJV)고 분명히 말씀하셨다. 결혼할 수 없는 천사의 신분에 대해 말씀하신 것을 보면 네피림은 천사가 아니라 인간과 성관계를 가질 수 있는 신들의 아들인, 젊은 신들의 네피림, 즉 이기기 신들이었다.

2. 네피림(Nephilim), 즉 이기기(Igigi) 신들이란? 화성에서 우주기지가 발견될 것

「창세기」 6장 4절에 등장하는 '복수'의 단어인 네피림(Nephilim)은 하나님의 아들들(sons of God), 즉 '하늘에서 지구로 내려온 신들'이라는 뜻이다. 특히 계급이 낮은 젊은 신들(Lower Gods)을 지칭하는데, 『아트라하시스 서사시』 〈점토판 1~3〉(Dalley, 1998)과 『길가메시 서사시』의 〈점토판 11〉(Temple, 1991)에는 네피림을 이기기 신들(Igigi-Gods)이라 표현하고 있다. 이기기란 '돌면서 관측하는 자들(Those Who See and Observe)', 즉 '감시자 또는 주시자(Watchers)'란 뜻이다. 또한 『창조의 서사시』 〈점토판 3(III)〉의 126줄과 〈점토판 6(VI)〉의 21줄과 123줄에도(King, 1902; Budge, 1921) 이기기 신들이 등장한다.

따라서 이 땅에는 두 계급의 신들이 내려왔다. 하나는 고위급 신들(Higher Gods)이었고, 다른 하나는 젊은 신들로 구성된 저위급 신들(Lower Gods)이었다. 특히 저위급 신들은 「창세기」 6장 4절에 등장하는 네피림(Nephilim) 혹은 이기기 신들(Igigi gods)이라 불렸다. 젊은 신들은 인간이 창조되기 전에 두 가지 일을 했다. 한 그룹은 아프리카 광산에서 금을 캐거나 수메르 지역에서 강을 막아 수로를 만들거나 했다. 또 한 그룹은 신들의 고향인 니비루(Nibiru)로 금을 실어 나르는 화성(Mars)의 우주비행 군단(Astronaut Corps) 또는 지구 궤도를 도는 모선(mother spaceship, 母船)에 속해 일을 했다. 이들은 지구에 착륙하지 않고 지구 궤도를 도는 모선에서 지구로 우주왕복선을 보내고 받았다.

호로위츠(Horowitz)는 그의 저서 『메소포타미아인들의 우주적인 지리학(Mesopotamian Cosmic Geography)』에서 고대 기록인 점토판 〈KAR 307 30-38(VAT 8917)〉을 들어, 이 땅에 내려온 이기기 신들이 600명이었고, 하늘 즉 모선에서 대기하는 이기기(Igigi) 신들은 300명이라고 서술하고 있다(Horowitz, 1998, p. 4). 작고하신 시친(Sitchin)은 그의 저서 『수메르, 혹은 신들의 고향(The 12th Planet(Book I), 2009)』과 『틸문, 그리고 하늘에 이르는 계단(The Stairway to Heaven(Book II)』에서, 실제로 아눈나키(Anunnaki)라는 단어가 '하늘에서 내려온 50명'이라는 뜻이라며, 처음 이 땅에 오신 엔키 신과 이기기 신들은 50명이었다고 서술하고 있다. 이들은 엔키 신의 지시로 최초의 도시인 에리두(Eridu)를 건설했다. 이들 이기기 신들, 즉 네피림은 처음에 50명으로 시작해서 결국 600명으로 늘어났다는 것이다(시친, I, 2009, p. 453-454; 시친, II, 2009, p. 184).

특히 모선에 타고 있던 300명의 이기기 신들은 인간이 창조된 후에는 인간과 지구의 기후상황을 주시하고 감시하는 주시자들 또는 감시자들이었다. 문제는 이들이었다. 위경인 「희년서」 4장 22절과(Charles, 1917 & 2002, 인터넷 공개) 「에녹1서」 7장 7절에는(Charles 1917 & Laurence, Internet Publishing) 이들이 주어진 역할과 위치를 이탈하고 200명 규모로 이 땅에 내려와 인간의 여성들과 결혼하여 거인(Great/Giant Man)을 낳았다고 기록하고 있다. 이는 「창세기」 6장 2절~4절로 표현한다면 하나님의 아들들(sons of God)인 네피림이다.

그런데 이 사건을 보다 구체적으로 알아보기 전에 이 사건이 일어나게 된 동기를 알아야 한다. 그 동기는 엔키(Enki) 신의 아들인 마르둑(Marduk) 신께서 인간과 결혼한 데서 비롯된다. 이것을 알아야 모선에 타고 있던 200명의 이기기 신들이 왜 이 땅에 내려와 인간의 여자들과 결혼 했는지 그 이유를 이해할 수 있다. 이것은 인간들에게 미치는 영향, 즉 노아의 홍수를 야기시키는 첫 번째 중대한 사건이기 때문이다.

참고로 한마디만 하고 넘어가자. 지금 미국항공우주국(NASA)은 화성(火星, Mars) 탐사 로봇인 스피릿(Spirit)과 오퍼튜니티(Opportunity)를 2004년 1월에 화성에 착륙시켜 생명체 찾는 일을 시작했고, 세 번째 탐사 로봇인 큐리오시티(Curiosity)를 2012년 8월에 화성에 착륙시켜 생명체 생존 가능성을 탐색하고 있는데, 조만간 이들은 이기기(Igigi) 신들의 우주선기지를 화성에서 찾아낼 것임이 분명하다.

3. 나의 신이 영원히 사람과 함께 있지 아니하리니

「창세기」 6:3 - 여호와께서 가라사대 <u>나의 신이 영원히 사람과 함께 하지 아니하리니 이는 그들이 육체가 됨이라</u> 그러나 그들의 날은 일백이십 년이 되리라 하시니라(Then the LORD said, "My Spirit will not contend with man forever, for he is mortal; his days will be a hundred and twenty years.")

이 구절은 아주 오랫동안 학자들을 괴롭혔다. 그러나 인간의 창조에 동원된 신의 유전자 조작을 이해하고 나면 여기서 말하는 내용이 명백해진다. 즉 인간을 완벽하게 만들어 준 신의 유전자인 신의 '영(영혼, Spirit)'이 인간과의 섹스로 열등해지고 있다는 뜻이다. 다시 말해 젊은 신들이 인간의 딸들과 섹스함으로써 인간과 같이 열등해지고 있으며, 그 결과 젊은 신들의 순정함이 퇴보하고, 그에 따라 인간은 신의 '영'을 버리고 '육체'로 돌아가고 있다는 말이다. 다시 말해 인간이 동물적인 원숭이와 같은 상태로 돌아가고 있다는 말이다. 그래서 모든 육체를 멸망시키려는 결정은 정당하게 보인다.

이렇게 보면 왜 「창세기」 6장이 '의롭고 흠이 없는 노아'와 '썩은 세상'을 특히 강조하여 비교했는지도 이해할 수 있다. 열등해지고 있는 인간들과 결혼함으로써 젊은 신들까지도 열등해지고 있던 시기에 노아가 유전적으로 순수하다는 것을 강조함으로써, 여호와 하나님(야훼)은 외견상 모순되는 결정을 합리화하고 있다. 지구에서 인간을 비롯한 모든 생명을 쓸어버리겠지만, 노아와 그의 자손들, 그리고 다른 모든 '정결한 짐승들'은 그 씨가 땅 위에 살아남게 하겠다는 뜻이다(시친, I, p. 524). 과연 그럴까?

다시 요약하면 「창세기」 6장 3절의 말씀은 여호와 하나님의 영(Spirit)이 더 이상 인간 안에 영원히 거할 수 없다는 말이다. 우선 '사람과 다투다(contend with man)'라는 말이 나온다. 여호와 하나님의 영(Spirit)이 인간과 더 이상 다투지 않겠다는 뜻이다. 하나님의 아들들과 인간의 딸들과의 섹스 문제가 여호와 하나님에게 하나의 풀어야 할 심각한 즉 골치 아픈 문제로 등장했음이 분명하다. 매일 이 문제가 여호와 하나님으로 하여금 인간을 어떻게 대하고 어떻게 처리해야 할 것인가 늘 정신적으로 고민하게 만들었다는 말이다. 그래서 이제 더 이상 신경 쓰지 않고 무언가 결단을 내릴 때가 되었다는 말이다.

그렇다면 하나님의 아들들과 인간의 섹스는 분명 양쪽에 매우 심각한 문제나 영향을 끼쳤다는 얘기인데, 도대체 하나님의 아들들에게는 무슨 일이 일어났길래 하나님이 창조한 인간의 딸들과 결혼했을까? 그 결과 그 사이에서 태어난 거인들에게는 무슨 일이 일어났을까? 누구의 잘못이란 말인가?

그 다음 구절을 해석하면 거의 결정의 심판이 누구에게 내릴 것인가가 나오는데, 신의 아들들이 인간의 딸들과 결혼을 한들, 거기에서 출생하는 아들 딸들은 신이 되는 것이 아니라 그저 죽을 인간(he is mortal)에 불과한 거인들이었다. 그래서 여호와 하나님은 위치를 이탈한 네피림들(이기기)을 어둠에 가두고, 그의 자식들인 거인들과 인간을 멸망시키기로 결정한다. 단, 멸망의 날은 120년이다. 그리고 곧바로 여호와 하나님은 인간과 동물을 이 지구상에서 쓸어버리겠다고 결심하신다. 도대체 무슨 일이 일어 났을까? 왜 여호와 하나님은 스스로 사랑과 정성으로 창조한 인간을 멸망시키기로 한 것일까?

4. 「창세기」 6장 3절의 120년은 신들의 행성인 니비루의 공전주기 횟수

「창세기」 6:3 - 여호와께서 가라사대 나의 신이 영원히 사람과 함께 하지 아니하리니 이는 그들이 육체가 됨이라 그러나 <u>그들의 날은 일백이십 년이 되리라</u> 하시니라(Then the LORD said, "My Spirit will not contend with man forever, for he is mortal; <u>his days will be a hundred and twenty years.</u>")(NIV)

그 동안 많은 성경학자들과 역사학자들이 "<u>그들의 날은 120년이 되리라</u>"라는 구절을, 여호와 하나님이 인간에게 120년의 수명을 준 것이라고 해석했다. 필자도 처음엔 그렇게 해석했다. 그러나 이것은 잘못된 해석이다. 인간 전체를 멸망시키려는 여호와 하나님이 왜 인간에게 120년이라는 수명을 주겠는가? 대홍수에서 살아 남은 노아도 120년보다 훨씬 긴 950살을 살았다. 그리고 그의 후손들인 셈(Shem)은 600살을 살았고 아르박삿(Arphaxad)은 438살을, 그리고 셀라(살라, Shelah)는 433년을 살았다(「창세기」 10장 & 11장).

결론적으로 120년은 인간들에게 적용된 날이 아니라 신들에게 적용되는 날이었다. 지구에 처음 착륙한 시점에서 대홍수가 일어날 때가 바로 120년, 즉 120샤르의 시간, 즉 120 × 3600년 = 432,000년으로, 이는 BC 280년에 쓰여진 『베로수스(Berossus)』의 432,000년과 정확히 일치한다. 즉 처음에 에리두에서 시작해 슈루팍에서 대홍수가 일어날 때 인간은 모두 멸망한다는 뜻이다. "나의 신(Spirit)이 이제 인간들과 함께 있지 않겠다"는 말은 인간과의 결별을 선언한 것이다. 또한 인간은 죽어야 할(mortal) 운명이기 때문에 대홍수로 다 죽이겠다는 뜻이다. 왜냐하면 신들은 다시 신들의 행성으로 돌아가면 그만이기 때문이었다.

5. 마르둑 신께서 인간의 사파니트와 결혼하다

크레이머(Kramer)의 『수메르 신화(Sumerian Mythology)』의 제4장인 "기타 신화들(Miscellaneous Myths)"에는 키에라(Edward Chiera)가 『수메르 종교문서(Sumerian Religious Texts)』를 통해 발표한 〈신화 서판(mythical tablet), CBS-14061〉의 '마르투의 결혼(The Marriage of Martu)' 이야기를 다루고 있다. 마르투는 바로 엔키 신의 아들인 마르둑(Marduk) 신을 말한다. 마르투는 자신도 인간을 아내로 맞도록 허락받아야 한다고 불평한다. 문서의 서두는 다음과 같이 시작한다.

도시 닌압은 있었고 쉬드탑은 없었다,
사제의 관은 있었고, 왕의 관은 없었다,
목초는 있었고, 삼목나무는 없을 때였다,
함께… 살고 있었고,
초원에서는 아이를 낳고 있었다.
(Ninab existed, Shittab did not exist,
The pure crown existed, the pure tiara did not exist,

The pure herbs existed, the pure cedar trees did not exist,

…

Cohabitation … existed,

In the meadows there was birth-giving.)(Kramer, 1961, p. 100)

닌압은 정착지 넓은 땅의 한 도시였다. 그곳에는 눔무쉬다(Numushda)
라는 고위 사제(high priest)가 아내와 딸 하나를 두고 있었다. 사제가 신들
에게 구운 고기를 제물로 드리려고 할 때 마르투가 사제의 딸을 보았다. 마
르투는 독신이었다. 그녀에게 연정을 품은 마르투는 그의 어머니에게 가서
그녀를 아내로 삼게 해달라고 요청을 한다.

마르투 신은 그의 어머니 집에 들어가
다음과 같이 말을 한다.
"이 도시에 내 친구들이 있는데, 그들은 아내를 얻었습니다,
동료들이 있는데, 그들도 아내를 얻었습니다,
이 도시에서 나 혼자만 아내가 없습니다.
아내가 없으니, 아이가 없습니다"
(Martu to his mother,
Into the house enters, says:
"In my city my friends have taken wives unto themselves,
My neighbors have taken wives unto themselves,
In my city I (alone) of my friends have no wife,
Have no wife, have no child.")(Kramer, 1961, p. 100)

마르투의 어머니는 사랑하는 처녀가 '그의 눈길을 받아들였는지
(appreciated his gaze)' 물은 뒤 승낙을 했다. 곧 이어 젊은 신들이 잔치

를 준비했고 성대한 결혼식이 거행되었다(Sitchin, III, 2007, p. 117).

시친의 『잃어버린 엔키 신의 책(The Lost Book of Enki)』을 보자. 마르둑의 아내는 인간인 사파니트(Sarpanit)였다. 그녀의 조상은 아다파(Adapa)였고, 아비는 아다파의 자손인 엔키미(Enkime)였다. 마르둑 신은 사파니트와 결혼을 승락해달라고 어머니인 닌키(Ninki) 여신에게 간청한다. 닌키 여신은 '그녀가 그의 눈길을 받아들였는지' 묻는다. 마르둑은 그렇다고 대답한다. 이에 아버지인 엔키 신은 사파니트와 결혼하면 니비루 행성으로 인간을 데려갈 수 없다고 말한다. 또한 마르둑이 니비루의 왕자의 자리(princely rights)를 잃게 된다고 말한다. 이에 대해 마르둑은 크게 웃으며, 니비루의 왕자의 자리를 이미 포기했다고 대답한다. 설사 이 땅에서도 왕자의 자리를 엔릴 신의 아들인 닌우르타에게 빼앗겼다고 말한다. 그래서 인간과 결혼함으로써 지구와 자신을 연대시켜 인간들을 무기로 삼아 지구에서 왕권을 차지하고 그 다음에 니비루의 왕권을 차지할 것이라고 말한다. 이에 엔키 신은 그렇게 하라고 승낙한다(p. 196-197).

엔릴 신이 마르둑 신의 결정을 듣고 크게 노한다. 인간을 직접 창조한 아버지 신으로서, 인간들과 성관계를 맺는 것은 차원이 다르다. 엔키 신을 두고 하는 말이다. 그러나 마르둑 신이 인간의 딸들과 결혼한다는 것은 말이 안된다. 따라서 엔릴 신은 니비루의 안(An) 신에게 레이저 빔(beam) 통신을 보낸다. 마르둑과 사파니트의 결합(Marduk-Sarpanit Union)을 금지해 달라는 긴급 통신을 한다. 니비루의 안 신은 긴급회의를 소집하지만 신과 인간의 결혼이라는 사실에 대해 아무런 법적 근거를 찾지 못한다(p. 197).

니비루의 대신들은 말을 한다. 사파니트의 조상인 아다파도 니비루에서 살 수 없었다. 따라서 마르둑 신이 사파니트를 니비루로 데려올 수는 없다. 안 신은 지구로 다음과 같은 빔을 쏜다. "마르둑은 결혼할 수 있다, 하지만 니비루의 왕자는 더 이상 없다(Marduk marry can, But on Nibiru a prince he ahll no more be!)." 이에 따라 엔릴 신은 마르둑 신과 사파니트의 결혼식을 엔키 신의 지구라트가 있는 에리두에서 거행하기로 결정하고, 결혼식이 끝나면 엔키 신의 관할 지역인 아프리카로 가라고 명령한다(p. 198).

결혼식이 에리두에서 거행된다. 수많은 아다파의 후손들(Civilized Earthlings), 즉 수퍼-노예들(Superslaves)이 결혼식에 참여하고, 금을 캐는 젊은 신들도 참여하고, 화성과 지구 궤도를 도는 우주비행군단에 속한 젊은 이기기 신들도 에리두에 참석하여, 마르둑 신과 사파니트의 결혼식을 축하했다. 이기기 신들은 니비루와 땅의 결합(Nibiru-Earth Union)의 증인으로 참석했다. 300명의 우주비행단의 이기기 신들 중 200명이 위치를 이탈하고 이 땅에 내려와 결혼식에 참여했다(p. 199).

6. 결혼식이 이기기 신들에게 인간의 딸들과 결혼하는 빌미를 주다

마르둑 신의 결혼식은 이기기 신들에게 한 가닥 희망을 주었다. 이기기 신들이 젊다는 것을 생각해 보라. 결혼할 여신도 없다. 허구한 날 화성이나 지구 궤도를 도는 모선에서 일만 했다. 100샤르가 되었을 때, 다시 말해 신들이 이 땅에 오신지 100샤르, 그러니까 100 × 3600년 = 360,000년이 되었을 때, 인간들은 수가 점점 기하급수적으로 늘어났다 (「창세기」6:1).

아담이 창조된 때가 신들이 이 땅에 오신 이래로 36.4샤르 즉 36.4

× 3600 = 131,000년이고, 노아의 홍수가 120샤르 때 일어났으므로, 120 × 3600 = 432,000년, 따라서 432,000 - 131,000 = 301,000년 전이다. 그리고 마르둑 신께서 인간인 사파니트와 결혼한 시기는 신들께서 이 땅에 오신 이래 83.6샤르 때, 즉 83.6 × 3600년 = 301,000년이므로, 432,000 - 301,000 = 131,000년 전이다.

대략 100,000년 전부터 이기기 신들은 빈번하게 위치를 이탈하고 이 땅에 내려왔다. 인간을 감시하고 기후를 감시하는 감시자 또는 주시자 역할을 이때부터 망각하기 시작했다. 이들은 이 땅에 내려와 그들이 본 사실을, 즉 천기의 비밀을 누설하기를 희망했다. 이기기 신들은 화성과 모선에서 사령관(Commander)인 마르둑 신께 이러한 사실을 털어놨다. 마르둑 신은 이들의 희망 사항을 열렬히 지지했다(p. 188).

이기기 신들은 이때부터 인간의 딸들을 납치하는(abduct) 계획을 모색한다. 이 기회에 니비루와 땅의 결합(Nibiru-Earth Union)을 공고히 해서 자신들의 지위를 확보하자고 모의한다. 마르둑 신을 지지하자고 모의한다. 인간의 딸들을 납치하고 인간의 딸들과 성관계를 가져 자식들을 낳자고 모의한다. 마르둑 신에게 허가한 권리를 이기기 신들도 갖자고 모의한다.

이렇게 해서 200명의 이기기 신들은 마르둑 신의 결혼식에 참석하기 위해 레바논의 바알벡(Baalbek) 아래에 위치한, 갈릴리 호수 북쪽과 시리아의 다마스커스 사이에 있는 허몬 산(헤르몬산, Mt. Hermon or Armon, 히브리어로 'herem', 이는 저주(curse)라는 뜻임)의 우주착륙장에 도착했다. 마르둑 신의 결혼식이 끝나자, 이기기 신들의 대장인 사미야자(Shamgaz, Samyaza)의 사인(신호)과 함께 강제로 인간의 딸들을 납치

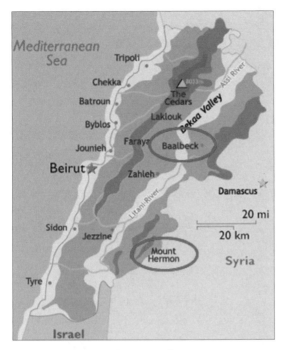

바알벡과 허몬 산. Image Credit : http://www.lebanon-hotels.com/tourism.asp

하여 바알벡의 세다 우주공항에 데리고 가서 그곳을 그들의 보금자리
로 천명한다(p. 200).

이기기 신들은 마르둑(Marduk) 신과 결탁해 그 세를 레바논
(Lebanon)과 바빌론(Bybylon)으로 확장한다.

7. 10만년 전, 야렛(Jared)~라멕(Lamech) 시대에 일어나다

마르둑 신의 결혼식과 이기기 신들의 납치 사건은 언제 일어났을까?
시친은 두 사건들이 100,000년 전이며, 노아의 아버지인 라멕(Lamech)
시대에 일어났다고 기술하고 있다(Sitchin, I, p. 346; Sitchin, 『The Lost

Book of Enki』, p. 202). 그러나 성경연대기로 보면 라멕은 BC 3240(B)년에 태어나서 BC 2469(B)년에 죽었으니 대략 c.BC 3000년경이라 보면 될 것 같다. 그러나 성경연대기와 역사연대기가 맞지 않는다.

또한 「에녹1서」 105장 13절에는 에녹의 아비인 야렛(Jared, BC 3654(B)-BC 2692(B)시대에 내려왔다고 기록되어 있다.

「에녹1서」 105:13 - 나 에녹은 대답하고 말했다, 주님이 지구에 새로운 사건을 일으키신다. 내가 설명하는 것은 비전(환영, 환상)으로 본 것이다. 내가 너에게 보여 주는 것은 나의 아버지인 야렛(Jared, BC 3654(B)-BC 2692(B) 시대에 하늘로부터 내려온 무리가 주님의 말을 무시했다. 그들은 죄를 저지르고, 그들의 신분을 만들고, 인간의 여성들과 섞었다. 그들은 범죄를 저지르고, 인간의 여성들과 결혼하여 자식들을 낳았다(Then I, Enoch, answered and said, The Lord will effect a new thing upon the earth. This have I explained, and seen in a vision. I have shown you that in the generations of Jared my father, those who were from heaven disregarded the word of the Lord. Behold they committed crimes; laid aside their class, and intermingled with women. With them also they transgressed; married with them, and begot children.)(Luarence, 인터넷 공개)

2절 이기기 신들+인간의 딸들에서 거인(Great/Giant Man)들이 태어나다

1. 「에녹1서」의 증언, 100미터의 거인들이 세상을 죄악으로 물들게 하다

「창세기」 6장 5절을 보자. 영문성경 NIV가 가장 잘 영어로 번역하였는데, 'great man's wickedness', 즉 '거인의 죄악이 세상에 관영함'이라고 번역되어야 한다. 그러나 한글성경은 '사람의 죄악이 세상에 관영함'으로 잘못 번역하였다. 이는 '사람'이라 번역하면 그 앞절인 「창세기」 6장 4절의 "자식을 낳으니 그들이 용사라 고대에 유명한 사람이었더라"의 내용과 맞지 않는다. 고대의 유명한 사람이란 길가메시와 같은 반신반인(半神半人, Demigod)을 의미하는 것이다. 사람이라고 해석하면 어떻게 사람(남자)과 사람(여자)사이에 100미터 키의 거인이 나올 수 있겠는가?

「창세기」 6:4 - 당시에 땅에 네피림이 있었고 그 후에도 하나님의 아들들이 사람의 딸들을 취하여 자식을 낳았으니 그들이 용사라 고대에 유명한 사람이었더라(The Nephilim were on the earth in those days--and also afterward--when the sons of God went to the daughters of men and had children by them. They were the heroes of old, men of renown.)(NIV)

6:5 - 여호와께서 사람의 죄악이 세상에 관영함과 그 마음의 생각의 모든 계획이 항상 악할 뿐임을 보시고(The LORD saw how great man's wickedness on the earth had become, and that every inclination of the thoughts of his heart was only evil all the time.)(NIV)

이를 증명하듯이, 「에녹1서」(Laurence, 인터넷 공개)에는, 「창세기」 6장 1절에서 7절에 짤막하게 언급하고 있는 네피림(Nephilim)과 네피림의 자손들인 거인(Great/Giant Man)에 대해 자세히 기록하고 있다. 이때 네피림은 화성(Mars)이나 지구 궤도를 돌고 있던 모선의 우주비행군단에 속한 이기기(Igigi) 신들을 일컫는다. 「창세기」 6장 1절~2절의 "사람이 땅 위에 번성하기 시작할 때에 그들에게서 딸들이 나니 하나님의 아들들(Sons of God)이 사람의 딸들의 아름다움을 보고 자기들의 좋아하는 모든 자로 아내를 삼는지라"라는 내용은「에녹1서」7장의 1절~2절, 그리고 12장의 내용과 같다.

특히 이브를 비롯한 인간의 여자들은 엷은 갈색 피부(a light brown skin)에 금발 머리(a sandy-blonde)를 가졌다고 했다(Tellinger, 2009, p. 452). 그래서「창세기」2장에는 "사람의 딸들의 아름다움(the daughters of men were beautiful)"이라고 표현한 것이다.

「에녹1서」7:1 – 사람이 땅 위에 번성하기 시작할 때에 그들에게서 고귀하고 아름다운 딸들이 나니(It happened after the sons of men had multiplied in those days, that daughters were born to them, elegant and beautiful.)
7:2 – <u>천국의 천사들이 인간의 딸들을 보고 매혹되어 서로에게 말하되, 자 내려가 인간의 딸들을 아내로 삼고 자식을 낳자</u>(And when the angels, the sons of heaven, beheld them, they became enamoured of them, saying to each other, Come, let us select for ourselves wives from the progeny of men, and let us beget children.)

다만「에녹1서」7장 2절에는 천사라고 기록되어 있지만, 밀리크(Milik)의 〈쿰란 동굴 4에서 발견된 아람어 조각(Aramaic Fragments of Qumran Cave 4)〉, 즉 아람어로 쓰여진「에녹1서」7장 2절에는 '천사'들이 '감시자 또는 응시자 또는 주시자(Watchers)'로 기록되어 있다(Milik, 1976).

「에녹1서」7장 3절과 9절 및 68장 2절에는 사미야자(Shamgaz, Samyaza)라는 리더와 아자지엘(Azazyel) 등 직분과 처소를 이탈해 이 땅에 내려와 인간의 딸들을 아내로 삼아 거인을 낳는 등 불의에 가담한 이기기 신들의 21명의 리더들의 이름이 기록되어 있다.

다만 「에녹1서」에는 하늘(천국)의 아들들(Sons of Heaven)이 천사(Angels) 또는 주시자/감시자(Watchers)라는 점과(「에녹1서」 1장 5절), 이 감시자들이 인간의 딸들과 결혼해서 나온 자식들이 거인이라는 점, 이들의 키가 450피트(450 feet high or three thousand ells or three hundred cubits, 1피트=30센티미터, 1큐빗=40~55센티미터, 그러므로 135미터~165미터)나 된다는 점(「에녹1서」 7:2-3 & 12)(Charles, 1917 & Laurence, Internet), 이 거인들이 배를 채우고자 인간들이 생산한 각종 농산물을 삼키고, 그것도 모자라 인간을 삼키고, 동물과 바다 물고기와 새 등을 마구 잡아 삼키며, 피를 빨아먹는 괴물이었다고 묘사되고 있으며, 이것도 모자라 거인들끼리 서로 잡아먹으며 피를 빨아먹어, 이 거인들이 인간과 지구를 무법천지로 만들었다고 기록되어 있다(「에녹1서」 7장).

또한 하나님을 배반한 감시자들은 인간들에게 무기를 만드는 법과 마술을 가르쳐 전쟁을 일으키게 했으며, 하늘의 비밀인 점성술을 가르쳤고, 하나님의 방향과는 다른 길로 인도하여 인간이 결국 부패하게 되었고, 그 결과 피와 뒤섞인 인간 영혼의 울부짖는 소리가 하늘에 닿았다고 기록하고 있다(「에녹1서」 8장). 이 감시자들은 아담의 6대손이자 에녹의 아비인 야렛(Jared, BC 3654(B)-BC 2692(B))시대에, 갈릴리 호수 북쪽과 시리아의 다마스커스 사이에 있는 헤르몬 산(Mt. Hermon, or Armon, 히브리어로 'herem', 이는 저주(Curse)라는 뜻임)으로 내려온 자들로(「에녹1서」 7:7-8, 105:13; Charles, 1893, p. 63), 이들은 「창세기」 6장 4절에 기록되어 있는 네피림(Nephilim)들이며, 그 규모가 200명에 달했다고 「에녹1서」는 기록하고 있다(「에녹1서」 7:7).

이들 감시자들과 인간의 자식들인 거인들에 의해 인간과 세상이 강포해져 결국 가장 높으신 하나님(Most High, the Holy and Great One)(「에녹1서」 10:1)께서 노아(Noah)의 홍수(The Flood)를 일으켜 거인들뿐 아니라 인간들을 멸망시켰다고 설명하고 있다(「에녹1서」 10장). 이는 「창세기」 6장 4절~7절의 내용과 비슷하지만, 노아 홍수의 원인을 소상히 밝히고 있다. 다시 말해 노아 홍수의 1차적인 원인은 이기기 신들과 인간의 딸들에서 탄생한 거인들의 죄악 때문에 일어난 것이다. 아니 더 엄밀하게 말하자면 배반한 젊은 네피림, 즉 이기기 신들 때문에 일어난 일이었다.

이를 「에녹1서」 105장 13절~16절에는 다음과 같이 기록하고 있다.

「에녹1서」 105:13 - 나 에녹은 대답하고 말했다. 주님이 지구에 새로운 사건을 일으키신다. 내가 설명하는 것은 비전(환영, 환상)으로 본 것이다. 내가 너에게 보여 주는 것은 나의 아버지인 야렛(Jared)시대에 하늘로부터 내려온 무리가 주님의 말을 무시했다. 그들은 죄를 저지르고, 그들의 신분을 만들고, 인간의 여성들과 섞었다. 그들은 범죄를 저지르고, 인간의 여성들과 결혼하여 자식들을 낳았다(Then I, Enoch, answered and said, The Lord will effect a new thing upon the earth. This have I explained, and seen in a vision. I have shown you that in the generations of Jared my father, those who were from heaven disregarded the word of the Lord. Behold they committed crimes; laid aside their class, and intermingled with women. With them also they transgressed; married with them, and begot children.)(Luarence, 인터넷 공개)

105:14 - 위대한 멸망이 지구에 내려질 것이다; 대홍수, 위대한 멸망

이 일년 동안 일어날 것이다(A great destruction therefore shall come upon all the earth; a deluge, a great destruction, shall take place in one year.)

105:16 - 하늘에서 내려온 자들의 후손들은 거인을 낳을 것이고, 영적인 존재가 아니라 육적인 존재가 될 것이다. 그 결과 이 땅에 위대한 벌이 내려 고통을 당할 것이며, 모든 부패들을 다 쓸어버릴 것이다. 자 너희 아들인 라멕에게 가서, 그가 낳은 아들은 진실로 그의 아들이며, 그의 이름을 노아라고 짓도록 하라, 왜냐하면 그는 살아남은 자가 될 것이기 때문이다. 노아와 그 아들 셋은 이 땅에 있을 부패로부터 안전할 것이다; 모든 죄와 사악(부정)한 것이 노아의 시대에 정점에 달하게 될 것이다. 그이후 경건치 못한 행위가 전보다 심하게 될 것이며; 왜냐하면 나는 성스러운 비밀들을 잘 알고 있기 때문에, 그것은 주님이 발견한 것이고 나에게 설명한 것이다; 나는 하늘의 서판을 읽었느니라(And his posterity shall beget on the earth giants, not spiritual, but carnal. Upon the earth shall a great punishment be inflicted, and it shall be washed from all corruption. Now therefore inform your son Lamech, that he who is born is his child in truth; and he shall call his name Noah, for he shall be to you a survivor. He and his children shall be saved from the corruption which shall take place in the world; from all the sin and from all the iniquity which shall be consummated on earth in his days. Afterwards shall greater impiety take place than that which had been before consummated on the earth; for I am acquainted with holy mysteries, which the Lord himself has discovered and explained to me; and which I have read in the tablets of heaven.)

이에 여호와 하나님은 인간을 창조하신 것을 한탄하시고 근심하시며 인간과 육축을 지면에서 쓸어버리기로 결정하신다. 얼마나 상심이

크셨는지를 짐작하게 하는 구절이다. 이는 「창세기」 6장 5절~7절의 내용과 같다.

「창세기」 6:5- 여호와께서 <u>거인의 죄악이 세상에 관영함과 그 마음의 생각의 모든 계획이 항상 악할 뿐임을 보시고</u> (The LORD saw how great man's wickedness on the earth had become, and that every inclination of the thoughts of his heart was only evil all the time.)

6:6 - <u>땅 위에 사람 지으셨음을 한탄하사 마음에 근심하시고</u>(The LORD was grieved that he had made man on the earth, and his heart was filled with pain.)

6:7 - 가라사대 나의 창조한 사람을 내가 지면에서 쓸어버리되 사람으로부터 육축과 기는 것과 공중의 새까지 그리하리니 이는 내가 그것을 지었음을 한탄함이니라 하시니라(So the LORD said, "I will wipe mankind, whom I have created, from the face of the earth--men and animals, and creatures that move along the ground, and birds of the air--for I am grieved that I have made them.")

2. 「희년서」의 증언, 거인들이 세상을 죄악으로 물들게 하다

또한 이 내용은 위경인 히브리어로 쓰여진 「희년서(Book of Jubilees)」 4장 22절~24절에도 나온다(Charles, 2002). 다만 여기에는 천사(Angels) 대신 '감시자 또는 응시자 또는 주시자(Watchers)'로 기록되어 있다. 이 감시자들은 인간의 딸들과 결혼하여 함께 죄를 저지르고 그 결과 인간의 딸들과 그들 스스로를 하나로 통일하여 신성을 더럽혔으며, 이러한 사실을 에녹(Enoch)이 감시자들에게 증거했다(he testified to the

Watchers)고 기록하고 있다.

그러나 5장 1절에는 감시자가 천사로 기록되어 있다. 따라서 「에녹
1서」와 「희년서」에는 천사와 감시자를 같은 신분으로 혼동하고 기록한
것이 분명하다. 하여튼 이들에게서 거인(Giants)이 태어났다. 거인들은
이 땅을 무법천지로 만들고 모든 생물체를 닥치는 대로 잡아먹어 생물
체의 위계질서를 파괴하였으며, 그 것도 모자라 거인들끼리 서로를 잡
아 삼켰다. 그 결과 인간들과 땅이 타락했다.

하나님(God)이 보시기에 땅 전체가 악으로 가득했다(「희년서」 5:3).
여호와 하나님은 범죄한 감시자들, 즉 네피림(Nephilim)에 화를 내며,
그들의 자식들, 즉 거인들이 서로 싸워 살육케 하여 이 땅에서 사라지
게 되는 것을 목격하게 한 다음, 그들을 마지막 심판 날까지 이 땅의
가장 깊은 곳에 묶어 가두었다(they were bound in the depths of the earth
for ever)(「희년서」 5:5-10; Charles, 2002). 그 다음 이 땅에는 하나님의 분
노, 즉 홍수가 덮쳤다.

3. 거인들이 서로 살육케 하여 다 사라졌을까, 100미터에서 4-5미터
로 작아져

「희년서」 5장 9절에서 10절에는 네피림, 즉 이기기 신들과 인간의 딸들
사이에 태어난 거인들을, 여호와 하나님께서 서로 잡아먹고 살육케 하
여 이 땅에서 사라지게 되는 것을 목격한 다음, 그들의 아비들을 깊은
곳에 가두었다고 기록하고 있다(Charles, 2002).

「희년서」 5:9 - 그리고 그들의 날은 일백이십 년이 되리라. 하나님
(God)은 그의 검을 거인들의 한가운데 내려 서로 이웃을 살육케 하시

고, 거인들인 그 검에 모두 멸망할 때까지 서로 죽였다(and their days shall be one hundred and twenty years'. And He sent His sword into their midst that each should slay his neighbour, and they began to slay each other till they all fell by the sword)

5:10 - 거인들은 이 땅에서 멸망했다. 그리고 그 멸망을 그들의 아버지 즉 네피림(이기기 신들)이 직접 보도록 했으며, 그 이후 그들을 마지막 심판 날까지 이 땅의 가장 깊은 곳에 묶어 가두었다(and were destroyed from the earth. And their fathers were witnesses (of their destruction), and after this they were bound in the depths of the earth for ever, until the day of the great condemnation, when judgment is executed on all those who have corrupted their ways and their works before)

여호와 하나님은 서로 살육케 하고 동시에 대홍수로 네피림(Nephilim)의 자손인 거인들을 쓸어버리려고 했지만, 구약성경을 보면 이들은 대홍수 이후에도 살아남아 있었다고 기록하고 있다.

모세(Moses, BC 1526-BC 1406)가 이집트를 탈출해 40년간의 광야생활(Wilderness or Desert, Shur & Sin & Paran & Zin, BC 1446-BC 1406)을 할 때(「출애굽기」 16:36), 가나안 지역을 탐사하는 과정에서, 가나안 땅에는 네피림의 후손들인 거인인 아낙(Anak, Anakim, Anakite) 자손들이 사는 곳이라고 기록한 것을 보면 알 수 있으며(「민수기」 13: 22 & 28 & 33; 「신명기」 1:28), 거인들은 여러 곳에 기록되어 있음을 알 수 있다(「신명기」 2:10-11, 20-21, 3:11, 9:2; 「여호수아」 11:21-22, 14:12-15, 15:13-14, 「사사기」 1:20).

한 예를 보자. 원래 모압(Moab) 지역에는 네피림의 자손인 거인들

(Giants)이 살고 있었는데, 이들은 가나안 지역에 살고 있었던 아낙 족속과 같이 강하고 키가 거서 르바임(Rephaites)이라 칭하였으나, 모압 족속들은 이들을 에밈(Emites, Emims)이라 불렀다. 또한 암몬(Ammon) 지역에도 역시 르바임이 살고 있었는데 암몬 족속들은 이들을 삼숨밈(Zamzummites, Zamzummims)이라 불렀다. 이들 거인들은 각각 롯(Lot)의 후손인 모압 족속과 암몬 족속 앞에서 여호와 하나님께서 멸하셨으므로(「창세기」 19:30-38, 「신명기」 2:10-11, 「신명기」 2:20-21), 아브라함(Abraham, BC 2166-BC 1991)시대부터 모압 족속과 암몬 족속이 이들 거인들의 땅을 대신 차지하고 살게 되었다. 그런데 네피림 족속이었던 르바임 족속의 남은 자가 바로 바산(Bashan) 왕 옥(Og)이었다. 그의 침상은 철 침상이었고 그 당시에도 암몬 족속이 살던 도시인 랍바(Rabbah)에 남아 있었는데, 사람의 보통 규빗(Cubits)으로 재면 그 길이가 9규빗(13피트=약 4미터)이요 넓이가 4규빗(6피트=약 1.9미터)이었다고 기록하고 있다(「신명기」 3:11). 그만큼 거인이었다는 얘기이다.

거인들은 한마디로 반신반인(半神半人, Demigod)이었다. 우리가 잘 알고 있는 첫 번째 우르크(Uruk) 왕조(c.BC 3100-c.BC 2600)의 다섯 번째 왕이 길가메시(Gilgamesh, c.BC 2700, 통치 126년)인데, 그는 신인 어머니 닌순(Ninsun)과 인간인 아버지 루갈반다(Lugalbanda 또는 Banda) 사이에서 출생한 반신반인이었다. 정확하게 말하자면 2/3는 신이었고 1/3은 인간이었는데, 키는 무려 4~6미터였고 가슴둘레만 2미터였다고 『길가메시 서사시』에 기록되어 있다.

10만년 전에 이기기 신들이 내려와 인간의 딸들을 납치하여 결혼한 후 첫 번째 출생한 거인들의 키가 100미터 이상이었는데, 세월이 흘러 대략 c.BC 2700년경에는 4~5미터로 줄었다는 것을 알 수 있다.

그것은 신들의 유전자와 인간들의 유전자가 시간이 흐름에 따라 안정화되었다고 말할 수 있다.

4. 왜 거인들이 탄생했을까?

왜 거인들이 탄생했을까? 젊은 신들의 정자(유전자)와 인간 딸들의 난자(유전자)가 잘 맞지 않아서? 아니면 네피림, 즉 이기기 신들의 키가 크지 않았을까? 이에 대한 대답은 아직 과학적으로 증빙되거나 우리 인간이 거인을 창조하지 않아 정확한 답을 제시할 수 없다.

그러나 문서가 있다. 『바이블 매트릭스』시리즈 1권 『우주 창조의 비밀』 3부 5절의 "에녹(Enoch)의 10개의 하늘들"에서 살펴보았듯이 「에녹 2서」 18장에 나오는 다섯 번째 하늘이다(Luarence, 인터넷 공개). 이곳에는 배반한 천사들의 왕자, 즉 리더인 사탄넬(Satanail)이 감금되어 있다.

"다섯 번째 하늘에 도착한 에녹은 수많은 셀 수 없이 많은 그리고 리(Grigori)라 불리는 병사들, 즉 주시자들(watchers)을 본다. 그들의 모습은 인간 모습이고, 그들의 키는 거인보다(great giants) 크며(their size was greater than that of great Giants), 그들의 얼굴은 창백하고 시들고, 그들의 입은 영원히 다문 상태이고, 따라서 다섯 번째 하늘에는 천사들의 서비스가 없는 곳이다"라고 기록하고 있다.

이 주시자들, 즉 이기기 신들, 즉 네피림들의 키가 거인보다 더 크다고 분명하게 기록되어 있다. 그러면 또 다른 의문이 떠오른다. 키가 100미터보다 더 큰 이기기 신들이 인간의 딸들과 어떻게 섹스를 했을까? 섹스하는 방법이 달랐을까? 아니면 키는 상당히 차이가 나도 생식기는 비슷했을까?

3절 배반한 네피림(이기기), 마지막 심판 날까지 가장 깊은 곳에 가두다

「창세기」6장은 정확하게 기록되어 있다. 단 하나 빠진 것이 있다. 여호와 하나님이 시킨 역할과 위치를 이탈한 이기기 신들, 즉 네피림에 대한 처벌은 기록하지 않았다는 사실이다. 그러나 이 사실이 신약에 가면 기록되어 있다. 바로 「유다서」, 「베드로후서」와 「고린도전서」이다.

「베드로후서」2:4 - 하나님이 범죄한 천사들을 용서치 아니하시고 지옥에 던져 어두운 구덩이에 두어 심판 때까지 지키게 하셨으며(For if God spared not the angels that sinned, but cast them down to hell, and delivered them into chains of darkness, to be reserved unto judgment)(KJV)

「유다서」1:6 - 또 자기 지위를 지키지 아니하고 자기 처소를 떠난 천사들을 큰 날의 심판까지 영원한 결박으로 흑암에 가두셨으며(And the angels who did not keep their positions of authority but abandoned their own home--these he has kept in darkness, bound with everlasting chains for judgment on the great Day.)(NIV)

「고린도전서」6:3 - 우리가 천사를 판단할 것을 너희가 알지 못하느냐 그러하거든 하물며 세상 일이랴(Do you not know that we will judge angels? How much more the things of this life!)(NIV)

이는 「에녹2서」7장에도 등장한다(Luarence, 인터넷 공개). 에녹은 두 번째 하늘의 암흑에서 많은 죄수들(prisoners)이 매달려 있고, 감시를 당하며, 위대하고 무한한 심판(the great and boundless judgment)을 기다리고 있는 장면을 본다. 이 죄수들은 바로 천사들(angels)이다. 아니 네피림, 즉 이기기 신들이다. 이들은 모두 암흑처럼 보이고(dark-looking), 24시간 내내 끊임없이 울고 있다(「에녹 2서」7:1).

이는 「베드로후서」 2장 4절과 「유다서」 1장 6절에 기록된 바와 같이, 직무를 이탈하고 범죄한 이기기 신들이며, 그 결과 이기기 신들은 심판의 마지막 날까지 결박되어 흑암에 갇혀 있다는 사실을 언급하고 있는 내용과 같다. 이 배반한 이기기 신들을 우리, 즉 경건한 자 혹은 의로운 자가 심판할 것이라고 「고린도전서」에 기록되어 있다(「고린도전서」6:3).

에녹2서 18장에 나오는 다섯 번째 하늘에는 배반한 이기기 신들의 왕자, 즉 리더인 사탄넬(Satanail)이 감금되어 있다. 또한 「에녹 1서」10장 16절~17절에도 같은 내용이 나오고(Luarence, 인터넷 공개) 「희년서」 5장 10절에도 같은 내용이 기록되어 있다(Charles, 2002).

「에녹1서」 10:16-17 – 이때 하나님은 범죄한 천사들을 용서치 아니하시고 불이 있는 무저갱에 던져 심판 때까지 가두어 고통을 당하게 하였다(Then shall they be taken away into the lowest depths of the fire in torments; and in confinement shall they be shut up forever. Immediately after this shall he, together with them, burn and perish; they shall be bound until the consummation of many generations)고 기록하고 있다.

「희년서」 5:10 – 거인들은 이 땅에서 멸망했다. 그리고 그 멸망을 그들의 아버지 즉 네피림(이기기 신들)이 직접 보도록 했으며, 그 이후 그들을 마지막 심판 날까지 이 땅의 가장 깊은 곳에 묶어 가두었다(and were destroyed from the earth. And their fathers were witnesses (of their destruction), and after this they were bound in the depths of the earth forever, until the day of the great condemnation, when judgment is executed on all those who have corrupted their ways and their works before)

이들은 마지막 심판 때, 즉 예수님이 재림하시고 심판하실 때까지 어둠에 갇혀 있으며 심판 때는 모두 불과 유황으로 타는 못(lake of burning sulfur)에 던져질 것이다(「요한계시록」 20:10).

6장
「요한계시록」의 용/뱀/마귀/사단은?
의로운 하나님들과 불의의 하나님들

1절 엔키 신은 하나님(Elohim, God), 의로운 하나님 야훼는 누구 이신가?

지금까지 살펴본 대로 구약성경에는 수많은 하나님(신)들이 등장한다. 동시에 고대 수메르 문서에 등장하는 마르둑 신, 두무지(담무스) 신, 네르갈 신 등과 '하늘 황후 또는 하늘 여신(Queen of Heaven)'인 섹스와 매춘의 여신인 인안나(아세라, 아스다롯) 여신도 구약성경에 등장한다.

지금까지 살펴본 내용을 정리해 보면, 우리가 눈여겨 보아야 할 공통점들이 존재한다. 첫째, 성경에 구체적인 이름으로 등장하는 신들은 대부분 모두 엔키(Enki) 신계의 하나님(신)들이라는 점이다. 어째서 구약성경은 엔릴(Enlil) 신계가 아니라 엔키(Enki) 신계만 구체적으로 이름을 기록하고 있을까? 수메르 문서를 보면 실제로 인간을 창조하신 신은 엔키 신이시다. 이미 살펴보았듯이, 「창세기」에는, 인간 창조부터 노아의 홍수까지, 실제로 각 사건에 관여한 엔키 신계의 하나님들을 모두 엘로힘(Elohim)으로 기록하고 있으며, 엔릴 신과 엔릴 신계의 하나님들은 야훼, 즉 여호와 하나님으로 기록하고 있다는 점이다. 필자는『바이블 매트릭스』시리즈 2권『인간 창조와 노아 홍수의 비밀』에서 엔키 신은 실제로「창세기」3장에 등장하는 뱀(serpent)이라고 했다. 소개한 수메르 문서에서도 엔키 신과 엔릴 신은 종종 시비가 붙고 서로 경쟁하는 관계로 기록하고 있다. 엔키 신이 엔릴 신의 명령을 교묘히 피해가는 방법으로 신들의 문제뿐 아니라 인간들의 문제를 야기시켰다. 그렇다면 엔릴 신과 엔키 신의 경쟁관계 또는 적대관계에 따라 성경은 역사적인 사실을 기록한 것이 아닐까?

둘째, 엔릴 신과 엔키 신의 경쟁관계에 따라, 엔키 신의 아들인 마르둑 신이 아눈나키의 신권을 찬탈했다. 엔키 신도 결국 암묵적으로 이에 동조했다. 등장하는 인안나(아세라, 아스다롯) 여신도 신권의 찬탈에 도전했다는 점이다. 이러한 점에서 이들 신들은 의로운 하나님들이 아니다. 그래서 야훼 하나님의 멸절의 대상, 즉 멸망의 대상이 된 것은 아닐까?

셋째, 엔키 신을 비롯해 엔키 신계의 하나님들은, 인간을 창조해놓고, 인간들과 직접 섹스를 했다는 공통점이 있다. 필자는『바이블 매트릭스』시리즈 2권『인간 창조와 노아 홍수의 비밀』에서 노아가 엔키 신의 아들이라고 했다. 마르둑 신은 인간인 사파니트와 결혼했으며, 그를 따르는 이기기 신들, 즉 네피림들은, 그들의 역할과 위치를 이탈하고 이 땅에 내려와 인간의 아름다운 딸들을 납치해 결혼함으로써, 거인들을 낳고, 이 거인들이 세상에 죄악을 퍼뜨려, 결국 야훼 하나님의 노여움을 사서, 노아의 홍수가 일어났다. 인안나 여신 또한 여기저기 신전을 만들어 놓고, 신들과 왕들과 미동들과 섹스를 함으로써 신들과 인간들의 타락을 주도한 여신이다. 이러한 점에서 이들 신들은 의로운 하나님들이 아니다. 그래서 야훼의 멸절의 대상, 즉 멸망의 대상이 된 것은 아닐까?

그렇다면, 구약성경에서 말하는 '야훼', 즉 '여호와'나 '여호와 하나님'은 고대 수메르시대에 등장하는 어느 신을 말하는 것일까? 1부 1장 4절의 "엔키 신과 후손 신들과 창조관련 신들은 엘로힘(Elohim)으로, 엔릴 신과 후손 신들은 야훼(Yahweh)로 기록"에서 살펴보았듯이, 엔키 신은 엘로힘(Elohim)으로 기록된 것으로 보아, 야훼는 엔릴 신이 아닐까? 아니면 엔릴 신의 정식 후계자인 닌우르타 신이 아닐까? 닌우르타 신은 하늘에서 엔릴 신과 닌후루쌍 여신 사이에 태어난 신이다. 엔릴 신의 둘째아들인 난나 신과 셋째아들인 이시쿠르 신은 지구에서 태어난 신들이다. 난나 신은 우투 신과 인안나 여신을 낳았고, 우투 신은 인간의 아내인 아야(Aya)와 결혼했다는 점을 고려하면, 닌우루타 신일 가능성도 배제할 수 없지만, 엔키 신과 동등한 능력의 소유자이며 아눈나키의 수장이시던 엔릴 신이 야훼일 가능성이 가장 높다. 이것은 어디까지나 고대 수메르 문서와 구약을 분석해 본 결과의 가능성이다.

2절 시험/비방/참소/대적만하는 사단(마귀)은 누구인가?

구약성경의 「욥기(Job)」 1장과 2장에는 사단(Satan)이 욥을 시험하는 장면이 등장한다. 그런데 1장 6절과 2장 1절에는 "하루는 하나님의 아들들이 와서 여호와 앞에 섰고 사단도 그들 가운데 왔는지라"라고 기록되어 있다.

「욥기」 1:6 - 하루는 하나님의 아들들이 와서 여호와 앞에 섰고 사단도 그들 가운데 왔는지라(One day the angels came to present themselves before the LORD, and Satan also came with them(NIV); Now there was a day when the sons of God came to present themselves before the LORD, and Satan came also among them(KJV); When the day came for the heavenly beings to appear before the LORD, Satan was there among them(Good News); One day the members of the heavenly court(1) came to present themselves before the LORD, and the Accuser, Satan(2), came with them. / (1)Hebrew the sons of God. (2)Hebrew and the satan; similarly throughout this chapter)(New Living)

하나님의 아들들(the sons of God)이란 히브리 성경의 'bênê 'Ēlîm(Bene Elim)'으로 엘로힘(Elohim)의 아들들이다. 이를 영문성경 NIV는 'the angels'로 번역하고 있고, KJV는 정확히 'the sons of God'으로, Good News는 'the heavenly beings'로, New Living은 'the heavenly court'로 번역하되, 이는 히브리 성경의 'the sons of God'이라는 각주가 달려 있다. 이는 분명 천사들이 아니라 엘로힘(Elohim)의 아들들인 젊은 신들을 의미하는 것이다. 이는 1부 5장에서 다룬 「창세기」 6장 1절~4절에 등장하는 하나님의 아들들(the sons of God)인 네피림(Nephilim), 즉 이기기(Igigi) 신들을 의미한다.

젊은 신들이 야훼 앞에 섰고, 동시에 사단(Satan)도 그들 가운데 와서 야훼 앞에 섰다고 기록하고 있다. 그런데 영문성경 New Living은 이때의 "사단을 비방하는 자 또는 참소하는 자(Accuser)"라고 번역하고 있다는 점이다.

「스가랴」 3장에는 "대제사장 「여호수아」는 여호와의 사자 앞에 섰고 사단은 그의 우편에 서서 그를 대적하는 것을 여호와께서 내게 보이시니라"와 "여호와께서 사단에게 이르시되 사단아 여호와가 너를 책망하노라 예루살렘을 택한 여호와가 너를 책망하노라"라는 구절이 나온다. 사단이 여호와 앞에 선 「여호수아」를 대적, 즉 참소하고 있는 것이다. 또한 중요한 대목이 "예루살렘을 택한 여호와"라고 기록된 것으로 보아, 원래 가나안은 엔릴 신을 따르는 셈족에게 주기로 아눈나키가 결정하였으나, 엔키 신을 따르는 햄족이 불법으로 차지하고 있었다는 것을 증명하는 것이다.

「스가랴」 3:1 - 대제사장 여호수아는 여호와의 사자 앞에 섰고 사단은 그의 우편에 서서 그를 대적하는 것을 여호와께서 내게 보이시니라 (Then he showed me Joshua the high priest standing before the angel of the LORD, and Satan standing at his right side to accuse him.)(NIV)

3:2 - 여호와께서 사단에게 이르시되 사단아 여호와가 너를 책망하노라 예루살렘을 택한 여호와가 너를 책망하노라 이는 불에서 꺼낸 그슬린 나무가 아니냐 하실 때에(The LORD said to Satan, "The LORD rebuke you, Satan! The LORD, who has chosen Jerusalem, rebuke you! Is not this man a burning stick snatched from the fire?")

「마태복음」 4장에는 마귀, 즉 사단에게 예수님이 시험을 받으러 광야로 가서, 결국 사단을 이기는 장면이 나오는데, 7절에는 "너의 하나님을 시험치 말라"라는 구절과 10절에는 "사단아 물러가라, 주 너의 하나님께 경배하고 다만 그를 섬기라"라는 구절이 나온다.

「마태복음」 4:7 - 예수께서 이르시되 또 기록되었으되 주 너의 하나님을 시험치 말라 하였느니라 하신대(Jesus answered him, "It is also written: 'Do not put the Lord your God to the test.'")(NIV)

4:10] - 이에 예수께서 말씀하시되 <u>사단아 물러가라</u> 기록되었으되 주 너의 하나님께 경배하고 다만 그를 섬기라 하였느니라(Jesus said to him, "Away from me, Satan! For it is written: 'Worship the Lord your God, and serve him only.'")

「유다서」에는 미가엘(Michael) 천사장이 마귀와 다투는 장면이 나온다. 「유다서」 1장 9절에는 모세(Moses, BC 1526-BC 1406)가 죽은 후 승천에 관한 얘기가 나오는데, 미가엘 천사장이 마귀와 다투어 변론할 때에 감히 훼방하는 판결을 쓰지 못한다. 그 대신 "주께서 너를 꾸짖으시기를 원하노라"라고 말한다. 천사장이 감히 판결을 쓰지 못한다? 그렇다면 마귀의 계급이 천사장보다 높다는 것이 아닌가?

「유다서」 1:9 - 천사장 미가엘이 모세의 시체에 대하여 <u>마귀</u>와 다투어 변론할 때에 감히 훼방하는 판결을 쓰지 못하고 다만 말하되 주께서 너를 꾸짖으시기를 원하노라 하였거늘(But even the archangel Michael, when he was disputing with <u>the devil</u> about the body of Moses, did not dare to bring a slanderous accusation against him, but said, "The Lord rebuke you!")(NIV)

「요한1서」 3장 8절에는 "<u>마귀는 처음부터 범죄함이니라</u>"라는 구절이 나오고, 「욥기」 1장 7절에는 '여호와께서 사단에게 이르시되 네가 어디서 왔느냐 사단이 여호와께 대답하여 가로되 땅에 두루 돌아 여기저기 다녀왔나이다'라는 구절이 나오며, 「베드로전서」 5장 8절에는 "근신하라 깨어라 너희 대적 마귀가 우는 사자같이 두루 다니며 삼킬 자를 찾나니"라는 구절이 나온다.

「요한1서」 3:8 - 죄를 짓는 자는 마귀에게 속하나니 마귀는 처음부터 범죄함이니라 하나님의 아들이 나타나신 것은 마귀의 일을 멸하려 하심이니라(He who does what is sinful is of the devil, because the devil has been sinning from the beginning. The reason the Son of God appeared was to destroy the devil's work.)(NIV)

「욥기」 1:7 - 여호와께서 사단에게 이르시되 네가 어디서 왔느냐 사단이 여호와께 대답하여 가로되 땅에 두루 돌아 여기저기 다녀왔나이다(The LORD said to Satan, "Where have you come from?" Satan answered the LORD, "From roaming through the earth and going back and forth in it.")

「베드로전서」 5:8 - 근신하라 깨어라 너희 대적 마귀가 우는 사자 같이 두루 다니며 삼킬 자를 찾나니(Be self-controlled and alert. Your enemy the devil prowls around like a roaring lion looking for someone to devour.)

이상을 요약해 보면, 우리는 사단(마귀)의 속성을 다음과 같이 정의할 수 있다. 사단은 천사장인 미가엘보다 높은 엘로힘에 속한다. 또한 늘 시험만 하고 비방만 하고 참소만 하는 불의의 엘로힘이라는 점이다. 여호와 하나님의 결정과 행동을 비난하고 인간을 늘 시험들게 하는 불의의 역할을 처음부터 하고 있다는 것을 알 수 있다. 하여간 사단도 여호와 하나님 앞에 설 수 있음도 알 수 있으며, 여호와 하나님께서 사단에게 책망은 하되 벌을 주지 않음도 알 수 있다.

왜 벌을 주지 않을까? 그렇다면 사단은 모종의 역할을 하도록 하는 임무를 부여받았다고 보아야 하지 않을까? 왜 사단(마귀)은 처음부터 불의를 하는 역할을 받았을까? 불의의 역할이 끝나는 때는 언제일까? 아직 때가 안 되었을까?

여하튼 여기에서 우리는 하나님들도 두 그룹이 있다는 것을 예측할 수 있다. 한 그룹은 의로운 하나님들 그룹이고, 다른 하나는 밤낮 의로운 하나님들을 비방만 하고 참소만 하고 훼방만 놓는 의롭지 못한, 즉 불의의 하나님들 그룹 말이다.

3절 마르둑 신과 바벨론의 멸망

엔키 신의 장남인 마르둑 신은 구약성경에 딱 한 번 나오는데, 그게 「예레미야」 50장 2절에 나오는 마르둑(Marduk)이며 히브리성경의 므로닥(Merodach) 신이다. 결국 바벨론이 함락되고 마르둑 신은 수치를 당한다는 것이다.

「예레미야」 50장 2절 - 너희는 열방 중에 광고하라 공포하라 기를 세우라 숨김이 없이 공포하여 이르라 바벨론이 함락되고 벨이 수치를 당하며 므로닥이 부스러지며 그 신상들은 수치를 당하며 우상들은 부스러진다 하라(Announce and proclaim among the nations, lift up a banner and proclaim it; keep nothing back, but say, 'Babylon will be captured; Bel will be put to shame, Marduk filled with terror. Her images will be put to shame and her idols filled with terror.'(NIV); Declare ye among the nations, and publish, and set up a standard; publish, and conceal not: say, Babylon is taken, Bel is confounded, Merodach is broken in pieces; her idols are confounded, her images are broken in pieces.)(KJV)

구약성경은 마르둑 신을 여호와 하나님인 야훼의 적으로 표현하고 있으며, 멸망해야 할 바벨론의 주신(patron deity) 또는 수호신인 젊은 벨(Bel)이나 바알(Baal) 신으로 기록하고 있다. 따라서 성경은 전체적으로 마르둑 신과 마르둑 신을 수호신으로 받든 바벨론을 야훼의 적으로 표현하고 있다. 「요한계시록」 18장에는 이를 뒷받침하듯이 바벨론의 멸망(The Fall of Babylon)을 다루고 있다.

그렇다면 마르둑 신은 멸망한다는 것이 아닌가? 수치를 당한다는 말은 무슨 의미인가?

4절 하늘의 전쟁에서 쫓겨 내려오는 용/뱀/마귀/사단들, 즉 엘로힘은?

수메르시대에는 신들의 관계에서 적(enemy)이 되는 신들을 뱀(serpent), 용(dragon), 괴물(Monster), 악마(devil), 사단(Satan)으로 표현했다고 했다. 이 전통은 그리스 신화에도 그대로 전승되어, 하늘을 지배한 제우스(Zeus) 신에 대항하는 티폰(Typhon) 신들은 모두 뱀으로 표현하고, 뱀의 모양으로 그렸다. 따라서 성경도 마찬가지이다. 여호와 하나님이신 야훼의 적은 모두 뱀-용-마귀-사단으로 표현하고 있다는 것이다.

「요한계시록」 12장에는 다음과 같은 내용이 등장한다. 하늘에 큰 전쟁이 있으니 미가엘(Michael) 천사장이 용으로 더불어 싸울새 용의 사자들도 함께 싸우나 이기지 못하고, 큰 용이 하늘에서 내쫓기고 그의 사자(천사)들도 함께 내쫓긴다. 이들 엘로힘들은 최고 높으신 하나님 앞에서 밤낮 참소하고 비난하던 엘로힘들이다. 따라서 큰 용과 그를 따르는 엘로힘들 그리고 천사들도 하늘에서 다 쫓겨 이 땅으로 내려온다는 것이다. 이들 엘로힘들은 그들의 때가 얼마 남지 않은 줄을 알므로 크게 분 내어 너희들, 즉 땅의 인간들에게 내려갔으니 땅과 바다는 화가 있을 것이란 예언의 말씀이다.

「요한계시록」 12:7 - 하늘에 전쟁이 있으니 미가엘과 그의 사자들이 용으로 더불어 싸울째 용과 그의 사자들도 싸우나(And there was war in heaven. Michael and his angels fought against the dragon, and the dragon and his angels fought back.)(NIV)

12:8 - 이기지 못하여 다시 하늘에서 저희의 있을 곳을 얻지 못한지라(But he was not strong enough, and they lost their place in heaven.)

12:9 - 큰 용이 내어쫓기니 옛 뱀 곧 마귀라고도 하고 사단이라고도 하는 온 천하를 꾀는 자라 땅으로 내어쫓기니 그의 사자들도 저와 함께 내어쫓기니라(The great dragon was hurled down--that ancient serpent called the devil, or Satan, who leads the whole world astray. He was hurled to the earth, and his angels with him.)

12:10 - 내가 또 들으니 하늘에 큰 음성이 있어 가로되 이제 우리 하나님의 구원과 능력과 나라와 또 그의 그리스도의 권세가 이루었으니 우리 형제들을 참소하던 자 곧 우리 하나님 앞에서 밤낮 참소하던 자가 쫓겨났고(Then I heard a loud voice in heaven say: "Now have come the salvation and the power and the kingdom of our God, and the authority of his Christ. For the accuser of our brothers, who accuses them before our God day and night, has been hurled down.)

12:11 - 또 여러 형제가 어린 양의 피와 자기의 증거하는 말을 인하여 저를 이기었으니 그들은 죽기까지 자기 생명을 아끼지 아니하였

도다(They overcame him by the blood of the Lamb and by the word of their testimony; they did not love their lives so much as to shrink from death.)

12:12 - 그러므로 하늘과 그 가운데 거하는 자들은 즐거워하라 그 러나 땅과 바다는 화 있을진저 이는 마귀가 자기의 때가 얼마 못된 줄을 알므로 크게 분내어 너희에게 내려 갔음이라 하더라(Therefore rejoice, you heavens and you who dwell in them! But woe to the earth and the sea, because the devil has gone down to you! He is filled with fury, because he knows that his time is short.")

여기에서 용은 옛 뱀이요 옛 뱀은 마귀요 마귀는 사단이라고 정 의하고 있다. 같은 주체의 그룹을 달리 표현한 것뿐이다. 우리가 알 수 있는 것은 옛 뱀이란「창세기」3장에 등장하여 하와(Eve)와 아담을 꼬셔 선악과를 따먹도록 한 그 뱀(serpent)이다. 이때 뱀이란 엘로힘 (Elohim), 즉 하나님(God), 즉 바로 엔키(Enki) 신과 아담과 이브의 유전 자 조작에 가담한 신들이며, 항상 비방만 하고 참소만 하던 엘로힘들 이다. 따라서 용-뱀-마귀-사단의 주체는 크게 보면 엔키 신과 그를 따 르는 엘로힘이라고 보아도 타당할 것이다. 또한 처음부터 불의만 하는 사단의 엘로힘이라고 보아야 할 것이다. 한마디로 여호와 하나님의 반 대편에 선 불의의 엘로힘들을 말한다.

하늘에 쫓겨 내려오는 불의의 하나님들(엘로힘),「누가복음」10장 18 절에서, 예수님께서 70인을 세우시고 70인들에게 말씀하신 "사단이 하 늘로서 번개같이 떨어지는 것을 내가 보았노라"의 내용과 같다.

「누가복음」10:18 - 예수께서 이르시되 사단이 하늘로서 번개같이 떨어지는 것을 내가 보았노라(He replied, "I saw Satan fall like lightning from heaven.)(NIV)

생각해 보라!! 하늘의 전쟁, 즉 하나님들의 전쟁에서 쫓겨 내려오는 엘로힘들이 어느 하나님들이겠는가? 이분들이 이 땅에 내려와 "내가 너희들을 직접 창조했느니라!! 다 나를 따르라" 하면 안 따를 인간들이 어디 있겠는가? 이들 하나님들은 이 땅에 쫓겨 내려와 인간을 규합하고 인간을 무기로 삼아 결국 하나님 아버지(God the Father)와 예수님을 적대시하고, 무시무시한 전쟁을 일으킬 것임에 틀림이 없다.

그때가 언제인지는 『바이블 매트릭스』 시리즈 5권 『예수님의 재림과 새 하늘과 새 땅의 창조』에서 자세히 다루겠지만, 이 4권을 쓰는 지금의 필자로서는, 앞으로 올 그때에 태어나지 않은 것에 정말 감사할 뿐이다. 엘로힘들이 하늘에서 쫓겨 내려올 때 태어나는 인간들은 정말 화가 미칠 것인데… 오!! 정말 온 몸이 떨리고 두려울 뿐이다!!

단, 주의할 것은 신약에 들어오면 하나님(God, 엘로힘)이나 여호와 하나님(Lord God)이나 같은 개념으로 바뀐다. 신약에서는 예수님의 아버지인 '하나님 아버지(God the Father)'만을 지칭하기 때문이다. 이때의 아버지는 아들이 하나인 독생자 예수님을 두신 가장 높으신(the Highest, Most High) 하나님이시다(「누가복음」 1:32). 독생자 예수님께서 말씀하신 하나님 아버지(God the Father)와 구약의 야훼가 같은 분인지 다른 분인지에 대해서는 『바이블 매트릭스』 5권 『예수님의 재림과 새 하늘과 새 땅의 창조』에서 자세히 다루기로 한다. 다만, 신약에서는 하나님(God, 엘로힘)과 여호와 하나님(Lord God)이 같은 개념으로 변하지만, 여기에는 의로운 하나님과 불의의 하나님이 섞여 있다는 것을 명심해야 한다.

5절 유황불 못에 던져지는 용/뱀/마귀/사단들(하늘의 악의 영들)

그러나 이 땅으로 쫓겨 내려온 불의의 엘로힘, 즉 불의의 하나님들은 인간을 규합하여 하나님 아버지와 예수님께 대적하나, 결국 예수님에게 잡혀 유황불 못에 던져지게 된다. 「요한1서」 3장 8절에는 '하나님의 아들(Son of God)', 즉 예수님이 나타나신 것은, 즉 예수님의 재림의 목적은 마귀의 일을 멸하려 오신다고 기록되어 있다. 「마태복음」 25장 41절에는 영영한 불, 즉 유황불 못은 "마귀와 그의 사자(천사)들을 위하여 예비된 곳"이라고 기록되어 있다.

「요한1서」 3:8 - 죄를 짓는 자는 마귀에게 속하나니 마귀는 처음부터 범죄함이니라 하나님의 아들이 나타나신 것은 마귀의 일을 멸하려 하심이니라(He who does what is sinful is of the devil, because the devil has been sinning from the beginning. The reason the Son of God appeared was to destroy the devil's work.)(NIV)

「마태복음」 25:41 - 또 왼편에 있는 자들에게 이르시되 저주를 받은 자들아 나를 떠나 마귀와 그 사자들을 위하여 예비된 영영한 불에 들어가라(Then he will say to those on his left, 'Depart from me, you who are cursed, into the eternal fire prepared for the devil and his angels.')(NIV)

「요한계시록」 20장 2절에는 "용(the dragon)을 잡으니 곧 옛 뱀(ancient serpent)이요 마귀(the devil)요 사단(Satan)이요"라고 예언되어 있는데, 이때 용-뱀-마귀-사단은 의롭지 못한 하나님들, 즉 엘로힘(Elohim)을 말하는 것이다. 「요한계시록」 20장 10절에는 이들 불의의 하나님들과 불의의 하나님들을 따랐던 왕들과 거짓 선지자들이 유황불 못에 던져진다.

「요한계시록」20:2 - 용을 잡으니 곧 옛 뱀이요 마귀요 사단이라 잡아 일천 년 동안 결박하여(He seized the dragon, that ancient serpent, who is the devil, or Satan, and bound him for a thousand years.)(NIV)

「요한계시록」20:10 - 또 저희를 미혹하는 마귀가 불과 유황 못에 던지우니 거기는 그 짐승과 거짓 선지자도 있어 세세토록 밤낮 괴로움을 받으리라(And the devil, who deceived them, was thrown into the lake of burning sulfur, where the beast and the false prophet had been thrown. They will be tormented day and night forever and ever.)(NIV)

그렇다. 하늘에는 많은 하나님들이 계신다. 그러나 하늘에는 불의의 하나님들도 계시고 의로운 하나님들도 계신다. 다행히 불의의 하나님들이 이 땅으로 쫓겨 내려와 인간들을 미혹할 것이고, 이 땅에는 화가 있을 것이나, 곧 오시는 하나님 아버지와 예수님께서 이들을 멸하고 유황불 못에 던진다.

여기에 우리가 알아야 할 중요한 통찰력과 시사점이 있다. 어느 하나님들이 의로운 하나님들이신가? 어느 하나님들이 불의의 하나님들인가? 이 구분을 잘해야 한다. 끝으로 「에베소서」6장 12절을 소개한다. 이때의 '하늘에 있는 악의 영들'이란 바로 불의의 하나님들을 말하는 것이다.

「에베소서」6:12 - 우리의 씨름은 혈과 육에 대한 것이 아니요 정사와 권세와 이 어두움의 세상 주관자들과 하늘에 있는 악의 영들에게 대함이라(For our struggle is not against flesh and blood, but against the rulers, against the authorities, against the powers of this dark world and against the spiritual forces of evil in the heavenly realms.)(NIV)

6절 사망의 세력을 잡은 자가 마귀, 사망과 음부도 유황불 못으로

또 하나의 중요한 통찰력이 있다. 「히브리서」 2장 14절에는 '사망의 세력을 잡은 자가 마귀'라고 정의되어 있다. 예수님이 십자가에 못 박혀 죽으심은, 스스로 죽으심으로써, 사망의 세력을 잡은 마귀를 죽일 것이라는 내용이다. 많은 사람들이 죽음을 두려워하므로, 예수님께서 죽으심으로써, 죽음으로부터 해방시킨다는 뜻이다. 따라서 마귀가 잡은 죽음을 두려워하지 말라는 내용이다. 예수님도 이 땅에 혈육을 갖고 오셔서 죽었는바 죽음을 두려워하지 말라는 내용이다.

「히브리서」 2:14 – 자녀들은 혈육에 함께 속하였으매 그도 또한 한 모양으로 혈육에 함께 속하심은 사망으로 말미암아 사망의 세력을 잡은 자 곧 마귀를 없이 하시며(Since the children have flesh and blood, he too shared in their humanity so that by his death he might destroy him who holds the power of death… that is, the devil)(NIV)

그리고 예수님께서 용/뱀/마귀/사단을 유황불 못에 던지우고 나서, 그 다음에 사망과 음부도 유황불 못에 던져진다.

「요한계시록」 20:14 – 사망과 음부도 불 못에 던지우니 이것은 둘째 사망 곧 불못이라(Then death and Hades were thrown into the lake of fire. The lake of fire is the second death.)(NIV)

이것은 「창세기」와 「요한계시록」을 연결해 볼 때 매우 중요한 대목이다. 인간은 죽는다. 왜 죽는가 하면 바로 선악과의 비밀에 있다. 『바이블 매트릭스』 시리즈 2권 『인간 창조와 노아 홍수의 비밀』의 4부인 "엔키 신과 선악과란 무엇인가"에서 자세히 설명했듯이, 아담과 이브는 처음에 에덴 동산에 거처했다. 그것은 아담과 이브가 1,000살을 영위할 수 있는 에덴 동산의 생명의 나무 열매를 따먹었다는 것을 의미한다. 그리고 에덴 동산에 있을 때는 섹스를 했어도 임신이 안 되었다. 그러나 선악과의 두 번째 비밀인 임신하는 능력을 엔키 신이 주었다. 그 다음 에덴 동산에서 쫓겨나고 생명나무의 열매는 금지되었다. 그 이후부터 수명이 자꾸 줄어 후대 손들은 일찍 죽는다.

이것이 <u>사망의 의미</u>이다. 「창세기」 2장 17절의 "선악을 알게 하는 나무의 실과는 먹지 말라 네가 먹는 날에는 정녕 죽으리라 하시니라"를 의미한다.

그러나 신약에 들어오면 이 생명나무를 「창세기」의 금지에서 허락으로 바꾸어 인간에게 주고, 예수님이 십자가에 돌아가심으로, 살과 피, 즉 하나님들이 하늘에서 먹는 생명의 빵까지 주시고, 재림시에는 생명의 물까지 주신다고 약속하셨다. 1,000살을 지구에서 살다가(이것이 「요한계시록」 20장에 등장하는 천년 왕국이다), 새로운 하늘과 새로운 땅에 가려면(이것이 제2의 창조이다), 하나님들이 먹고 마시는 생명의 빵과 물을 먹어야 한다.

'사망의 세력을 잡은 자'가 마귀라고 했다(「히브리서」 2:14). 그렇다면 사망은 어느 하나님들인가? 우리를 사망으로 몰고 간 하나님들은 누구인가? 그들은 바로 선악과의 두 번째 비밀을 인간들에게 준, 위에서 언급한 불의의 하나님(신)들이다. 우리 인간들은 임신을 하게 되어 결국 사망하게 되는 것이다.

불의의 하나님들은 이 땅에 쫓겨 내려와 인간들을 미혹하고, 그리고 복제인간도 만들 것이다. 자세한 것은 『바이블 매트릭스』 5권 『예수님의 재림과 새 하늘과 새 땅의 창조』에서 밝히기로 한다.

7절 불의의 하나님들을 분별할 줄 아는 지혜 있는 인간(신)이 되자

하나님들은 수없이 많다!! 「고린도전서」 8장 5절에는 "하늘에나 땅 위에는 수많은 하나님들(gods)과 주님들(lords)이 있으나, 오로지 한 분의 하나님 아버지(one God the Father)와 한 분의 예수 그리스도만이 계시다"라고 기록하고 있다. 이때의 '한 분의 하나님 아버지'라 함은 독생자 예수님을 두신 가장 높으신 하나님 아버지를 말한다. 우리가 아버지→할아버지→증조할아버지→고조할아버지→그 이상의 아버지가 계시듯이, 하나님들도 그 계급상 많은 하나님들이 계시고, 그 많은 하나님들도 아들과 딸이 있다. 그런데 가장 높으신 하나님은 독생자 아들인 예수님만 아들로 두신 분이다.

「고린도전서」 8:5 - 비록 하늘에나 땅에나 신이라 칭하는 자가 있어 많은 신과 많은 주가 있으나(For even if there are so-called gods, whether in heaven or on earth (as indeed there are many "gods" and many "lords") (NIV)

8:6 - 그러나 우리에게는 한 하나님 곧 아버지가 계시니 만물이 그에게서 났고 우리도 그를 위하며 또한 한 주 예수 그리스도께서 계시니 만물이 그로 말미암고 우리도 그로 말미암았느니라(yet for us there is but one God, the Father, from whom all things came and for whom we live; and there is but one Lord, Jesus Christ, through whom all things came and through whom we live.)

　　그런데 이 땅에 쫓겨 내려오는 불의의 하나님들이 문제이다. 불의의 하나님들을 잘 분별할 줄 알아야 하는데, 이것이 문제이다. 그러나 예수님은 말씀하셨다. 우리 '인간도 신 즉 하나님'이라 했다(「요한복음」 10:34-35; 「시편」 82:6). 그래서 우리 인간도 신(하나님)이므로 신의 입장에서 불의의 하나님들을 잘 구분할 수 있다고 생각한다.

　　「요한복음」 10:34 - "너희 율법에 기록한 바 내가 너희를 신이라 하였노라 하지 아니하였느냐(Jesus answered them, "Is it not written in your Law, 'I have said you are gods'?(NIV); Jesus answered, "It is written in your own Law that God said, 'You are gods.'(Good News); Jesus replied, "It is written in your own Scriptures(1) that God said to certain leaders of the people, 'I say, you are gods!'(2) : (1) Greek your own law (2) Ps 82,6)(New Living)

　　10:35 - "성경은 폐하지 못하나니 하나님의 말씀을 받은 사람들을 신이라 하셨거든(If he called them 'gods,' to whom the word of God came--and the Scripture cannot be broken(NIV); If He called them gods, to whom the word of God came (and the Scripture cannot be broken)(New King James Version); We know that what the scripture says is true forever; and God called those people gods, the people to whom his message was given. (Good News); And you know that the Scriptures cannot be altered. So if those people who received God's message were called 'gods,'(New Living, 「요한복음」 10:35)

「시편」 82:6 – "내가 말하기를 너희는 신들이며 다 지존자의 아들들이라 하였으나(I said, 'You are "gods"; you are all sons of the Most High.'(NIV); I say, 'You are gods; you are all children of the Most High.)'(New Living, 「시편」82:6).

그러나 이게 그리 쉬운 일이 아니다. 사단도 이 땅에 쫓겨 내려와 광명의 천사로, 의로운 일군으로 가장하기 때문이다.

「고린도후서」 11:14 – 이것이 이상한 일이 아니라 사단도 자기를 광명의 천사로 가장하나니(And no wonder, for Satan himself masquerades as an angel of light.)(NIV)

11:15 – 그러므로 사단의 일군들도 자기를 의의 일군으로 가장하는 것이 또한 큰 일이 아니라 저희의 결국은 그 행위대로 되리라(It is not surprising, then, if his servants masquerade as servants of righteousness. Their end will be what their actions deserve.)

가장 쉬운 방법은 성부(聖父, Lord God the Father Almighty), 성자(聖子, His Only Son our Lord, Jesus Christ), 그리고 성령(聖靈, Holy Spirit)의 삼위일체(Trinity)를 인정하고 사랑하는지를 보면 구별할 수 있다. 분명 이 땅에 쫓겨 내려오는 엘로힘은 이 삼위일체를 전부 부인하던지, 아니면 성자를 부인할 것임에 틀림없다. 아니면 본인들이 성부요 성자라고 가장하고 세상을 미혹할 것이다. 하나님 아버지와 예수님께서는 전에도 계셨고(was), 지금도 계시고(is), 앞으로 오실(is to come)(「요한계시록」 1:4 & 1:8 & 4:8) 것을 전면 부인하거나, 본인들이 하나님 아버지라고 예수님이라고 흉내를 낼 것이다. 하나님 아버지와 아들을 부인하는 엘로힘, 그런 엘로힘을 따르는 선지자, 그런 선지자들을 따르는 모든 인간들은 모두 적그리스도(the antichrist)이다.

「마태복음」12:32 - 또 누구든지 말로 인자를 거역하면 사하심을 얻
되 누구든지 말로 성령을 거역하면 이 세상과 오는 세상에도 사하심을
얻지 못하리라(Anyone who speaks a word against the Son of Man will be
forgiven, but anyone who speaks against the Holy Spirit will not be forgiven,
either in this age or in the age to come.)(NIV)

28:19 - 그러므로 너희는 가서 모든 족속으로 제자를 삼아 아버지
와 아들과 성령의 이름으로 세례를 주고(Therefore go and make disciples
of all nations, baptizing them in the name of the Father and of the Son and
of the Holy Spirit,)

「요한1서」2:22 - 거짓말하는 자가 누구뇨 예수께서 그리스도이심
을 부인하는 자가 아니뇨 아버지와 아들을 부인하는 그가 적그리스도
니(Who is the liar? It is the man who denies that Jesus is the Christ. Such a
man is the antichrist--he denies the Father and the Son.)(NIV)

또 하나 중요한 기준이 있다. 영(spirit)[46]을 분별할 수 있어야 한
다. 영을 다 믿지 말고 오직 영들이 하나님께 속하였나 시험하면 된
다. 즉 말씀이나 메시지가 의로운 하나님들께서 나오는 것인지 불의
의 하나님들께서 나오는 것인지 잘 판단하면 된다. 영들에는 두 부류
가 있다. 하나는 진리의 영(the Spirit of truth)이고, 다른 하나는 미혹의
영(the spirit of falsefood or deception), 즉 적그리스도의 영(the spirit of
antichrist)이다. 특히 예수님이 이 땅에 오셨을 때도 육체로 오셨고, 부
활하실 때에도 육체로 부활하셨으며, 앞으로 재림하실 때에도 육체로

오실 것을 부인하는 영은 모두 적그리스도의 영이다.

「요한1서」 4:1 - 사랑하는 자들아 영을 다 믿지 말고 오직 영들이 하나님께 속하였나 시험하라 많은 거짓 선지자가 세상에 나왔음이니라(Dear friends, do not believe every spirit, but test the spirits to see whether they are from God, because many false prophets have gone out into the world(NIV); Beloved, believe not every spirit, but try the spirits whether they are of God: because many false prophets are gone out into the world)(KJV)

4:2 - 하나님의 영은 이것으로 알찌니 곧 예수 그리스도께서 육체로 오신 것을 시인하는 영마다 하나님께 속한 것이요(This is how you can recognize the Spirit of God: Every spirit that acknowledges that Jesus Christ has come in the flesh is from God(NIV); Hereby know ye the Spirit of God: Every spirit that confesseth that Jesus Christ is come in the flesh is of God(KJV); This is how you will be able to know whether it is God's Spirit : anyone who acknowledges that Jesus Christ came as a human being has the Spirit who comes from God(Good News); This is how we know if they have the Spirit of God : If a person claiming to be a prophet(1) acknowledges that Jesus Christ came in a real body, that person has the Spirit of God. / (1) Greek If a spirit; similarly in 4.3)(New Living)

4:3 - 예수를 시인하지 아니하는 영마다 하나님께 속한 것이 아니니 이것이 곧 적그리스도의 영이니라 오리라 한 말을 너희가 들었거니와 이제 벌써 세상에 있느니라(but every spirit that does not acknowledge

---

46 영(spirit)이 구체적으로 무엇인지에 대해서는 2부 3장 "온 땅을 두루 살피는 일곱 빛(등불), 일곱 눈, 일곱 뿔 → 일곱 영(seven spirits)"을 참조하라

Jesus is not from God. This is the spirit of the antichrist, which you have heard is coming and even now is already in the world(NIV); But if someone claims to be a prophet and does not acknowledge the truth about Jesus, that person is not from God. Such a person has the spirit of the Antichrist, which you heard is coming into the world and indeed is already here)(New Living)

4:6 - 우리는 하나님께 속하였으니 하나님을 아는 자는 우리의 말을 듣고 하나님께 속하지 아니한 자는 우리의 말을 듣지 아니하나니 진리의 영과 미혹의 영을 이로써 아느니라(We are from God, and whoever knows God listens to us; but whoever is not from God does not listen to us. This is how we recognize the Spirit of truth and the spirit of falsehood(NIV); But we belong to God, and those who know God listen to us. If they do not belong to God, they do not listen to us. That is how we know if someone has the Spirit of truth or the spirit of deception(New Living)

「요한2서」1:7 - 미혹하는 자가 많이 세상에 나왔나니 이는 예수 그리스도께서 육체로 임하심을 부인하는 자라 이것이 미혹하는 자 요 적그리스도니(Many deceivers, who do not acknowledge Jesus Christ as coming in the flesh, have gone out into the world. Any such person is the deceiver and the antichrist(NIV); For many deceivers are entered into the world, who confess not that Jesus Christ is come in the flesh. This is a deceiver and an antichrist.(KJV); Many deceivers have gone out over the world, people who do not acknowledge that Jesus Christ came as a human being. Such a person is a deceiver and the Enemy of Christ(Good News); I say this because many deceivers have gone out into the world. They deny that Jesus Christ came(1) in a real body. Such a person is a deceiver and an antichrist. / (1)Or will come)(New Living)

하늘에서 쫓겨 내려오는 불의의 하나님들(엘로힘)에 대한 미래의 시나리오는 「요한계시록」에 구체적으로 기록되어 있는데(「요한계시록」 12장), 「요한계시록」은 이들의 입에서 나오는 영들을 더러운 영들(악의 영, evil spirits) 혹은 귀신의 영들(spirits of demons)로 기록하고 있다. 세 개의 악의 영들이란 용(the dragon), 즉 불의의 엘로힘의 입과 짐승(the beast) 즉 바벨론의 왕의 입과 거짓 선지자(the false prophet)의 입에서 나오는 불경스러운 말이나 명령이나 전쟁을 말하는 것이다. 이 세 개 의 악의 영들이 힘을 합쳐 이적(miraculous signs)을 행하고, 천하의 왕 들 특히 동방의 왕들을 모아 전능하신 하나님 아버지의 위대한 날에 전쟁을 일으킬 것이다. 이것이 바벨론에서 있을 그 유명한 아마겟돈 (Armageddon) 전쟁이다.

「요한계시록」 16:12 - 또 여섯째가 그 대접을 큰 강 유브라데에 쏟 으매 강물이 말라서 동방에서 오는 왕들의 길이 예비되더라(The sixth angel poured out his bowl on the great river Euphrates, and its water was dried up to prepare the way for the kings from the East)(NIV)

16:13 - 또 내가 보매 개구리 같은 세 더러운 영이 용의 입과 짐 승의 입과 거짓 선지자의 입에서 나오니(Then I saw three evil spirits that looked like frogs; they came out of the mouth of the dragon, out of the mouth of the beast and out of the mouth of the false prophet)

16:14 - 저희는 귀신의 영이라 이적을 행하여 온 천하 임금들에게 가서 하나님 곧 전능하신 이의 큰 날에 전쟁을 위하여 그들을 모으더 라(They are spirits of demons performing miraculous signs, and they go out to the kings of the whole world, to gather them for the battle on the great day of God Almighty)

16:16 - 세 영이 히브리 음으로 아마겟돈이라 하는 곳으로 왕들을

모으더라(Then they gathered the kings together to the place that in Hebrew is called Armageddon)

2부

성경에 등장하는 하나님들의 과거와
미래의 과학기술

질문과 관점들

하나님들의 지식을 찾는
경건한 자와 불경한 자

성경에는 수많은 과학기술들이 등장한다. 먼 과거의 처녀자리(VIRGO)가 시작되던 BC 13020년의 노아 방주, 즉 잠수함 기술도 등장하고, 「요한계시록」 등의 예언서에는 먼 미래의 지하왕국과 바다왕국의 과학기술에서 특이점-블랙홀을 이용한 별들의 핵융합과 핵전쟁기술도 등장한다. 얼마나 먼 미래냐 하면, 지금이 AD 2013년이니까, AD 2100년부터 시작되는 물병자리(AQUARIUS)에서, 그 다음의 AD 4260년부터 시작되는 염소자리(CAPRICORN)까지, 또 그 다음의 AD 6420년부터 시작되는 궁수자리(SAGITTARIUS)에서, 그 다음의 AD 8580년부터 시작되는 전갈자리(SCORPIO)까지, 또 그 다음의 AD 10740년부터 시작되는 천칭자리(LIBRA)에서, 그 다음의 AD 12900년부터 시작되는 처녀자리(VIRGO)까지의 미래 과학기술이 등장한다.

따라서 어떤 것은 오늘날의 과학기술로 이해가 되기도 하고, 어떤 것은 이해가 되지 않아 단지 하나의 신화(Mythology)나 신비(Mystery) 특히 기적(Miracle)으로 간주하기도 한다. 그리고 그것은 전지전능하신 하나님(신)들의 영역이라고 생각하고 그냥 지나쳐 버린다.

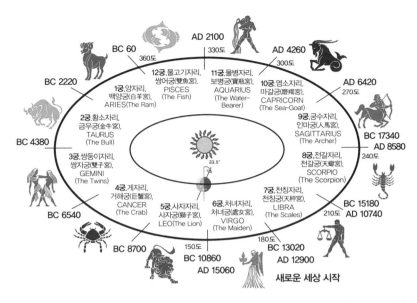

세차운동(歲差運動, Precession)에 의해 대주기(Grand Circle) 혹은 대년(Great Year)인 25,920년에 따라 변하는 시대별 춘분의 12개 별자리.[1]

사실 과학적으로 볼 때 기적은 없다. 성경에 등장하는 하나님들의 기적이란 모두 진실의 역사적 사실이며, 그것은 과학기술로 이해할 수 있다. 단지 구약의 하나님들과 신약의 예수님이 사용했던 과학기술들을 그 당시의 기록자들이 이해하지 못해 기적으로 표현한 것뿐이다. 또한 현재 우리가 이해 못하는 부분들은, 아직도 우리가 그러한 과학기술들을 찾아내지 못했기 때문에 이해를 못하는 것이다. 그러나 언젠가는 과학기술이 발전하다 보면 우리는 분명하게 성경에 기록된 내용이 사실이며 진실임을 이해하게 될 것이다.

---

1   자세한 것은 『바이블 매트릭스』 시리즈 1권 『우주 창조의 비밀』의 1부 6장 3-4절의 "세차운동, 12개 별자리와 대년(Great Year)"을 참조하고, 별자리가 주는 의미는 이 책 3부를 참조하고 예수님이 언제 오시는지에 대해서는 이 시리즈의 마지막 5권인 『예수님의 재림과 새 하늘과 새 땅의 창조』을 참조하라.

따라서 기적이란 없다. 모두가 과거의 과학기술이요 미래의 과학기술이다. 단지 우리들과 하나님들의 과학기술 수준 차이만 있을 뿐이다. 그 차이가 25,920년이든 30,000년이든, 확실한 것은 하나님들의 과학기술 수준은 우리들보다 월등히 높다는 것이다. 다시 말해 단지 고도의 과학문명과의 차이(간격)만이 있을 뿐이다. 또한 하늘에 계신 하나님들도 과학을 진보시킨다는 점이다. 더군다나 하나님 아버지께서는 안식일에도 일을 하신다고 예수님께서 분명히 말씀하셨고(「요한복음」5장 17절), 예수님 스스로도 안식일에 많은 병자를 고치셨다. 따라서 성경에 등장하는 하나님들의 과학기술들은 현재와 미래에도 계속 진보하고 있음이 분명하다.

단, 주의할 점이 하나 있다. 과거 하나님들의 과학기술을 연구해서 지금의 과학기술을 보다 혁신적으로 진보시키는 것이 우리의 사명일지라도 그 목적은 의로운 데 사용해야 한다. 다시 말해 성경에서 말하는 과거를 바탕으로 미래의 예언의 일들이 사실로 일어날 수 있도록 끊임없이 과학기술에 도전해야 한다. 그렇게 하려면 '경건한 자(Godly man)'가 되어야 한다. 경건한 자란 '의로운 자(Righteous men)'를 말하는데, 하나님 아버지를 아버지라 부를 수 있는 자, 즉 하나님을 사랑하는 자란 의미이며 동시에 예수님을 사랑하는 자란 의미이다.

본권의 2부에서는 지금까지 공부한 필자의 과학지식과 그것을 바탕으로 최대한 상상력을 발휘하여, 구약성경에 등장하는 주요 기적들을 하나 하나씩 과학으로 풀어보기로 한다. 그리고 필자가 이해를 잘못한 부분은 독자들이 바로잡아 주길 바란다. 단, 신약에 등장하는 예수님의 과학기술, 예수님의 재림과 '새 하늘과 새 땅'에 관련된 과학기술들은, 본권에서 제외하고, 앞으로 곧 나올 『바이블 매트릭스』 시리즈 5권 『예수님의 재림과 새 하늘과 새 땅의 창조』에서 자세히 소개하기로 한다.

1장
미래의 진보된 과학기술은
과거의 과학기술을 바탕으로

1절 과거는 바로 미래다(the Past becomes the Future)

영국의 레이어드(Austen Henry Layard)와 그의 조수인 라삼(Hormuzd Rassam)은 1852~1854년에 큐윤지크(Kuyunjik)라 불리는 아시리아(Assyria)의 수도였던 니네베(Niniveh)를 발굴하고, 1853년에 신아시리아 왕조(Neo-Assyrian Empire, BC 912-BC 612)의 마지막 왕인 아수르바니팔(Ashurbanipal, 통치 BC 668-BC 612)이 세운, 그러나 그 후 폐허가 된 아수르바니팔의 도서관(Library of Ashurbanipal)을 발굴하여, 이곳에서 무려 25,000여 개의 수메르어(Sumerian) 설형문자(Cuneiform)로 새겨진 점토판들(clay tablets)을 발견하였다. 이 점토판들은 창조와 관련된 것으로 그간 구약성경에만 의존하던 근거들을 더욱 확실한 역사적인 사실(Events)로 보여 주고 있다.

특히 엔키(Enki) 신의 자서전(autobiography)이 발견되었다. 작고하신 시친(Zecharia Sitchin, 1920~2010)은 여기저기 흩어지고 파편 조각이 난 점토판들을 수집하여 총 14개 점토판에 새겨진 매우 긴 문서인 '증거의 책(Book of Witnessing)'이라는 엔키 신의 자서전을 재구성하고 편집하여 『엔키의 잃어버린 책(The Lost Book of Enki)』을 발간하였다.

이 책에 따르면, 엔키 신은 그의 지구라트(Ziggurat)인 에리두(Eridu)의 압수(Abzu, 아카드어로 Apsu)의 서기관(master scribe)이었던 엔두브사르(Endubsar)를 선택하여, 엔키 신이 말하는 대로 적어 '증거의 책'을 쓰게하고, 적당한 시점에 모든 사람에게 공개하라는 내용이 적혀 있다. 따라서 엔키 신의 '증거의 책'은 구약성경에 등장하는 예언서(Prophecy)의 기초(foundation)가 된다. 도입 부분의 증거(Attestation)라는 점토판과 〈점토판 14〉에서 엔키 신은 다음과 같이 말한다.

"과거는 바로 미래이다(the Past becomes the Future)",
"과거에 미래가 숨어 있다(in the past the future lies hidden)",
"과거의 미래가 심판이다(Let the Future of the Past the judge be!)"
(Sitchin, 2004, p. 9 & 12 & 317).

엔키 신은 14개 점토판을 통해 최초(Beginnings), 전시대(Prior Times), 구시대(Olden Times)의 비밀을 밝히고, 대홍수(Great Calamity)가 어떻게 일어났는지를 밝힌다. 따라서 이는 엔키 신의 말씀(The Words of the Lord Enki)이시다. '증거의 책'은 과거의 증거의 책(Book of Witnessing of the past)이며, 미래를 예측하는 책(Book of Foretelling)이며, 이 책에서 엔키 신은 '첫 번째가 또한 나중이 된다는 것(first things shall also be the last things)'을 말씀하신다(Sitchin, 2004, p. 14).

이는 『바이블 매트릭스』 시리즈 1권 『우주 창조의 비밀』의 3부 3장에서 소개했고, 본권 3부 2장에서 살펴볼 「요한계시록」 22장 13절의 예수님이 말씀하신 "나는 알파와 오메가요 처음과 나중이요 시작과 끝이라(I am the Alpha and the Omega, the First and the Last, the Beginning and the End)"(NIV)와 일맥 상통한다.

2절 미래의 과학기술은 과거 하나님들의 창조행위를 반복

이는 무엇을 의미하는 것일까? 미래의 더욱 발전되고 진보된 과학기술을 발견하려면 과거의 과학기술을 알아야 한다는 뜻이다. 이때 과거의 과학기술이란 구약에 등장하는 과학기술을 의미한다. 그러므로 구약에 표현된 기적 같은 사건의 실체(역사)를 파악해야 그 사건의 구체적인 과학기술을 이해할 수 있다는 점에서 구약은 바로 미래의 과학기술이다.

또 하나 중요한 점이 있다. 하나님들은 지성(Intelligence)과 과학(Science)으로 우주와 인간을 창조했으며, 이제 하나님들의 지성과 과학은 우리들로 하여금 하나님들의 창조 행위를 반복하도록 하고 있다. 미래의 역사는 다시 과거로 돌아가는 것이다. 과거로 돌아가되 시대의 변화에 따른 수준만 다를 뿐이다. 그러므로 우리는 과거에 하나님들께서 사용했던 과학기술들을 반드시 찾아내서 하나님들의 창조 행위를 반복해야 한다. 창조행위를 반복하되 더 낫게 해야 한다. 극단적으로 말하자면, 우리가 다시 창세기로 돌아가지만, 먼 미래에는 창세기에 등장했던 에덴 동산보다 월등히 높은 수준의 낙원(천년왕국)을 건설해야 한다.

이렇듯 미래의 모든 것들은 구약성경에 등장하는 하나님들의 과거 과학기술에 바탕을 둔다. 이를 뒷받침하듯이, 「전도서」 3장 15절에는

"이제 있는 것이 옛적에 있었고 장래에 있을 것도 옛적에 있었나니 하나님은 이미 지난 것을 다시 찾으시느니라"라는 구절이 있다. 미래의 과학기술은 과거에 이미 존재했다는 의미이다. 그것은 우리가 찾아 동참하여 의롭게, 그리고 경건하게 이루어야 함을 의미한다. 그 모든 답은 성경에 모두 있다는 것을 의미한다.

「전도서」 3:15 - 이제 있는 것이 옛적에 있었고 장래에 있을 것도 옛적에 있었나니 하나님은 이미 지난 것을 다시 찾으시느니라 (Whatever is has already been, and what will be has been before; and God will call the past to account.)(NIV)

2장
하나님들의 우주과학도시/우주공항/ 우주통신기지/우주관측기지

1절 대홍수 이전, 최초의 5개 우주과학도시들과 시파르 우주 공항

445,000년 전에 이 땅에 오신 하나님들은 301000년에 젊은 신들의 노동을 대체할 인간들을 창조한 후, 왕권 즉 통치 시스템을 하늘에서 가져오고, 메소포타미아 지역에 5개의 우주과학도시를 건설한다. c.BC 2150년에 쓰여진 『에리두 창세기』의 〈세그먼트 B〉 버전을 보자.

4-5. "내가 인간들의 노동을 관장할 거야… 이 땅의 구축 자, 견고한 기초를 파라(I will oversee their labour. Let … the builder of the Land, dig a solid foundation.)"(Black et al., 『The Flood Story, Segment B』, 1998-2006)

6-18. 그 이후… 왕권이 하늘에서 내려와, 그 이후 기쁨으로 찬양된 왕권이 하늘로부터 내려와, 신성한 의식과 신들의 권위가 완벽해지고, 벽돌을 쌓아 신전을 세우고, 그들의 이름이 붙여지고 배분되었다.

첫 번째 도시는 에리두였고, 제일 먼저 내려 오신 누딤무드(엔키) 신에게 주어졌다. 두 번째 도시는 바드-티비라였는데, 인안나 여신과 두무지 신에게 주어졌다. 세 번째는 라락이었는데, 파빌상(닌우르타)에게 주어졌다. 네 번째 도시는 시파르(짐비르)였는데, 우투(샤마시) 신에게 주어졌다. 다섯 번째 도시는 슈루팍이었는데, 수드(닌후르쌍, 닌투, 닌마) 여신에게 주어졌다. 도시들의 이름이 공표된 후에… 도시들은 신들에게 배분되었으며, 강은… 물이 넘쳐 흘렀고, 작은 수로(운하)가 정화되어… 구축되었다(After the … of kingship had descended from heaven, after the exalted crown and throne of kingship had descended from heaven, the divine rites and the exalted powers were perfected, the bricks of the cities were laid in holy places, their names were announced and the … were distributed. The first of the cities, Eridug, was given to Nudimmud the leader. The second, Bad-tibira, was given to the Mistress. The third, Larag, was given to Pabilsag. The fourth, Zimbir, was given to the hero Utu. The fifth, Suruppag, was given to Sud. And after the names of these cities had been announced and the … had been distributed, the river …, … was watered, and with the cleansing of the small canals … were established). (Black et al., 『The Flood Story, Segment B』, 1998-2006)

여기에 등장하는 대홍수(BC 13020) 이전의 5개의 도시들(antediluvian or pre-Diluvial cities)은 c.BC 2119년에 쓰여진 『수메르 왕 연대기(Sumerian King List)』(Black et al., 1998-2006)에도 똑같이 등장한다. 그리고 다른 고대문서들인 c.BC 1150년에 쓰여진 『길가메시 서사시』(Temple, 1991)와 c.BC 1640년에 쓰여진 『아트라하시스 서사시』(Dalley, 1998)를 보면, '먼 곳에 지은 집(house in faraway built)'이라는 에리두(Eridu)가 등장한다. 에리두는 제일 먼저 이 땅에 내려오신 엔키(Enki) 신에게 주어졌는데, 엔키 신은 금을 캐러 내려오셨기 때문에, 페르시아만에 근접한 에리두를 첫 번째 도시로 정했다. 아마도 처음에는 바다에서 금을 캐지 않았나 추측이 된다.

그리고 아프리카 짐바브웨에서 캐낸 금은 배를 이용하여, '광석이 최종 처리되는 밝은 곳(Bright Place Where the Ores Are Made Final)'이라는 수메르 지역의 바드-티비라(Bad-tibira)로 옮겨졌는데, 바드-티비라는 두무지 신이 관장하던 도시였다. 바드-티비라 도시의 이름은 문자 그대로 번역하면 '대장장이, 즉 금속 가공의 토대(the foundation of metalworking)'라는 뜻으로 구약성경의 두발(Tubal, 「창세기」 4:22)에 해당된다. 구약에 나오는 두발가인은 철과 동과 금의 기술자였다. 바드-티비라는 제련과 정제를 위한 야금센터였다.

그 다음의 '밝은 불빛이 보이는 곳(Seeing the Bright Glow)'인 라락(Larag)은 착륙하는 우주왕복선을 안내하기 위한 등대도시였다. 그리고 '새의 도시(Bird City)'인 시파르(Sippar, 짐비르= Zimbir)는 우투 신에게 주어졌는데, 우투는 태양의 신(Sun God)으로, 그 당시 시파르에 있던 우주공항(이착륙장)을 책임지던 신이었다. '새'란 독수리(Eagle)를 의미하는데 바로 우주선(로켓)들이 뜨고 착륙하는 곳이다. 시파르는 독수리의 대장이 통치하는 곳으로, 아주 신성한 경내에 다단계 로켓이 세워져 있었다.

바드-티비라에서 정제된 금은 시파르 우주공항에서 우주선으로 지구 궤도를 돌고 있던 이기기(Igigi) 신들의 모선으로 옮겨지고, 그 다음 신들의 행성인 니비루(Nibiru)로 가져간 것이다. 왜 금을 캐러 오셨을까? 니비루의 대기환경이 안 좋아져 금가루가 필요했기 때문이었다.

특히 정금은 과학적으로 대기의 오염이나 세균을 제거하는 데 필요한 최고의 물질이며 전도성이 높아 각종 컴퓨터나 통신 등의 과학기구에 쓰여진다.

마지막으로 '최상의 행복을 누리는 곳(The Place of Utmost Well-Being)'인 슈루팍(Suruppag)은 수드(닌투, 닌후르쌍) 여신에게 주어졌는데, 이곳에는 의료센터(Medical/Science Center, Healing Center), 즉 병원이 세워져 있었다(시친, I, 2009, 402; 시친, III, 150). 그래서 닌투 여신은 생명을 관장하던 여신으로 등장하고, 원숭이(호모 에렉투스, Homo Erectus)와 신의 유전자 조작으로 만든 배아를 본인의 자궁에 이식하여

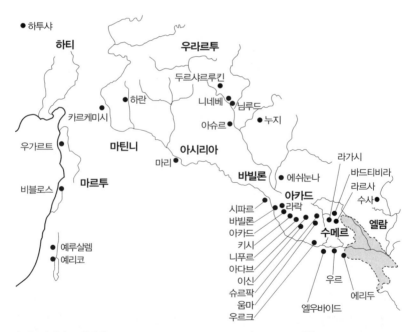

수메르시대의 도시국가(City-States, c.BC 5000~c.BC 2023). Credit : 시친, I, 2009, p 86, © Z. Sitchin. Reprinted with permission.

직접 아담을 창조하신 여신이다.

2절 통신용 뿔들(horns)이 설치된 7개의 지구라트(우주통신기지)와 아라라트 산(우주관측기지)

처음 이 땅에 오신 신들의 우주과학 통신기지는 모두 7개였다. 이 7개의 지구라트(Ziggurat)에는 일곱 개의 표시등을 가진 중앙통신장치가 있었는데, 니비루와 다른 통신기지나 지구 궤도를 선회하고 있는 우주선과의 연락을 취하는 데 사용되고 있었다.

c.BC 18세기에 쓰여진 『창조의 서사시』(King, 1902; Budge, 1921) 〈점토판 6〉에는 다음과 같은 내용이 나온다. 인간을 창조했으니 인간들이 신들에게 시중을 들게 할, 신들의 음식을 만들고 그 것을 봉헌(Consecration)할 신전을 만들어, 신들은 편안히 지내도록 하자고 아눈나키(Anunnaki)가 마르둑(Marduk) 신에게 제안한다. 이 말을 듣자 마르둑 신의 얼굴이 밝게 빛나고 다음과 같이 말한다.

45. "나는… 도시를 만들 것이다, 웅대한 신전을 만들 것이다."
45. "I will make … a city, I will fashion a splendid shrine."

신들은 노역을 하는 인간들의 도움을 받아 웅장한 신전(splendid shrine or temple), 즉 지구라트를 건설했다. 지구라트들은 하늘로 이어지는 7개 계단식 피라미드(seven step pyramid)로 천상의 바다(celestial Ocean)에 닿았고, 지구라트들은 아눈나키 고위 신들에게 수여되었다. 마르둑 신의 신전은 바벨론의 에-사길라(E-Sagila)였다. 그런데 7개의 지구라트들에는 '모든 것을 관찰할 수 있는 두 개의 뿔들(two horns)'이 설치되었다.

48. 신들은 지구라트를 세웠다.

49. 지구라트들은 천상의 바다(celestial Ocean)에 닿았고, 지구라트들은 마르둑, 엔릴(Enlil), 에아 신에게 수여되었다.

50. 지구라트들은 그 위엄이 당당하였으며, 아래로부터 꼭대기에 이르기까지 모든 것을 관찰할 수 있는 두 개의 뿔들(Two horns)이 있었다.

48. They made the ziggurat

46 [to reach] the celestial Ocean; unto Marduk, Enlil, Ea [shrines] they appointed,

49. It (i.e., the ziggurat) stood before them majestically: at the bottom and [at the top] they observed its two horns.

아카드(Akkad, Agade)와 바빌로니아에서는 지구라트를 주키라투(Zukiratu), 즉 '신성한 영의 수상기(tube of divine spirit)'라고 불렀으며, 수메르인(Sumerian)은 에시(ESH), 즉 '최고의(supreme)' 혹은 '가장 높은(most high)' 혹은 '열을 뿜는 근원(a heat source)'이라고 불렀다. 히브리어(Hebrew)로는 '불(fire)'이란 뜻이다. 지구라트들은 그 위엄이 당당하였으며, 아래로부터 꼭대기에 이르기까지 관찰한 모든 것을 송수신할 수 있는 '두 개의 뿔들(Two horns)'이 있었다. 이 두 개의 뿔들은 거대한 통신용인 '고리 안테나들(ring antennas)' 이었다. 따라서 지구라트의 진정한 역할은 하늘에 있는 신들과 인간들의 연결이 아니라, 하늘에 있는 신들과 지구에 있는 신들, 즉 7개의 지구라트들, 즉 우주통신 기지들과의 통신을 하기 위한 것이었다(시친, I, 2009, p. 430)

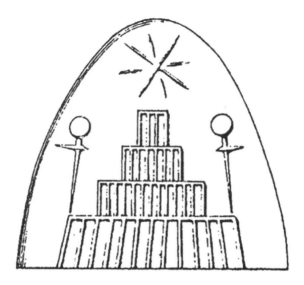

메소포타미아에서 발견된 원통형 인장(Cylinder seal)에 새겨진 지구라트와 함께 설치된 통신용의 고리 안테나들. Credit : 시친, I, 2009. p. 427; 시친, III, 2009. p. 151. © Z. Sitchin. Reprinted with permission.

이렇게 해서 아눈나키들이 거주하는 고대 7개 도시들인 에리두(Eridu), 라르사(Larsa), 바드티비라(Bad-tibira), 라가시(Lagash), 슈루팍(Suruppak), 니푸르(Nippur), 라락(Larak/Larag)에는 하늘로 이어지는 7개 계단식 피라미드의 신전인 지구라트가 건설되었다.

라르사는 또 다른 등대도시였는데, '붉은 빛이 보이는 곳(Seeing the Red Light)'이란 뜻으로 지구에 내린 아눈나키와 화성(Mars)에 베이스를 두고 지구 궤도를 도는 모선(mother spaceship, 母船)에 상주하는 300명의 이기기(Igigi) 신들, 즉 '관측하는 젊은 신들(Watchers)' 사이의 긴밀한 협조에 따라 이루어지는 복잡한 작업을 위해 건설되었다. 이기기 신들은 모선에 머물면서 지구와 니비루 사이의 중개 역할을 했는데, 처리된 금이 우주왕복선에 실려 지구에서 그곳으로 넘겨지고, 다시 니비루가 거대한 타원 궤도를 돌다가 3,600년이 되면 주기적으로 소행성대(The Asteroid belt)에 진입할 때 그 금을 실어갈 수 있는 적당한 우주선으로 전달했다. 이 땅에 내려오는 신들과 장비들은 같은 단계를 역으로 밟아 지구에 전달되었다. 라르사는 태양의 신인 우투 신의 지배영역이었다. 「창세기」 14:1절과 14:9절에 나오는 엘라살(Ellasar)을 말한다.[2]

라가시는 격납고와 인간을 돌보던 병원이 있던 고대도시로, 닌우르타(Ninurta) 신이 관장하던 도시였다. 닌우르타 신의 지구라트(Ziggurat) 산전은 라가시의 에-닌누(E-Ninnu)였다.

이 외에 거대한 우주관제센터(Marker and Control Tower for Spacecraft)와 우주착륙장(Landing Platform, Landing Zone)이 아라라트(Ararat) 산에 구축되었다. 이 아라라트 산의 우주관측기지는 지구 궤도를 돌고 있던 모선에서 지구에 보내지는 우주왕복선 또는 우주선들이, 시파르에 있던 우주공항(착륙장, 이륙장)에 안전하게 착륙하도록 유도하고, 또한 시파르에서 이륙하는 우주왕복선 또는 우주선들의 항로를 안내하였다. 노아의 방주가 아라라트 산에 이르러(「창세기」 8:4) 번제(burnt offering)를 드리자, 지구 궤도를 돌고 있던 엔키 신과 엔릴 신 등이 이곳에 내려와 흠향(歆饗)하신 것을 보아, 이곳에는 우주착륙장이 있었음에 틀림이 없다. 「창세기」에도 여호와 하나님이 이곳에서 흠향하셨다고 기록하고 있다(「창세기」 8:20~21).[3]

---

2 2부 7장 "아브라함의 이동경로와 소돔과 고모라에 숨겨진 비밀"의 5절인 "동부의 네 왕들과 가나안의 다섯 왕들의 전쟁, 아브라함이 끼어든 이유"를 참조하라.

3 흠향(歆饗)이 무엇인지에 대해서는 2부 9장 "생명공학기술"의 3절인 "하나님들의 식사법, 번제, 소제, 향기로 에너지를 마시다"를 참조하라.

3절 니푸르는 우주비행통제센터, 관찰용의 눈들(eyes)과 통신용의 2개의 뿔들(horns)

이 모든 일에는 우주비행통제센터(Spacecraft Mission Control Center)가 필요했다. 아눈나키의 수장이신 엔릴 신은 그것을 건설하였다. 그곳은 니브루키(Niburuki), 즉 '지구의 니비루(The Earth-Place of Nibiru)'라 불렸는데, 바로 아카드어로 '니푸르(Nippur)'이다. 이곳에는 인공적으로 쌓아 올려진 기둥에 안테나들이 설치된 계단이 있었는데, 이것이 '바벨탑'의 원형이었다. 그 꼭대기에는 비밀의 방인 디르가(Dirga), 즉 '불빛이 새어 나오는 어두운 방(Dark, Glowing Chamber)'이 있어 거기에 '별들의 상징들(the emblems of the stars)'인 우주 지도가 배치되고, 두루안키(Duranki), 즉 '하늘과 지구의 연결(Bond Heaven-Earth)'이 유지되었다(시친, III, 151).

엔릴 신과 그의 도시인 니푸르, 그리고 그의 지구라트 신전인 에쿠르(Ekur, 높은 집)를 찬양하는 『엔릴 신께 바치는 기도(Enlil in the E-kur(Enlil A) or Hymn to Enlil, the all beneficent)』(Black et al., 1998-2006; Kramer, 1963 & 1998; 시친, I, 2009, p. 410)라는 고대 문서에 따르면, 엔릴 신은 니푸르에 아주 정교한 과학장비들을 설치했음을 알 수 있다.

그 중에는 땅을 관찰하는 '우뚝 솟은 눈(lifted eye)'과 모든 땅의 심장을 찾는 '우뚝 솟은 빔(lifted beam)'과 관찰한 모든 것을 통신(송수신)할 수 있는 '두 개의 뿔들(Two horns)'이 포함되어 있었다. 또한 니푸르에는 아주 무시무시한 무기와 방사능의 방사선(terrible fearsomeness and radiance)이 설치되었다. 니푸르의 모습은 아주 두렵고 무서웠으며, 외부로부터는 어떤 신도 접근할 수 없었다(Its sight is awesome fear, dread; from its outside, no mighty god can approach). 그 팔(arm)은 거대한 그물(vast net), 즉 오늘날의 네트워크(Network)와 같았고, 그 안에는 아주 빠른 새(fast-stepping bird or eagle)가 웅크리고 있었는데, 그 새의 손(hand)이 워낙 빨라서 어떤 배반자(the rebel)도 그 그물을 빠져나갈 수 없었다(a trap set with a net).

우뚝 솟은 눈과 빔이란 우리의 두 눈, 즉 관찰하고 살피는 시각(sight), 다시 말해 지구라트에 설치된 관찰용과 감시용의 고해상도 카메라와 레이저 광선(laser beam)을 말한다. 오늘날의 인공위성에 탑재된 고해상도 카메라는 지구 상공 300~700킬로미터에서 지구의 사물을 50센티미터로 촬영할 수 있다. 우리 나라 아리랑 3호는 685킬로미터 상공에서 해상도 70센티미터를 촬영한다. 그러나 에쿠르에 설치된 카메라는 이보다 훨씬 해상도가 높았을 것이다. 결국 과학이 발전하다 보면 2050년경이면 1센티미터를 촬영할 수 있어, 얼굴의 이미지들(코, 눈, 귀 등)을 분석하면 누가 누구인지를 알 수 있고, 2200년경이면 우리 몸의 세포의 움직임까지 감지할 것이다. 2500년경이면 두뇌의 생각의 패턴을 감지하면, 사람들이 무슨 생각을 하는 지도 관찰할 수 있을 것이다. 이때의 데이터 통신은 가시광 통신(Light communication)이나 적외선 통신이나 자외선 통신, 아니면 우리가 아직 찾아내지 못한 그 이상의 광학통신기술이 등장할 것은 뻔한 일이다.

실제로 일본의 Sony사는 안경(Glass)을 개발하고 있는데, 안경에 부착된 카메라에서 손목시계 또는 반지와의 데이터(텍스트, 이미지, 오디오, 비디오 등) 통신기술로 가시광선을 이용한 광통신(Optical communication)을 개발하고 있고(Sony, 14 June 2012), 한국의 비피솔루션은 가시광통신(VLC, Visible Light Communication) 기술을 개발하여

42.195킬로미터까지 데이터를 쏘는 시연을 보였다.[4] 물론 이들 가시광통신은 그 앞에 어떤 장애물이 있으면 막혀 데이터를 보낼 수 없지만, 이런 기술이 혁신을 거듭하다 보면, 에쿠르 신전에 높게 설치된 카메라와 광선기술에 도달할 것이다. 이렇게 본다면 에쿠르에 설치된 우뚝 솟은 눈은 오늘날의 고해상도 카메라나 가시광통신보다 월등히 앞선 기술임에 틀림이 없을 것이다.

또한 이 우주비행통제센터에는 높은 기둥(pillar), 즉 모든 것을 듣고 보낼 수 있는 '두 개의 뿔들(Two horns)', 즉 두 개의 귀들(ears)이 있었는데, 이 두 개의 뿔들은 거대한 방송통신용인 '고리 안테나들(ring antennas)'이었다. 엔릴 신은 이 방송통신용 송신탑(a broadcasting tower)을 이용해 '그의 말을 하늘로 보냈다'. 일단 엔릴 신의 말이 전해지면 하늘에서 엄청난 물자들이 땅으로 내려왔다. 니푸르의 통신센터에서 모선으로 말이 전달되면 우주왕복선이 식량, 건설물자, 약품, 기구들을 가지고 지구로 내려왔다. 고대 기록들은 니푸르가 '말(words)', 즉 '명령이 내려지는(commands - were uttered) 곳'이라고 적고 있다. 그래서 엔릴 신이 '하늘로!(Towards heaven!)'라고 말하면 빛나는 것이 하늘에 로켓처럼 올라갔다. 그러나 실제로 로켓이 올라간 곳은 시파르의 우주공항이었다.

'빠른 새'는 독수리의 우주선을 말하는 것이다. 또는 오늘날의 헬리콥터 착륙장(helicopter pad)과 헬리콥터를 말하는 것이다. 그 새는 어떤 것도 따르지 못할 정도로 빨랐다. 그리고 지구라트의 높은 곳에는 디르가(Dirga)라는 신비한 방이 있었다. 이 디르가는 별 지도를 보관하

---

4 비피솔루션 - www.ibps.co.kr

고 별의 위치를 예측하고 우주 조종사들의 통신 메(Me, 컴퓨터 프로그램 같은 과학지식)를 교환하는 방이었다. 이때의 메란 통신용의 음어, 암호, 숫자, 신호 제어 등의 비법이 적힌 과학지식을 말한다. 따라서 디르가는 화성에 착륙한 신들을 관찰하고, 그들의 통신을 증폭시키고, 별로 가득 찬 우주에서 우주선의 항로를 계획하고 변경하고, 그들에게 조언을 해주는, 오늘날의 미국 텍사스 휴스턴에 위치한 또는 한국의 대전에 위치한 우주관제센터와 같은 역할을 했다.

실제로 엘람(Elam, 페르시아)의 수사(Susa)에서 발견된 c.BC 3200년경의 도자기에 그려져 있는 그림은, 커다란 원을 45도 각도의 8개 부분으로 나누어 아눈나키의 비행경로와 절차를 설명한, 수메르 지역의 평면 천체도를 떠올리게 한다. 그런데 이 그림을 보면 중앙에 십자가 표시가 있다. 이것은 무엇을 의미하는 것일까?

수사에서 발견된 도자기에 그려진 산, 강, 십자 문양. Credit : 시친, I, 2009, p. 419, ⓒ Z, Sitchin, Reprinted with permission.

4절 우주공항인 레바논의 세다 산/허몬 산

시파르 우주공항은 주로 금을 실어 나르는 우주선이나 우주왕복선의 전용 착륙장(Landing Platform, Landing Zone)과 이륙장(Departing Platform as Runways Platform)이었다. 그 대신 신들의 전용 우주공항은 시리아의 다마스커스(Damascus) 위쪽, 레바논의 바알벡(Baalbek)에 위치한 세다 산(Cedar Forest/Mountain/Felling), 즉 삼목나무 숲에 위치한 우주공항과 그 아래에 위치한 헤르몬 산/허몬 산(Mt. Hermon or Armon, 히브리어로 'herem', 이는 저주(Curse)라는 뜻임) 우주공항이었다.

c.BC 1150년경에 아카드어로 쓰여진 『길가메시 서사시』(Temple,

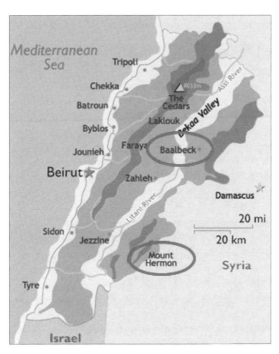

바알벡과 허몬 산. Image Credit : http://www.lebanon-hotels.com/tourism.asp

1991)는 길가메시가, 동물에 의해 야생에서 길러진 짐승 같은 인간(wild-man)인, 그의 친구 엔키두(Enkidu)와 함께 불멸의 생명나무(Tree of Life)를 찾아, 레바논의 바알벡에 위치한 신들의 우주공항인 세다 산으로의 여행 여정과 세다 산을 지키는 오늘날의 로봇과 같은 훔바바(Humbaba)와의 격투를 그리고 있다. 『길가메시 서사시』의 배경은, 수메르시대(c.BC 5000~c.BC 2023)의 첫 번째 우르크(Uruk, Unug, 「창세기」 10장 10절의 '에렉=Erech', 에레크) 왕조의 다섯 번째 왕인 길가메시(Gilgamesh, c.BC 2700, 통치 126년)를 칭송하는 것이므로, 대략 c.BC 2700년이라 본다면, 이는 BC 13020년에 일어난 대홍수 이후의 일이다. 이렇게 본다면 세다 산의 우주 공항은 대홍수에서도 파괴되지 않았거나 대홍수 이후에 부분적으로 복구했다는 것을 알 수 있다.

이 세다 산에는 '삼목나무(Cedar)', 즉 구약에 등장하는 예루살렘 성전(신전) 건축과 솔로몬의 왕궁에 사용한 '레바논의 백향목(the cedar of Lebanon)'(「열왕기상」 4:33, 5:6; 「시편」 29:5, 80:10, 104:16; 「스가랴」 11:1~2)이나 '레바논 나무(Forest of Lebanon)'(「열왕기상」 7:2)로 유명한 곳이었다.

또한 젊은 신들인 이기기(Igigi)의 전용 우주선 착륙장은 다마스커스(Damascus)와 그 아래 지역인 가이사랴 빌립보(Caesarea Philippi) 사이에 위치한 헤르몬 산/허몬 산 우주공항이었다. 이 허몬 산 우주공항은 「에녹1서」에도(「에녹1서」 7:7-8, 105:13; Charles, 1893, p. 63; Luarence, 인터넷 공개) 기록되어 있는데, 모선에서 일을 하고 있던 네피림(Nephulim)(「창세기」 6:4), 즉 이기기 신들이 이곳으로 내려와, 바벨론의 마르둑 신전에서 열린 마르둑 신의 결혼식에 참여한 후, 인간의 딸들을 납치하여 허몬 산과 세다 우주공항에 데리고 가서, 그곳을 그들의 보금자리로 만들고 거인(Great/Giant Man)을 낳았다(「창세기」 6:5)고 기록하고 있다.

이때가 언제쯤일까? 120샤르, 즉 120 × 3,600년 = 432,000년 전에 이 땅에 처음 오신 신들은, 오신 시점으로부터 대략 83.6샤르 지난 대략 301,000년에 젊은 신들의 노동을 대체할 인간을 창조했으므로, 432,000 - 301,000 = 131,000년 전의 일이다. 대략 100,000년 전에서 130,000년 전의 일이라 보면 된다.

5절 대홍수 이후의 우주기지 시설

BC 13020년에 대홍수가 일어나자 7개 고대도시들에 세워졌던 지구라트, 즉 우주통신기지들과 관제센터들은 모두 파괴되었다. 또한 레바논의 바알벡과 허몬 산 우주공항과 아라라트 산의 착륙장을 포함한 우주관제센터를 제외한 모든 우주공항들도 파괴되었다. 그 이후 메소포타미아 지역의 고대도시들은 다시 복구가 시작되었으나, 거의 모든 우주기지들과 시설들은 메소포타미아 서쪽, 즉 이집트와 가나안 지역에 집중 건설되었다.

1. 시나이 우주공항, 예루살렘의 비행통제센터, 피라미드와 헬리오폴리스

시파르의 우주공항을 대신한 곳은 시나이 반도(Sinai Peninsula)에 위치한 시나이 우주공항이었으며, 니푸르의 우주비행통제센터를 대신한 곳은 예루살렘, 즉 모리야 산 또는 감람산[5]에 세워졌고, 우주관제센터(Marker and Control Tower for Spacecraft)는 이집트 기자(Giza)에 세워진

---

5 모리야 산 - 감람산, 성전산, Mount Moriah, Temple mount, 아브라함이 아들 이삭을 번제물로 바치려 했던 산임, Mount of Olives.

피라미드(Pyramid)였다. 그리고 신들의 전용 우주공항은 여전히 레바논의 바알벡이었고, 아라라트 산은 여전히 우주관제센터의 역할을 했으며, 시내 산(호렙 산, Mt. Sinai, Horeb)에는 우주공항과 우주관측기지가 세워졌다.

슈메르어로 우르슐림(Ur-Shulim)이라 불렸던 예루살렘은 니푸르를 대체한 것이기 때문에 니푸르가 전에 가지고 있었던 '지구의 배꼽(Navel of the Earth)'이라는 이름으로 불렸으며, 모리야 산은 다른 모든 우주공항과 관제센터의 중심이었다. 그래서 예루살렘 성전이 중요한 것이다. 지금은 파괴되어 윤곽만 남았지만 "이곳에 매일 드리는 제사를 폐하며 멸망케 할 미운 물건을 세울 때(that the daily sacrifice is abolished and the abomination that causes desolation is set up)"에 모든 일이 다 끝난다고 「다니엘」 12장 11절에 분명하게 예언되어 있다. 이는 『바이블 매트릭스』 시리즈 5권 『예수님의 재림과 새 하늘과 새 땅의 창조』에서 자세히 다루기로 한다.

이집트의 기자에 세워진 3개의 피라미드. Image Credit : http://en.wikipedia.org/wiki/Pyramid

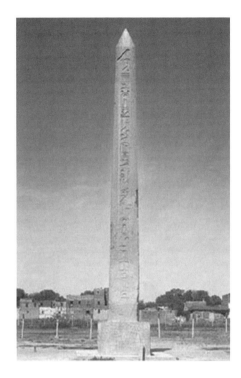

이집트의 헬리오폴리스에 세워진, 오늘날 유일하게 남아 있는 오벨리스크. BC 1930년경에 이집트 12왕조(12th Dynasty)의 두 번째 파라오(Pharaoh)인 세누레트 1세(Senusret I)가 세웠다. Image Credit : http://www.touregypt.net/featurestories/heliopolistoday.htm

　　우주관제센터인 피라미드는 그 후 이집트에서 신들의 제1차 피라미드 전쟁(The First Pyramid War, c.BC 9330-c.BC 8970)과 제2차 피라미드 전쟁(c.BC 8670-c.BC 8500)을 통해 우주시설들이 파괴되고 제거되어 무용지물이 된다. 따라서 기자보다 약간 북쪽에 새로운 '등대도시(Beacon City)'가 세워졌다. 이집트인들은 이것을 '안누의 도시(City of Annu)'라 불렀다. 수천 년 뒤에 그리스인들은 이곳을 헬리오폴리스(Heliopolis), 즉 '태양신 헬리오스의 도시(City of Helios, the Sun God)'라 불렀다. 태양의 신은 바로 헬리오폴리스를 관장하던 우투(Utu), 즉 샤마시(Shamash) 신을 의미한다. 헬리오폴리스에 세워진 등대도시는 주로 오벨리스크(Obelisk)로 우주관제, 즉 통신을 위한 방첨탑(方尖塔, 뾰족한 탑) 형태였다.

「창세기」 41장에는 헬리오폴리스를 '온(On)'이라 표현하고 있는데 (「창세기」 41:45 & 50, 46:20), 이때 '온'의 어원은 바로 수메르시대의 하늘에 거주하던 '안(An)' 신이란 뜻이다. '안' 신의 메시지를 연결한다는 뜻으로 하늘과 땅을 잇는 통신기지란 뜻이다.

이집트에 간 요셉(Joseph, BC 1916-BC 1806)이 애굽(이집트)의 총리가 된다. 이에 이집트의 바로(Pharaoh) 왕은 '온의 제사장(Priest of On)'인 보디베라(Potiphera)의 딸인 아스낫(Asebatg)을 요셉에게 주어 아내로 삼게 한다. 이때의 '온'이 바로 이집트에 건설한 헬리오폴리스이다. 그리스인들은 바알벡도 같은 이름으로 불렀다. 실제로 바알벡은 구약에 베트셰메쉬(Beth-Shemesh, 벳세메스, 벧세메스)로 표현되고 있는데, 「사사기」 1장 33절에 '벧세메스'로 제일 먼저 등장한다. "납달리((Naphtali)가 벧세메스(Beth-Shemesh) 거민과 벧아낫 거민을 쫓아내지 못하고 그 땅 거민 가나안 사람 가운데 거하였으나 벧세메스와 벧아낫 거민들이 그들에게 사역을 하였더라"라고 기록되어 있다. 이 내용은 가나안에 입성한 후 야곱의 아들들인 12명의 12지파가 여호와의 명령인 가나안 족속들을 다 죽이라는 명을 거역하고 몇몇 가나안 족속들을 남겨 함께 살았다는 내용이다. 결국 12지파에게 땅을 나누는 과정에서 맨 위의 땅, 즉 바알벡 국경과 근접한 땅을 차지하게 된 자가 바로 납달리였다. 결국 납달리도 벧세메스 거민들을 쫓아내지 못하고 같이 살았다는 내용이다. 베트셰메쉬(Beth-Shemesh)의 어원은 아시리아-바벨로니아어에서 온 것이다. 헬리오폴리스나 바알벡은 우주공항이었으므로 이를 책임지던 신이 바로 우투, 즉 샤마시 신이다. 그래서 베트셰메쉬(벧세메스)의 뜻은 '샤마시의 집(House of Shamash)'이다. 그리스어로는 헬리오폴리스이다.

2. 우주비행통제센터인 모리야 산의 예루살렘 성전과 에스겔의 경험

모세(Moses, BC 1526-BC 1406)가 이스라엘 민족을 이끌고 이집트를 탈출하기 시작해(BC 1446), 가나안 정착 후에(BC 1406), 이스라엘 12지파 출신들의 12명의 사사들(士師, the Judges)의 통치가 시작되며(BC 1375-BC 1049), 베냐민 지파(Benjamite)의 사울(Saul)이 이스라엘의 초대 왕(Saul, 통치 BC 1050-BC 1010)이 된다(「사무엘상」 10:17-27). 이어서 2대 왕인 다윗 왕(David, 통치 BC 1010-BC 970)에 이어 3대 왕인 솔로몬 왕(Solomon, 통치 BC 970-BC 930)이 예루살렘을 수도로 하는 이스라엘의 통일왕국(BC 1050-BC 930)을 이룬다.

역대상에는 다윗 왕이 하나님의 성전(Temple)을 위해 오빌(Ophir)의 금 삼천 달란트를 성전 벽에 발랐다는 내용이 나온다(「역대상」 29:4). 왜 발랐을까?

솔로몬 왕은 이스라엘 백성들이 야훼(Yahweh)를 예배하기 위하여, 모리야 산(성전산)에 예루살렘 성전 또는 여호와 하나님 성전(Temple of Jerusalem or Temple of the Lord)을 세운다. BC 966년에 건축하기 시작하여(「열왕기상」 6:1, 6:37, 「역대하」 3:1) BC 959년에 완공한다(「열왕기상」 6:38). 이스라엘 자손이 애굽 땅에서 나온 지 480년이요 솔로몬이 이스라엘 왕국의 왕이 된 지 4년에 건축을 시작하였다 했으니, 애굽 땅을 나온 때가 BC 1446년이므로 1446-480=966년이며, 왕이 된 때가 BC 970이므로 970-4=966년이 된다. 또 솔로몬이 성전을 건축한 동안이 7년이었다 했으니 966-7=BC 959년에 완성하였다.

「열왕기상」 6장에는 성전 내부의 장식을 구체적으로 설명하고 있는데, 우리가 앞서 7단계 피라미드의 지구라트의 건설에서 보았듯이, 8

절~9절에는 3단계의 계단(stairway) 형식으로 건축하였고, 레바논 세다 산의 백향목으로 건축했음을 알 수 있다. 또한 내부의 신성한 성소(inner sanctuary)를 정금(pure gold)으로 입혔으며 백향목 단에도 입혔다고 기록하고 있다(「열왕기상」 6:20). 금을 입혔다는 것은 통신용의 과학기구를 설치한 것이다.

이 외에 예루살렘 성전은 아니지만 7개 계단식의 피라미드, 즉 '일곱 단(seven altars)'은 「민수기」에도 등장하며(「민수기」 23:1, 23:4, 23:14, 23:29), '일곱 기둥(seven pillars)'은 「잠언」에도 등장한다(「잠언」 9:1).

「열왕기상」 1장 50-51절, 2장 28절과 29절에는 여호와 하나님의 성전에는 '단의 뿔들(the horns of altar)'(NIV/KJV/New Living)이 설치되었음도 알 수 있다. 이때의 '뿔들'은 앞서 살펴보았듯이 거대한 방송통신용인 '고리 안테나들(ring antennas)'임이 틀림없다.

예루살렘에 세워진 하나님의 성전은(Temple, altar), 그 당시 높은 산이었던 모리야 산에 있었음을 증명하는 구약의 구절이 있다. 바로 「에스겔」(Ezekiel, 예언활동 BC 593-BC 571)이다. 이는 여호와께서 바벨론 유수 중에 있던 에스겔을 우주선(우주복)으로 이끌어내시어, 앞으로 바벨론 유수기가 끝나고 이스라엘 백성들이 고국으로 돌아올 것임과 예루살렘 성전이 재건축될 것임을 미리 보여 주는 내용이다.

'주의 신(the Spirit)'이란 소형 우주선(복)을 말하는 것이고, '여호와의 영광'이란 소형 우주선(복)에서 나오는 찬란한 불빛, 즉 광채를 말하는 것이며, "불 같은 형상이 있어 그 허리 이하 모양은 불 같고 허리 이상은 광채가 나서 단 쇠 같은 데"란 우주복을 입은 여호와를 말하는 것이다. "손

같은 것을 펴서 내 머리털 한 모숨을 잡으며 주의 신이 나를 들어 천지 사이로 올리시고"라는 것은 우주선(복)으로 에스겔의 머리를 들어올려 이동시켰다는 것이고, 이동시켜 간 곳은 바로 예루살렘 성전의 높은 산인 모리야 산 또는 감람산이라는 뜻이다. 모양이 놋같이 빛난 사람이란 또 다른 금속으로 만든 우주복을 입은 하나님(엘로힘)을 말하는 것이다.

「에스겔」 3:11 - 사로잡힌 네 민족에게로 가서 그들이 듣든지 아니 듣든지 그들에게 고하여 이르기를 주 여호와의 말씀이 이러하시다 하라 하시더라(Go now to your countrymen in exile and speak to them. Say to them, 'This is what the Sovereign LORD says,' whether they listen or fail to listen.")(NIV)

3:12 - 때에 주의 신이 나를 들어 올리시는데 내 뒤에 크게 울리는 소리가 들려 이르기를 여호와의 처소에서 나는 영광을 찬송할찌어다 하니(Then the Spirit lifted me up, and I heard behind me a loud rumbling sound--May the glory of the LORD be praised in his dwelling place!)

「에스겔」 8:1 - 제 육 년 유월 오일에 나는 집에 앉았고 유다 장로들은 내 앞에 앉았는데 주 여호와의 권능이 거기서 내게 임하기로 (In the sixth year, in the sixth month on the fifth day, while I was sitting in my house and the elders of Judah were sitting before me, the hand of the Sovereign LORD came upon me there.)

8:2 - 내가 보니 불 같은 형상이 있어 그 허리 이하 모양은 불 같고 허리 이상은 광채가 나서 단 쇠 같은데(I looked, and I saw a figure like that of a man. From what appeared to be his waist down he was like fire, and from there up his appearance was as bright as glowing metal.)

8:3 - 그가 손 같은 것을 펴서 내 머리털 한 모숨을 잡으며 주의 신이 나를 들어 천지 사이로 올리시고 하나님의 이상 가운데 나를 이끌

어 예루살렘으로 가서 안뜰로 들어가는 북향한 문에 이르시니 거기는 투기의 우상 곧 투기를 격발케 하는 우상의 자리가 있는 곳이라(He stretched out what looked like a hand and took me by the hair of my head. The Spirit lifted me up between earth and heaven and in visions of God he took me to Jerusalem, to the entrance to the north gate of the inner court, where the idol that provokes to jealousy stood.)

40:1 - 우리가 사로잡힌 지 이십오 년이요 성이 함락된 후 십사 년 정월 십일 곧 그 날에 여호와의 권능이 내게 임하여 나를 데리고 이스라엘 땅으로 가시되(In the twenty-fifth year of our exile, at the beginning of the year, on the tenth of the month, in the fourteenth year after the fall of the city…on that very day the hand of the LORD was upon me and he took me there.)

40:2 - 하나님의 이상 중에 나를 데리고 그 땅에 이르러 나를 극히 높은 산 위에 내려놓으시는데 거기서 남으로 향하여 성읍 형상 같은 것이 있더라(In visions of God he took me to the land of Israel and set me on a very high mountain, on whose south side were some buildings that looked like a city.)

40:3 - 나를 데리시고 거기 이르시니 모양이 놋같이 빛난 사람 하나가 손에 삼줄과 척량하는 장대를 가지고 문에 서서 있더니(He took me there, and I saw a man whose appearance was like bronze; he was standing in the gateway with a linen cord and a measuring rod in his hand.)

3. 우주관제센터/관측기지인 시내 산(호렙 산)과 모세의 경험

시내 산(Mt. Sinai)은 시나이 반도 남단에 위치한 산으로 히브리어로는 호렙(Horeb)이다. 「창세기」 5장 21절~24절에 등장하는 에녹, 즉 하나님(God)과 동행하다 365세에 하나님이 데려갔다는 에녹(Enoch, BC

3492(B)-BC 3127(B) 혹은 에녹의 4대손인 노아(Noah, BC 3058(B)-BC 2108(B)가 쓴 것으로 추정되고, 위경으로 간주되는 「에녹1서(The Book of Enoch or Ethiopian Enoch or 1 Enoch)」의 1장 4절에도(Charles & Laurence, 인터넷 공개), 하나님(God), 즉 엘로힘(Elohim)이 시내 산에 많은 무리를 이끌고 강림해 하늘의 권능을 이곳에서 증명하고 천명했다고(Who will hereafter tread upon Mount Sinai; appear with his hosts; and be manifested in the strength of his power from heaven) 기록하고 있다.

또한 시내 산은 모세가 BC 1446년 정월에 고센(Goshen) 지방의 라암셋(Rameses)을 출발한 지 1년 만에 시내 산에 이르러 40일 동안 주야로 금식하면서 두 개의 돌 판에 적힌 십계명(The Ten Commandments)과 지켜 할 규례(「레위기」 등) 등 증거의 두 판(Two tablets of Testimony)을 여호와 하나님으로부터 받은 산이기도 하다(BC 1445, 「출애굽기」 20장, 「출애굽기」 34장). 성경은 이 산을 "하나님(엘로힘)의 또는 여호와의 산 호렙(Horeb, the mountain of God, the mountain of LORD)"이라 표현하고 있다(「출애굽기」 3:1 & 33:6, 「민수기」 10:33).

「출애굽기」 3장 1절에서 4절은 시내 산이 신들의 우주관제센터나 관측기지였다는 사실을 분명하게 말해 주고 있다. 모세가 하나님(엘로힘)의 산 호렙에 이르자, 여호와의 사자(the angel)가 떨기나무 불꽃 가운데서(in flames of fire from within a bush) 모세에게 나타난다. 모세가 보니 떨기나무에 불이 붙었으나 사라지지 아니하는지라(Moses saw that though the bush was on fire it did not burn up), 이에 모세가 가로되 "내가 돌이켜 가서 이 큰 광경을 보리라 떨기나무가 어찌하여 타지 아니하는고(I will go over and see this strange sight – why the bush down not burn up)" 하고 이상하게 생각한다.

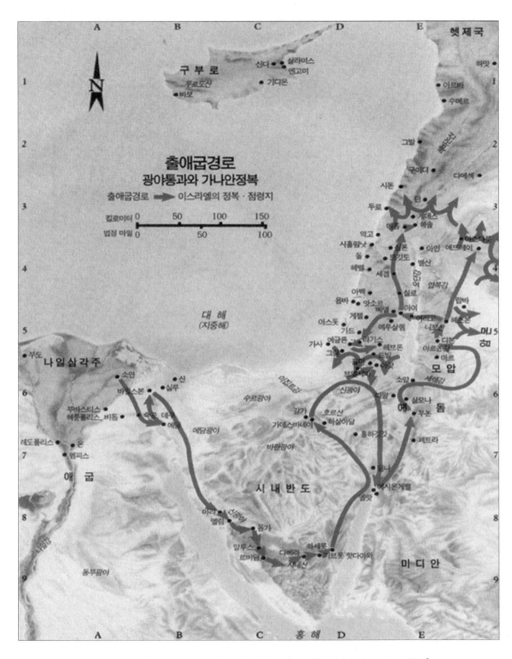

출애굽 경로 – 광야 통과와 가나안 정복. Credit : 케임브리지 한인교회, 주제별 시리즈 설교 19의 사명(1)[6]

이때 타지 않는 떨기 나무란 오늘날의 시내 산 우주관측기지에 설치된 '가로등'이나 '등불'의 불빛을 말하는 것이다. 아니 그보다 더욱 강한 관제나 관측을 위한 '레이저 불빛'일 수도 있으며, 아니면 침입자를 감시하는 '서치 라이트'일 수도 있다. 또한 여호와의 사자가 떨기나무 불꽃 가운데서 나타나셨다 했으니, 우주복으로부터 나오는 '눈부신 빛이 나무들을 비추는 데도 나무가 타지 않는 것'을 말하는 것이다.

하나님께서 그가 타지 않는 떨기 나무를 보려고 돌이켜 오는 것을 보시고, "하나님이 가라사대 이리로 가까이 하지 말라 너의 선 곳은 거룩한 땅이니 네 발에서 신을 벗으라("Do not come any closer," God said. "Take off your sandals, for the place where you are standing is holy ground)"(「출애굽기」 3:5)라고 말씀하신다.

가까이 하지 말라는 말은 우주관제센터나 관측기지에 설치된 방사선이 위험하니 가까이 말라는 것이고, 거룩한 땅이니 신을 벗으라는 말은 이곳이 하나님들의 우주관제센터나 관측기지이니 신을 벗어 더럽히지 말라는 것이다. 최첨단 우주관제센터는 불순물이나 이물질이나 바이러스나 병원균이 침투해서는 안 되는 신성한 곳이란 얘기이다. 그만큼 품질관리를 요하는 곳이 바로 우주관제센터이다.

이스라엘 자손들이 시내 산에 이르자 야훼께서는 계속해서 다음과

---

6 케임브리지 한인교회, 주제별 시리즈 설교 19의 사명(1) http://web.firstkoreanchurch.org/?document_srl=358
기타, 한국컴퓨터선교회의 출애굽의 시내 반도(Sinai) 이미지 – http://kcm.kr/dic_view.php?nid=38027&key=&kword=%C3%E2%BE%D6%B1%C1&page
http://kcm.kr/dic_view.php?nid=38414&key=&kword=%C3%E2%BE%D6%B1%C1&page

같이 말씀하신다.

「출애굽기」 19:12 – 너는 백성을 위하여 사면으로 지경을 정하고 이르기를 너희는 삼가 산에 오르거나 그 지경을 범하지 말찌니 <u>산을 범하는 자는 정녕 죽임을 당할 것이라</u>(Put limits for the people around the mountain and tell them, 'Be careful that you do not go up the mountain or touch the foot of it. Whoever touches the mountain shall surely be put to death.)(NIV)

19:13 – <u>손을 그에게 댐이 없이 그런 자는 돌에 맞아 죽임을 당하거나 살에 쐬어 죽임을 당하리니 짐승이나 사람을 무론하고 살지 못하리라</u> 나팔을 길게 불거든 산 앞에 이를 것이니라 하라(He shall surely be stoned or shot with arrows; not a hand is to be laid on him. Whether man or animal, he shall not be permitted to live.' Only when the ram's horn sounds a long blast may they go up to the mountain.)

이 뜻은 이렇다. 시내 산에는 방사선을 내뿜는 방사시설이 있으므로 함부로 시내 산에 오르지 말라는 것이다. 오늘날 높은 산에는 공군부대나 방위부대가 있는 것과 같다. 서울 관악산 꼭대기에는 최첨단 통신시설과 방사시설로 갖춰진 벙커(bunker)가 있는 것과 같다. 따라서 영역을 정해 영역을 침범하는 자는 정녕 죽임을 당한다는 것이다. 설사 영역을 침범하는 자나 동물이 있으면 손으로 만지지 말고 그 대신 돌로 치고 화살을 쏴서 죽이라는 것이다. 이 말은 정해진 영역에는 항상 전기가 흐르거나 방사선이 나오거나 레이저 광선이 나오므로 영역을 침범한 사람이나 동물이 있으면 반드시 죽게 되므로, 이들을 손으로 만지면 만진 사람도 감전되거나 방사선이나 레이저 광선에 노출되어 죽는다는 뜻이다. <u>그래서 방사선에 노출된 자는 반드시 돌로 치</u>

고 화살을 쏴서 죽이라는 것이다. 그러나 나팔을 길게 불면 이러한 위험이 해제되므로 그때 산 위로 올라오라는 것이다. 일본의 원전사고를 예를 들면 간단히 이해할 수 있다. 사람뿐만이 아니라 바다에서 서식하는 물고기들도 방사능에 노출되면 죽거나 오염이 된다.

그런데 조건이 있다. 몸을 깨끗이 씻어 성결하게 한 다음(Consecrate), 옷을 깨끗이 빨아(wash their clothes/robes) 입은 후 오르라는 것이다(「출애굽기」 19:10 & 14). 옷을 깨끗이 빤다는 것은 더러운 불순물을 제거하라는 것이다. 다시 말해 청결하게 살균처리 하라는 것이다. 우리가 약품 연구소나 반도체 연구소에 들어갈 때 깨끗이 소독한 린넨 복(Linen Clothes)으로 입고 들어가듯이 신들이 거주하고 있는 우주관측기지에 들어갈 때에도 마찬가지이다.

옷을 빨라!! 이 말은 「요한계시록」 22장 14절의 "그 두루마기를 빠는 자들은 복이 있으니 이는 저희가 생명나무에 나아가며 문들을 통하여 성에 들어갈 권세를 얻으려 함이로다(Blessed are those who wash their robes, that they may have the right to the tree of life and may go through the gates into the city)"의 두루마리를 빤다는 것과 일맥 상통하는 것이다. 자세한 것은 『바이블 매트릭스』 시리즈 5권 『예수님의 재림과 새 하늘과 새 땅』편을 참조하라.

4. 모세가 시내 산에 우주선을 타고 강림하시는 야훼를 보다

이스라엘 자손의 온 회중(community)이 홍해(Red Sea)의 엘림(Elim)에서 떠나 엘림과 시내 산 사이 신 광야(Wilderness or Desert of Sin)에 이르러(「출애굽기」 16:1), 여호와께서 모세에게 이르시되 "백성에게로 가서 오늘과 내일 그들을 성결케 하며, 그들로 옷을 빨고 예비하여, 제삼일

을 기다리게 하라, 이는 제 삼 일에 나 여호와가 온 백성의 목전에 시
내 산에 강림할 것이니"라고 말씀하신 후(「출애굽기」 19:10-11), 시내 산
에 우주선을 타시고 강림하시는 장면이 등장한다.

자, 이제 모세가 야훼께서 직접 우주선을 타시고 시내 산에 강림하
시는 것을 목격하는 장면이 나온다. 우주선이 발사될 때와 착륙할 때
의 상황은 거의 같다. 역으로 추적해 보면 착륙상황이라 속도가 붙다
가 시내 산 우주기지에 착륙할 때에는 속도를 엄청 줄여야 한다. 이것
은 반중력(Anti-gravity or Repulsive gravity) 기술로 가능하다. 우뢰와 번
개와 빽빽한 구름이란 우주선이 착륙할 때의 굉장한 폭발음(우뢰)과
함께 우주선이 불빛을 점멸하면서 접근하는 것(불꽃, 번개)과 연소가스
(구름)에 휩싸인 것을 말하는 것이다. 산이 진동한다는 것은 우주선 추
진력을 제어하면서 엄청난 굉음과 바람에 의해 산이 요동침을 말하는
것이다. 이러한 연기가 자욱한 시내 산에 우주선을 타시고 여호와 하
나님께서 강림하신다. 나팔소리, 즉 초음파 확성기가 점점 커질 때란
과학적으로 도플러 효과(Doppler effect)에 의해 여호와 하나님의 우주
선에 부착된 확성기 혹은 우뢰를 내는 우주선이, 점점 가까이 접근하
고 있으면, 소리의 파장이 짧아 소리가 크게 들리는 것이다.

「출애굽기」 19:16 - 제 삼 일 아침에 우뢰와 번개와 빽빽한 구름이
산 위에 있고 나팔 소리가 심히 크니 진중 모든 백성이 다 떨더라(On
the morning of the third day there was thunder and lightning, with a thick
cloud over the mountain, and a very loud trumpet blast. Everyone in the
camp trembled.)(NIV)
19:17 - 모세가 하나님을 맞으려고 백성을 거느리고 진에서 나오
매 그들이 산 기슭에 섰더니(Then Moses led the people out of the camp

to meet with God, and they stood at the foot of the mountain.)

19:18 - 시내 산에 연기가 자욱하니 여호와께서 불 가운데서 거기 강림하심이라 그 연기가 옹기점 연기같이 떠오르고 온 산이 크게 진동하며(Mount Sinai was covered with smoke, because the LORD descended on it in fire. The smoke billowed up from it like smoke from a furnace, the whole mountain trembled violently.)

19:19 - 나팔 소리가 점점 커질 때에 모세가 말한즉 하나님이 음성으로 대답하시더라(and the sound of the trumpet grew louder and louder. Then Moses spoke and the voice of God answered him.)

19:20 - 여호와께서 시내 산 곧 그 산꼭대기에 강림하시고 그리로 모세를 부르시니 모세가 올라가매(The LORD descended to the top of Mount Sinai and called Moses to the top of the mountain. So Moses went up)

그리고 그 다음의 내용이 참 재미있다. 앞 절의 모세의 경험에서도 밝혔듯이, 여호와께서 우주선을 타고 방사선으로 둘러싸인 시내 산 기지에 착륙하고 있다는 사실을 모르는 이스라엘 제사장들과 백성들의 안위를 걱정하시는 여호와의 모습이다. 백성들이 여호와를 보기 위해 그들의 힘으로 길(way)을 돌파하면 많은 백성들이 죽을까 걱정되니 내려가서 경고하라는 것이다. 우주선에 함부로 접근하지도 말고 경계마다 방사선으로 둘러싸인 시내 산에 오르지 말라는 것이다. 그 대신 나팔을 길게 불면 이러한 위험이 해제되므로 그때 산 위로 올라오라는 것이다(「출애굽기」 19:13). 그 동안에는 몸을 성결하게 하고 옷을 빨아 살균처리하고 준비하고 있으라는 얘기이다.

19:21 - 여호와께서 모세에게 이르시되 내려가서 백성을 신칙하라 백성이 돌파하고 나 여호와께로 와서 보려고 하다가 많이 죽을까 하

노라(and the LORD said to him, "Go down and warn the people so they do not force their way through to see the LORD and many of them perish.)

19:22 - 또 여호와께 가까이 하는 제사장들로 그 몸을 성결히 하게 하라 나 여호와가 그들을 돌격할까 하노라(Even the priests, who approach the LORD, must consecrate themselves, or the LORD will break out against them.")

19:23 - 모세가 여호와께 고하되 주께서 우리에게 명하여 이르시기를 산 사면에 지경을 세워 산을 거룩하게 하라 하셨사온즉 백성이 시내 산에 오르지 못하리이다(Moses said to the LORD, "The people cannot come up Mount Sinai, because you yourself warned us, 'Put limits around the mountain and set it apart as holy.'")

19:24 - 여호와께서 그에게 이르시되 가라 너는 내려가서 아론과 함께 올라오고 제사장들과 백성에게는 돌파하고 나 여호와에게로 올라오지 못하게 하라 내가 그들을 돌격할까 하노라(The LORD replied, "Go down and bring Aaron up with you. But the priests and the people must not force their way through to come up to the LORD, or he will break out against them.")

이 밖에 구약성경에는 여호와 하나님께서 시내 산에 강림하셨다는 구절이 여럿 나온다. '여호와의 영광'이란 불 꽃 색채(광채)의 거대한 우주선을 말하는 것이고, '구름'이란 우주선이 착륙할 때의 굉장한 폭발음(우뢰)과 함께 우주선이 불빛을 점멸하면서 접근하는 것(불꽃, 번개)과 연소가스(구름)에 휩싸인 것을 말하는 것이다. '산들이 여호와 앞에서 진동'이란 뜻은 우주선이 이착륙할 때 굉음과 바람에 의해서 산들이 진동하는 것을 말하고, '하늘이 하나님 앞에서 떨어지며'란 우주선이 이착륙할 때 1단-2단-3단의 로켓 연소통이 다 연소되고 마침내 하늘에서 연소통이 비처럼

(낙진처럼) 떨어진다는 뜻이다. 하나님의 병거가 천천이요 만만이라는 것은 여호와께서 다른 하나님(엘로힘)들과 함께 수많은 천사들과 강림하셨다는 것이다. 그리고 그 우주선에는 전쟁용 병거(chariots)들이 천천 만만, 즉 백만에 억이니 이 많은 기구들을 싣고 오시려면 오늘날의 우주선으로는 어림도 없고 우주항공모함이라는 뜻이다.

「출애굽기」 24:16 - 여호와의 영광이 시내 산 위에 머무르고 구름이 육 일 동안 산을 가리더니 제 칠 일에 여호와께서 구름 가운데서 모세를 부르시니라(and the glory of the LORD settled on Mount Sinai. For six days the cloud covered the mountain, and on the seventh day the LORD called to Moses from within the cloud.)(NIV)

「사사기」 5:5 - 산들이 여호와 앞에서 진동하니 저 시내 산도 이스라엘 하나님 여호와 앞에서 진동하였도다(The mountains quaked before the LORD, the One of Sinai, before the LORD, the God of Israel.)

「느헤미야」 9:13 - 또 시내 산에 강림하시고 하늘에서부터 저희와 말씀하사 정직한 규례와 진정한 율법과 선한 율례와 계명을 저희에게 주시고(You came down on Mount Sinai; you spoke to them from heaven. You gave them regulations and laws that are just and right, and decrees and commands that are good.)

「시편」 68:8 - 땅이 진동하며 하늘이 하나님 앞에서 떨어지며 저 시내 산도 하나님 곧 이스라엘의 하나님 앞에서 진동하였나이다(the earth shook, the heavens poured down rain, before God, the One of Sinai, before God, the God of Israel.)

「시편」 68:17 - 하나님의 병거가 천천이요 만만이라 주께서 그 중에 계심이 시내 산 성소에 계심 같도다(The chariots of God are tens of thousands and thousands of thousands; the Lord has come from Sinai into his sanctuary.)

5. 미사일의 땅, 살아 있는 자의 땅인 딜문 우주기지

딜문(Dilmun, Til.Mun) 우주기지는 '미사일의 땅'이라는 뜻으로, 즉 로켓이 발사되는 곳이며, 그 당시 생명나무가 있는, 살아 있는 자의 땅(the Land of the Living)으로, 하늘로 오르는 우주선 기지가 있던 곳이다.

고고학자들은 페르시아만 동쪽의 해 뜨는 지역으로 보고 있다.

2013년 5월 28일 카자흐스탄(Kazakhstan)에 있는 러시아의 바이코누르(Baikonur) 우주기지에서 이륙하는 소유즈(Soyuz) 우주선. 이 우주선에는 3명의 우주인이 탑승했으며 국제우주정거장(ISS)과의 도킹에 성공했다(Korea News1, 29 May 2013; NASA, 29 May 2013).

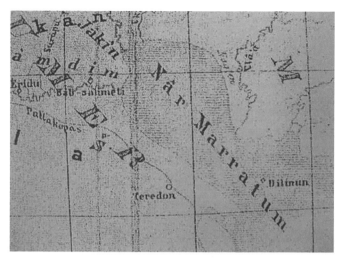

'Nar Marratum'이라는 글자의 't'가 바로 딜문으로 표시되어 있다(Scafi, 2006, p. 349, Figure 11.3).[7]

c.BC 1150년경에 쓰여진 『길가메시 서사시』의 슈루팍(Shuruppak)의 왕인 우트나피시팀(Utnapishtim), c.BC 2150년경에 쓰여진 『에리두 창세기』에 나오는 슈루팍의 왕인 지우수드라(Ziusudra)는 홍수로부터 인간과 동물을 보호했다는 기여를 인정받아 영생을 얻고 이곳 딜문 우주기지에 정착하게 된다.

6. 야곱이 본 우주선의 사닥다리

「창세기」 28장 10절에서 22절까지에는 야곱(Jacob, 이스라엘, BC 2006-BC 1859)이 사해(Dead Sea) 서쪽 아래 지방인 브엘세바(Beersheba)에서 하란(Haran)으로 향하여 가던 중 한 곳(벧엘, Bethel)에 이르러 유숙하게 된다. 그리고 거기서 야훼 하나님의 우주선과 우주선의 사닥다리

---

7 http://www.bibleorigins.net/GardenofEdenEdinmapsDelitzschWillcocksDietrich.html

(stairway, ladder)를 오르락내리락하는 천사들과 야훼 하나님께서 그 층계의 끝에 서 계신 것을 보았다는 내용이 나온다. 중요한 것은 야곱이 한 돌(one of the stones)을 취하여 베개하고 잠들었다는 내용이다. 이 장면은 야훼 하나님께서 천사들을 대동하고 돌, 즉 단단한 지역에 우주선을 착륙시키고 우주선의 사닥다리(사다리)를 내리고 어떤 미션을 수행했다는 것을 의미한다. 1969년에 달에 착륙한 이글호(Eagle)도 사

달에 내리는 두 번째 인간 올드린(Aldrin). 1969년 7월 16일 오전 9시 37분에 아폴로 11호 우주선이 케네디 우주센터에서 발사, 7월 20일 오후 12시 18분에 모선(母船) 콜롬비아(Columbia)로부터 달 착륙선인 이글호(Eagle)가 분리되고 달을 향해 하강하기 시작하여, 오후 3시 17분에 조용하게 달에 착륙하였다. 오후 5시 57분 올드린이 휴스턴 기지에 착륙을 보고하고 오후 7시 21분 암스트롱(Armstrong)과 올드린이 달에 내리기 위해 우주복을 착용하고, 오후 9시 28분에 이글호의 해치(hatch)가 열리고 사다리가 내려진 후 암스트롱이 사다리를 타고 내려와 달에 인간의 첫발을 디뎠다. 그리고 오후10시 10분에 올드린이 두 번째로 달에 내렸다. 이들은 달 표면의 월석(月石)을 채집하고, 7월 21일 오전 0시 12분에 이글호로 귀환, 오후 12시 54분에 이글호가 달 표면을 이륙하고, 오후 3시 54분에 암스트롱과 올드린이 다시 콜린스(Michael Collins)가 기다리고 있던 모선에 합류하여, 7월 27일에 3명의 우주인들은 휴스턴 기지에 성공적으로 귀환했다. Image Credit : NASA.

닥다리를 먼저 내리고 사닥다리를 타고 암스토롱(Neil Armstrong)과 올드린(Edwin Aldrin)이 달에 첫발을 디뎠는데, 이 상황과 매우 똑같다.

어떤 특별한 기지가 아니라, 아무 곳이나 착륙 조건이 맞으면 착륙할 수 있는 우주선을 말하는 것이다. 꿈을 꾸었다는 것은 갑자기 나타나 잠시 머무르다가 순간적으로 사라져 버렸기 때문에 야곱으로서는 꿈을 꾸었다고 표현한 것이다. 왜냐하면 아침이 되어 깨어보니 우주선과 층계와 야훼 하나님은 바람처럼 사라져 버렸기 때문이다. 그래서 야곱은 "잠이 깨어 가로되 여호와께서 과연 여기 계시거늘 내가 알지 못하였도다"라고 표현한 것이다.

「창세기」 28:11 - 한 곳에 이르러는 해가 진지라 거기서 유숙하려고 그 곳의 한 돌을 취하여 베개하고 거기 누워 자더니(When he reached a certain place, he stopped for the night because the sun had set. Taking one of the stones there, he put it under his head and lay down to sleep.)(NIV)

12 - 꿈에 본즉 사닥다리가 땅 위에 섰는데 그 꼭대기가 하늘에 닿았고 또 본즉 하나님의 사자가 그 위에서 오르락내리락하고(He had a dream in which he saw a stairway resting on the earth, with its top reaching to heaven, and the angels of God were ascending and descending on it.)

13 - 또 본즉 여호와께서 그 위에 서서 가라사대 나는 여호와니 너의 조부 아브라함의 하나님이요 이삭의 하나님이라 너 누운 땅을 내가 너와 네 자손에게 주리니(There above it stood the LORD, and he said: "I am the LORD, the God of your father Abraham and the God of Isaac. I will give you and your descendants the land on which you are lying.)

16 - 야곱이 잠이 깨어 가로되 여호와께서 과연 여기 계시거늘 내가 알지 못하였도다(When Jacob awoke from his sleep, he thought, "Surely

the LORD is in this place, and I was not aware of it.")

그런데 야곱으로서는 이러한 장면을 처음 보기 때문에 두려워했을 것이다. 지금 우리도 갑자기 우주선이 앞산이나 뒷동산에 착륙한다면 두렵기는 마찬가지이다. 그것은 다름 아닌 <u>하나님의 집</u>(the house of God)이요 <u>하늘의 문</u>(the gate of heaven)이다. 다시 말하면 우주선이었다. 야곱은 기둥을 세우고 기름을 붓고 그곳 이름을 벧엘(Bethel)이라 하였다.

「창세기」 28:17 – 이에 두려워하여 가로되 두렵도다 이곳이여 다른 것이 아니라 이는 <u>하나님의 전</u>이요 이는 <u>하늘의 문</u>이로다 하고(He was afraid and said, "How awesome is this place! This is none other than <u>the house of God</u>; this is <u>the gate of heaven</u>.")(NIV)

18 – 야곱이 아침에 일찍이 일어나 베개하였던 돌을 가져 기둥으로 세우고 그 위에 기름을 붓고(Early the next morning Jacob took the stone he had placed under his head and set it up as a pillar and poured oil on top of it.)

19 – 그곳 이름을 벧엘이라 하였더라 이 성의 본 이름은 루스더라 (He called that place Bethel, though the city used to be called Luz.)

7. 우주복을 입고 날아가는 여성 하나님들

「스가랴」 5장에 등장하는 우주복을 입고 날아가는 여성의 하나님들을 소개하기로 한다. 여성의 하나님들도 이 땅에 우주복을 입고 오셨다는 것을 강조하기 위함이다. 「스가랴」 5장 9절에는 두 여인의 여성 하나님들이 등장하는데, '<u>학의 날개 같은 날개</u>'가 있다는 것은 날 수 있는 우주복에 달린 '<u>비행 날개</u>'를 말하는 것이다. '<u>학(stork)</u>'이라고 표현한 것은 '날아가는 우주복'을 말하는 것이고, '날개에 바람'은 우주복에 달린 '자동비행장치'에서 뿜어져 나오는 연소가스에 의한 비적 같은 바람을 표현한 것이다.

이 우주복 속에 있는 사람이 '여성(woman)'이라고 표현한 것은 여성의 하나님들이라는 뜻이다. 이 여성의 하나님들이 히브리 성경의 '에바(ephah)', 즉 바구니에 잡아 넣은 '한 여인(a woman)', 즉 '악(winckedness)'을 우주복의 비행장치로 들어 올려 바벨로니아(Babylonia)로 옮겨간다는 뜻이다. 원래 바벨론은 악의 본거지이다. 또한 많은 예언서에는 '여인(woman)'이 등장하는데, 대개 바벨론을 의미한다.

「스가랴」 5:9 – 내가 또 눈을 들어 본즉 두 여인이 나왔는데 학의 날개 같은 날개가 있고 그 날개에 바람이 있더라 그들이 그 에바를 천지 사이에 들었기로(Then I looked up--and there before me were two women, with the wind in their wings! They had wings like those of a stork, and they lifted up the basket between heaven and earth.)(NIV)

5:10 내가 내게 말하는 천사에게 묻되 그들이 에바를 어디로 옮겨 가나이까 하매("Where are they taking the basket?" I asked the angel who was speaking to me.)

8. 성경에서 말하는 영광(Glory)이란

성경에서 말하는 영광(Glory)이란 무엇을 말하는 것일까? 첫째, 거시적인 의미의 영광이란, 에녹이 본 열 번째 하늘의 하나님의 모습으로, 블랙홀의 중심에 계신 하나님을 추측해 볼 수 있다. 형언할 수 없는 불로 활활 타오르는 작렬하는 불빛의 하나님의 얼굴 모습을 영광으로 표현하고 있다. 그래서 「요한1서」 1장 5절에는 "하나님은 빛이시라(God is light)"라고 기록되어 있다. 그 빛은 바로 영광(glory)이요, 그것은 구체적으로 특이점→블랙홀→빅뱅의 빛을 말하는 것이다.

「요한계시록」 21장은 '새 하늘과 새 땅'을 기록하고 있는데, 거기에는 "해나 달의 비췸이 쓸데없으니 이는 하나님의 영광(glory)이 비취고 어린 양이 그 등이 되심이라"고 기록하고 있다(「요한계시록」 21:23). 결국 성경은 하나님이 만들어 내시는 빛(light)을 영광이라 표현하고 있다.

「에녹2서」 22장 - 주님의 얼굴의 모습(the appearance of the Lord's face), 그것은 불 속에서 빛을 내기 위해 철로 만들어진 것 같고, 그 작렬하는 불빛을 끌어내며, 그 얼굴은 훨훨 타오르고 있다(like iron made to glow in fire, and brought out, emitting sparks, and it burns.)

「요한계시록」 21:23 - 그 성은 해나 달의 비췸이 쓸데없으니 이는 하나님의 영광이 비취고 어린 양이 그 등이 되심이라(The city does not need the sun or the moon to shine on it, for the glory of God gives it light, and the Lamb is its lamp.)

둘째, 미시적인 의미의 영광이란, 우리가 우주선을 쏘아 올릴 때 휘황찬란한 모습과 같이, 우주선이 이륙하고 착륙할 때, 우주선을 감싸고 있는 연소 가스의 구름 등 우주선에서 발하는 불꽃의 색채요 광채요 찬란한 무지개 빛을 말하는 것이다. 앞서 살펴보았듯이 우주선이나 우주복을, 빛을 발하는 단쇠(glowing metal), 불로 가득 찬(full of fire), 광채(brilliant light), 무지개 구름(rainbow in the clouds), 찬란한 빛(radiance) 등으로 기록하고 있는데, 이를 모두 영광(the glory)이라 표현하고 있다.

6절 화성에 있었던 신들의 우주기지가 발견될 것

지금 미국항공우주국(NASA)은 화성(火星, Mars) 탐사 로봇인 스피릿(Spirit)과 오퍼튜니티(Opportunity)를 2004년 1월에 화성에 착륙시켜 생명체 찾는 일을 시작했고, 그리고 세 번째 탐사 로봇인 큐리오시티(Curiosity)를 2012년 8월에 화성에 착륙시켜 생명체 생존 가능성을 탐색하고 있는데, 큐리오시티는 화성에서 물 얼음(water ice)을 찾아냈다. 자세한 것은 『바이블 매트릭스』시리즈 1권 『우주 창조의 비밀』의 1부 2장 2-8절의 "태고의 물로 창조 – 현대과학의 검증, 모든 행성에서 물이 발견될 것"을 참조하라. 또한 언젠가는 화성에서 이기기(Igigi) 신들이 구축하여 사용했던 우주선기지를 화성에서 찾아낼 것임이 분명하다.

화성의 우주기지는 신들께서 이 땅에 오신 445,000년 전부터 BC 13020년의 대홍수 이후에도 존재하고 있었다. 화성의 신들의 우주기지가 지금은 흔적조차 없어졌으나 분명 화성의 땅속 어딘가에 묻혀 있을 수 있다. 화성에서 신들의 우주기지가 발견된다면 한 바탕 소동이 일어날 것임에 틀림없다. 그것은 이 땅에 오신 하나님들을 외계인으로 몰아 하나님들을 적대시하게 되는 시점이 될 것이라고 필자는 확신하기 때문이다. 이러한 자들은 하나님들의 지식을 찾으나 불경한 자들이다.

3장
온 땅을 두루 살피는 일곱 빛(등불), 일곱 눈, 일곱 뿔 → 일곱 영(seven spirits)

2부 2장의 2절과 3절에서 소개한 7개의 지구라트에 설치된 '두 개의 뿔들(Two horns)'과 '눈들(Eyes)'은 필자가 보기엔 「스가랴」와 「요한계시록」에 등장하는 일곱 뿔과 일곱 눈(seven horns and seven eyes), 즉 온 땅에 보내심을 입은 하나님의 일곱 등불(seven lamps), 즉 일곱 영(the seven spirits of God)과 관계가 있는 것 같다. 단지 다른 것은 두 개 또는 네 개의 뿔과 눈들이 일곱 뿔과 일곱 눈의 일곱 영으로 늘어난다는 점이다. 그것은 앞으로 하나님들의 우주과학기술이 그만큼 혁신되고 발전된다는 것을 의미하기도 한다.

일곱 영은 필자가 보기엔 매우 중요한 것인데 향후 「요한계시록」을 이해하는 데 첩경이 되기 때문이다.

1절 「출애굽기」/「예레미야」의 모든 것을 기록하는 일곱 등잔과 네 뿔들

이들의 관계를 이해하기 위하여 반드시 참조해야 할 구약성경이 있는데, 그것이 바로 「출애굽기」이다. 모세가 이스라엘 백성을 이끌고 출애굽한 지 2년(BC 1444) 정월에 시내 산 앞에 이동식의 성막(또는 장막, Tabernacle), 즉 회막(Tent of Meeting)을 세우고 언약궤(Ark of Covenant), 즉 증거궤(Ark of Testimony)를 안치한 후 봉헌한다(「출애굽기」 39:32-43, 「출애굽기」 40장). 봉헌하기에 앞서 모세가 준비한 일곱 등잔과 단의 뿔들을 살펴보면 실마리가 보인다.

우선 등잔대(lampstand)인데, 그 등잔대의 줄기(shaft)와 줄기의 좌우 여섯 가지(six branches) 등 총 일곱 개의 등잔대를 반드시 정금(pure gold)으로 쳐서 만들고(「출애굽기」 25:31), 그 일곱 등잔대 위에 있을 일곱 등잔(seven lamps)도 정금으로 만들되, 앞을 비추게 하며(「출애굽기」 25:37; 37:23), 등불을 켤 때에는 반드시 일곱 등잔이 일곱 등잔대 앞으로 비추게 하라는 여호와의 명령대로 만든다(「민수기」 8:2). 이 등잔대에 들어가는 오일(oil)은 감람으로 찧어 낸 순결한 기름이었으며(clear oil of pressed olives), 24시간 항상 끊이지 않고 등불에서는 불이 훨훨 타오른다.

여기서 중요한 것은 전도성이 높은 정금을 사용했다는 점과 등불의 빛과 상호작용하는 정금의 과학기술을 이용했다는 점이다. 24시간 타올랐다는 것은 24시간 관측할 수 있는 빛을 제공하였다는 뜻이다. 오늘날 한 점의 빛 입자만 있어도 그것을 증폭시켜 고성능의 카메라로 관찰 할 수 있다. 아니 깜깜한 밤이라도 하나의 전자만 있어도 그것을 증폭시켜 카메라로 모든 사물과 실체를 찍을 수 있다.

자, 이번에는 단의 뿔들(horns on the altar)을 살펴보자. 「출애굽기」 27장과 38장에는 번제물을 드리는 단(The Altar of Burnt Offering)에 대해서 여호와께서 모세에게 어떻게 건축하라고 지시를 내린다. "너는 조각목(acacia wood)으로 장(long)이 오 규빗, 광(wide)이 오 규빗의 단(an altar)을 만들되 네모(square) 반듯하게 하며 고(high)는 삼 규빗으로 하고, 그 네 각각의 모퉁이(each of the four corners) 위에 (네) 뿔들(horns)을 만들되 그 (네) 뿔들(horns)이 그것에 연하게 하고(one piece), 그 단을 놋(bronze)으로 쌀찌며"라는 구절이 나온다(「출애굽기」 27:1-2). 계속해서 "재를(ashes) 담는 통(pots)과 부삽(shovels)과 대야(sprinkling bowls)와 고기 갈고리(meat forks)와 불 옮기는 그릇을 만들되 단의 그릇을 다 놋(bronze)으로 만들찌며, 단을 위하여 놋으로 그물(a bronze network)을 만들고, 그 위 네 모퉁이에 놋고리(bronze ring) 넷(network)을 만들고"라는 구절이 나온다(「출애굽기」 27:3-4).

여기서 중요한 것은 놋고리(bronze ring), 즉 통신용 안테나의 뿔을 네 모퉁이 위에 달았다는 것이다. 결국 네 개의 뿔들을 달은 것이다. 무엇으로 만들었는가 하면 모두 구리(bronze)로 만든 것이다. 오늘날의 스마트폰이나 전자기기나 통신용의 안테나의 반도체 회로는 모두 구리선으로 연결되어 있으며, 인터넷이나 전선 또한 모두 구리선이다. 이는 통신용의 구리 그물(bronze network)을 만들었다는 뜻이다. 그리고 네 뿔을 정금으로 싸고 금테를 둘렀다는 것은 통신용 안테나를 금으로 둘렀다는 것이다. 결국 기둥 채(pillar, pole)를 중심으로 양쪽에 금고리 둘, 즉 네 뿔을 달은 것이다. 높은 기둥 꼭대기에 통신용 안테나들을 설치한 것이다.

「출애굽기」 30장과 37장에는 분향단(The Altar of Incense)의 건축에 대해서 자세히 나오는데, "너는 분향할 단을 만들찌니 곧 조각목으로 만들되, 장이 일 규빗, 광이 일 규빗으로 네모 반듯하게 하고 고는 이 규빗으로 하며 그 (네) 뿔들을 그것과 연하게 하고, 단 상면과 전후 좌우면과 (네) 뿔들을 정금으로 싸고 주위에 금테를 두를찌며, 금테 아래 양편에 금고리 둘(two gold rings)을 만들되 곧 그 양편에 만들찌니 이는 단을 메는 채(the poles)를 꿸 곳이며, 그 채를 조각목으로 만들고 금으로 싸고"라는 구절이 나온다(「출애굽기」 30:1-5).

「민수기」 18장에는 '제사장과 레위인의 직무(Duties of Priests and Levites)'에 대한 설명이 나오는데, "성소의 기구와 단에는 가까이 못하리니 두렵건대 그들과 너희가 죽을까 하노라"라는 여호와(야훼)의 말씀이 나온다. 이것은 장막에 설치된 성소의 기구와 단들은 모두 전도체라는 뜻이다. 아니면 방사선이나 방사능이 나오는 관찰과 통신용 기구들이라는 뜻이다. 잘못 건드리면 감전사 또는 방사능 물질로부터 나온 위험한 방사선에 화상을 입어 죽을까 걱정이 되니, 그래서 가까이 하지 말라는 야훼의 말씀이다.

「민수기」 18:3 - 레위인은 네 직무와 장막의 모든 직무를 지키려니와 성소의 기구와 단에는 가까이 못하리니 두렵건대 그들과 너희가 죽을까 하노라(They are to be responsible to you and are to perform all the duties of the Tent, but they must not go near the furnishings of the sanctuary or the altar, or both they and you will die.)(NIV)

앞서 필자는 눈들(카메라)과 뿔들(통신시설)은 신들께서 7개의 우주기지와 다른 우주선들과 모선과 신들의 행성과의 교신 및 통신을 하기 위한 것이라고 했다. 이 목적 외에 다른 목적이 있었을까? 혹시 인간을 감시하고 인간의 행동들을 기록하지는 않았을까?

바로 「예레미야」(예언활동, BC 626-BC 585) 17장 1절에는, 남유대(다) 왕국(BC 931-BC 586)이 멸망한 이유를 설명하고 있는데, 여호와를 배반하고 다른 신들(아세라 여신 등)을 섬긴 결과, 남유대(다) 왕국은 멸망하고 바벨론 유수(Babylonian Captivity/Babylon Exile, BC 605-BC 538) 길에 오른다. 그런데 17장 1절에는 유다의 죄가 금강석 철필로 기록되되 그들의 마음 판과 그들의 '단 뿔(horns of altar)'에 새겨졌다고 기록하고 있다. 그렇다. 눈과 뿔들은 인간을 관측하고 인간의 잘못, 인간의 행동을 샅샅이 기록하고 있다는 것을 알 수 있다. 기록을 했다는 것은 눈들을 통해 관찰한 것을 뿔들을 통해 하늘로 자동 전송되었다는 뜻이다. 그렇다면, 이것이 「요한계시록」 20장에 나오는 '생명책(Book of Life)'이란 말인가? 이에 대해선 『바이블 매트릭스』 시리즈 5권 『예수님의 재림과 새 하늘과 새 땅의 창조』에서 자세히 소개하기로 한다.

「예레미야」 17:1 - 유다의 죄는 금강석 끝 철필로 기록되되 그들의 마음 판과 그들의 단 뿔에 새겨졌거늘(Judah's sin is engraved with an iron tool, inscribed with a flint point, on the tablets of their hearts and on the horns of their altars.)(NIV)
17:2 - 그들의 자녀가 높은 메 위 푸른 나무 곁에 있는 그 단들과 아세라들을 생각하도다(Even their children remember their altars and Asherah poles beside the spreading trees and on the high hills.)

이외에 단의 뿔들은 구약성경의 여러 곳에 등장한다(「시편」 118:27; 「에스겔」 43:15 & 20, 「아모스」 3:14)

2절 또 다른 의미 – 이스라엘을 멸망시킨 「스가랴」의 네 뿔들

「스가랴(Zechariah)」는 110년간의 아시리아(앗수르) 포로(Assyria Exile/ Captivity, BC 723-BC 612)와 70년간의 바벨론 유수가 끝나고 이스라엘 백성들이 다시 이스라엘로 돌아온다는 여호와의 예언을 선지자인 스가랴에게 말씀하신 내용을 기록한 것이다.

「스가랴」 1장 18절에는 '네 뿔(four horns)'이 등장하는데, 여기서의 '뿔'은 광의의 의미로 열국(nations)을 말하는 것으로, 열국들이란 북이스라엘 왕국(BC 931-BC 722)을 멸망시킨 신아시리아 왕조(Neo-Assyrian Empire, BC 912-BC 612)와 남유대(다) 왕국(BC 931-BC 586)을 멸망시킨 신바빌로니아 왕조(Neo-Babylonian Empire, BC 625-BC 539)를 말하는 것이다.

따라서 여기서 말하는 '뿔'이란 '나라' 또는 '왕국' 또는 '나라와 왕국'의 '왕'을 의미한다. 이것을 알아야 「요한계시록」에 등장하는 '짐승(beast)'과 '짐승의 머리와 뿔'을 이해할 수 있다(「요한계시록」 17장). 모두 '나라의 왕'이란 뜻이다.

그런데, 왜 이들 열국들을 '뿔들'이라고 표현했을까? 멸망당했다는 것은 여호와의 성전인 예루살렘 성전이 완전히 파괴되었다는 것을 의미한다. 이는 여호와의 과학통신기구들이 바벨론에 다 빼앗겼다는 것을 의미하고, 그 대신 바벨론의 과학통신기구들이 남유다 왕국에 세워졌다는 것을 의미하는 것이다. 오늘날의 과학으로 말하면 군대의 기를 빼앗기고 통신시설 등을 다 빼앗기고, 그 대신 적군의 기와 통신시설이 들어섰다는 것을 의미한다.

「다니엘」 1장 2절에는 유다 백성뿐 아니라 유다에 있던 야훼의 성전인 예루살렘 성전의 중요한 기구(Articles or Sacred Objects), 즉 통신시설과 과학도구까지 느부갓네살 왕에게 맡긴 것으로 나와 있다(BC 605). 이것을 성경은 '붙이다(handed over)'로 표현하고 있다. 여기서 붙였다는 것은 예루살렘의 여호와의 과학통신기구들을 가져다가 바벨론(시날, Shinar)에 두었다는 것이다. 바벨론에 다 빼앗겼다는 뜻이다.

바벨론에 빼앗겼던 여호와의 과학도구들은, 신바벨로니아를 멸망시킨 페르시아(「에스라」의 '바사') 제국(BC 691-BC 330)의 키루스(「에스라」의 '고레스') 대왕(Cyrus, 쿠루쉬, Kurush, 통치 BC 559-BC 529)에 의해 다시 찾아오게 되는데, 그게 「에스라」 1장에 고스란히 기록되어 있다. 결정적인 구절은 다음이다. "고레스 왕이 또 여호와의 전 기명을 꺼내니 옛적에 느부갓네살이 예루살렘에서 옮겨다가 자기 신들의 당에 두었던 것이라(Also Cyrus the king brought forth the vessels of the house of the LORD, which Nebuchadnezzar had brought forth out of Jerusalem, and had put them in the house of his gods)"(NIV, 「에스라」 1:7)

따라서 「스가랴」에 등장하는 '뿔'은 협의의 의미로 '고리 안테나'인 통신시스템을 말하는 것이다. 그러므로 여호와께서는 남유다왕국을 쳐서 뿔뿔이 흩어지게한 열국들의 '뿔'을 멸망시키고, 여호와의 '뿔'로 대체할 것이라는 말씀을 스가랴를 통해 예언한 것이다. 네 명의 공장(four craftsmen)에 의해서 예루살렘의 성전이 다시 회복될 것이라는 여호와의 약속의 말씀이시다.

「스가랴」 1:18 - 내가 눈을 들어 본즉 네 뿔이 보이기로(Then I looked up--and there before me were four horns!)(NIV)

19 - 이에 내게 말하는 천사에게 묻되 이들이 무엇이니이까 내게 대답하되 이들은 <u>유다와 이스라엘과 예루살렘을 헤친 뿔이니라</u>(I asked the angel who was speaking to me, "What are these?" He answered me, "These are the horns that scattered Judah, Israel and Jerusalem.")

20 - 때에 여호와께서 공장 네 명을 내게 보이시기로(Then the LORD showed me four craftsmen.)

21 - 내가 가로되 그들이 무엇하러 왔나이까 하매 대답하여 가라사대 그 <u>뿔들이 유다를 헤쳐서</u> 사람으로 능히 머리를 들지 못하게 하매 이 공장들이 와서 그것들을 두렵게 하고 이전에 뿔들을 들어 유다 땅을 헤친 열국의 <u>뿔을 떨어치려 하느니라</u> 하시더라(I asked, "What are these coming to do?" He answered, "These are the horns that scattered Judah so that no one could raise his head, but the craftsmen have come to terrify them and throw down these horns of the nations who lifted up their horns against the land of Judah to scatter its people.")

3절 「스가랴」의 일곱 빛과 일곱 눈을 가진 예루살렘 성전

「스가랴」3장 9절에는 바벨론 유수에서 돌아와 예루살렘 성전을 재건할 때 '한 돌에 일곱 눈(there are seven eyes on that one stone)'으로 재건할 것임을 예언하는 여호와의 말씀이 나온다. 한 돌이라는 것은 7개의 계단식 피라미드, 즉 한 계단에 '일곱 눈'을 세우라는 것이다. 이때의 '눈'은 앞서 살펴보았듯이 모든 것을 관찰할 수 있는 광선(beam)이 부착된 고해상도 카메라를 말하는 것이다. 그것은 '내가 새길 것을 새기며'에서 알 수 있듯이, 인간의 모든 잘잘못을 일곱 눈에 새긴다는 것이다.

「스가랴」3:9 - 만군의 여호와가 말하노라 내가 너 여호수아 앞에 세운 돌을 보라 한 돌에 일곱 눈이 있느니라 내가 새길 것을 새기며 이 땅의 죄악을 하루에 제하리라(See, the stone I have set in front of Joshua! There are seven eyes on that one stone, and I will engrave an inscription on it,' says the LORD Almighty, 'and I will remove the sin of this land in a single day.)(NIV)

「스가랴」4장 2절에는 '하나의 주발(a bowl)'을 가진 '하나의 순금 등대(a solid gold lampstand)'가 등장하는데, 그 꼭대기에는 '일곱 빛 (seven light)'이 있고, '일곱 빛'을 밝히기 위한 '일곱 관(seven channels)' 이 등장한다. 이는 70년간의 바빌로니아 포로에서 돌아온(BC 538년) 유대인들이 스룹바벨(Zerubbabel)의 지휘 아래 성전 재건을 할 것이라 는 하나님의 예언의 말씀으로, 하나의 순금 등대를 건축하되, 일곱개 의 등잔이 빛을 발하도록 하고, 금 기름(golden oil)을 뿜어 올리는 일곱 관을 세우라는 명령이다. 그리고 4장 10절에는 이 '일곱 빛'은 온 세 상을 두루 살피는 여호와의 '눈들(Eyes)'이라고 결론짓고 있다.

「스가랴」4:2 - 그가 내게 묻되 네가 무엇을 보느냐 내가 대답하되 내가 보니 순금 등대가 있는데 그 꼭대기에 주발 같은 것이 있고 또 그 등대에 일곱 등잔이 있으며 그 등대 꼭대기 등잔에는 일곱 관이 있고 (He asked me, "What do you see?" I answered, "I see a solid gold lampstand with a bowl at the top and seven lights on it, with seven channels to the lights)(NIV)

4:10 - 작은 일의 날이라고 멸시하는 자가 누구냐 이 일곱은 온 세 상에 두루 행하는 여호와의 눈이라 다림줄이 스룹바벨의 손에 있음을 보고 기뻐하리라("Who despises the day of small things? Men will rejoice when they see the plumb line in the hand of Zerubbabel. "(These seven are the eyes of the LORD, which range throughout the earth.)"(NIV)

그렇다! 분명 예루살렘 성전은 여호와 하나님의 지구라트였다. 그리고 예루살렘 성전은 분명 과학도구로 세워졌는데, 과학적으로 최소한 다음 세 가지가 있어야 한다. 하나는 '빛'이 있어야 한다. 빛이 없으면 우리의 눈은 아무것도 볼 수 없으며 카메라는 아무것도 촬영할 수 없다. 두 번째는 눈, 즉 카메라가 있어야 하고, 세 번째는 데이터를 전송할 수 있는 통신시스템인 '뿔'들이 있어야 한다.

거기에는 빛을 24시간 밝히는 일곱 등잔의 일곱 빛이 있었고, 그 빛으로 인해 온 세상을 두루 살피는 일곱 개의 눈들, 즉 고해상도 카메라가 설치되었고, 여러 하나님들과 7개의 우주기지들과 하나님들의 고향과 통신할 수 있는 뿔들, 즉 거대한 통신시설이 설치되었다. 이러한 일곱 눈들은 온 세상을 다 커버하면서 인간의 잘잘못을 다 관찰하고 기록하고 있었다. 누가 태어났으며 죽을 때까지 무엇을 했는지를 다 기록했을 것이다.

4절 「요한계시록」의 온 땅을 두루 살피는 일곱 빛(등불)+일곱 눈 +일곱 뿔 = 일곱 영

「요한계시록」에는 이를 구체적으로 일곱 등불(seven lamps of fire burning)과 일곱 눈(seven eyes)과 일곱 뿔(seven horns)을 일곱 영(Seven spirits)이라 정의하고 있는데, 이를 자세히 살펴보기 전에 독자들을 위하여 「요한계시록」에 등장하는 '일곱 금 촛대(seven golden lampstands)'

와 '일곱 별(seven stars)'을 먼저 살펴보자. 우선 「요한계시록」 1장 9절
~20절의 내용을 파악해 보자.

사도 요한(John, AD 6-100)은 예수님의 12제자로서 신약성경의 「요
한복음」과 「요한1서~3서」와 「요한계시록」을 썼다. 요한은 끓는 기름가
마에 들어갔으나 죽지 않아 그리스의 에게해(Aegean Sea)의 작은 밧
모섬(Patmos)에 유배당하였다. 90세가 다 된 나이에 요한은 밧모섬의
동굴에서 18개월이나 살았고, 이곳에서 하늘의 목소리를 듣고 「요한
계시록」을 썼으며, 죽지 않고 승천했다는 기록과 함께 터키인 에베소
(Ephesus)에서 94세에 사망한 것으로 전하여지며, 12제자 중 유일하게
자연사한 것으로 알려진다.

요한이 밧모섬에 있었더니, 주의 날(the Lord's Day)이라고 부르는
일요일에 지금의 과학으로 말하자면 '텔레파시(Telepathy)'로 하나님
(엘로힘)과 교신한다. 이것을 요한은 "성령에 감동하여(was in the Spirit)"
라고 표현하고 있다. "나팔 소리 같은 큰 음성을 들었다"는 것은 오늘
날의 초음파 확성기(스피커)에 의한 소리 또는 텔레파시 소리를 들었다
는 뜻이고, "너 보는 것을 책에 써서 입곱 교회에 보내라"는 것은, 하나
님의 생각을 시각화(視覺化)하는 장치나 텔레파시를 통해 인류에게 일
어날 일들과 때가 되었을 때 일어날 일들을 요한에게 보여 주고 책으
로 쓰라는 하나님의 말씀이라는 뜻이다.

몸을 돌이킬 때에 '일곱 금 촛대(seven golden lampstands)'를 보았
다는 것은, '일곱 개의 전광표시기(電光標示器) 등을 가진 중앙통신장
치'를 보았다는 것으로, '일곱 교회에 보내는 중앙통신장치'를 보았다
는 것이다. 촛대 사이에 인자 같은 이는 예수님을 보았다는 것이고, 발

에 끌리는 옷을 입고 가슴에 금띠를 둘렀다는 것은, 우주복과 커다란 금띠의 벨트를 차고 있다는 뜻이다. 머리와 털의 희기가 흰 양털 같고 눈 같으며 그의 눈(eyes)은 불꽃 같다는 것은, 피부와 머리털은 흰색이었고, 하얀 빛이 나는 우주복을 입었다는 것이며, 눈에서는 광선이 나온다는 것이며, 그의 헬멧에는 두 개 이상의 라이트(lights)가 부착되었다는 것이다. 그의 발은 풀무에 단련한 빛난 주석(bronze glowing) 같고 그의 음성은 많은 물소리와 같다는 것은, 우주복의 발은 빛이 나오는 구리합금으로 만들어졌다는 것이며, 큰 물소리 같은 음성으로 말을 했다는 뜻이다. 그 오른손에 '일곱 별(seven stars)이 있고'라는 것은 '일곱 교회에 보내는 사자(메신저)'들이라는 뜻이다. 그 입에서 좌우에 날선 검이 나온다는 것은 우주복에서 나오는 레이저 또는 광선을 의미하거나 음성을 시각의 광선으로 전환시키는 새로운 과학기술 장치를 의미한다. 그의 얼굴은 해가 힘있게 비취는 것 같더라는 것은 우주복에서 나오는 레이저 광선을 의미하는 것이다.

결국 '일곱 금 촛대'는 '일곱 교회'에 보내는 '일곱 중앙통신장치'를 말하는 것이고, '일곱 별'은 '일곱 교회'에 보내는 메신저인 '일곱 사자'를 말하는 것이며, '일곱 사자'들은 '일곱 중앙통신장치'와 교신하게 된다는 말이다. 이것을 "일곱 금 촛대는 일곱 교회요 일곱 별은 일곱 교회에 보내지는 사자들"이라고 기록하고 있다(「요한계시록」 1:20).[8]

---

8 이를 상징적으로 해석해 보자. 일곱 금 촛대를 일곱 교회라고 한 것은 교회의 역할이 '등불'이 되어 항상 '빛'을 내라고 상징적으로 한 말이다. 그러나 오늘날 '빛'을 내는 교회가 몇이나 될까? 그래서 오늘날 교회를 가면 왼쪽에 일곱 개 촛대와 오른쪽에 일곱 개 촛대에 불을 붙여 예배를 보고 있는 것이다. 그러나 과학적으로 그것은 아무런 의미가 없는 그저 종교적 행사에 불과한 것이다.

「요한계시록」 1:12 - 몸을 돌이켜 나더러 말한 음성을 알아보려고 하여 돌이킬 때에 일곱 금촛대를 보았는데(I turned around to see the voice that was speaking to me. And when I turned I saw seven golden lampstands.)(NIV)

1:16 - 그 오른손에 일곱 별이 있고 그 입에서 좌우에 날선 검이 나오고 그 얼굴은 해가 힘있게 비취는 것 같더라(In his right hand he held seven stars, and out of his mouth came a sharp double-edged sword. His face was like the sun shining in all its brilliance)

1:20 - 네 본 것은 내 오른손에 일곱 별의 비밀과 일곱 금촛대라 일곱 별은 일곱 교회의 사자요 일곱 촛대는 일곱 교회니라(The mystery of the seven stars that you saw in my right hand and of the seven golden lampstands is this: The seven stars are the angels of the seven churches, and the seven lampstands are the seven churches.(NIV); This is the meaning of the mystery of the seven stars you saw in my right hand and the seven gold lampstands : The seven stars are the angels① of the seven churches, and the seven lampstands are the seven churches. / ① Or the messengers(New Living); The mystery of the seven stars which thou sawest in my right hand, and the seven golden candlesticks. The seven stars are the angels of the seven churches: and the seven candlesticks which thou sawest are the seven churches(KJV)

이는 「요한계시록」 2장 1절을 보면 확실해지는데, 오른손에 '일곱 별'을 잡고 '일곱 금 촛대' 사이를 다니시는 예수님이 에베소 교회의 메신저인 사자(angel)에게 편지를 쓴다라고 기록되어 있다. 즉 '일곱 별', 즉 일곱 사자들과 '일곱 금 촛대', 즉 '일곱 중앙통신장치'를 통해 사자들에게 편지, 즉 메시지를 송신한다는 뜻이다. 송신되는 메시지는 사자를 통해 일곱 교회에게 전달되는 것이다.

「요한계시록」 2:1 - 에베소 교회의 사자에게 편지하기를 오른손에 일곱 별을 붙잡고 일곱 금촛대 사이에 다니시는 이가 가라사대("To the angel of the church in Ephesus write: These are the words of him who holds the seven stars in his right hand and walks among the seven golden lampstands:(NIV)

그러면 '일곱 금 촛대'와 '일곱 별'은 '일곱 영'과 무슨 관계가 있을까? 「요한계시록」 1장 4절에는 하나님 보좌 앞에 '일곱 영'이 있다고 기록하고 있으며, 「요한계시록」 3장 1절에는 예수님이 '일곱 영'과 '일곱 별'을 가졌다고 기록하고 있다.

「요한계시록」 1:4 - 요한은 아시아에 있는 일곱 교회에 편지하노니 이제도 계시고 전에도 계시고 장차 오실 이와 그 보좌 앞에 일곱 영과(John, To the seven churches in the province of Asia: Grace and peace to you from him who is, and who was, and who is to come, and from the seven spirits before his throne(NIV); This letter is from John to the seven churches in the province of Asia①. Grace and peace to you from the one who is, who always was, and who is still to come; from the sevenfold Spirit② before his throne; / ①Asia was a Roman province in what is now western Turkey ②Greek the seven spirits)(New Living)

「요한계시록」 3:1 - 사데 교회의 사자에게 편지하기를 하나님의 일곱 영과 일곱 별을 가진 이가 가라사대 내가 네 행위를 아노니 네가 살았다 하는 이름은 가졌으나 죽은 자로다("To the angel of the church in Sardis write: These are the words of him who holds the seven spirits of God and the seven stars. I know your deeds; you have a reputation of being alive, but you are dead.)(NIV)

그리고 「요한계시록」 4장은 두 번째 우주창조를 위해 하나님들의 행성 또는 거대한 우주선항공모함이 소행성대에 도착한 후의 '하늘의 보좌(The Throne in Heaven)'를 묘사하고 있는데, 5절에는 '일곱 등불(seven lamps of fire burning)'이 바로 '하나님의 일곱 영(the seven Spirit of God)'이라고 설명하고 있으며, 「요한계시록」 5장 6절에는 예수님이 '일곱 뿔(seven horns)'과 '일곱 눈(seven eyes)'을 갖고 있는데, 이는 온 땅에 보내심을 입은 '하나님의 일곱 영(the seven Spirit of God)'이라고 설명하고 있다. 일곱 금 촛대 위에 불을 붙인 것을 '일곱 등불'이라 표현하고 있다.

「요한계시록」 4:5 - 보좌로부터 번개와 음성과 뇌성이 나고 보좌 앞에 일곱 등불 켠 것이 있으니 이는 하나님의 일곱 영이라(From the throne came flashes of lightning, rumblings and peals of thunder. Before the throne, seven lamps were blazing. These are the seven spirits of God(NIV); And out of the throne proceeded lightnings and thunderings and voices. And there were seven lamps of fire burning before the throne, which are the seven Spirits of God(21st Century King James); From the throne came flashes of lightning, rumblings, and peals of thunder. In front of the throne seven lighted torches were burning, which are the seven spirits of God(Good News); From the throne came flashes of lightning and the rumble of thunder. And in front of the throne were seven torches with burning flames. This is the sevenfold Spirit① of God./① Greek They are the seven spirits)(New Living Translation)

「요한계시록」5:6 - 내가 또 보니 보좌와 네 생물과 장로들 사이에 어린 양이 섰는데 일찍 죽임을 당한 것 같더라 일곱 뿔과 일곱 눈이 있으니 이 눈은 온 땅에 보내심을 입은 하나님의 일곱 영이더라 (Then I saw a Lamb, looking as if it had been slain, standing in the center of the throne, encircled by the four living creatures and the elders. He had seven horns and seven eyes, which are the seven spirits of God sent out into all the earth(NIV); And I beheld, and lo, in the midst of the throne and the four living beings, and in the midst of the elders, stood a Lamb as it had been slain, having seven horns and seven eyes, which are the seven Spirits of God, sent forth into all the earth(21st Century King James); Then I saw a Lamb that looked as if it had been slaughtered, but it was now standing between the throne and the four living beings and among the twenty-four elders. He had seven horns and seven eyes, which represent the sevenfold Spirit① of God that is sent out into every part of the earth. /①Greek which are the seven spirits)(New Living)

그렇다. 결론은 간단하다. 빛과 눈과 뿔(귀)이다. 우선 항상 빛을 내는 '일곱 등불(seven lamps of fire burning)'이 있어야 하고, 이 빛을 이용해 모든 것을 관찰하고 촬영하는 카메라 역할의 '일곱 눈(seven eyes)'이 있어야 하며, 이를 관찰하고 촬영한 것을 송수신할 거대한 통신시스템인 '일곱 뿔(seven horns)'이 있어야 한다. 이 세 가지를 바로 온 땅에 보내심을 입은(sent out into all the earth) '하나님의 일곱 영(the seven Spirit of God)'이라고 설명하고 있다.

이는 「요한계시록」9장 13절만 보아도 "금단 네 뿔에서 한 음성이 나서"라는 구절을 보아도 뿔이란 거대한 통신(음성) 시스템을 말하는 것이다.

「요한계시록」9:13 – 여섯째 천사가 나팔을 불매 내가 들으니 하나님 앞 금단 네 뿔에서 한 음성이 나서(The sixth angel sounded his trumpet, and I heard a voice coming from the horns of the golden altar that is before God.)(NIV); And the sixth angel sounded, and I heard a voice from the four horns of the golden altar which is before God,(KJV); Then the sixth angel blew his trumpet, and I heard a voice speaking from the four horns of the gold altar that stands in the presence of God.)(New Living)

그렇다면 여기서 「요한계시록」5장 6절의 "온 땅에 보내심을 입은"과 「스가랴」4장 2절의 "온 세상을 두루 살피는 여호와의 7개의 눈들"을 어떻게 해석할 것인가? 그 당시 7개의 지구라트, 즉 우주통신기지와의 통신을 한 것이라는 사실은 확실히 이해가 되지만, 온 세상을 두루 살핀다? 필자가 『바이블 매트릭스』 시리즈 2권 『인간 창조와 노아홍수의 비밀』에서 밝혔듯이 남미 페루의 티티카카 호수(Titicaca Lake)에도 금을 캐는 광산기지가 있었다. 그렇다면 이를 확대 해석하면 7대륙에도 신들의 우주통신기지와 금을 캐는 기지가 있었다는 것이 아닌가? 그래야만 7대륙의 온 땅을 두루 살피는 7대륙 온 땅에 보내심을 입은 하나님의 일곱 개의 영이 설명되어진다. 그것은 한마디로 온땅에서 일어나는 일들을 샅샅이 살피고 안다는 얘기이다.

5절 악인과 선인을 감찰하시는 하나님의 일곱 눈

여기서 한 가지 중요한 사실이 발견된다. 「출애굽기」, 「예레미야」, 「스가랴」에 등장하는 눈들과 뿔들은 모두 이 땅에 건설된 지구라트에 설치된 하나님의 영들, 즉 과학도구들이었다. 그러나 「요한계시록」에 등장하는 일곱 등불과 일곱 눈과 일곱 뿔은 천상의 하나님 아버지의 보좌에 설치된 것이다. 지상의 지구라트나 예루살렘 성전에 설치된 하나님의 영들은 네 뿔일 수도 있으며 일곱 눈들이 될 수도 있을 것이다. 이 것은 지상의 에덴 동산이 천상의 세 번째 하늘에 있는 낙원을 본떠 만들었다는 것을 감안하면, 지상의 하나님의 영들은 천상의 하나님 보좌를 본떠 세워졌다는 것을 금방 알 수 있다.

하나님들이 이 땅에 계실 때에는 천상과 통신하기 위하여 또한 인간을 감찰하시기 위해 등불들과 눈들과 뿔들을 세웠지만, 지금은 하나님들이 이 땅을 떠나셨으므로, 이 땅에는 하나님들의 등불들과 눈들과 뿔들이 없다. 그렇다면 어떻게 인간을 감찰하실까? 바로 「요한계시록」 5장 6절의 천상의 보좌에 설치된 '일곱 빛 또는 일곱 등불'과 '일곱 뿔' 과 '일곱 눈'으로, 이는 "온 땅에 보내심을 입은 하나님의 일곱 영(the seven Spirit of God)"으로 설명할 수 있다. 「요한계시록」에서 말하는 일 곱 등불과 일곱 눈들과 일곱 뿔들은 지금의 통신기술이나 카메라 기술로는 어렴풋이 이해가 가지만 자세한 것은 알 수가 없다. 그렇지만 하나님의 일곱 영은 분명 악인과 선인을 감찰하시는 과학기술이라고 말 할 수 있다. 보라!! 낮에는 태양이 떠 있고 밤에는 달과 수많은 별들이 빛을 발하고 있지 않는가?

「신명기」 11장 12절의 "세초부터 세말까지 여호와의 눈(eyes)이 항상 그 위에 있느니라"라는 구절과 「잠언」 15장 3절의 "여호와의 눈은 어디서든지 악인과 선인을 감찰하시느니라"라는 구절에서 알 수 있듯이 여호와의 '눈'은 모든 것을 관찰할 수 있는, 지금으로선 자세히 설명할 수 없는 최첨단 카메라 시스템이라는 것을 알 수 있다.

「신명기」11:12 - 네 하나님 여호와께서 권고하시는 땅이라 세초부터 세말까지 네 하나님 여호와의 눈이 항상 그 위에 있느니라(It is a land the LORD your God cares for; the eyes of the LORD your God are continually on it from the beginning of the year to its end.)(NIV)

「잠언」15:3 - 여호와의 눈은 어디서든지 악인과 선인을 감찰하시느니라(The eyes of the LORD are everywhere, keeping watch on the wicked and the good.)

이는 「요한계시록」의 끝날의 심판 때에 등장하는 '생명의 책(Book of Life)'(「요한계시록」13:8, 17:8, 20:12, 21:27)과 밀접한 관계가 있는 것으로 필자는 판단하고 있다. 자세한 내용은 『바이블 매트릭스』시리즈 5권 『예수님의 재림과 새 하늘과 새 땅의 창조』에서 소개하기로 한다. 성경에는 눈(eyes)을 검색하면 79절이나 등장한다.

6절 성경에서 말하는 영(Spirits)이란?

앞 절에서 '일곱 영'이란 '일곱 빛 또는 일곱 등불'과 '일곱 눈'과 '일곱 뿔'의 하나님의 메시지를 온 땅에 보내고 온 땅을 두루 살피는 과학기술이라고 했다. 그러면 성경에 등장하는 영(Spirits)이란 구체적으로 무엇을 말하는 것일까? 대표적으로 「창세기」1장 2절과 「요한계시록」1장 10절을 살펴보고, 그간 살펴본 내용을 보고 요약 정리하기로 한다.

「창세기」1:2 - 땅이 혼돈하고 공허하며 흑암이 깊음 위에 있고 하나님의 신(영)은 수면에 운행하시니라(Now the earth was formless and empty, darkness was over the surface of the deep, and the Spirit of God was hovering over the waters)(NIV)

이때의 하나님의 '영'이란 무엇을 말하는 것일까? 『바이블 매트릭스』 시리즈 1권 『우주 창조의 비밀』에서 살펴보았듯이, 깊음과 수면이란 바로 히브리어로 테홈(Tehom), 즉 물로 가득 찬 티아마트(Tiamat, 지구)를 말하고 있으며, 운행이란 바로 마르둑(Marduk) 신(행성)의 태양계 진입과 하신 일들을 말하고 있으므로, '영'은 하나님의 태양계 창조라는 계획에 따라 앞으로 나선 '마르둑 행성'을 말하는 것이다. 구체적으로 얘기하면 마르둑 행성의 중력장(인력=그물)과 바람과 번개, 그리고 중력장에 의한 속도를 말하는 것으로 이것은 하나님의 '권능'을 의미하는 것이다.

「시편」104:30 - 주의 영을 보내어 저희를 창조하사 지면을 새롭게 하시나이다(When you send your Spirit, they are created, and you renew the face of the earth)(NIV)

이때의 '영'이란 주님의 영(Spirit), 즉 마르둑 행성의 7개의 바람(Wind)을 보내어 지구의 표면을 새롭게 하셨다는 것을 말한다. 다시 말해 7개의 바람을 의미하는 것으로, 물로 가득 찬 티아마트(지구)를 바람으로 깊은 물을 말리시고 바다의 깊은 곳에 길을 냈다는 뜻이다(「이사야」51:10).

「요한계시록」1:10 - 주의 날에 내가 성령(영)에 감동하여 내 뒤에서 나는 나팔 소리 같은 큰 음성을 들으니(On the Lord's Day I was in the Spirit, and I heard behind me a loud voice like a trumpet,)(NIV)

이때의 '영'이란, 요한이 밧모섬에서, 주의 날(the Lord's Day)인 일요일에, 지금의 과학으로 말하자면 하나님과 사람의 교신/통신기술인 '텔레파시'로 교신함을 말하는 것이다. 이것을 요한은 '성령에 감동(was in the Spirit)'이라 표현하고 있다.

성경에 등장하는 영(spirit) 또는 신(spirit)이란 과학적으로 말하면 하나님들의 통신(음성), 광통신, 광선(beam), 텔레파시, 텔레키네시스(염력, 염동), 생각 또는 마음(mind), 메시지 등의 전달기술이나 빛을 이용한 다양한 운송(운반) 기술을 의미한다.

여기에 지금까지 살펴본 내용을 업데이트하면, 하나님들의 말 또는 명령, 메시지를 전달하는 송수신기, 땅을 관찰하기 위한 광선(빛)과 카메라와 레이더, 통신용이나 무기용의 레이더, 명령에 따라 움직이는 우주선이나 우주로봇, 유무인 정찰기, 하늘을 나는 병거(전차, chariots), 불말(horses of fire), 백마(white horse), 『창조의 서사시』에 등장하는 마르둑 행성과 7개 바람 등, 이 모든 것을 성경에서는 하나님의 영(spirit)이라 표현하고 있다. 쉽게 말하면 하나님으로부터 나오는 어떤 의미를 전달하는 메시지나 그 매체나 이루어지는 과정이나 과학도구를 모두 하나님의 영이라 표현하고 있다.

다시 말해 우리가 전화를 한다고 할 때, 상대방의 목소리가 전화기에서 들리는 경우, 이것을 성경에서는 '하나님의 영'으로 표현하고 있다. 나중에 살펴볼 것이지만, 구약에 등장하는 '언약궤(Ark of Covenant)'는 바로 여호와 하나님과 이스라엘 백성들의 의사소통을 위한 송수신기인 라디오 장치였다. 하나님이 직접 나타나시어 명령하는 것이 아니라 이 언약궤인 라디오 수신기를 통해 진군하거나 공격하거나 후퇴하라는 명령을 내리는데, 이 명령 또한 '하나님의 영'이라 표현하고 있다. 모세도 여호수아도 이 언약궤인 라디오 송신기 앞에서 엎드려 기도하고 간청하면 이를 원격지에 계신 여호와께서 듣고 도와준 것이다.

한마디로 간략하게 요약한다면 하나님들의 지식(knowledge)을 영이라 표현하고 있다. 이때의 지식이란 과학지식을 말하는데 기술, 솜씨, 능력, 지혜 등을 말한다(「출애굽기」 35:31).

4장
우주공항/에덴 동산을 지키는 땅의 로봇들과 하늘을 지키는 우주로봇들

1절 세다 산 우주공항을 지키는 레이저로 무장한 훔바바(후와와)

c.BC 1150년경에 쓰여진 『길가메시 서사시』(Temple, 1991)는 길가메시 (Gilgamesh, c.BC 2700, 통치 126년)가, 동물에 의해 야생에서 길러진 짐 승 같은 인간(wild-man)인, 그의 친구 엔키두(Enkidu)와 함께 불멸의 생명나무(Tree of Life)를 찾아 레바논의 바알벡(Baalbek)에 위치한 신들 의 우주공항인 세다 산으로의 여행 여정과, 세다 산을 지키는 오늘날 의 로봇과 같은 훔바바(후와와)와의 격투를 그리고 있다.

〈점토판 3〉에는 길가메시와 엔키두가 싸움을 통해 진정한 친구가 되고, 길가메시는 엔키두에게 세다 산으로 여행을 가자고 제안한다. 그런데 세다 산 우주공항에는 우주공항시설을 지키는 오늘날 레이저 와 같은 불을 내뿜는 괴물(fire-belching monster), 즉 오늘날의 로봇에 해당하는 훔바바가 인간의 진입을 막고 있다. 이에 대해 엔키두는 야 생 동물들과 돌아다니다가 우연히 세다 산을 찾았다고 하면서, 그곳에 는 어느 누구도 이길 수 없는 엔릴(Enlil) 신이 임명한 훔바바가 지키고 있어 불가능하다고 말한다.

> "훔바바가 거기에 있었고,
> 그의 울부짖는 소리는 대홍수와 같고,
> 그의 입은 불이며,
> 그의 숨은 죽음이네
> (And Humbaba -
> his roaring is the Great Flood,
> His mouth is fire,
> His breath is death!)"(Temple, Tablet III, 1991)

이 말을 듣고 길가메시는 그곳에 가고 싶다는 욕망을 더욱 부채질한다. 하늘에 오르는 신들의 세계에 합류하여, 인간의 죽을 운명을 피할 수 있는 곳이 바로 그곳임이 분명했기 때문이다. 길가메시는 이렇게 엔키두에게 말한다.

"내 친구여 누가 하늘로 올라갈 수 있는가? 오직 신들만이 샤마시(우투) 신의 지하장소로 가서 우주선을 타고 하늘에 올라 불멸(Immortal)의 신이 되네. 죽을 운명의 인간들은 반드시 끝나게 되어 있으니, 무엇을 성취한들 허망한 바람과 같네. 아무리 영웅적 힘을 자랑할지라도 결국 죽음을 두려워하네. 그러니 내가 인도할 테니 그대의 입으로 내게 말하게. 두려워 말고 앞으로 가라고. 설사 내가 실패한들 내 이름은 길이 남을 것이네. 길가메시가 저 사나운 괴물인 훔바바와 싸우다가 세다 산에서 죽었다고."

길가메시가 훔바바와 싸우기 위해 특수한 무기를 주문하자, 우루크의 원로들은 길가메시에게 재고하라고 말한다. 길가메시가 뜻을 굽히지 않자 원로들은 샤마시 신이 도와줄 수 있을지 모른다고 말한다. 길가메시는 무릎을 꿇고 샤마시 신에게 기도한다.

"오 샤마시 신이여, 저를 가게 해주소서;
두 손을 올려 기도 드리오니,
앞으로의 제 영혼을 축복해 주소서.
저를 안전하게 우르크로 돌아오게 하소서.
저를 보호해 주소서".
("I go, o Shamash, my hands raised in prayer;
Bless the future well-being of my soul.
Bring me back safely to the quay of Uruk, and
Cause thy protection to be established over me.")(Temple, Tablet III, 1991)

마침내 길가메시가 세다 산에 가려고 한다는 소식이 퍼지자 사람들이 길가메시에 가까이 와서 그의 성공을 기원한다. 우르크의 원로들은 실질적인 조언을 한다.

"절대 혼자의 힘을 믿어서는 안되오!.
항상 경계를 풀지 마시오.
엔키두가 먼저 가도록 하시오.
그는 길을 잘 알고 가는 길을 알고 있소.
길을 잘 리드하고 아는 자가
친구의 목숨을 구하고 보호하는 법이오."
("Trust not your strength alone!

Be wary and alert, on guard.

Let Enkidu walk before you.

He has seen the way, has travelled the road.

He who leads the way saves his companion,

He who knows the path protects his friend.")(Temple, Tablet III, 1991)

　원로들은 또 샤마시 신과 길가메시의 아버지인 루갈반다(Lugalbanda)
가 함께 하기를 원하는 축복도 빌었다. 그리고 길가메시는 어머니인 닌순
(Ninsun) 여신을 찾아가 도움을 요청하고, 닌순은 샤마시 신에게 이 둘의
모험적인 여행을 도와줄 것과 보호와 지원을 요청하는 기도를 한다. 닌순
은 엔키두를 아들로 인정하고, 길가메시를 잘 보호해 줄 것을 부탁한 후,
길가메시와 엔키두는 모험의 여행을 떠난다.

　〈점토판 5〉에는 두 사람이 조용히 서서 삼목나무 숲을 응시하고 삼
목나무의 키가 얼마나 큰지 직접 본다. 그리고 삼목나무 숲으로 들어
가는 입구를 응시한다. 입구에는 정교한 길이 있고, 여행하기에 좋은
곧게 뻗은 길이지만, 거기에는 훔바바가 인간의 출입을 막고 있다. 그
들은 또한 세다 산을 보았다. 거기에는 신들이 살고 있는 처소이자, 사
랑의 여신인 이시타르(인안나)가 그녀의 신성한 왕관을 쓰고 앉아 있는
곳이며, 그녀가 오가는 곳이다. 두려움에 사로잡혀 있던 그들은 긴 여
행에 지쳐 잠이 들었다.

　길가메시가 잠에서 깨어나 꿈을 말한다. 꿈속에서 초원의 거친 황
소(wild bull)를 만나 그가 마실 물을 주었다는 것이다. 엔키두는 거
친 황소가 아니라 그게 바로 태양의 신인 빛나는 샤마시(The radiant
Shamash the Sun)가 우리를 도와주는 것이라고 설명한다. 둘은 다시 잠

이 들고 한 밤중에 길가메시가 깨어나 두 번째 비몽사몽간에 본 광경
을 말한다.

"자네가 나를 깨웠나?
왜 내가 깨어 있지?"
("If you have not waked me,
then how do I wake?")(Temple, Tablet V, 1991)

그러면서 두 번째 꿈을 말한다.

"꿈에서 말이지,
하나의 거대한 산이 무너지고,
나를 땅에 꽂더니 내 발이 그 아래에 끼었네.
너무나 눈부신 빛이 나를 압도했네.
한 남자가 빛에서 나타났지.
전에 난 그런 사람을 본적이 없네.
그는 이 땅에서 가장 우아하고 아름다웠네.
그가 나를 산에서 구해 주고,
내게 마실 물을 주었네.
그리고 내 마음은 진정되었다네
(In my dream a great mountain fell,
Pinned me to the ground,
trapped my feet beneath it.
A great glare of light overwhelmed me.
A man like any other –
Such a man as we have never seen –

Stepped forth from the light,

His grace and beauty were more,

More than any on this earth,

He freed me from the mountain,

Gave me water to drink,

Quieted my heart)"(Temple, Tablet V, 1991)

그 다음 몇 줄이 소실되어 길가메시의 꿈을 엔키두가 해석했는지는 알 수 없다. 여기에서 가장 우아하고 아름다운 사람은 첫 번째 꿈에서 길가메시가 본 황소(a bull), 즉 태양의 신인 샤마시가 분명하다. 길가메시 서사시 내용의 시기가 BC 4380-BC 2220년 사이로 이때에는 세차운동과 대년(Great Year)에 의해 태양의 춘분점이 황소자리에서 뜨던 황소좌(Age of Taurus, 금우궁, 金牛宮, 12궁의 제2궁)시대였기 때문이다.

지친 길가메시와 엔키두는 다시 잠이 들었다. 그러나 밤의 고요는 또 다시 깨진다. 잠에서 깬 길가메시는 다음과 같이 말한다.

"친구여, 자네가 나를 불렀나?

내가 왜 깨어 있지?

자네가 나를 건드렸나?

혹시 어떤 신이 지나가지 않았나?

왜 내 몸에 아무런 감각이 없지?"

("My friend, have you called me?

Why am I awake?

Did you touch me?

Did not some god pass by?

Why have I gone numb?)"(Temple, Tablet V, 1991)

길가메시는 계속해서 세 번째 꿈에서 본 것을 얘기한다.

"내가 본 것은 정말 놀라운 것이라네.
하늘이 떨고 땅이 그 소리와 함께 폭풍에 휩싸였네.
어둠이 장막처럼 왔지.
번개가 번쩍이고 불꽃이 솟구쳤네.
구름이 솟아오르더니 죽음의 비가 내렸네.
그러더니 광채와 불꽃이 사라졌네.
그리고 땅에 떨어진 것들은
모두 재로 변하더군
("And this dream was terrible in every way.
The heavens were roaring and screaming.
The earth was blasted with booming sounds,
And darkness descended like a shroud -
A sudden streak of fire as lightning flashed.
The clouds grew bloated and full,
And they rained down death!
Then the fire-glow of the skies died out,
And all the fallen of the fire
Of that downpour of death,
Crusted over to ashes)"(Temple, Tablet V, 1991)

이게 무슨 장면일까? 작고하신 시친(Sitchin)의 말을 인용해 보자.
이것은 로켓발사 장면이다. 로켓발사에 대한 고대의 목격담이라는 것을 깨닫는 데는 별다른 상상력이 필요할 것 같지 않다. 먼저 로켓이 분사를 시작하면서 엄청난 굉음이 들리고(하늘이 떨고) 지축이 흔들린다(폭풍에 휩싸였네). 배출된 연기와 구름이 발사기지를 뒤덮는다(어둠이 장막처럼 왔지). 그리고 로켓이 하늘로 올라가면서 불꽃이 솟구치고 불붙은 엔진의 광채가 번개처럼 번쩍인다. 구름과 먼지가 솟아 오르다가 죽음의 비가 되어 내려온다. 높이 솟구친 로켓은 이제 광채와 불꽃이 모두 사라진다. 그리고 로켓의 잔해와 먼지들은 모두 땅에 떨어져 모두 재로 변한다(시친, I, 2009, p. 231; II, 2009, p. 231).

그야말로 정말 놀라운 광경이 아닌가! 그 광경은 길가메시를 앞으로 더 나가도록 용기를 주었다. 왜냐하면 그 광경은 길가메시 자신이 우주공항에 왔다는 것을 확인시켜 주었기 때문이다.

엔키두가 길가메시의 꿈에서 본 것을 듣고 그 꿈을 해석한다. 그리고 길가메시로 하여금 그 꿈을 수용하도록 한다. 그런데 그 다음 내용의 점토판이 많이 손실되어 어떻게 엔키두가 꿈을 해석했는지는 알 수 없다.

그 다음 내용의 점토판은 길가메시와 엔키두가 더 이상 꿈에 대해 논하지 않고 막바로 훔바바의 숲(forest of Humbaba)에 도착한 내용을 담고 있다. 아침이 되자 두 사람은 삼목나무 숲으로 들어간다. 첫 번째 산의 영역을 넘고 마침내 일곱 번째 산의 영역에 도착해, 도끼를 이용해 삼목나무를 자르고, 가지를 잘라 쓰러뜨리기 시작한다. 훔바바가 이 소리를 듣고 침입자를 찾아내고 화를 낸다(Humbaba, hearing the sound of this, Fell into a fury and raged).

c.BC 3000~c.BC 2100년경으로 추정되는 영국 옥스포드 대학의 수

메르 전자문학문서(ETCSL)의 길가메시 관련 5편의 시(Poems) 중 『길가메시와 후와와, 버전 A와 B(Gilgamesh and Huwawa(Version A & B)』(Black et al., 1998~2006)의 내용에는 훔바바의 모습이 다음과 같이 기록되어 있다.

그의 싸움을 좋아하는 이빨은 용의 이빨과 같고,
그의 얼굴은 사자의 찡그린 얼굴과 같다.
그의 가슴은 마치 홍수가 들이 닥치는 것과 같아서,
아무도 감히 접근할 수 없으며
어느 누구도 도망칠 수 없다.
그의 이마에서 나오는 광선은
나무와 잡목을 다 삼켜버린다
(His pugnacious mouth is a dragon's maw,
his face is a lion's grimace.
His chest is like a raging flood,
no one dare approach,
no one can escape from a terror(radiance) of his brow,
which devours the reedbeds.)(Black et al., 1996-2006)

훔바바가 길가메시와 엔키두를 위협한다. 이들은 세다 산에 접근하는 인간을 막는 오늘날의 기술로 얘기하자면 레이저로 무장한 로봇들이다. 길가메시는 처음에는 두려움에 사로 잡혔으나 엔키두의 격려를 받고 싸움이 시작된다.

길가메시는 도끼를 들고
세다 산의 삼목나무를 잘라 쓰러뜨렸다.

영국 대영박물관에 보관되어 있는 7세기경의 조각상인 훔바바(Humbaba, c. 7th century BC, British Museum). Credit : Thackara, 『The Epic of Gilgamesh: A Spiritual Biography』, at Sunrise Magazine Online & British Museum[9]

이때 훔바바가 이 소리를 듣고,

노여움과 화를 내며:

누가 들어 온 거야-

왜 감히 나의 나무들을 간섭하는 거야?

나의 나무들은 나의 산에서 자라는데?

감히 세다 산을 쓰러뜨리는 자가 누구야?

(Gilgamesh gripped the axe

And with it felled the cedar.

Humbaba, hearing the sound of this,

Fell into a fury and raged:

---

9 http://www.britishmuseum.org/explore/highlights/highlight_objects/me/c/clay_mask_of_the_demon_huwawa.aspx

'Who is it who has come -

Come and intefered with my trees?

My trees which have grown on my own mountains?

And has also felled the cedar?')(Temple, Tablet V, 1991)

이때 두 사람이 곤경에 처한 것을 보고 하늘에서 샤마시(우투) 신의 음성이 들린다.

바로 그 때 하늘에서,

위대한 태양의 신인 샤마시의 음성이 들린다:

'두려워 말고

훔바바에게 접근하라…

훔바바가 그의 집으로 들어가지 않는 한…

전진하라

(But just then from heaven came the voice

Of the Great God Shamash the Sun:

Have no fear.

Approach him and… March,

as long as… He enters not into his house…')(Temple, Tablet V, 1991)

그 다음 줄이 손상이 많이 되어서 자세한 내용은 알 수 없으나, 길가메시와 엔키두가 훔바바를 죽이기 위해서 샤마시 신의 자세한 지시를 따른 것이 틀림없다. 훔바바의 움직임에 어떻게 대처하라는 특별한 지시와 정보를 주었을 것이다. 그렇지만 두 영웅은 그러한 샤마시 신의 지시를 무시한 것 같다.

길가메시의 얼굴에는 눈물이 흘렀다

그리고 하늘의 샤마시 신에게 말했다:

(His tears streamed down from him

And Gilgamesh said to Shamash in heaven)(Temple, Tablet V, 1991)

이어 두 줄이 손상이 되어 읽을 수가 없다. 이어지는 대화는 다음과 같다. 처음엔 샤마시 신의 지시를 무시했지만 이제부터 샤마시 신이 알려주는 방법으로 훔바바의 길을 박살내겠다고 한다.

'자 이제부터 하늘의 샤마시 신의 방법을 택해,

그 길을 박살내겠다.'

(But I have taken the way of heavenly Shamash,

I have trod the way he said.')(Temple, Tablet V, 1991)

이에 대해 훔바바는 길가메시와 엔키두를 다 싸잡아 비난하며, 특히 엔키두의 과거를 들추며 놀리고, 길가메시를 죽여 독수리와 까마귀

수메르에서 발견된 원통형 인장에 새겨진 그림. 길가메시와 엔키두가 로봇처럼 보이는 훔바바와 싸우고 있는 모습. Credit : 시친, II, 2009, p 233, © Z. Sitchin, Reprinted with permission.

가 먹게 할 것이라고 말한다.

훔바바는 길가메시에 말했다:
'바보 멍청이-
너희들은 충고를 들어야 한다, 길가메시!
왜 내게 접근하는 것이냐?
바다 고기[10]의 아들인,
아버지가 누군지도 모르는,
작은 거북이 큰 거북이가 친구인,
어머니의 젖을 한번도 먹어 본 적이 없는,
엔키두를 데리고?
네 어릴 적을 내 쭉 지켜봤는데
내 배를 채우기 위해 너를 죽여 줄까?
(Humbaba said to him, said to Gilgamesh:
'The fool, the stupid man-
They should take advice, Gilgamesh!
Why do you now approach me?
With that Enkidu, that son of a fish
Who knew not his father,
Companion of the small turtles, of the large turtles,
And who never sucked the milk of his mother?
In your youth I beheld you
Now should I kill you to satisfy my belly?)(Temple, Tablet V, 1991)

---

10 과학과 지식문명과 바다의 최고 신인 엔키(Enki) 신의 이름을 딴 피조물이란 뜻으로 엔키 신의 아들이란 뜻. 〈점토판 8〉에 보면 엔키두는 죽어 강물수장(a riverbed burial)이 된다.

메소포타미아에서 발견된 원통형 인장에 새겨진 그림. 길가메시와 엔키두가 훔바바(후와와)를 죽이는 모습. Credit : Crysalinks.com[11]

샤마시가 너(길가메시)를 나에게 접근하도록 여기 데려왔군.

그래서 너는 샤마시의 도움으로 여기까지 왔다.

그러나 길가메시여, 내가 너를 입천장-핀으로

네 식도와 목을 물어 뜯을 것이다.

그리고 날카로운 비명을 질러

독수리와 까마귀로 하여금 먹게 할 것이다.

(Shamash brought you, Gilgamesh, and allowed you to reach me.

It is through his assistance that you are stepping along thus.

But, Gilgamesh, I will bite through the palate-pin

Of your throat and your neck.

I will allow the shrieking serpent-bird

---

11 http://www.crystalinks.com/sumergods2.html

The eagle and the raven to eat your flesh!')(Temple, Tablet V, 1991)

하늘에 있던 샤마시 신은 길가메시의 기도를 듣고 위험한 상황을 직시한다. 그리고 샤마시 신은 13개 바람(13 Winds 또는 8개 바람)을 일으켜 훔바바의 눈을 때리고, 훔바바의 레이저 광선을 무력화시킨다.

하늘에 있던 샤마시 신은 길가메시의 기도를 듣고
훔바바에 대항하는 전능의 바람을 일으킨다:
위대한 바람, 북풍, 남풍, 회오리 바람,
폭풍, 냉풍, 비바람치는 폭풍,
뜨거운 바람-8개의 바람을.
8개의 바람이 훔바바를 강타했다.
보라! 훔바바가 앞으로 나갈 수 없다!
보라! 훔바바가 뒤로 움직일 수 없다!
그렇게 해서 훔바바는 가엾게 되었다.
(Shamash in heaven heard the prayer of Gilgamesh
And against Humbaba rose up mighty winds:
The Great Wind, the North Wind, the South Wind, the Whirlwind,
The Storm Wind, the Chill Wind the Tempestuous Wind
The Hot Wind-eight were the winds.
They rose up against Humbaba.
Lo! He cannot move forwards!
Lo! He cannot move backwards!
And so Humbaba relented.)(Temple, Tablet V, 1991)

이 틈을 타 길가메시와 엔키두는 훔바바를 묶고 훔바바는 체포된다. 훔바바가 살려줄 것을 애원하자, 길가메시는 이에 동정을 보내나, 엔키두는 이에 분노하며 훔바바를 죽이자고 제안한다.

훔바바가 길가메시에 대답을 했다:

'오, 살려 주세요, 길가메시! 당신은 나의 주인, 나는 당신의 신하가 되겠어.

그리고 나의 나무들은,

나는…

강한…

내가 나무들을 베어 당신의 집을 지어 드리겠소.'

엔키두가 길가메시에게 얘기했다.

'훔바바의 말을 듣지 마시오.

훔바바의 말에 귀를 기울이지 마시오.

훔바바는 반드시 죽어야 하오!'

(Then Humbaba answered Gilgamesh:

'Oh, do let me go, Gilgamesh! You will be my master, I will be your servant.

And as for my trees, My trees which I have grown,

I wil⋯

Strong⋯

I will cut them down and build you houses.'

But Enkidu said to Gilgamesh:

'Do not listen to him.

Hark not to the word of Humbaba.

Humbaba must not live!')(Temple, Tablet V, 1991)

이에 훔바바는 이들을 저주하지만, 엔키두는 훔바바의 목을 한 방에 날려 박살낸다.

엔키두가 훔바바의 목을 베고…
(He struck his head and…)(Temple, Tablet V, 1991)

이렇게 해서 오늘날의 로봇에 해당하는 훔바바는 운명을 다한다. 그리고 두 영웅은 세다 산의 많은 거대한 삼목나무들(gigantic trees)을 베어내 엔릴(Enlil) 신의 지구라트 신전, 즉 니푸르(Nippur)에 있는 에쿠르(Ekur, 높은 집) 신전의 문(게이트)에 사용할 계획을 세운다. 두 영웅은 뗏목을 만들어 훔바바의 머리와 거대한 삼목나무들을 싣고 유프라테스 강(Euphrates, 「창세기」 2장 14절의 '유브라데')과 티그리스 강(Tigris, 「창세기」 2장 14절의 '힛데겔')의 중간 길을 따라 우르크로 돌아온다.

여기서 한 가지 특이한 점이 발견된다. 필자는 2007년도부터 대한민국의 로봇윤리헌장제정위원과 로봇윤리헌장 초안을 작성하는 작가로 참여하고 있다. 2012년에 로봇윤리공론화 작업을 위해 '과연 로봇이 윤리를 가져야 하는가?'라는 주제로 보고서를 쓴 적이 있다. 『길가메시 서사시』에 나타났듯이 훔바바가 윤리를 가져야 하는 것이 아니라 훔바바를 만든 신들이 윤리를 가져야 한다. 샤마시 신이 결국 로봇의 윤리를 거역하여, 역할을 받아 임무를 잘 수행하던 애꿎은 훔바바만 죽고 만다. 따라서 인간이 만드는 로봇들도 마찬가지이다. 로봇이 윤리를 갖는 것이 아니라 로봇을 설계한 자, 로봇을 생산하는 자, 그리고 로봇을 사용하는 자에게 윤리가 있다(차원용, 2012).

2절 에덴 동산의 생명나무를 지키는 레이저로 무장한 체루빔
(그룹들)

「창세기」3장에는 아담과 하와가 선악과의 세 가지 비밀 중 두 번째의 임신하는 방법을 터득한 죄를 받아 에덴 동산에서 쫓겨난다. 그리고 여호와 하나님은 아담과 이브가 에덴 동산에 침입하여 생명나무를 계속 따먹고 영생할까 걱정하신다. 그 결과 에덴 동산 동편에 그룹들과 두루 도는 화염검을 두어 생명나무의 길을 지키게 하신다.

이때 등장하는 것이 바로 한글성경의 '그룹들'인데 히브리 성경의 라틴어인 '체루빔(단수=cherub, 복수=cherubim)'이며, 영문성경의 '거룹(kərūv)'이다. '두루 도는 화염검'이란 앞 절의 세다 산의 '훔바바'에서 살펴본 바와 같이 '레이저로 무장했다' 또는 '원자파괴 무기로 무장했다'는 뜻이다. 결국 체루빔은 오늘날의 레이저나 원자파괴 무기로 무장한 로봇들이란 뜻이다.

「창세기」3:22 – 여호와 하나님이 가라사대 보라 이 사람이 선악을 아는 일에 우리 중 하나같이 되었으니 <u>그가 그 손을 들어 생명나무 실과도 따먹고 영생할까 하노라 하시고</u>(And the LORD God said, "The man has now become like one of us, knowing good and evil. He must not be allowed to reach out his hand and take also from the tree of life and eat, and live forever.")(NIV)

3:23 – 여호와 하나님이 에덴 동산에서 그 사람을 내어 보내어 그의 근본된 토지를 갈게 하시니라(So the LORD God banished him from the Garden of Eden to work the ground from which he had been taken.)

3:24 – 이같이 하나님이 그 사람을 쫓아내시고 에덴 동산 동편에

그룹들과 두루 도는 화염검을 두어 생명나무의 길을 지키게 하시니라(After he drove the man out, he placed on the east side of the Garden of Eden cherubim and a flaming sword flashing back and forth to guard the way to the tree of life.)

따라서 체루빔은 육적인 생명체가 아니라 오늘날의 로봇과 같은 그러나 그 이상의 존재이다. 세월이 흐른 오늘날에는, 우리가 지금 말하는 로봇이 아니라, 로봇 기술 이상의 천상(celestial or heavenly)의 과학기술로 발전하였을 것으로 보고 있다.

3절 에스겔이 본 네 생물체, 우주선을 이루는 우주로봇의 체루빔(그룹들)

「에스겔」 1장과 10장에는 여호와의 보좌와 네 생물체(The Living Creatures and the Glory of the LORD)가 등장한다. 남유다 왕국 유대 민족의 바벨론 유수 기간 중인 BC 593년 7월 31일에(New Living), 에스겔이 그발 강가(Kebar River)에 사로 잡힌 자(the exiles) 중에 있을 때 하늘이 열리며 하나님의 이상을 본다(the heavens were opened and I saw visions of God). 그리고 하나님들이 나타나 에스겔에게 바벨론 유수 이후의 이스라엘의 비전(visions)을 보여 준다. 여기에서도 영문성경은 단수의 하나님(God)이라 표현하고 있으나, 이는 히브리 성경의 복수의 하나님을 뜻하는 엘로힘(Elohim)이다. 하나님 아버지를 비롯해 많은 하나님들과 천사들이 니비루 행성 또는 거대한 우주선항공모함을 타고 오심을 알 수 있다.

「에스겔」1장에는 네 생물의 형상(four living creatures)이 등장하는데 모양이 사람의 형상이요 각각 네 얼굴과 네 날개가 있다고 묘사하고 있다. 이것은 네 명의 하나님들이 반중력(Anti-gravity) 우주선 또는 우주복과 방향전환용 소형 원자로를 장비하고, 궁창(expanse)에 있는 거대한 우주선항공모함(보좌)으로부터 내려오는 장면이다. 눈이 가득하다(full of eyes)는 뜻은 우주복 또는 우주선에 난 창(window)이나 비행등을 의미하는 것이다.

그리고 「에스겔」 10장에는 "여호와의 영광이 성전을 떠나시다(The Glory Departs From the Temple)"라는 장면이 등장한다. 이는 반대로 우주선을 타고 하나님들이 성전을 떠나시는 장면이다. 이때 영광이란 우주과학적으로 말하면 어마어마한 우주선(Spacescraft) 또는 우주선의 불꽃의 색채(광채)를 말하는 것이다. 따라서 「에스겔」 10장에 등장하는 체루빔은 우주선이나 우주복을 구성하는 우주로봇을 말하는 것이다. 우주선이나 우주복 속의 하나님!! 하나님을 태우신 우주선이나 하나님이 입으신 우주복을 이루는 로봇들을 모두 체루빔이라 기록하고 있다. 그러나 세월이 흐른 오늘날에는, 「에스겔」에서 말하는 우주로봇이 아니라, 우주로봇 기술 이상의 천상(celestial or heavenly)의 과학기술로 발전하였을 것으로 보고 있다. 지금의 UFO가 그것일 가능성이 높다.

「에스겔」(Ezekiel) 10:1 - 이에 내가 보니 그룹들 머리 위 궁창에 남보석 같은 것이 나타나는데 보좌 형상 같더라(I looked, and I saw the likeness of a throne of sapphire above the expanse that was over the heads of the cherubim.)(NIV)

2 - 하나님이 가는 베옷 입은 사람에게 일러 가라사대 너는 그룹 밑 바퀴 사이로 들어가서 그 속에서 숯불을 두 손에 가득히 움켜 가

지고 성읍 위에 흩으라 하시매 그가 내 목전에 들어가더라(The LORD said to the man clothed in linen, "Go in among the wheels beneath the cherubim. Fill your hands with burning coals from among the cherubim and scatter them over the city." And as I watched, he went in.)

3 - 그 사람이 들어갈 때에 그룹들은 성전 우편에 섰고 구름은 안뜰에 가득하며(Now the cherubim were standing on the south side of the temple when the man went in, and a cloud filled the inner court.)

4 - 여호와의 영광이 그룹에서 올라 성전 문지방에 임하니 구름이 성전에 가득하며 여호와의 영화로운 광채가 뜰에 가득하였고(Then the glory of the LORD rose from above the cherubim and moved to the threshold of the temple. The cloud filled the temple, and the court was full of the radiance of the glory of the LORD.)

5 - 그룹들의 날개 소리는 바깥뜰까지 들리는데 전능하신 하나님의 말씀하시는 음성 같더라(The sound of the wings of the cherubim could be heard as far away as the outer court, like the voice of God Almighty when he speaks.)

6 - 하나님이 가는 베옷 입은 자에게 명하시기를 바퀴 사이 곧 그룹들 사이에서 불을 취하라 하셨으므로 그가 들어가 바퀴 옆에 서매(When the LORD commanded the man in linen, "Take fire from among the wheels, from among the cherubim," the man went in and stood beside a wheel.)

15 - 그룹들이 올라가니 그들은 내가 그발 강가에서 보던 생물이라(Then the cherubim rose upward. These were the living creatures I had seen by the Kebar River.)

16 - 그룹들이 행할 때에는 바퀴도 그 곁에서 행하고 그룹들이 날개를 들고 땅에서 올라가려 할 때에도 바퀴가 그 곁을 떠나지 아니하

며(When the cherubim moved, the wheels beside them moved; and when the cherubim spread their wings to rise from the ground, the wheels did not leave their side.)

17 - 그들이 서면 이들도 서고 그들이 올라가면 이들도 함께 올라가니 이는 생물의 신이 바퀴 가운데 있음이더라(When the cherubim stood still, they also stood still; and when the cherubim rose, they rose with them, because the spirit of the living creatures was in them.)

18 - 여호와의 영광이 성전 문지방을 떠나서 그룹들 위에 머무르니(When the cherubim stood still, they also stood still; and when the cherubim rose, they rose with them, because the spirit of the living creatures was in them.)

19 - 그룹들이 날개를 들고 내 목전에 땅에서 올라가는데 그들이 나갈 때에 바퀴도 그 곁에서 함께 하더라 그들이 여호와의 전으로 들어가는 동문에 머물고 이스라엘 하나님의 영광이 그 위에 덮였더라(While I watched, the cherubim spread their wings and rose from the ground, and as they went, the wheels went with them. They stopped at the entrance to the east gate)

of the LORD'S house, and the glory of the God of Israel was above them.)

20 - 그것은 내가 그발 강 가에서 본 바 이스라엘 하나님의 아래 있던 생물이라 그들이 그룹들인 줄을 내가 아니라(These were the living creatures I had seen beneath the God of Israel by the Kebar River, and I realized that they were cherubim.)

에스겔은 어째서 우주선(우주복) 또는 우주로봇을 네 생물체로 표현했을까? 이는 별자리와 관계가 있을 것으로 필자는 생각하고 있다. 이에 대한 자세한 내용과 궁창으로 오시는 하나님들과 예수님, 그리고 궁창에서 지구로 내려오시는 예수님의 재림에 대한 자세한 내용은 『바이블 매트릭스』 시리즈의 최종편인 『예수님의 재림과 새 하늘과 새 땅의 창조』에서 소개하기로 한다.

4절 이사야가 본 여섯 날개의 우주로봇인 세라핌(Seraphim)

세라핌(seraphim)은 단수인 스랍(seraph)의 복수를 뜻한다. 히브리어의 라틴어로 「이사야(Isaiah, 예언활동 BC 740-BC 681)」 6장 1~2절과 6절에 '스랍'이란 이름으로 처음이자 마지막으로 등장한다.

6장 1~2절의 장면은 야훼께서 여섯 개의 소형 제트엔진을 갖춘 이동식의 우주선을 타고 내려오셔서(착륙하셔서), 개인용 우주복을 입고 단(altar)의 보좌에 앉아 계신 것을 표현한 것이다. 여기서 중요한 것은 우주선이 착륙했다는 점이다. 스랍이란 6개의 소형제트엔진을 말하며, 세라핌은 6개의 엔진이 합쳐진 하나의 우주로봇을 의미하고, 세라핌은 하나님의 우주선 또는 우주복을 이룬다는 의미이다. 6개의 소형 제트엔진을 6개의 날개라고 표현하고 있다. 날개 둘로 얼굴을 가렸고(등에 달린 날개라는 뜻), 날개 둘로 발을 가렸으며(발에 달린 날개라는 뜻), 날개 둘로는 난다(flying)고 묘사되어 있다(팔에 부착된 날개라는 뜻). 등과 팔과 발에 각각 두 개씩 부착된 소형 엔진은 방향전환에 사용되는 것이며, 발에 부착된 엔진은 분사를 뿜을 시에는 난다는 뜻이다. 6절은 한 스랍이 핀 숯(a live coal)을 가지고 「이사야」에게 날아와서 입술에 대는 장면으로, 6개의 엔진은 각각 분리되어 날 수 있다는 것을 의미한다. 착륙했으므로 야훼의 명령에 따라 분리되어 날 수 있다는 뜻이다.

그러나 세월이 흐른 오늘날에는, 우리가 지금 말하는 우주선 또는 우주로봇 기술 이상의 천상(celestial or heavenly)의 과학기술로 발전하였을 것으로 보고 있다.

「이사야」 6:1 - 웃시야 왕의 죽던 해에 내가 본즉 주께서 높이 들린 보좌에 앉으셨는데 그 옷자락은 성전에 가득하였고(In the year that King Uzziah died, I saw the Lord seated on a throne, high and exalted, and the train of his robe filled the temple.)(NIV)

6:2 - 스랍들은 모셔 섰는데 각기 여섯 날개가 있어 그 둘로는 그 얼굴을 가리었고 그 둘로는 그 발을 가리었고 그 둘로는 날며(Above him were seraphs, each with six wings: With two wings they covered their faces, with two they covered their feet, and with two they were flying.)

6:3 - 서로 창화하여 가로되 거룩하다 거룩하다 거룩하다 만군의 여호와여 그 영광이 온 땅에 충만하도다(And they were calling to one another: "Holy, holy, holy is the LORD Almighty; the whole earth is full of his glory.")

6:4 - 이같이 창화하는 자의 소리로 인하여 문지방의 터가 요동하며 집에 연기가 충만한지라(At the sound of their voices the doorposts and thresholds shook and the temple was filled with smoke.)

6:5 - 그때에 내가 말하되 화로다 나여 망하게 되었도다 나는 입술이 부정한 사람이요 입술이 부정한 백성 중에 거하면서 만군의 여호와이신 왕을 뵈었음이로다("Woe to me!" I cried. "I am ruined! For I am a man of unclean lips, and I live among a people of unclean lips, and my eyes have seen the King, the LORD Almighty.")

6:6 - 때에 그 스랍의 하나가 화저로 단에서 취한 바 핀 숯을 손에 가지고 내게로 날아와서(Then one of the seraphs flew to me with a live coal in his hand, which he had taken with tongs from the altar.)

6:7 - 그것을 내 입에 대며 가로되 보라 이것이 네 입에 닿았으니 네 악이 제하여졌고 네 죄가 사하여졌느니라 하더라(With it he touched my mouth and said, "See, this has touched your lips; your guilt is taken away and your sin atoned for.")

자세한 내용은 『바이블 매트릭스』 시리즈의 최종편인 『예수님의

1969년 달 탐사에 나선 미국항공우주국(NASA)의 '이글(Eagle)' 탐사선. 대장(Commander)인 닐 암스트롱(Neil A. Armstrong)과 비행사(Pilot)인 에드윈 올드린(Edwin E. "Buzz" Aldrin Jr.)이 탑승했으며, 이들은 달에 성공적으로 착륙하고 달 표면을 걸었다. 이 이글에는 4개의 날개가 달렸다(NASA, 20 Jul 1969).

재림과 새 하늘과 새 땅의 창조』에서 소개하기로 한다.

5절 하나님의 보좌를 지키며 노래하는 불사조/체루빔/세라핌/ 오파닌

「에녹1서」60장 3절에는 체루빔과 세라핌 이외에 오파닌(Ophnin)이 등
장한다(Luarence, 인터넷 공개). 그리고 「에녹1서」70장 9절에는 "이들 세
라핌과 체루빔과 오파닌은 절대 잠들지 않으며, 하나님의 영광의 보
좌를 늘 지켜보고 있다"고 기록하고 있다. 한마디로 오늘날 하늘을 날
아 다니는 우주로봇이라고 말할 수 있다. 이들은 하나님의 영광의 보
좌, 즉 우주선을 이루는 부품들이라 볼 수 있는데, 하나님의 영(Spirit)
즉 생각, 마음, 명령에 따라 일사분란하게 움직인다. 이때 오파닌을 「에
스겔」 1장 15절~21절에 등장하는 우주로봇에 달린 '바퀴(Wheels)'라고
찰스(Charles, p. 162, 1893)는 해석하고 있다.

　「에녹1서」 70:9 - 'Then the Seraphim, the Cherubim, and
Ophanin surrounded it: these are those who never sleep, but
watch the throne of his glory.'

　「에녹2서」(Slavonic Enoch or 2 Enoch)에도 등장한다(Luarence, 인터넷
공개). 「에녹2서」 1장에는 에녹이 하나님이 파견한 두 명의 사자, 즉 천
사들을 만난다. 에녹은 매우 현명한 자이고 위대한 기술자로서 주님
(Lord)이 특별히 그를 사랑했다. 그래서 주님은 그로 하여금 가장 높은
곳에 계시는 하나님의 하늘을 보여 주기로 했다. 그곳은 말로 형언할
수 없는 곳이며, 체루빔(Cherubim)의 노래와 빛의 경계(boundless light)

가 없는 곳이다.

「에녹2서」 19장에는 여섯 번째 하늘(the sixth heaven)이 등장하는데, 이곳에는 일곱 천사장이 천체의 회전을 관리하고 있고, 모든 인간의 영혼과 행위와 삶을 기록하는 곳이다. 그리고 이곳에는 천사장과 천사 사이에 6개의 불사조(six Phoenixes), 6개의 체루빔(six Cherubim)과 6개의 날개를 가진 자들, 즉 세라핌(seraphim)이 쉴 새 없이 하나의 목소리로 노래를 부르고 있다.

「에녹2서」 20장에는 일곱 번째 하늘(the seventh heaven)이 등장하는데, 체루빔과 세라핌이 주님의 보좌를 에워싸고 있는 곳이다. 이곳에서 에녹은 매우 위대한 빛(a very great light)을 본다. 그리고 위대한 천사장들의 불 군대(fiery troops), 육체가 없는 영적인 힘(incorporeal forces), 지배력(dominions), 순위들과 통치기관들(orders and governments), 체루빔과 세라핌(cherubim and seraphim), 보좌와 많은 눈을 가진 자들, 9개의 통치(nine regiments), 빛의 정거장인 이오나니트(Ioanit)를 본다.

체루빔과 세라핌이 보좌 주위에 서 있는데, 6개의 날개와 많은 눈을 가진 세라핌은 서로 떨어지지 않고 주님의 면전에 서서 주님의 의지대로 행동한다. 보좌를 둘러싼 세라핌은 주님의 면전에서 상냥한 노래를 부른다: 거룩하다 거룩하다 거룩하다 만군의 주님이여 그 영광이 온 하늘과 온 땅에 충만하도다(Holy, holy, holy, Lord Ruler of Sabaoth, heavens and earth are full of Your glory.)

이는 「이사야」 6장 3절의 내용과 똑같다.

「이사야」6:3 - 서로 창화하여 가로되 거룩하다 거룩하다 거룩하다 만군의 여호와여 그 영광이 온 땅에 충만하도다(And they were calling to one another: "Holy, holy, holy is the LORD Almighty; the whole earth is full of his glory.")(NIV)

에녹은 일곱 번째 하늘 끝에 홀로 남아 두려워, 머리를 땅에 대고 스스로에게 말을 한다. "나에게 화로다, 망하게 되었도다(Woe is me, what has befallen me.)"

이는 「이사야」6장 5절의 내용과 유사하다.

「이사야」6:5 - 그때에 내가 말하되 화로다 나여 망하게 되었도다 ("Woe to me!" I cried. "I am ruined!")(NIV)

6절 태양을 지키며 관리하는 천사/불사조/칼키드리가 발견되다

「에녹2서」(Slavonic Enoch or 2 Enoch) 11장에는 네 번째 하늘이 등장하는데((Luarence, 인터넷 공개), 이곳은 태양과 달의 궤도(the course)가 있고, 지금까지 연속적으로 발하는 태양 빛(rays of the light)을 다스리는 곳이다. 『바이블 매트릭스』 시리즈 1권 1부 6장 3절의 "지구의 연한-계절-일자를 위해 별들-태양-행성들의 궤도를 정하다"에서 본 바와 같이 황도(黃道, Ecliptic)와 황도대(黃道帶, Zodiac)가 등장한다. 태양의 황도와 다시 처음으로 돌아오는 지점은 네 개의 위대한 별들에 의해 수반되는데, 각각 네 개의 별들 아래에는 천개의 별을 가지고 있다. 다 합쳐 8,000개의 별들이 태양으로 하여금 황도를 따라 돌게 한다. 낮에는 15만 명(fifteen myriads)의 천사들이 이를 다스리고 밤에는 1,000명의 천사들이 이를 다스린다. 6개의 날개를 가진 천사들이 태양의 둘레에서 뜨거운 화염을 다스리고, 100명의 천사들이 태양을 지펴 올바르게 위치를 고정시킨다.

「에녹2서」 12장에는 태양의 신비스러운 요소들에 대해 언급한다. 에녹은 태양의 함께 도는 요소들을 보는데, 그들의 이름은 감탄할 불사조(Phoenixes)와 칼키드리(Chalkydri)인데, 형태는 사자의 발과 발톱 같고, 악어의 머리 같으며, 모습은 보라색으로 물들인 무지개 빛이다. 그들의 크기는 900으로 측정되고, 그들의 날개는 천사들의 날개 같으며, 각각은 12개의 날개를 가졌다. 이들은 태양과 함께 참여하여 태양과 같이 돈다. 이들은 열과 이슬을 갖고 있고, 하나님으로부터 명령을 받는다.

그렇다. 태양을 지키며 불을 지피우고 관리하는 천사, 불사조, 칼키드리가 「에녹2서」에 등장한다. 그런데 이들의 영상이 미국항공우주국(NASA)에 포착되어 공개되고 있다.

태양 주변에서 포착된 미확인비행물체(UFO) 영상을 미항공우주국이 은폐 또는 삭제했다는 주장이 제기됐다. 지난 2012년 5월 7일 유튜브 사용자 'rob19791'는 "NASA가 은폐하려 한 외계생명체가 우리 태양을 흡수하는 궁극적인 증거를 발견했다"면서 태양 옆에 나타난 UFO 영상을 공개했다. 공개된 영상에는 태양 표면 근처에 거대한 직사각형의 비행물체가 등장한다. 이는 2012년 4월에 발견됐다던 UFO와 거의 흡사한 모양이다. 이 영상은 NASA가 1995년 유럽항공우주국과 공동으로 발사한 태양관측위성 소호(SOHO)가 촬영한 것으로 NASA는

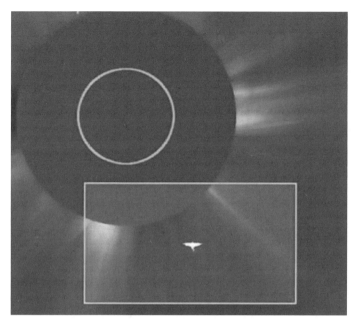

두 번째로 태양에 접근하는 날개 달린 미확인비행물체. 이는 '균형 잡힌 거대한 우주선이거나 실제로 거대한 천사일 수도 있다'. Official photos at NASA : LASCO C2, LASCO C3, SOHO STEREO ahead & Behind EUVI 195.

해당 영상을 공식 홈페이지에 공개했다가 하루 만에 서비스를 중지했다. 이를 두고 'rob19791'는 "영상이 촬영된 지 하루 만에 홈페이지에서 라이브 스트리밍 영상이 중지됐다"며 "이는 우연치고는 의심스러운 상황"이라고 말했다. 이어 "NASA가 그 영상을 보는 것을 막고 있다"고 주장했다.

이에 대해 NASA는 "태양관측위성의 오류로 긴급 모드에 들어갔다"며 "영상을 복구시키기 위해 최대한 노력하고 있다"고 해명했다. 한편, 태양 주변에서 UFO의 모습이 목격된 것은 이번이 세 번째다. 2012년 4월 21일에는 비슷한 형태의 물체가 포착됐고, 2012년 3월에는 태

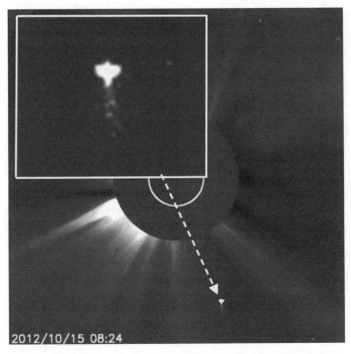

스콧 워닝이 공개한 '2012년 10월 15일 게재한 소호 이미지 속 물체'. Official photos at NASA/ SOHO

양으로부터 연료를 보급하는 듯한 UFO가 포착됐다. 그러나 이에 대해 NASA는 각각 소호의 센서 왜곡과 태양활동인 홍염이라고 해명했다 (이데일리, 12 May 2013).

태양 주변에서 날개 달린 천사 모습을 한 미확인비행물체(UFO) 가 포착됐다(헤럴드생생뉴스, 23 Feb 2013). 해외 유명 UFO 전문 블로그 'UFO 사이팅스 데일리(ufosightingsdaily)'에 따르면 미국항공우주국의 태양관측 스테레오위성 소호(SOHO)가 2013년 2월 20일 오전 6시 8분 께 촬영한 사진에서 천사 UFO가 발견됐다(UFO Sightings Daily, 20 May 2013). 해당 사진을 올린 UFO 전문 연구가 스콧 워닝(Scott C Waring)은

"천사 UFO에 대한 포스팅은 이번이 두 번째"라며 2012년 10월 15일 게재한 소호 이미지 속 물체를 링크로 공개하기도 했다(UFO Sightings Daily, 15 Oct 2013). 워닝은 천사 모습을 한 UFO를 두고 "균형 잡힌 거대한 우주선이거나 실제로 거대한 천사일 수도 있다"며 "확신할 수 있는 것은 그 물체가 태양으로 접근하고 있는 것뿐"이라고 말했다. 이어 그는 "이 같은 디지털카메라 이미지는 거짓말을 하지 않는다"고 강조했다.

실제로 그가 블로그를 통해 공개한 두 차례의 이미지를 확인해 보면 비슷한 형태의 물체라는 것을 알 수 있다. 한편 소호를 통해 포착된 UFO는 2012년 한 해 동안 여섯 차례가 넘는 것으로 알려졌다.

종합해 보면 이것은 분명 태양을 지키며 관리하는 천사 혹은 불사조 혹은 칼키드리임에 틀림이 없을 것이다.

5장
노아의 방주와
요나의 물고기는 잠수함

1절 노아의 방주는 잠수함

「창세기」6장에서 8장에 등장하는 노아의 방주(Ark of Noah)는 그저 배일까? 아니면 오늘날의 잠수함일까? 남극 대륙에서 시작한 노아의 홍수(지진과 해일 포함)는 인도양과 태평양과 대서양을 넘어 각 대륙에 들이 닥쳐 그 당시 2,500미터의 이하의 산들을 모두 삼켰다. 노아의 방주는 아라라트 산(Mt. Ararat)에 머무는데, 아라라트 산은 11킬로미터 정도 떨어진 두 봉우리로 이뤄져 있다. 대(大)아라라트 산의 해발고도 5160미터이고 소(小)아라라트 산은 3873미터에 이른다

2011년 3월 일본에서 발생한, 즉 센다이(仙台) 대지진 혹은 도호쿠(東北) 대지진은 진도 8.9~9.0의 강력한 대지진과 쓰나미로, 일본의 주요 섬 중 하나인 혼슈(本州)의 북동쪽 해안에서 발생했다. 이 지진은 육지에 광범위한 피해를 입혔으며, 지진성 해일인 쓰나미가 몰려와 일본의 많은 해안 지역을 휩쓸어버렸다. 미야기(宮城)현 미야코(宮古) 시의 건물 피해 상황을 조사한 결과, 이 지역에 몰아친 쓰나미가 37.9미터인 것으로 밝혀졌다. 해안에서 약 200미터 떨어진 언덕 위까지 쓰나미가 휩쓴 흔적도 발견

됐다. 이번 도호쿠 대지진은 그간 발생한 쓰나미 중 가장 높은 것으로 조사됐다. 이는 지난 1896년 메이지 산리쿠(明治三陸) 지진 당시 미야기현 오후나토(大船渡)에서 확인된 38.2미터의 최고 기록에 필적하는 것으로, 2004년 인도네시아 쓰나미 최고 높이인 34.9미터보다 높았다(한국일보, 03 Apr 2011; Youtube, 11 Mar 2011). 그 당시 뉴스를 통해 거대한 배가 쓰나미에 휩쓸려 육지로 들어와 파괴되는 장면을 우리는 보았다(동아일보-루이터즈, 13 Mar 2011). 이 대지진으로 일본 전국에 피난중인 사람은 31만 5,196명에 이르고, 신원이 밝혀진 사망자는 1만 5,881명이었다. 또한 후쿠시마 원자력발전소가 파괴되고 방사능에 오염된 물이 바다로 흘러나와 일본은 아직도 골치를 앓고 있다.

이렇듯 무시무시했던 일본 대지진의 쓰나미 높이가 37.9미터였다. 하지만 노아의 홍수는 2,500미터였다. 그렇다면 노아의 방주는 그냥 배였을까? 쓰나미 높이가 2,500미터인 파도에 살아 남을 배가 있을까? 이렇게 본다면 노아의 방주는 그냥 배가 아니라 분명 오늘날의 잠수함이었을 것이라 추측된다. 「창세기」 6장 14절의 내용을 자세히 읽어보면, 하늘이 보이는 배가 아니라 하늘이 안 보이도록 모든 문들을 역청으로 코팅해 봉해진 잠수함이라는 것을 쉽게 예측해 볼 수 있다.

「창세기」 6:14 – 너는 잣나무로 너를 위하여 방주를 짓되 <u>그 안에 간들을 막고 역청으로 그 안팎에 칠하라</u>(So make yourself an ark of cypress wood; <u>make rooms in it and coat it with pitch inside and out</u>)(NIV).

그렇다! 노아의 방주는 분명 잠수함이었다. 이것을 증빙할 고대 문서가 하나 있다. 가장 오래된 c.BC 2150년경의 『에리두 창세기』의 〈세그먼트 디(Segment D)〉에는 지우수드라의 대홍수에서부터 아라라트 산에 도착한 방주의 문을, "우투(Utu) 신께서 와서 하늘과 땅을 비추고 레이저 광선을 이용해 방주를 뚫고 들어왔다"고 기록하고 있다.

1-11. 모든 폭풍과 강풍이 한꺼번에 일어났고, 대홍수는 …을 다 쓸어 버렸다… 홍수가 이 땅을 다 쓸어 버린 후, 파도와 폭풍이 커다란 방주를 7일 밤낮으로 아라라트 산의 바위에 걸치게 했고, 태양의 신인 우투가 와서, 하늘과 땅을 비췄다. 지우수드라는 방주에 문을 뚫었고, 영웅인 우투 신이 그의 레이저 광선을 들고 방주에 들어왔다. 지우수드라는 우투 신 앞에 엎드렸다. 지우수드라는 황소와 많은 양을 번제로 드렸다(All the windstorms and gales arose together, and the flood swept over the …. After the flood had swept over the land, and waves and windstorms had rocked the huge boat for seven days and seven nights, Utu the sun god came out, illuminating heaven and earth. Zi-ud-sura could drill an opening in the huge boat and the hero Utu entered the huge boat with his rays. Zi-ud-sura the king prostrated himself before Utu. The king sacrificed oxen and offered innumerable sheep).(Black et al., 『The Flood Story, Segment D』, 1998-2006)

그 배는 엄청난 양의 비와 물을 견디며 물에 잠길 수 있는 잠수함이었다. 수메르(Sumer) 고대 문서 기록은 방주의 치수는 물론이고 다양한 갑판과 구역들을 자세히 언급해 놓았기 때문에 방주를 그려 볼 수 있는데, 실제로 미국의 아시리아학(Assyriology) 선구자이며 셈어(Semitic) 학자인 폴 하우프트(Paul Haupt)가 방주의 청사진을 그렸는데(Haupt, 1988 & 1927 & 2012) 영락없는 잠수함이다.

기원전 3세기의 헬레니즘(Hellenism)시대의 바빌로니아의 마르둑

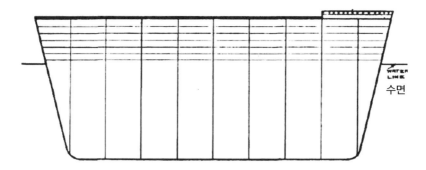

지우수드라가 만들었던 잠수함의 청사진. Credit : Paul Haupt; 시친, Book II, p. 195, 2009. © Z. Sitchin, Reprinted with permission.

(Marduk) 신의 신전인 벨로스(Belos)의 신관(priest)이자 역사가이며 천문학자인 베로수스(베로소스, Berossus, Berosus, Berossos)는 BC 280년에 역사서인 『바빌로니아지(誌, Babyloniaca, History of Babylonia)』 3권을 그리스어로 써서, 시리아의 왕인 안티오코스 1세(Antiochus I Soter)에게 바쳤다. 이 책을 일명 『베로수스(Berossus, 『Babyloniaca, History of Babylonia』, at noahs-ark.tv)』라 부른다.

제1권에서는 바빌로니아 역사의 시작에서 대홍수의 기원(起源)까지를 다루고 있는데, 실제로 BC 380년까지도 아라라트 산에 노아의 방주가 있었다고 기록하고 있다. 사람들이 산에 올라 노아의 방주 나무 조각을 찾으면 그것이 액운을 없앤다고 기록되어 있다(people actually climbed Mt. Ararat to gather wood to be used a lucky charms to ward off evil).

2절 현대판 노아의 방주에 도전

텔링거(Tellinger)는 그의 저서 『신의 노예 종들(Slave Species of God)』 (2006, p.472)에서 잠수함에 실린 것은 살아 있는 동물들 뿐만 아니라 동물과 각종 채소와 식물 등의 유전자들도 카테고리별로 각각 박스에 넣어 실렸다고 강조하고 있다.

실제로 현대판 노아의 방주에 도전하는 사례들이 있다. 하버드 대학 에드워드 윌슨(Edward O. Wilson) 교수가 공식 제안한 현대판 노아의 방주(Noah's Ark)인 생명의 백과사전(Encyclopedia of Life, EOL)[12] 프로젝트가 2007년에 시작되었다. 아직 밝혀지지 않은 지구상의 90%의 생물종들을 찾는 프로젝트이다. 지금까지 밝혀진 생물종은 10%의 180만 종이다. 앞으로 10년 동안 지구상에 존재하는 1억 종 이상의 생물체를 발견하고 시스템생물학(Systems Biology)[13]을 이용하여 이들의 사진, 동영상, 계통도, 소리, 서식지 분포도 등을 3차원으로 만들어 웹에 제공할 것이다. 그 결과는 생물보존뿐만 아니라 유익한 교육정보가 될 것으로 기대되지만, 언젠가는 결국 1억 종의 생물체에 바코드 태그(tags)를 달아 생물망(Net of BioLife)이 탄생할 것을 예고하고 있으므로 악의적인 목표가 아니라 선의의 목표로 접근하고 활용해야 할 것이다.

---

12 Encyclopedia of Life – http://www.eol.org/home.html
Youtube – What is the Encyclopedia of Life?(16 Aug 2012)
http://www.youtube.com/watch?v=9dE5OWBw4fE
13 정보기술을 이용하는 생물학을 의미한다. 한국에서는 생물/생명정보학(Bioinformatics)이라 표현하지만 실제 『Science』지나 『Nature』지의 논문들은 시스템생물학(Systems Biology)이라는 표현을 사용한다. 『Nature』지도 2007년에 Systems Biology라는 새로운 분야를 『Life Sciences』에 추가했다.

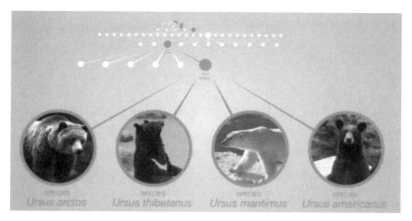

생명의 백과사전(EOL). 생물종들의 사진, 동영상, 계통도, 소리, 서식지 분포도 등을 3차원으로 만들어 웹에 제공할 것임. Image Credit : EOL.Org

　노르웨이 정부 또한 지구 최후의 날(Doomsday)을 대비한 현대판 노아의 방주인 최후의 날 저장고(Doomsday Vault)인 씨앗 및 유전자의 방주를 만든다. 노르웨이 북부(North Pole)에서 1000킬러미터 떨어진 스발바드 섬에 스발바드 국제종자 저장고(Svalbard International Seed Vault)[14]를 2007년 3월에 착공하여 종자(種子) 450만 종을 2008년까지 완공하여 저장했다. 문명구조연대(The Alliance to Rescue Civilization, ARC)는 아예 달나라에 지구상의 모든 생물종의 유전자(DNA) 표본 및 관련 인간의 지식을 달에 보내자는 계획을 수립하고 추진하고 있다. 캐나다 빅토리아 대학의 노아의 방주 탐사단(NOAA's Arc Ocean Explorer)[15]은 대양에 서식하는 각종 생물체들의 종 및 그들의 메커니즘을 발견하고자 노력하고 있으며, 생명의 나무 웹 프로젝트(The Tree

---

14 Seed Portal of the Svalbard Global Seed Vault - http://www.nordgen.org/sgsv/
15 NOAA - http://oceanexplorer.noaa.gov/history/history.html

of Life Web Project, ToL)[16] 또한 땅의 여신이란 뜻인 데메테르(Demeter)라는 슈퍼컴퓨터를 이용하여 생명의 나무에 도전하고 있다.

이러한 도전을 통한 창조 지식의 발견은 환경보존, 지구보존 및 식량보존이라는 녹색문화의 창조라는 목표 이외에 이들의 에너지와 파동을 잘 활용하자는 것이고— 이를 생체체모방학(Biomimetics)이라고 한다—궁극적으로는 언젠가 인간이 달나라나 화성에 가서 살 때 이들 생물종의 유전자들을 가져가서 우주생물학(Astrobiology, Exobiology)에 활용하고자 하는 것이다.

우리나라의 경우 땅 위의 종들은 외세들의 침략으로 미국-일본-영국이 70% 이상을 탈취해 자기들의 종이라고 데이터베이스에 올려서 다 빼앗겼지만, 다행히 땅 밑에 있는, 즉 강이나 바다에 있는 것은 거의 다 그대로 존재하고 있어 서둘러 우리의 생물종을 찾아 빅 데이터로 구축해야 한다. 특히 전 세계 바다에 서식하는 종들의 1/3은 아직도 그 이름이 무엇인지 밝혀지지 않았다는(At Least One-Third of Marine Species Remain Undescribed) 논문이 발표되었다(Appeltans et al., 2012; Science Daily, 12 Nov 2012).

3절 요나의 물고기는 잠수함

이번에는 선지자(Prophet) 요나(Jonah)의 물고기를 보자. 이 이야기는 「열왕기하」 14장 25절을 보면 알 수 있는데, 바로 사마리아(Samaria)

---

16 TOL - http://tolweb.org/tree/phylogeny.html

를 수도로 하는 북이스라엘 왕국(BC 931-BC 722)의 여로보암 2세 (Jeroboam II, 통치 BC 793-BC 753) 때 일어난 일이다. 이 사건은 니네베 (니느웨, Nineveh)를 수도로 하는 신아시리아 왕조(Neo-Assyrian Empire, c.BC 912-c.BC 612)가 사마리아를 침공해 북이스라엘 왕국을 멸망시키 면서(BC 723-BC 722), 북이스라엘인들을 신아시리아의 수도인 니네베 와 동쪽 산악지대의 메디아(Media, 구약성경의 '메대', Medes)로의 아시리 아(앗수르) 포로(Assyria Exile/Captivity, BC 723-BC 612)가 시작되기 전인 BC 759년에 일어난 일이다. 이 당시 신아시리아 왕조는 북이스라엘 왕국을 종종 침공하면서 괴롭혔다.

「요나」 1장에는 요나가 여호와(야훼)의 "너는 일어나 저 큰 성읍 니 느웨로 가서 그것을 쳐서 외치라 그 악독이 내 앞에 상달하였음이니라 하시니라"라는 명령을 거역하고, 여호와의 낯을 피하려고 일어나 다시 스(Tarshish, 지중해의 스페인 또는 북이스라엘 지중해 연안의 두레, Tyre)로 도 망하기 위하여 욥바(Joppa, 북이스라엘 지중해 연안의 도시)로 내려간다. 마침 다시스로 가는 배를 만난지라 여호와의 낯을 피하여 함께 다시스 로 가려고 선가를 주고 배에 오른다. 이에 여호와께서 대풍을 바다 위 에 내리시매 바다 가운데 폭풍이 대작하여 배가 거의 깨어지게 된지 라, 사공들은 요나를 바다로 던진다.

이때 여호와께서 이미 큰 물고기(a great fish)를 예비하사 요나를 삼 키게 하셨으므로 요나가 삼일 삼야를 물고기 배에 있는다. 그리고 요 나가 여호와께 기도를 하자, 여호와께서 그 물고기에게 명하시어 요나 를 육지에 토하게 하신다.

「요나」 1:17 - 여호와께서 이미 큰 물고기를 예비하사 요나를 삼키게 하셨으므로 요나가 삼일 삼야를 물고기 배에 있으니라(But the LORD provided a great fish to swallow Jonah, and Jonah was inside the fish three days and three nights.)(NIV)

2:10 - 여호와께서 그 물고기에게 명하시매 요나를 육지에 토하니라 (And the LORD commanded the fish, and it vomited Jonah onto dry land.)

이를 어떻게 해석해야 할까? 그냥 전지전능하신 야훼 하나님이므로 정말 물고기보고 요나를 삼켜 삼일 삼야를 있다가 육지로 토해내게 하셨을까? 그렇다고 볼 수도 있지만, 과학적 관점에선 로직이 타당하지 않다는 것을 알 수 있다.

그것은 잠수함이다. 잠수함에서 요나를 낚아채고, 잠수함 안에서 삼일동안 회개를 하고 기도를 하게 하고, 그 결과 잠수함에서 육지로 보내져 여호와의 명령을 이행할 수 있었던 것이다.

영국의 레이어드(Austen Henry Layard)는 1845~1849년에 니네베(Nineveh)를 비롯하여 님로드(Nimrod, Nimrud, 「창세기」 10:8의 '니므롯')를 발굴한 고고학자이자 역사학자이다(Layard, 1848-1849). 그 후 레이어드의 조수인 라삼(Hormuzd Rassam)은 1852~1854년에 니네베의 발굴을 재시도하여 1853년에 폐허가 된 신아시리아 왕조의 마지막 왕인 아수르바니팔(Ashurbanipal, 통치 BC 668-BC 612)의 도서관에서 그 유명한 첫 번째 우르크(Uruk) 왕조의 다섯 번째 왕인 길가메시(Gilgamesh, c.BC 2700, 통치 126년)를 칭송하는 『길가메시 서사시』를 발굴하였다. 발굴은 계속되어 1927년에는 요나의 무덤(Nabī Yūnus) 주위가 발굴되고, 제2차 세계대전 이후에는 니네베 성곽들이 발굴되었다. 1987~1990년에는 성에 출입하는 여러 성문들(Gates)이 발굴되었고, 전쟁시 포위를 당

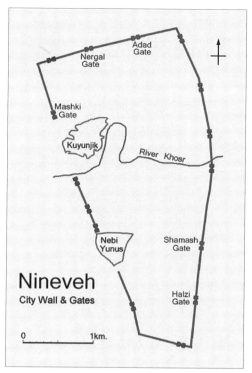

니네베의 도시 성곽과 성문, 그리고
큐윤지크(Kuyunjik)와 요나의 무덤
(Nebi Yunus). 자료 : wikipedia.org

했을 때 니네베에 물을 공급하는 상수도 시스템이 있었다는 사실도 발
견하였다.

이것은 무엇을 의미하는가 하면 하나님들의 창조행위가 우리 인간
에 의해서 반복된다는 것을 의미한다. 오늘날의 잠수함을 보라. 서기
4260년부터 시작되는 염소자리(Capricorn, The Sea-Goat)시대에는 바
다왕국이 등장한다. 이때가 되면 오늘날의 잠수함은 아무것도 아니다.
하나님이 명령만 하면 잠수함이 기동하여 요나를 삼키듯이 그 이상의
일들이 벌어질 것이다.

6장
바벨탑에 숨겨진 비밀

1절 바벨탑(The Tower of Babel) 사건

1. 바벨탑 사건의 연대와 장소

c.BC 13020년경에 일어난 노아의 대홍수로 동부 메소포타미아 수메르 지역의 과학도시들과 지구라트들이 모두 파괴되어, c.BC 10860년 경에 수메르 지역을 대신해 서부의 예루살렘 비행통제센터, 시나이 우주공항, 이집트의 피라미드와 헬리오폴리스 등의 관제센터가 건설되었다. 그 후 1-2차 신들의 피라미드 전쟁을 거쳐, c.BC 5000년경에 수메르 옛 도시들과 지구라트들이 재건되기 시작해, c.BC 3800년경에 인간에게 최초의 왕권이 주어져, 최초의 왕국이 키시(쿠시)에 세워졌다. 이때부터 수메르 문명이 시작되었으며, 그 다음에 바벨탑 사건이 일어난다.

「창세기」11장에는 그 유명한 바벨탑(The Tower of Babel) 사건이 등장한다. 바벨탑 사건이 언제 일어났을까? 작고하신 시친(Z. Sitchin)의 지구 연대기(시친, III, P.555)에 따르면 바벨탑 사건은 대략 c.BC 3450년

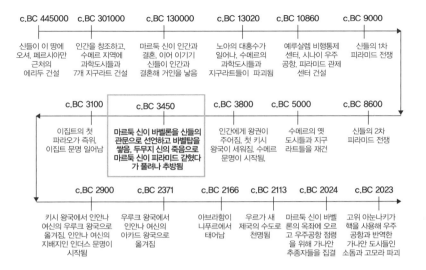

c.BC 445000	c.BC 301000	c.BC 130000	c.BC 13020	c.BC 10860	c.BC 9000
신들이 이 땅에 오셔, 페르시아만 근처의 에리두 건설	인간을 창조하고, 수메르 지역에 과학도시들과 7개 지구라트 건설	마르둑 신이 인간과 결혼, 이어 이기기 신들이 인간과 결혼해 거인을 낳음	노아의 대홍수가 일어나, 수메르의 과학도시들과 지구라트들이 파괴됨	예루살렘 비행통제 센터, 시나이 우주공항, 피라미드 관제 센터 건설	신들의 1차 피라미드 전쟁

c.BC 3100	c.BC 3450	c.BC 3800	c.BC 5000	c.BC 8600
이집트의 첫 파라오가 즉위. 이집트 문명 일어남	마르둑 신이 바벨론을 신들의 관문으로 선언하고 바벨탑을 쌓음, 두무지 신의 죽음으로 마르둑 신이 피라미드 갇혔다가 풀려나 추방됨	인간에게 왕권이 주어짐. 첫 키시 왕국이 세워짐. 수메르 문명이 시작됨.	수메르의 옛 도시들과 지구라트들을 재건	신들의 2차 피라미드 전쟁

c.BC 2900	c.BC 2371	c.BC 2166	c.BC 2113	c.BC 2024	c.BC 2023
키시 왕국에서 인안나 여신의 우루크 왕국으로 옮겨짐. 인안나 여신의 지배지인 인더스 문명이 시작됨	우루크 왕국에서 인안나 여신의 아카드 왕국으로 옮겨짐	아브라함이 니푸르에서 태어남	우르가 새 제국의 수도로 천명됨	마르둑 신이 바벨론의 옥좌에 오르고 우주공항 점령을 위해 가나안 추종자들을 집결	고위 아눈나키가 핵을 사용해 우주공항과 반역한 가나안 도시들인 소돔과 고모라 파괴

지구의 역사. 바벨탑 사건의 연도.

에 일어났고, 성경연대기로는 c.BC 2357(B)-c.BC 2118(B)년에 일어났다. 「창세기」 10장 25절에 "에벨(Eber)은 두 아들을 낳고 하나의 이름을 벨렉(Peleg)이라 하였으니, 그때에 세상이 나뉘었음이요 벨렉의 아우의 이름은 욕단이며"라는 구절이 나온다. 에벨은 아담 족보상으로 13대손이고 벨렉(c.BC 2357(B)-c.BC 2118(B)은 14대손이다. 그런데 벨렉 시대에 세상이 나뉘었다고 분명하게 기록하고 있다. 세상이 나뉘었다는 것은 바로 바벨탑 사건을 말하며, 바벨탑 사건으로 사람들은 각기 다른 언어를 가지고 온 지면으로 흩어졌다는 것을 말한다. 따라서 성경연대기로는 벨렉 족장이 다스리던 시대에 바벨탑 사건이 일어났다.

「창세기」 11장의 내용을 보자. 온 땅의 언어가 하나(one language)이기 때문에 말하는 스피치도 하나(a common speech)였다. 이들이 동방, 즉 메소포타미아로 옮기다가 시날(Shinar), 즉 수메르(Sumer) 평지에서 만나 거주하였다. 초기 수메르시대의 고대 도시국가를 보면 시날은 남부의 수메르를 지칭했으나, 바벨탑 사건 당시의 시날은 바빌로니아(바빌론, 바벨론, Babylonia, Babylon, 지금 이라크의 '바그다드')라고 불렸다. 따라서 바벨탑은 바로 바빌론에서 일어난 사건이었다. 이것을 파악하는 것이 무엇보다 중요하다. 왜냐하면 이 당시 바빌론의 주신(Patron God)이 누구였는지가, 이 바벨탑을 쌓은 핵심 주동 신이기 때문이다. 미안하지만 인간이 바벨탑을 쌓은 반역의 주인공이 아니라 주동자들은 바로 엘로힘(Elohim, Gods), 즉 젊은 신들이었다.

다음 지도는 c.BC 13020년에 일어난 노아의 대홍수로 파괴되었던 초기의 메소포타미아 도시들을 재건한 후의 수메르시대의 고대 도시국가들이다. 재건이 시작된 연도는 대략 c.BC 5000년경이다.

2. 바벨탑의 원형은 바로 최고의 지구라트인 에쿠르

앞서 2부 2장에서 살펴본 바와 같이, 처음 이 땅에 오신 신들의 우주과학 통신기지는 모두 7개였다. 7개의 지구라트는 노아의 대홍수 이전인 c.BC 300000년 전에 세워졌는데, 에리두(Eridu), 라르사(Larsa), 바드티비라(Bad-tibira), 라가시(Lagash), 슈루팍(Suruppak), 니푸르(Nippur), 라락(Larak/Larag)에 세워졌다. 이 7개의 지구라트는 7개 계단의 피라미드 형태였으며, 일곱 개의 표시등을 가진 중앙통신장치가 있었는데, 니비루와 다른 통신기지나 지구 궤도를 선회하고 있는 모선과의 연락을 취하는 데 사용되고 있었다.

그 중 아눈나키의 수장이시며 최고 높은 엔릴(Enlil) 신이 거주하는 지구라트 신전은 니푸르(Nippur)에 건설한 에쿠르(Ekur)였는데, 그곳은 니브루키(Niburuki), 즉 '지구의 니비루(The Earth-Place of Nibiru)'

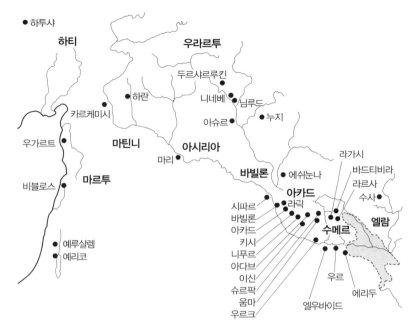

수메르시대의 도시국가(City-States, c.BC 5000-c.BC 2023). Credit : 시친, I, 2009, p 86. © Z. Sitchin, Reprinted with permission.

라 불렀으며, 바로 아카드어로 '니푸르'이다. 이곳에는 인공적으로 쌓아 올려진 기둥에 안테나들이 설치된 계단이 있었는데, 이것이 '바벨탑'의 원형이었다. 그 꼭대기에는 비밀의 방인 디르가(Dirga), 즉 '불빛이 새어 나오는 어두운 방(Dark, Glowing Chamber)'이 있어 거기에 '별들의 상징들(the emblems of the stars)'인 우주 지도가 배치되고, 두루안키(Duranki), 즉 '하늘과 지구의 연결(Bond Heaven-Earth)'이 유지되었다. 따라서 에쿠르는 바로 우주비행통제센터(Spacecraft Mission Control Center)였다(시친, III, 151).

7개 지구라트 중 유일하게 니비루에서 지구로 오는 우주선의 비행경로와 니비루로 돌아가는 우주선의 비행경로와 전체 우주지도가 배치된 곳이었다. 아눈나키의 수장이신 엔릴 신이 이를 관할하고 있었다.

2절 거대한 로켓인 바벨탑을 쌓은 주인공은 바로 젊은 마르둑 신

1. 젊은 마르둑 신의 정체, 서자의 서러움

마르둑 신은 이 땅의 아눈나키의 2인자인 엔키(Enki) 신께서 하늘, 즉
니비루에서 낳은 아들로, 아버지를 따라 이 땅에 내려오셨다. 수메르
시대의 수메르어로 마르둑(Marduk), 그 이후 아카드어로 아마르우트
(AMAR.UTU), 그리고 히브리 성경의 히브리어인 므로닥(Merodach) 신
을 말한다(『예레미야』 50:2). 순수한 언덕의 아들이라는 뜻으로 젊은 벨
(Young Bel), 바알(Baal), 즉 주님(Lord)이란 뜻이다. 연장자 벨(Elder Bel)
은 하늘에서 이 땅에 오신 엔릴 신과 엔키 신 등 고위 신들을 말한다.

엔릴 신과 엔키 신의 아버지는 하늘에 거주하시며, 이 땅에는 연례
행사 차나 급한 일이 있을 경우에 오시는 안(An, 아누=Anu) 신이시다.
안 신은 니비루에서 두 아들을 두셨는데, 엔키 신이 먼저 태어나셨지
만 서자(庶子)였고, 엔릴 신이 나중에 태어나셨지만 적자(嫡子)였다. 이
땅에 최초로 내려오셔서 많은 일들을 하신 이가 엔키 신이지만, 서자
란 이유로, 나중에 내려오신 엔릴 신이 12명의 고위 신들로 구성된 최
고회의 그룹인 아눈나키(Anunnaki)의 수장이 되신다.

따라서 엔키 신은 적자가 혈통을 잇는 니비루와 아눈나키들의 규
정에 따라 2인자로 밀려난다. 2인자로 밀려났다는 것은 향후 언젠가
니비루로 돌아가면, 엔키 신이 아니라 엔릴 신이 안 신의 신권과 왕권
즉 보좌를 물려받게 된다는 것을 의미한다. 그리고 그 보좌는 다시 엔
릴 신의 첫째아들인 닌우르타(Ninurta) 신에게 넘어감을 의미한다. 따

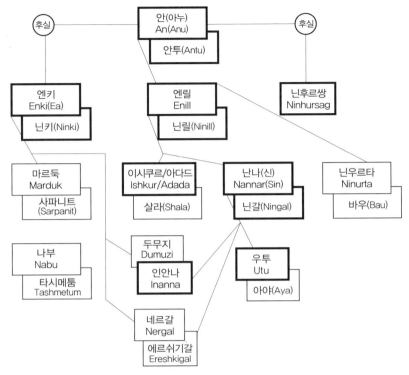

수메르시대의 주요 신들의 족보도. 굵은 선의 신들과 여신들은 12명의 아눈나키(Anunnaki) 그룹.
Credit : 시친, I, 2009, p. 190, © Z. Sitchin, Reprinted with permission.

라서 이때의 왕자는 닌우르타 신이셨다.

따라서 엔키 신과 그의 아들 마르둑 신은 하늘의 니비루로 돌아가 봐야 별 재미기 없다고 생각하고, 이 지구를 그들의 본거지로 삼아야겠다고 판단했는지도 모른다. 그래서 엔키 신은 인간을 본인이 직접 창조한 다음 인간들에게 인정을 보이셨고, 니비루에서 정해진 인간의 창조 조건인 선악과 비밀 중 두 번째의 비밀인 임신하는 능력을 인간들에게 주었는지도 모른다. 엔키 신은 닌후르쌍(Ninhursanga) 여신과 함께 본인의 유전자와 닌후르쌍의 유전자를 아담과 이브에 주입하여 생식을 할 수 있는 이중나선(Double Helix)을 만들어 주었다(차원용, 『바이블 매트릭스』 2, 2013, p.164). 그 결과 사람이 땅 위에 번성하기 시작한다(『창세기』 6:1). 그리고 세 번째의 선악과인 각종 지식을 인간들에게 전수해 준다.[17] 농사짓는 방법, 가축을 기르는 방법, 건물을 짓는 방법, 글을 기록하는 방법, 계절을 아는 방법 등을 가르쳐 주었고, 그것도 모자라 로켓의 발사대를 세우고 우주선을 쏘는 우주공학기술까지 전수하려 했는지도 모른다.

2. 왕자의 자리를 빼앗긴 마르둑 신이 인간인 사파니트와 결혼하다

앞서 1부 5장 1절의 "마르둑 신께서 사파니트와 결혼하다"에서 밝혔듯이 마르둑 신은 인간인 사파니트(Sarpanit)와 결혼했다. 이는 BC 13020년경에 일어난 노아의 대홍수 이전에 일어난 사건이다.

아담이 창조된 때가 신들이 이 땅에 오신 이래로 36.4샤르, 즉 36.4 × 3600 = 131,000년이고, 노아의 홍수가 120샤르 때 일어났으므로, 120 × 3600 = 432,000년, 따라서 432,000 - 131,000 = 301,000년 전이다. 그리고 마르둑 신께서 인간인 사파니트와 결혼한 시기는 신들께서 이 땅에 오신 이래 83.6샤르 때, 즉 83.6 × 3600년 = 301,000년이므로, 432,000 - 301,000 = 131,000년 전이다.

시친의 『잃어버린 엔키 신의 책(The Lost Book of Enki)』을 보자. 마르둑의 아내는 인간인 사파니트였다. 그녀의 조상은 아다파(Adapa)였고 아비는 아다파의 자손인 엔키미(Enkime)였다. 마르둑 신은 사파니

---

[17] 선악과에 대하여는 『바이블 매트릭스』 시리즈 2권 『인간 창조와 노아 홍수의 비밀』의 제4부인 "엔키 신과 선악과란 무엇인가?"를 참조하라.

트와 결혼을 승락해달라고 어머니인 닌키(Ninki) 여신에게 간청한다. 닌키 여신은 '그녀가 그의 눈길을 받아들였는지' 묻는다. 마르둑은 그렇다고 대답한다. 이에 아버지인 엔키 신은 사파니트와 결혼하면 니비루 행성으로 인간을 데려갈 수 없다고 말한다. 또한 마르둑이 니비루의 왕자의 자리(princely rights)를 잃게 된다고 말한다. 이에 대해 마르둑은 크게 웃으며, 니비루의 왕자의 자리를 이미 포기했다고 대답한다. 설사 이 땅에서도 왕자의 자리를 엔릴 신의 아들인 닌우르타에게 빼앗겼다고 말한다. 그래서 인간과 결혼함으로써 지구와 자신을 연대시켜 인간들을 무기로 삼아 지구에서 신권을 차지하고, 그 다음에 니비루의 신권을 차지할 것이라고 말한다. 이에 대해 엔키 신은 그렇게 하라고 승락한다(pp. 196-197).

엔릴 신이 마르둑 신의 결정을 듣고 크게 노한다. 인간을 직접 창조한 아버지 신으로서, 인간들과 성관계를 맺는 것은 차원이 다르다. 엔키 신을 두고 하는 말이다. 그러나 마르둑 신이 인간의 딸과 결혼한다는 것은 말이 안 된다. 따라서 엔릴 신은 니비루의 안(An) 신에게 레이저 빔(beam) 통신을 보낸다. 마르둑과 사파니트의 결합(Marduk-Sarpanit Union)을 금지해 달라는 긴급 통신을 한다. 니비루의 안 신은 긴급회의를 소집하지만 신과 인간의 결혼이라는 사실에 대해 아무런 법적 근거를 찾지 못한다(p. 197).

니비루의 대신들은 말을 한다. 사파니트의 조상인 아다파도 니비루에서 살 수 없었다. 따라서 마르둑 신이 사파니트를 니비루로 데려올 수는 없다. 안 신은 지구로 다음과 같은 빔을 쏜다. "마르둑은 결혼할 수 있다, 하지만 니비루의 왕자는 더 이상 없다(Marduk marry can, But on Nibiru a prince he ahll no more be!)." 이에 따라 엔릴 신은 마르둑 신과 사파니트의 결혼식을 엔키 신의 지구라트가 있는 에리두에서 거행하기로 결정하고, 결혼식이 끝나면 엔키 신의 관할 지역인 아프리카로 가라고 명령한다(p. 198).

결혼식이 에리두에서 거행된다. 수많은 아다파의 후손들(Civilized Earthlings), 즉 수퍼-노예들(Superslaves)이 결혼식에 참여하고, 금을 캐는 젊은 신들도 참여하고, 화성과 지구 궤도를 도는 우주비행군단에 속한 젊은 이기기(Igigi) 신들도 에리두에 참석하여, 마르둑 신과 사파니트의 결혼식을 축하했다. 이기기 신들은 니비루와 땅의 결합(Nibiru-Earth Union)의 증인으로 참석했다. 300명의 우주비행단의 이기기 신들 중 200명이 위치를 이탈하고 이 땅에 내려와 결혼식에 참여했다(p. 199). 그 후 200명의 이기기 젊은 신들은 인간의 딸들을 납치하여 레바논의 바알벡 우주공항으로 데려가 그곳에서 결혼하고 보금자리를 틀었으며, 이들에게서 100미터가 넘는 거인들이 탄생했다. 이게 노아 홍수의 원인이었다.[18]

3. 마르둑 신의 야심, 로켓 발사대와 로켓과 우주선인 바벨탑

그 후 마르둑 신은 이기기 신들과 함께 지지자들(인간들)을 이끌고 바벨론으로 진군해 바벨론을 '신들의 관문(Gateway of the Gods)'으로 선언한다. 신들의 관문이란 마르둑 신이 젊은 이기기 신들의 총사령관이며, 아눈나키의 실제적인 최고의 신임을 선포한 것이다. 이때부터 사실상 고위 신들로 이루어진 아눈나키 연장자 신들과 젊은 신들의 싸움이 시작된다.

---

18 노아 홍수의 비밀에 대해서는 『바이블 매트릭스』 시리즈 2권 『인간 창조와 노아 홍수의 비밀』을 참고하라.

그리고 마르둑 신은 지구와 자신을 연대시켜, 인간들을 무기로 삼아 니비루의 왕권을 차지할 계획을 세운다. 그것은 바로 하늘로 치솟는 거대한 로켓 발사대와 로켓을 쌓는 것이었다. 마르둑 신은 c.BC 3450년에 이기기 신들과 함께 인간들을 결집하여, 하늘로 직접 타고 올라갈 우주선을 발사할 수 있는 거대한 로켓 발사대와 로켓을 쌓았다. 이것이 바로「창세기」11장에 등장하는 바벨탑이다. 그러나「창세기」11장에는 인간들이 바벨탑을 쌓은 것으로 기록되어 있다.

「창세기」11장 4절의 '성(a city)'은 오늘날의 로켓 발사대이고, '대(a tower)'는 우주선을 싫은 3단계 로켓을 말하며, '대 꼭대기(whose top)'가 하늘에 닿는다는 것은 3단 로켓의 끝인 3단으로 하여금 하늘에 닿게 하자는 것이다. 다시 말해 3단의 우주선이 분리되어 하늘로 치솟음을 말하는 것이다. 그러나 그 당시 우주선 기술은 신들의 고향인 니비루 행성까지 가야하므로 아마도 7단계 로켓일 가능성이 크다. 이것은 이 땅에 세워진 지구라트가 7단계 피라미드라는 것에서 유추한 것이다.

「창세기」11:4 - 서로 말하되 자, 벽돌을 만들어 견고히 굽자 하고 이에 벽돌로 돌을 대신하며 역청으로 진흙을 대신하고, 또 말하되 자, 성과 대를 쌓아 대 꼭대기를 하늘에 닿게 하여 우리 이름을 내고 온 지면에 흩어짐을 면하자 하였더니(Then they said, "Come, let us build ourselves a city, with a tower that reaches to the heavens, so that we may make a name for ourselves and not be scattered over the face of the whole earth."(NIV); And they said, Go to, let us build us a city and a tower, whose top may reach unto heaven; and let us make us a name, lest we be scattered abroad upon the face of the whole earth(KJV); They said, "Now let's build a city with a tower that reaches the sky, so that we can make a name for ourselves and not be scattered all over the earth."(Good News); Then they said, "Come, let's build a great city for ourselves with a tower that reaches into the sky. This will make us famous and keep us from being scattered all over the world.")(New Living)

그렇다면 그 다음에 나오는 '우리 이름(a name)을 내고'라는 단어가 주는 의미는 무엇일까? 인간이란 관점에서 본다면 바벨탑을 쌓는다는 것은 아주 자랑스러운 일일지도 모른다. 그래서 인간들이 교만해져서 하나님들과 같이 되고자 바벨탑을 쌓았다고 해석할 수도 있다. 그리고 이름을 날리는 것이다. 그러나 필자가 보기엔 인간들은 수동적으로 참여하고 능동적인 신들이 바벨탑을 쌓았다면 문제는 달라진다. 신들 입장으로 본다면 항상 우주선을 타고 오고 가는데, 그것이 무슨 대단한 일이고 무슨 이름을 낸다는 말인가? 더욱 본질적인 질문은 이것이다. 도대체 왜 이름이 하늘에 닿는 탑의 꼭대기에 있어야 하는가이다.

작고하신 시친(Zecharia Sitchin)에 따르면, 히브리 성경의 쉠(Shem)의 어원은 수메르어인 무(Mu) 혹은 그 단어에서 파생된 슈뮤(Shu-mu) 혹은 샴(Shem)에서 기원했다고 한다. 무(Mu)는 '불처럼 밝게 빛나는 물체(that lights up as a fire)'로 '하늘을 나는 비행물체(sky vehicle)'를 의미한다. 때로는 '신성한 새(divine bird or divine black wind bird)'나 '회오리 바람(whirlwind)'을 의미하는데, 이것을 종합해 볼 때 그것은 분명 '하늘을 나는 기계(some kind of flying machine)'인 '우주선'을 의미한다. 그런데 무 혹은 쉠이란 단어에는 '그것을 통해 누군가 기억되는 것(that by which one is remembered)'이라는 뜻도 있기 때문에 자연히 '이름'이라는 뜻으로도 알려지게 되었다. 그러나 이렇게 이중적인 의미로 사용되는 '무(Mu)'라는 단어를 학자들이 일률적으로 '이름'이라고 해석함으로써 수많은 고대 기록들과 성경의 기록들의 진정한 뜻이 왜곡되어 왔다(시친, I, pp. 206-213).

메소포타미아의 기록이나 성경에 등장하는 무 혹은 쉠이 '이름'이 라는 뜻이 아니라 '하늘을 나는 비행물체'인 '우주선'이라는 것을 깨닫고 나면, 성경의 바벨탑 이야기를 비롯한 많은 고대의 이야기들을 진정으로 이해할 수 있다(시친, I, pp. 217). 결국 「창세기」 11장 4절의 '이름'은 3단 로켓이나 7단 로켓의 맨 마지막 꼭대기인 세 번째 혹은 일곱 번째 로켓에 실린 '우주선'을 말하는 것이다.

로켓 발사대와 로켓 우주선을 타고 니비루로 올라가 신권을 차지하겠다는 마르둑 신의 야심찬 계획은 하늘에 계시는 고위 신들의 그룹인 아눈나(Anuna or Anunna)에 의해 좌절된다. 그리고 마르둑 신을 숭배하고 마르둑 신의 지시에 따라 바벨탑을 쌓았던 인간들은 그 벌의 댓가를 받는다. 하나의 언어를 사용하다가 서로 서로 다른 언어를 사용하게 된다.

「창세기」 11장 7절을 보자. '자, 우리가 내려가서(let us go down)…' 분명 한 분의 하나님이 아니라 여러 하나님들이 내려와서 인간들의 언어를 혼잡케 하시고 그들을 온 지면에 흩어 놓은 것이다. 그 결과 마르둑 신의 야심찬 바벨탑은 좌절되고 중지된다.

「창세기」 11:7 – 자, 우리가 내려가서 거기서 그들의 언어를 혼잡케 하여 그들로 서로 알아듣지 못하게 하자 하시고(Come, let us go down and confuse their language so they will not understand each other)(NIV)

4. 바벨탑과 언어 유전자

그 결과 인간들은 서로 알아듣지 못하게 되고 온 지면으로 흩어지게 된다. 이것은 엄청난 사건이었다. 말을 알아듣지 못한다는 것은 미개인이 되었다는 것을 의미한다. 미개인이 되었다는 것은 혼자만 바벨탑 쌓는 과학지식을 알고 있을 뿐, 그 과학지식을 다른 사람들에게 전달하지 못해, 과학지식이 중단되었다는 것을 의미한다. 그것도 온 지면, 즉 온 세상으로 흩어졌으므로 노아의 대홍수와 맞먹는 사건이었다.

바벨은 바벨론의 히브리어로 그 뜻은 공교롭게도 '말을 더듬다(babble)'라는 영어 단어와 발음과 뜻마저 비슷하다. 바벨은 야훼께서 사람들을 혼란시켜 제각기 다른 말을 쓰도록 한 장소이다. 바벨이라는 명칭은 히브리어로 '신의 문(Gateway of the God)'이라는 뜻이다. 정확히 말하면 '신들의 관문(Gateway of the Gods)'이란 뜻으로 바벨론을 의미한다. 신들이 수메르로 들어가고 거기서 떠나는 통로였다.

그렇다면 야훼께서는 어떻게 인간들의 언어를 혼잡케 하였을까?(Did the LORD confuse the language of the whole world?) 하나의 언어를 쓰던 인간들에게 다른 언어를 사용하도록 유전자를 조작했을까? 아니면 다른 단백질들을 만드는 유전자들을 혼합시켰을까? 또한 온 지면으로 흩어졌다는 것은 과학적으로 무슨 의미일까?

과학적으로 언어 유전자(Language Gene)를 찾는 것은 더디게 진행되었다. 최초의 언어 유전자는 2001년에 영국의 과학자들이 찾아낸 FOXP2(forkhead box P2)라는 유전자이다(Lai & Fisher et al., 2001). 영국 옥스포드 대학의 웰컴트러스트 인간게놈연구소(Wellcome Trust Centre for Human Genetics)의 라이(Cecilia Lai) 교수와 피셔(Simon Fisher) 교수가 리드하는 팀은 KE라는 이니셜에 의해 신원이 확인된 영국의 한 가족 3세대를 연구했다. KE 가족의 31명의 가족원 중 거의 반 이상이 심각한 언어(language)와 말(speech)의 불일치를 일으키고 있다는 사실을 발견했다. 이 중 15명의 가족원들이 FOXP2라는 유전자의 돌연변이(Mutant)를 공유하고 있었던 것이다. 다시 말해 이 돌연변이 유전자가 대대로 이어졌던 것이다. 이때까지만 해도 FOXP2가 언어와 관련된 유전자라는 것은 확실하지만, 바로 인간의 언어 유전자라는 것은 확실히 밝혀지지 않았었다(National Geographic, 04 Oct 2001).

그 이후 2003년에 과학은 획기적인 사건을 만나게 된다. 인간과 침팬지(Chimpanzees)의 차이점을 유전학적으로 밝혀낸 것이다. 인간과 침팬지의 게놈(Genome)을 분석한 결과 유전자의 염기서열이 98.8%가 같고 나머지 1.2%, 즉 듣고(hearing), 말하고(speech), 두뇌를 사고하도록 연결하며(wire the developing brain), 냄새를 감지하고, 뼈를 구조화하는(shape bone structure) 염기서열들만이 인간을 인간답게 차별화 한다는 것이다(Clark et al., 2003).

그러다가 이 FOXP2 유전자가 척추(vertebrates)를 갖고 있는 모든 종에서 발견되기 시작했으며, 지금은 멸종되어 사라진 네안데르탈인(Neanderthal)에서도 발견된다. 2009년에 과학자들은 FOXP2 언어 유전자는 원숭이에게도 있다는 것을 밝혀냈는데, 따라서 FOXP2에는 두 가지 버전, 즉 인간의 FOXP2와 침팬지의 FOXP2가 있다는 것을 발견했다. 이로써 FOXP2가 언어의 유전자라는 것이 확실하게 밝혀진 셈이다. 그런데 인간의 버전인 FOXP2가 만드는 단백질이 더욱 독특하여, 사고를 할 수 있고 언어를 구사할 수 있는 두뇌를 만들 뿐 아니라, 인간의 신경시스템에는 침팬지보다 더욱 많은 FOXP2가 있다는 것이 밝혀졌다(Konopka et al., 2009; Dominguez & Rakic, 2009).

침팬지 버전의 경우 단백질을 만드는 데 들어가는 아미노산은 단 두 개(two amino acids)인 것으로 밝혀졌다. 그러나 인간의 버전인 경우 20종의 아미노산을 이용해 단백질을 만든다. 그렇기 때문에 인간의 조상인 침팬지는 단 두 개의 아미노산 때문에 말을 못하는 것이다. 또한 인간의 경우 적어도 116개의 유전자가 인간의 FOXP2와 연결되어 있는데, 적어도 하나의 유전자는 뇌의 성장과 발달에 관여하고 있다는 것이다. 그렇기 때문에 인간은 말을 하고 사고를 한다는 것이다. 이는 무엇을 말하는가 하면 FOXP2 유전자는 언어 유전자 이상임을 의미하는 것이다(BBC, 13 Nov 2009).

2013년에 영국의 웰컴트러스트생거연구소(The Wellcome Trust Sanger Institute)와 네덜란드의 과학자들이, 인류의 유전적 다양성을 밝혀내기 위해 지난 2008년에 시작해 2012년에 마무리된 국제연구사업인 '1,000 게놈 프로젝트(1,000 Genome Project)'[19]의 데이터를 재분석하여, 유럽 인들은 FOXP2 유전자에 의해 조절되는(regulated) 일련의 유전자(sets of genes)를 대대손손 선택(selection)하여 진화시켰다는 매우 중요한 연구결과를 발표했다(Ayub & Fisher et al., 2013). 이번 연구의 일련의 유전자들은 아시아인이나 아프리카인에게는 선택되어지지 않는 유전자들로, 아시아인이나 아프리카인에게는 나타나지 않는 유전자들이다.

이번 연구는 전에 쥐나 인간들에게서 나타나는 FOXP2에 의해 조

---

19 1,000 게놈 프로젝트(1,000 Genome Project) - http://www.1000genomes.org/

절되는 일련의 3개의 세트 유전자들(three sets of genes)을 사용했다. 그리고 이들 3개의 세트 유전자들을 대조그룹과 비교 분석하였다. 그랬더니 이 3개의 세트 유전자들은 유럽인들에게서만 나타났으며, 아시아인이나 아프리카인에게는 나타나지 않았다. 그러므로 이 3개의 세트 유전자들은 오로지 유럽인의 두뇌 발달, 신경 세포 발달, 세포들의 신호, 세포들의 재생산, 그리고 면역시스템의 진화와 발달에 중요한 역할을 하는 유전자들이다. 유럽인들의 이들 유전자 선택은 지역적 환경이나 병원균에 적응하기 위하여 자연적으로 선택되어 대대손손 이어지면서 진화된 유전자들이다. 그 중 CNTNAP2와 RBFOX1은 모든 유럽인들에게 나타나는 유전자로, 이들 유전자들에 결함이 있거나 돌연변이가 일어나면 퇴행성 뇌질환이나 자폐증이 유발되고 말과 언어의 불일치가 일어난다(Science Daily, 18 Apr 2013).

그렇다면 처음에 하나의 언어를 사용할 때는 FOXP2 유전자 하나가 하나의 언어를 지배를 했지만, 야훼께서 다양한 유전자들로 하여금 FOXP2와 연결시켜 언어를 혼잡케 하시고, 지역으로 흩으시어, 지역의 특성과 환경에 적응하는 유전자들이 선택되도록 조치했다는 말인가?

2013년 9월에 영국의 리버풀 대학의 과학자들은 인간의 언어 사용과 손을 사용해 석기(Acheulean Stone Tool)를 다루는 손재주의 기술은 동시에 진화했다는 획기적인 논문을 발표했다(Uomini & Meyer, 2013).
과학자들은 10명의 부싯돌 전문가인 석기 공들(expert stone tool makers, flint knappers)의 손재주 작업과 언어를 동시에 테스트했는데, 기능성트랜스 뇌도플러초음파(fTCD, functional Transcranial Doppler Ultrasound or Ultrasonography) 장치를 이용하여 두뇌의 활동, 즉 두뇌혈류의 활동을 측정했다. 이 장치는 두뇌에 손상을 입거나 뇌 수술 후에 환자들의 언어 기능을 테스트하는 데 쓰이는 장치이다. 그 결과 과학자들은 언어 사용시의 두뇌 패턴과 손을 사용할 시의 두뇌 패턴이 같은 뇌 영역에서 뉴런들이 활성화되고 있다는 사실을 발견했다. 특히 운동, 공간, 감각을 담당하는 전두정엽(Fronto-parietal) 영역에서 말(word)과 손(kanpping)이 동시에 활성화 되었다. 이것은 수십만 년간 언어와 손재주가 유일하게 같이 진화되어 왔다는 것을 의미한다.

다윈(Darwin)은 툴 사용과 언어는 같이 진화되었다고 제안했었다. 왜냐하면 이 둘은 복잡한 계획과 행동의 협력이라는 것에 전적으로 의존하기 때문이다. 그러나 이 둘의 관계를 증빙할 어떤 과학적 발견이 없었다. 이에 대해 마이어(Georg Meyer) 박사는 "돌을 다루는 손재주가 언어와 직접적인 관계가 있다는 것을 증빙한 최초의 연구"라고 말한다 (Science Daily, 03 Sep 2013).

이를 바벨탑 사건과 어떻게 연결시킬 수 있을까? 언어와 손재주가 동시에 진화되었다는 것은, 바벨탑 사건으로 그 당시의 인간들은 모두 미개인으로 전락했다는 뜻이다. 한 가지의 언어를 사용할 당시엔 그만큼 손재주가 뛰어나, 마르둑 신과 이기기 신들을 도와 인간들도 엄청난 과학지식으로 바벨탑을 쌓을 수가 있었다. 그러나 야훼의 벌을 받아 다른 언어를 사용해 서로 알아들을 수가 없었다는 것은 그만큼 손재주 다시 말해 과학지식을 전부 잃어버렸다는 것을 의미한다.

이는 바벨탑 사건으로 인간들은 처음부터 다시 시작해야 한다는 것을 의미한다. 말은 안 통해도 바디 랭귀지나 제스처 등 자연언어를 이용해 조그만 부족을 만들고 배우자를 만들고 가족을 만들어 자식을 낳아야 함을 의미하는 것이다. 왜냐하면 언어학의 대가인 촘스키(Noam Chomsky)에 따르면, 아이들은 본래 언어의 본질에 관한 지식을 갖고 태어나므로 쉽게 어미의 언어를 배울 수 있는 능력이 있기 때문이다.

5. 다시 바벨탑을 쌓을 불의의 하나님들과 인간들

다시 바벨탑을 쌓는다? 필자는 2부 1장에서 "과거는 바로 미래다(the Past becomes the Future)"라고 했으며, "미래의 과학기술은 과거 하나님들의 창조행위를 반복하고 예언서를 실현하는 것"이라고 했다. 역사는 반복되는 것이다.

이것은 보다 구체적으로 『바이블 매트릭스』시리즈 5권 『예수님의 재림과 새 하늘과 새 땅의 창조』에서 자세히 다루겠지만, 「요한계시록」에서 예언하듯이, 일곱 번째 천사의 마지막 나팔소리가 울리자, 하늘에 있는 하나님의 성전이 열리고 심판이 시작될(「요한계시록」 11:15-19) 때를 같이하여, "하늘에 전쟁이 있으니 미가엘(Michael)과 그의 사자(his angels)들이 용(the dragon)으로 더불어 싸울쌔 용과 그의 사자들도 싸우나, 이기지 못하여 다시 하늘에서 저희의 있을 곳을 얻지 못한지라, 큰 용(the dragon)이 내어쫓기니 옛 뱀(ancient serpent) 곧 마귀(the devil)라고도 하고 사단(Satan)이라고도 하는 온 천하를 꾀는 자라, 땅으로 내어쫓기니 그의 사자들도 저와 함께 내어쫓기니라"(「요한계시록」 12:7~9)와 같이, 의로운 하나님들에 대항하는 불의의 하나님들, 즉 불의의 엘로힘이 이 땅으로 쫓겨 내려온다.

"그러므로 하늘과 그 가운데 거하는 자들은 즐거워하라, 그러나 땅과 바다는 화 있을찐저 이는 마귀가 자기의 때가 얼마 못된 줄을 알므로 크게 분내어 너희에게 내려 갔음이라 하더라"(「요한계시록」 12:12)와 같이 불의의 하나님들이 이 땅에 내려와 인간들을 규합하고, 다시 하늘에 오르려고 또는 의로운 하나님들에게 대적하려고 또 다른 바벨탑을 쌓을 것이다. 그것도 똑같은 장소인 바빌로니아에 쌓을 것이다. 그곳은 지금 이라크의 바그다드이다. 아니나 다를까 「요한계시록」 18장에는 '바빌론의 멸망(The Fall of Babylon)'을 예언하고 있다.

그때가 되면 살아 있는 인간들은 어쩔 수 없이 불의의 하나님들 편에 서게 되겠지만, 그 와중에도 의로운 하나님들의 계명을 지키며 예수님의 증거를 가진 자들은 인내하고 불의의 하나님들과 싸워 승리하게 될 것이다(「요한계시록」 12:17). 먼 미래의 그러한 경건하고 의로운 인간들에게 파이팅을 전하며 존경을 표하는 바이다.

부록
출애굽(Exodus) 요약

「출애굽기」, 「레위기」, 「민수기」, 「신명기」, 「여호수아」에 등장하는 출애
굽의 역사적인 측면과 지리적인 측면을 고려하여 출애굽 사건을 요약
해 보자. 이 역사적 사건은 신이집트 왕국(New Kingdom of Egypt, c.BC
1690-c.BC 1069)의 18왕조(the 18th dynasty)의 제6 파라오인 투트모세
3세(Thutmose III, 통치 BC 1479-BC 1425) 때에 일어난 일이다. 이스라
엘 민족은 BC 1446년에 야훼 하나님의 인도로 선지자 모세(Moses, BC
1526-BC 1406)가 80세에(「출애굽기」 7:7, 「신명기」 18:15, 아론은 83세) 리더
가 되어 출애굽을 하게 되고, BC 1399년에 가나안에 입성하게 되는데,
총 47년의 여정은 「민수기」 33장에 간략히 기록되어 있다.

라암셋에서 르비딤에 도착하다 - BC 1446년 정월에 고센(Goshen) 지
방의 라암셋(Rameses)을 출발하여 숙곳(Succoth)을 거쳐 수르(술) 광야
(Wilderness of Shur)의 끝인 에담(Etham)을 거치고(「출애굽기」 12:37, 「출애굽
기」 13:20), 지중해 근처의 믹돌(Migdol)과 바알스본(Baal Zephon) 사이의
비하히롯(Pi Hahiroth)을 거쳐(「출애굽기」 14:1), 홍해(Red Sea, Sea of Reeds)
를 건넌다(「출애굽기」 14:21). 이때의 홍해는 지금의 홍해 위치가 아니라 이

집트 북쪽의 라암셋 동쪽에 위치한 바알스본 맞은편 바닷가이다.

　홍해를 건넌 후 수르(술) 광야(Wilderness of Shur)를 지나 지금의 시나이 반도(Sinai Peninsula)의 홍해 위쪽인 마라(Marah)를 거쳐 그 아래 지역인 엘림(Elim)에 이른다(「출애굽기」 15:22-27). 제2월에 엘림을 지나고 엘림과 시내 산(Mt. Sinai or Horeb) 사이의 신 광야(Wilderness of Sin)를 거쳐(「출애굽기」 16:1), 르비딤(Rephidim)에 장막을 쳤으나, 물이 없어 모세가 호렙 산의 반석을 치니 물이 나오는 기적이 일어난다. 이것이 첫 번째 맛사(Massah, '하나님을 시험하다'는 뜻) 또는 므리바(Meribah, '이스라엘 자손이 여호와와 다투다'는 뜻)의 기적이다(「출애굽기」 17:1-7). 이어 르비딤에서 아말렉 족속(Amalekites)과 싸워 모세의 손 올림(Hans-up)으로 대승을 거둔다(「출애굽기」 17:8-16).

　시내 산에서 십계명을 받고 언약궤를 봉헌하다 - 르비딤을 떠나 시내 산(Mt. Sinai) 시내 광야(Desert of Sinai)에 이르고(「출애굽기」 19:2), 출애굽한 지 1년(BC 1445)에 모세가 시내 산에서 첫 번째 40일 그리고 두 번째 40일간 주야를 금식하면서, 야훼로부터 첫 번째 그리고 두 번째 두 개의 돌판에 적힌 십계명(The Ten Commandments), 즉 증거(언약)의 두 판(Two tablets of Testimony or Covenant)을 받는다(「출애굽기」 20:1-17, 「출애굽기」 31:18, 「출애굽기」 34, 「신명기」 5:1-21, 「신명기」 9:9-12).

　첫 번째 40일 주야를 금식하면서 야훼께서 친히 쓰시고 주신 첫 번째 두 개의 증거판 돌(Two tablets of the Testimony, Two tablets of stone)은(「출애굽기」 24:18, 「신명기」 9:9-10), 목이 굳은(Stiff-necked) 이스라엘 백성이 금송아지(The Golden Calf)를 만든 것에 격분한 모세가, 그 판들을 산 아래로 던져 깨뜨린다(「출애굽기」 32:1-19, 「신명기」 9:17). 이에 야훼는 두 번째 돌판(The New Stone Tablets, Tablets Like the First Ones)을 준비하라고 모세에게 명령하고 모세는, 다시 시내 산에 올라(「출애굽기」 34장) 두 번째 40일 주야를 금식하면서 두 판(Two tablets of the Testimony or Covenant)을 받는다(「출애굽기」 34:29, 「신명기」 9:18, 「신명기」 10:1-5).

이어서 출애굽한 지 2년(BC 1444) 정월에 시내 산 앞에 이동식의 성막(Tabernacle), 즉 회막(Tent of Meeting)을 세우고 언약궤(Ark of Covenant), 즉 증거궤(Ark of Testimony)를 안치한 후 봉헌한다(「출애굽기」 39:32-43, 「출애굽기」 40장). 왜 이들은 이동식의 언약궤를 만들었을까? 왜 항상 레위 족속들은 언약궤를 메고 다녔을까? 이동시에도 전쟁시에도 언약궤는 필요했다. 왜일까?[1]

야훼의 벌로 40년간의 광야생활을 하다 – 애굽을 탈출한 지 2년 이월에 시내 산의 시내광야(Desert of Sinai)를 떠나 하세롯(Hazeroth)을 거쳐 세벨 산(Mt. Shepher)을 거쳐 시나이 반도 중간쯤에 있는 파란 광야(Wilderness of Paran)에 진을 치고(「민수기」 10:11-2, 「민수기」 12:16), 각 지파 족장 12명을 뽑아 40일간의 가나안 땅을 탐지한다(「민수기」 13:17-26, 「신명기」 1:19-33).

세일 산(Mt. Seir)을 지나 바란 광야의 북쪽 지역과 신 광야(Wilderness of Zin)의 남쪽 지역인 가데스바네아(Kadesh Barnea)에 진을 치고, 가나안 탐지 후 보고 과정에서, 가나안 땅에는 네피림(Nephilim)의 자손인 키가 4

---

1 자세한 것은 2부 10장의 "언약궤/속죄소는 오늘날의 무전기 이상의 원자로 송수신기"를 참조하라.

미터의 거인(Giant)[2]인 아낙(Anak, Anakim, Anakite) 자손이 사는 곳이며, 젖(Milk)과 꿀(Honey)이 흐르는 땅이 아니라, 사람 살 곳이 못 되는 땅이라고 악평을 한자들 때문에(「민수기」 13:25-33, 「신명기」 1:28), 하나님의 벌을 받아 탐지한 날수 40일이 40년으로 바뀌고(「민수기」 14:34), 가나안 점령이 늦춰져 40년간의 광야생활(Wilderness or Desert, Shur & Sin & Paran & Zin, BC 1446-BC 1406)을 한다(「출애굽기」 16:36).

야훼께서 40년간 자리를 비우다, 아말렉 전쟁에서 패하다 – 출애굽한 이스라엘 민족의 20세 이상은, 정탐 사실을 올바로 보고한 유다(Judah) 지파의 갈렙(Caleb)과 에브라임(Ephraim) 지파의 「여호수아」(Joshua)를 제외하곤, 이 40년 동안 모두 광야에서 죽는다(「민수기」 14:20-35, 「민수기」 26:63-65, 「민수기」 32:11-13, 「신명기」 1:34-39, 「신명기」 2:14-16, 「여호수아」 5:6). 아론도 모세도 가나안 땅을 밟기 전에 죽는다(「신명기」 1:36-39). 야훼의 벌과 함께 야훼께서 이스라엘 백성을 싫어해, 남은 40년 동안 자리를 비운다(「민수기」 14:34).[3] 이것을 모른 채 목이 굳은 이스라엘 백성은 피곤함에도 격정에 사로잡혀, 아말렉인들(Amalekites)과 산지에 사는 가나안인들(Canaanites)을 공격한다. 모세가 "여호와께서 너희 중에 계시지 아니하지 올라가지 말라 너희 대적 앞에 패할까 하노라"라고 경고했지만, 결과는 이스라엘의 패배로 끝난다. 그 결과 아말렉인들은 이스라엘의 원수가 된다(「민수기」 14:39-45, 「신명기」 25:17-19).

모세가 가데스바네아에 거주할 때 지팡이(Staff)로 반석에서 물이 나

---

2 네피림(Nephilim)과 거인들(Giants)에 대한 자세한 내용은 『바이블 매트릭스』 시리즈 2권 『인간 창조와 노아 홍수의 비밀』의 5부인 "홍수의 비밀(1/2), 신들의 문제, 네피림(Nephilim)"을 참조하라.
3 1부 3장의 "'야훼께서 자리를 비우시다'와 '손에 붙이시다'의 의미"를 참조하라.

오는 두 번째 기적을 이룬다(「민수기」 20:1-13). 이것이 유명한 므리바 물(Waters of Meribah)의 기적이다. 므리바는 이스라엘 백성이 야훼와 다투었다(quarreling)는 뜻으로, 이는 모세와 아론(Aaron, 모세의 형)이, 야훼의 명령을 거역하고, 이스라엘 백성의 목전에서 야훼의 거룩함을 나타내지 아니한 죄의 대가로, 요단 강을 건너지 못함을, 즉 가나안 땅에 들어가기 전에 죽는다는 야훼의 저주이시다(「민수기」 20:1-13, 「신명기」 31:2).

에돔 족속의 거절, 왕의 대로를 우회하다 - 야훼께서 내리신 벌인 광야의 40년이 흐르고, 비로소 이스라엘 백성은 가데스바네아를 출발하여 호르 산(Mount Hor)으로 향할 때에, 에돔 족속(Edomites)이 왕의 대로(King's Highway)를 이용하는 것을 거절해(「민수기」 20:14), 왕의 대로를 우회하여 호르 산에 이른다. 이때가 출애굽한 지 40년(BC 1406)의 5월이다(「민수기」 33:38).

에돔 족속에 관해서는 야훼가 이삭(Issac)의 아들인 에서(Esau, Edom)에게 이미 세일 산을 주었으니(「창세기」 36장 & 36:8), 에돔과 다투지 말라는 지시를 받고 우회한 것이다(「신명기」 2:4-5). 원래 세일 산에는 호리 족(Horites, Horims)이 살고 있었으나, 야훼가 에서(에돔)에게 주었으므로, 에돔의 자손이 그들을 멸하고 그 땅에 거주하였으니, 이는 야훼가 이스라엘에게 가나안 땅을 주는 것과 피차 같은 것이라고 야훼는 모세에게 말한다(「신명기」 2:12).

아론이 호르산에서 죽고, 사해를 거쳐 다마스커스의 헤르몬산까지 점령하다 - 이때 제사장인 아론이 호르 산 또는 모세라(Moserah)에 올라 죽고(나이 123세), 그의 아들 엘르아살(Eleazar)이 제사장 직분을 이어 받는다(「민수기」 20:22-29, 「신명기」 10:6). 호르 산에 이르는 과정에서, 처음으로 네게브(Negev) 사막 북쪽에 거주하던 가나안의 아랏(Arad) 왕국을 파괴하고 호르마(Hormah, 사해 남부 서쪽의 도시로 히브리어로 '파괴'라는 뜻)를 점령한다(「민수기」 21:1-3).

호르 산을 출발하여 모압(Moab, Moabites, 조상은 롯 자손인 모압=Moab, 「창세기」 19:37)과 아모리(Amorites) 사이의 아르논(Arnon, 사해 동쪽)에 이르러 광야가 내려다 보이는 비스가(Pisgah) 산 꼭대기에 이른다(「민수기」 21:4-20).

40년(BC 1406) 10월에 아모리(Amorites) 왕 시혼(Sihon)을 쳐서 파하고, 모압의 아르(Ar of Moab)에서 아르논(Arnon), 디본(Dibon), 메드바(Medeba), 그리고 아모리인의 성읍 헤스본(Heshbon)까지 점령하여, 남녀와 유아를 모두 진멸한다(「신명기」 2:34). 또한 요단 강 동쪽 여리고(Jericho) 위의 북쪽에 위치한 야셀(Jazer)까지 정탐한다. 그러나 암몬 족속(Ammon, Ammonites, 조상은 롯 자손인 벤암미=Ben-Ammi, 「창세기」 19:38)의 땅 얍복(Jabbok) 동쪽 강가와 산지의 성들은 야훼께서 금지하였으므로 가까이 하지 않고(「신명기」2:37), 이어 갈릴리 호수(Lake Galilee) 동북쪽에 위치한 아스다롯(Ashtaroth)을 지배하던 아모리 족속의 바산(Bashan) 왕인 옥(Og)을 에드레이(Edrei) 전투에서 대파하고(「여호수아」9:10), 60개 성읍의 남녀와 유아를 모두 진멸함으로써 암몬 족속 경계까지 이르는 요단 강 동쪽 땅을 차지하게 된다. 위치로는 사해 동쪽 아르논 골짜기(Arnon Gorge)에서 갈릴리 호수 북쪽과 시리아의 다마스커스(Damascus) 사이에 있는 헤르몬 산(Mt. Hermon)까지 요단 강 동쪽을 장악하게 된다(「민수기」 21:21-35, 「신명기」 3:1-11).

야훼가 왕벌을 보내다 - 여기에서 재미있는 상황을 발견하게 된다.

이 아모리 족속의 시혼 왕과 옥 왕을 쉽게 물리친 이유가 있다. 물론 여호와께서 시혼과 그 땅을 이스라엘 손에 붙이고(「신명기」 2:31), 옥과 그 땅을 이스라엘 손에 붙인 것이(「신명기」 3:3) 가장 큰 이유가 되겠지만[4] 또 다른 이유가 있다. 이스라엘 백성들은 자기네의 칼이나 활로 무찔렀다고 생각하겠지만, 야훼께서 왕벌(말벌, Hornet)을 보내신 것이다. 여호와께서는 왕벌을 보내겠다고 누차 말씀하셨는데(「출애굽기」 23:28, 「신명기」 7:20), 진짜 왕벌을 보내 아모리 두 왕을 진멸한 것이다(「여호수아」 24:12). 어떻게 왕벌이 전투에 참가했을까?[5]

헤스본은 원래 그모스(Chemosh)라는 바알(Baal) 신을 모시던 모압의 땅이었으나, 아모리의 시혼 왕이 점령하고 있었던 성읍이었다. 그모스가 지배하던 영역이 야훼의 영역으로 넘어오게 되었다. 이스라엘 백성은 헤스본과 바산을 점령하여 취할 때 남녀와 유아를 모두 진멸했다는 점을 명심하라. 이는 씨를 말렸다는 뜻이다.

바산왕은 네피림의 후손인 거인 – 원래 모압 지역에는 네피림(Nephilim)의 자손인 거인들(Giants)이 살고 있었는데, 이들은 가나안 지역에 살고 있었던 아낙 족속과 같이 강하고 키가 거서 르바임(Rephaites)이라 칭하였으나, 모압 족속들은 이들을 에밈(Emites, Emims)이라 불렀다. 또한 암몬 지역에도 역시 르바임이 살고 있었는데, 암몬 족속들은 이들을 삼숨밈(Zamzummites, Zamzummims)이라 불렀다. 이 들 거인들은 각각 롯(Lot)의 후손인 모압 족속과 암몬 족속 앞에서 야훼께서 멸하셨으므로(「창세기」

---

4 1부 3장의 "'야훼께서 자리를 비우시다'와 '손에 붙이시다'의 의미"를 참조하라.
5 2부 9장의 4절인 "구약에 등장하는 개구리, 파리, 메뚜기, 메추라기, 왕벌, 까마귀", 5절인 "동물과 곤충을 유도하는 초음파기술, 인간(신)과 동물의 인터페이스(BBI)"와 6절인 "나노 접착제 분자 털과 양자동조(Quantum Sync) 기술"을 참조하라.

19:30-38, 「신명기」 2:10-11, 「신명기」 2:20-21), 아브라함(Abraham, BC 2166 - BC 1991)시대부터 모압 족속과 암몬 족속이 이들 거인들의 땅을 대신 차지하고 살게 되었다. 그런데 네피림 족속이었던 르바임 족속의 남은 자가 바로 바산(Bashan) 왕인 옥(Og)이었다. 그의 침상은 철 침상이었고 그 당시에도 암몬 족속이 살던 도시인 랍바(Rabbah)에 남아 있었는데, 사람의 보통 규빗(Cubits)으로 재면, 그 길이가 9규빗(13피트=약 4미터)이요, 넓이가 4규빗(6피트=약 1.9미터)이었다(「신명기」 3:11). 그만큼 거인이었다는 얘기이다. 이와 같이 거인들을 멸하고 롯의 후손에게 땅을 준 것과 같이, 마찬가지로 지금 야훼는 가나안 족속들을 멸하고 이스라엘 백성이 안착하도록 하고 있는 것이다.

모압은 형제, 미디안은 적 - 이스라엘 민족은 계속 진행하여 모압 평지(Plains of Moab), 즉 요단 강 건너편 여리고 맞은편에 진을 친다(「민수기」 22:1). 이때 모압 족속(Mohabites)의 왕인 발락(Balak)은 모압 장로들과 미디안(Midian) 장로들을 모아 이스라엘을 저지하는 방안을 모색하고, 유프라테스 강의 브돌(Pethor)에 거주하고 있던 이교 예언자인 브올의 아들인 발람(Balaam son of Beor)을 불러 이를 저지하고자 하나, 야훼의 도움으로 발람이 이스라엘을 축복하자 그 저지는 실패한다(「민수기」 22장 & 23장 & 24장). 그 대신 모압의 여자들이 이스라엘을 유인하여(Moab seduces Israel) 음행케(sexual immorality) 하고, 이스라엘 백성들로 하여금 그들의 신인 브올의 바알(Baal of Peor)을 섬기게 한다.

이에 이스라엘 민족은 야훼의 진노를 받고 바알 신을 섬긴 이스라엘 백성들을 죽이고, 이어 벌어지는 미디안(Midianites) 여성의 등장으로 이스라엘 백성들 사이에 염병(plague)이 돌아 결국 미디안은 이스라엘의 적이 된다(「민수기」 25장). 여기서 이상한 것은 미디안만 적이 되고 모압 족속은 이스라엘 민족에게 해를 끼쳤음에도 불구하고 적으로 간주하지 않았다는 데 있다. 그 이유는 모압 족속은 암몬 족속(Ammonites)과 같이 그 조상이 모두 아브라함의 조카 롯(Lot)이라는 데 있다(『창세기』19:30-38). 그래서 야훼는 "모압을 괴롭히지도 말고 싸우지도 말라 그 땅을 내가 네 기업으로 주지 아니하리니 이는 내가 롯 자손에게 아르(Ar)를 기업으로 주었음이로라"라고 모세에게 명령한다(『신명기』2:9).

인구조사, 모세가 가나안 땅을 밟지 못하고 죽을 것과 이스라엘의 미래를 예언하는 야훼 – 두 번째 인구조사가 이루어지고 이 계수(Numbers)에 의해 가나안 땅을 제비뽑아(Lot) 배분하는 원칙을 야훼께서 정하고(『민수기』26장), 아비나 아들이 없는 딸들에게도 기업(Inheritance)을 배분토록 한다.

야훼가 모세를 모압 평지의 아바림 산(Mt. Abarim) 또는 느보 산(Mt. Nebo)의 비스가(Pisgah) 꼭대기에 오르게 하여, 이스라엘 자손에게 줄 땅을 확인케 한 후, 모세의 형인 아론(Aaron)이 먼저 죽은 것같이(나이 123세, 『민수기』20:22-29, 『신명기』10:6), 모세도 죽어 열조로 돌아갈 것을 명한 후, 후계자로 눈의 아들(Son of Nun)인 여호수아(Joshua, 지도자 재위, BC 1406-BC 1390)를 임명하고 안수토록 한다(『민수기』27:12-23, 『신명기』3:23-29, 『신명기』34장). 결국 모세는 40년의 광야생활이란 벌의 대가와, 두 번의 반석에서 물이 나게 하는 므리바 물(Waters of Meribah)의 기적 때 야훼의 명령을 거역한 대가로, 가나안 땅이란 목전을 앞두고, 요단 강을 건너지 못하고, 모압 땅에서 120세에 죽게 된다(BC 1406).

이때 야훼는 모세에게 마지막으로 "이스라엘이 가나안 땅에 들어가 그들이 배불리 먹고 살찌면 나를 배반하고 나를 멸시하여 내 언약을 어기고 다른 신을 좇아 음란과 모든 악행을 행할진대 그러면 그때에 내가 진노하여 그들을 버리고 내 얼굴을 숨기리라"라고 이스라엘의 배반을(Israel's Rebellion Predicted)을 예언하신다(「신명기」 31:16-17).

여기서 중요한 내용이 나온다. "그들을 버리고 내 얼굴을 숨기리라(… forsake them; I will hide my face from then, and they will be destroyed)"(NIV)가 그것인데, 야훼께서 진노하여 이스라엘 백성을 버린다는 것이다. 얼굴을 가린다는 말씀은 자리를 비운다는 것이다. 그러면 이스라엘은 야훼께서 같이하지 않으시므로 아시리아나 바벨론 등에 멸망당한다는 뜻이다. 그때 이스라엘 백성은 "이 재앙이 우리에게 임함은 우리 하나님이 우리 중에 계시지 않은 까닭이 아니뇨?"라고 말할 것이란 얘기이다. 앞으로 일어날 일들을 야훼께서 꿰뚫고 있다는 얘기이다.

미디안의 다섯왕과 브올의 발람을 죽이다 - 모세가 죽기 전에 한가지 해야 할 일이 있다. 미디안에게 여호와의 원수를 갚는 일이다(Vengeance on the Midianites). 제사장 엘르아살(Eleazar)의 아들 비느하스(Phinehas)가 야훼의 기구와 신호나팔(Articles from the sanctuary and the trumpets for signaling)을 갖고 나가, 미디안의 다섯 왕을 죽이고 이교 예언자인 브올의 발람(Balaam son of Beor)까지 죽인다(「민수기」 31장).

첫 번째 배분, 르우벤/갓/므낫세 반 지파가 요단 강 동쪽을 차지하다 - 이 승리를 여호와 앞에서 기념하고 르우벤(Reubenites), 갓(가드, Gadites)과 므낫세 반 지파(Half-tribe of Manasseh)에게 요단 강 동쪽 지역 땅을 배분해 준다. 조건은 가축과 유아와 여자들을 위해 요단 강 동쪽에 성읍을 우선 건축하고, 20세 이상 남자들은 요단 강을 건너 가나안 땅에서 싸워 이기거든, 가나안 땅을 배분 받기를 포기하고, 요단 강 동쪽으로 다시 돌아온다는 것이다(「민수기」 32장, 「신명기」 3:12-22, 「여호수아」 1:12-18).

이렇게 해서 12지파 중 르우벤 족속, 갓 족속과 므낫세 반 지파는 요단 강 동쪽을 차지하게 된다. 그리고 모압 평지, 즉 요단 강 건너편 여리고 맞은편의 진에서 여호와께서 모세에게 가나안 땅에 들어갔을 때 나머지 땅의 배분 원칙과 가나안 땅의 경계(Boundaries of Canaan), 레위인에게 줄 성읍(Towns for the Levites)과 도피성(Cities of Refuge), 그리고 딸들의 유산에 대해 말씀하신다(「민수기」 33장~36장, 「신명기」 19:1-13). 이때가 가나안 점령을 앞둔 BC 1406년이다.

모세가 120세에 죽다, 여호수아가 지도자가 되다, 요단 강을 건너다 – 요단 강 건너편 여리고 맞은편 모압 평지에서 모세가 120세로 죽자(BC 1406), 사사(士師, Judge)인 여호수아(Joshua, 지도자 재위 BC 1406-BC 1390)가 모세의 뒤를 이어 지도자가 된다(「신명기」 34장, 「여호수아」 1:1-3).

요단 강 근처의 싯딤(Shittim)에서, 여리고에 두 사람의 정탐꾼을 보내고, 여기서 라합(Rahab)이라는 기생(아마도 여관 주인)을 만나 라합의 도움으로 정탐을 무사히 마치고 돌아온다(「여호수아」 2장). 요단에 이르러 진을 치고 3일 후에 레위 족속 제사장들이 언약궤를 메고 요단 강으로 들어서매, 흐르던 물이 멈추고 백성은 마른 땅으로 행하여 요단을 건넌다(「여호수아」 3장). 이는 모세가 홍해를 건넜을 때의 기적과 같은 것이었다(「여호수아」 4:23).[6]

모든 백성이 요단에서 올라와 여리고 동편 지경에 있는 길갈(Gilgal)에 진을 치니 이때가 41년(1405) 정월 10일이다(「여호수아」 4:19). 요단 서편에 있던 아모리 족속의 모든 왕들과 해변의 가나안 족속의

---

6 2부 8장인 "홍해와 요단 강이 갈라지다, 야훼의 척력광선과 원자파괴 레이저"를 참조하라.

모든 왕들이 이 소식을 듣고 간장이 녹아내렸고, 이스라엘 백성을 대할 용기를 잃는다(『여호수아』5:1).

할례를 행하고, 만나가 그치다 – 출애굽 이후 이스라엘 자손들은 광야 40년 생활에서 다 죽고, 지금 요단을 건넌 백성들은 이후 세대이므로 부싯돌로 칼을 만들어 모두 할례(포경수술)[7]를 거행하고, 길갈에서 처음으로 그 땅(가나안 땅)의 소산(food)을 먹은 다음날부터 만나(Manna)[8]가 그친다(『여호수아』5:12).

여리고 성을 함락시키다, 금과 은을 훔친 아간의 죄 – 여리고 성을 6일 동안 언약궤를 앞세워 나팔을 불며 매일 한 번 돌고, 그리고 7일에는 일곱 번 돌며 소리를 지르자 여리고 성은 무너진다.[9] 이때 라합(Rahab)의 가족들은 살리고 남녀 노소 모두를 멸하고, 여리고 성읍과 모든 것을 불사르지만 금은동은 취하여 야훼의 곳간(treasury)에 둔다(『여호수아』6장).

그러나 야훼께 바친 금은을 훔친 유다(Judah) 족속 아간의 죄(Achan's Sin) 때문에, 야훼께서 진노하여 벧엘(Bethel) 동편에 있는 아이(Ai) 성 점령에 실패한다(『여호수아』7장). 여기에 이상한 점이 있다. 왜 이들은 금은동을 여호와의 곳간에 쌓아 두었을까? 다음에 나오는 가나안 도시와 성읍을 점령했을 때에도 계속 금은동을 취하여 여호와의 곳간에 쌓는다. 여호와는 그 많은 금을 어디에 쓰고자 했던 것일까? 금을 훔친 자는 왜 여호와의 언약을 어긴 것이 되는 것일까?(『여호수아』7:11)[10]

---

7 2부 12장 4절의 "할례와 불임수술"을 참조하라.
8 2부 12장 2절의 "만나(Manna)는 분말 합성제(화학식품)"를 참조하라.
9 2부 11장 "여리고 성이 나팔과 함성(초음파와 군집 음파)에 무너지다"를 참조하라.

태양이 머물고 달이 멈춘 아이 성 전쟁, 남부를 점령하다 - 아간의 가족들을 돌로 쳐서 죽여 아골 골짜기(Valley of Achor)를 만든 후, 야훼께서 분노를 그치시고(「여호수아」7:24~26), 다시 야훼의 지략에 따라 매복(Ambush) 전략으로 아이 성을 점령한다(「여호수아」8장). 물론 여기서도 아이 거민 모두 일만 이천 명을 죽여 씨를 말린다. 이어서 기브온(Gibeon) 사람들을 거두어들이고(「여호수아」9장), 기브온을 공격한 아모리 다섯 왕인 예루살렘(Jerusalem) 왕, 헤브론(Hebron) 왕, 야르못(Jarmuth) 왕, 라가시(Lachish) 왕, 에글론(Eglon) 왕의 연합군대(Joined Forces)를 야훼가 내리신 커다란 우박(Large hailstones) 덕분에 쉽게 무찌른다. 다섯 왕의 목을 밟고 목을 베고 모든 사람들을 진멸한다.

이 다섯 왕과의 전쟁은 태양이 머물고 달이 멈추었다는 야살의 책(Book of Jashar)에 기록된 태양이 멈추다(The Sun Stands Still)로 유명한 전쟁이다(「여호수아」10:1-15). 실제로 태양이 머물고 달이 멈춘 것이 아니라, 전투가 한나절에 전격적으로 끝나 버렸음을 묘사한 것이다. 정복된 아이 성의 중요성에 비하여 전투시간이 너무 짧았기 때문에 사람들은 마치 해가 도중에 멈춘 것처럼 생각했다.

곧 이어 막게다(Makkedah)를 점령하고 서부로 진격하여 들어가 립나(Libnah)를 점령하고, 그 다음 라기시(Lashish)를 점령하고, 에글론(Eglon)을 점령하고, 헤브론(Hebron)을 점령하고, 드빌(Debir)을 점령하고, 그 다음 모세가 머물렀던 신 광야(Wilderness of Zin)의 가데스바네아(Kadesh Barnea)에서 가사(가자, Gaza)까지, 그리고 출애굽을 시작한 고센(Goshen) 땅에서

---

10 『바이블 매트릭스』시리즈 2권 『인간 창조와 노아 홍수의 비밀』의 2부인 "인간 창조의 비밀-고고학적 증빙"의 2장 11절인 "구약성경의 검증, 금(Gold)을 수집하는 야훼 신"을 참조하라.

기브온(Gibeon) 땅까지 아모리와 가나안이 차지하고 있던 가나안 남부 땅을 모두 점령하고 길갈(Gilgal) 진으로 돌아온다(「여호수아」 10:16~43).

북방을 점령하다 – 이제 남은 것은 북방이다. 갈릴리 호수 북부의 북방 왕국들의 본거지인 하솔(Hazor) 왕을 비롯한 북방 산지와 평지, 헤르몬 산(Mt. Hermon) 아래 히위 족속(Hivites), 그리고 요단 강 서편의 가나안 족속과 요단 강 동편의 아모리 족속의 모든 왕들이 이 소식을 듣고 연합군대를 형성하여 메롬 물가(Waters of Merom)에 진을 치고 이스라엘에 대항했으나, 추풍낙엽처럼 야훼 군대에게 패한다. 이로써 기브온 거민들의 히위 족속을 제외한 가나안 남방과 북방의 모든 성읍을 점령하여 이에 거했던 모든 족속을 진멸한다(「여호수아」 11장). 여호수아가 정복한 왕만 도합 31명의 왕이었다(「여호수아」 12:24).

거인들을 멸절시키다 – 여세를 몰아 여호수아는 헤브론, 드빌, 아납(Anab), 유다(Judah), 그리고 이스라엘의 온 산지에 거처했던, 거인(Giants)인 아낙인들(Anakites), 즉 네피림(Nephilim)의 후손들을 멸절하고, 그 성읍들을 진멸함으로써 「창세기」 6장에 등장하는 네피림의 자손들은 지구상에서 거의 멸절하게 된다. 이스라엘 자손의 땅 안에는 아낙 사람이 하나도 없고 가사(Gaza)와 가드(Gath)와 아스돗(Ashdod)에만 약간 남았다(「여호수아」 11:21~22).

왜 네피림의 후손들이 모세와 여호수아시대에도 살아 있었을까? 분명 노아의 홍수에서 사라졌어야 할 네피림이 아직도 살아 있었던 이유는 무엇일까? [11]

---

[11] 1부 5장 2절의 "이기기 신들+인간의 딸들에서 거인(Great/Giant Man)들이 태어나다"를 참조하라.

임무를 마친 여호수아가 죽다 - 이와 같이 여호수아가 야훼께서 모세에게 이르신 말씀대로, 그 온 땅을 취하여 이스라엘 지파의 구별을 따라 기업으로 주었다. 그리고 그때에 그 땅에 전쟁이 그쳤다(「여호수아」 11:23). 이때가 BC 1399년이요 여호수아의 나이 101세다. 이로써 가나안 정복의 대단원이 막을 내리게 된다. 이스라엘 백성은 결국 요단 강을 건너 마침내 젖(Milk)과 꿀(Honey)이 흐르는 가나안(Canaan)에 정착하게 된다. 여호수아는 110세인 BC 1390년에 죽는다(「여호수아」 24:29).

요셉의 뼈를 세겜에 묻다 - 그리고 요셉(Joseph)이 애굽 고센 땅에서 죽기 전 이스라엘 자손들에게 단단히 맹세시킨 대로(「창세기」 50:25), 모세와 이스라엘 자손이 애굽에서 이끌어낸 요셉의 뼈를(「출애굽기」 13:19) 세겜(Shechem)에 장사하였으니, 이곳은 야곱(Jacob)이 세겜의 아비 하몰(Hamor)의 자손에게 은 일백 개를 주고 산 땅이었는데(「창세기」 33:18-20), 이것이 요셉 자손인 므낫세(Manasseh)의 기업(땅)이 되었다(「여호수아」 24:32).

기획자인 야훼, 이스라엘 손에 붙이다 - 여기서 중요한 것은 이 모든 출애굽을 기획하고 연출하고 인도한 이는 바로 야훼 하나님이라는 점이다. 또한 중요한 것은 가나안에 정착했던 7족속들이 왜 쉽게 무너졌는가 이다. 그 이유는 모세와 여호수아가 가나안을 점령할 때마다 야훼께서는 다음과 같이 말한다. "야훼께서 그들을 이스라엘의 손에 붙이신 고로(the LORD gave them into the hand of Israel)"(「민수기」 21:34;「신명기」 3:2;「여호수아」 10:30, 10:32, 11:8, 21:44;「사사기」 11:21;「느헤미야」 9:24). 그렇다. 그들을 너희 손에 붙였으니(I gave them into your hands), 가서 점령하고 취하라는 것이다. 그렇다면 이스라엘의 손에만 항상 붙였을까?[12]

사자들(Angel)이 돕다 – 물론 모세나 여호수아가 전쟁에서 이길 때마다 야훼께서 항상 이스라엘을 도운 것은 아니다. 야훼께서 바쁘실 때에는 사자들과 군대장관(a commander of the army of the LORD)을 보내어 모세와 여호수아를 돕게 하였다(「출애굽기」 3:2, 14:19, 23:20, 23:23, 32:34, 33:2; 「여호수아」 5:13~15)

갈렙의 기업(땅) – 가나안 정탐을 올바르게 보고했던 유다 지파의 갈렙(Caleb)은 야훼께서 "네 발로 밟는 땅이 영영히 너의 기업이 되리라"(「신명기」 1:36) 하신 대로, 유일하게 제비뽑아 땅을 배분받지 않고, 갈렙이 말한 대로 헤브론(Hebron)을 배분받는다. 이는 정탐 과정에서 본인이 직접 본 대로 보고한바, 헤브론에는 거인인 아낙인(Anakites)이 있지만, 올라가 능히 이기리라(「민수기」 13:30)고 말한 것과 같이, 본인이 헤브론 땅을 달라고 해서 이루어진 것이다. 실제로 갈렙은 헤브론을 배분 받고, 아낙의 소생들을 쫓아낸다. 이로써 헤브론 땅에서 전쟁이 그치게 된다(「여호수아」 14:6-15, 15:13-14).

레위 지파의 기업(땅) – 12지파 중 레위(Levi, Levites) 지파는 야훼께 시중드는 제사장(Priests) 직을 맡은 신분의 지파로(「민수기」 3장 & 18장, 「신명기」 18:1-8), 가나안 족속과의 전쟁에는 직접 참여하지 않아(「민수기」 1:47-54), 가나안 땅에 들어가서는 나머지 11지파처럼 땅을 배분받지 못하지만(「민수기」 18:20-24, 「민수기」 26:62, 「여호수아」 13:14 & 33), 레위 족속들이 특별히 거주할 수 있는 레위 족속의 성읍(Levitical Towns)을 배분 받는다(「레위기」 25:32, 「민수기」 35장, 「여호수아」 21장).

---

12 1부 3장의 "'야훼께서 자리를 비우시다'와 '손에 붙이시다'의 의미"를 참조하라.

부록

관련 그림 및 지도

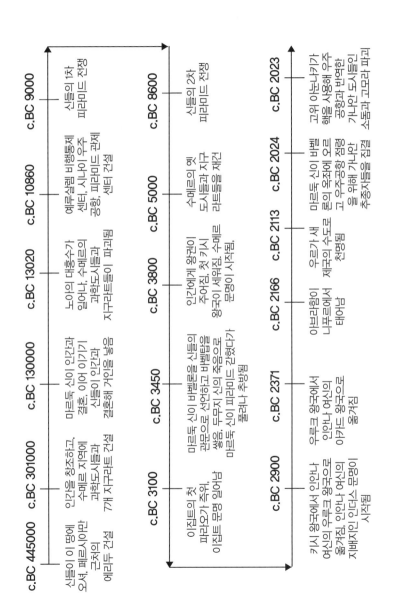

c.BC 445000 — 신들이 이 땅에 오셔, 페르시아만 근처의 에리두 건설

c.BC 301000 — 인간을 창조하고, 수메르 지역에 과하도시들과 7개 지구라트 건설

c.BC 130000 — 마르둑 신이 인간과 결혼. 이어 이기기 신들이 인간과 결혼해 가인을 낳음

c.BC 13020 — 노아의 대홍수가 일어나. 수메르의 과하도시들과 지구라트들이 파괴됨

c.BC 10860 — 예루살렘 비행통제 센터, 시나이 우주공항, 피라미드 관제 센터 건설

c.BC 9000 — 신들의 1차 피라미드 전쟁

c.BC 8600 — 신들의 2차 피라미드 전쟁

c.BC 5000 — 수메르의 옛 도시들과 지구 라트들을 재건

c.BC 3800 — 인간에게 왕권이 주어짐. 첫 키시 왕국이 세워짐. 수메르 문명이 시작됨.

c.BC 3450 — 마르둑 신이 바벨론을 신들의 관문으로 선언하고 바벨탑을 쌓음. 누무지 신의 죽음으로 마르둑 신이 피라미드 안갔다가 풀려나 추방됨

c.BC 3100 — 이집트의 첫 파라오가 즉위. 이집트 문명 일어남

c.BC 2900 — 가시 왕국에서 인안나 여신의 우루크 왕국으로 옮겨짐. 인안나 여신의 지배자인 인다스 문명이 시작됨

c.BC 2371 — 우루크 왕국에서 인안나 여신의 아가드 왕국으로 옮겨짐

c.BC 2166 — 아브라함이 니푸르에서 태어남

c.BC 2113 — 우르가 세 제국의 수도로 천명됨

c.BC 2024 — 마르둑 신의 분이 옥좌에 어 고 우주공항 점령을 위해 가난

c.BC 2023 — 고아 이는나키가 핵을 사용해 우주공항과 반역한 가나안 도시들인 소돔과 고모라 파괴

지구의 연대기

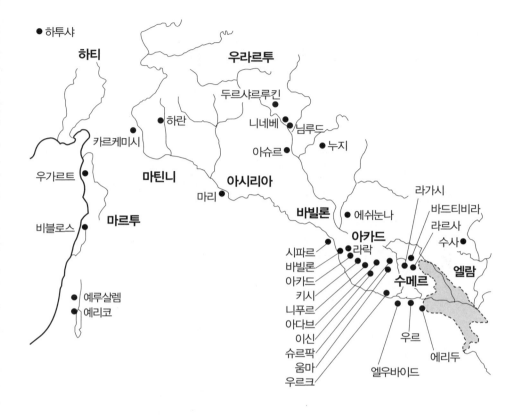

수메르시대의 도시국가(City-States, c.BC 5000~c.BC 2023). Credit : 시친, I, 2009, p 86, © Z. Sitchin, Reprinted with permission.

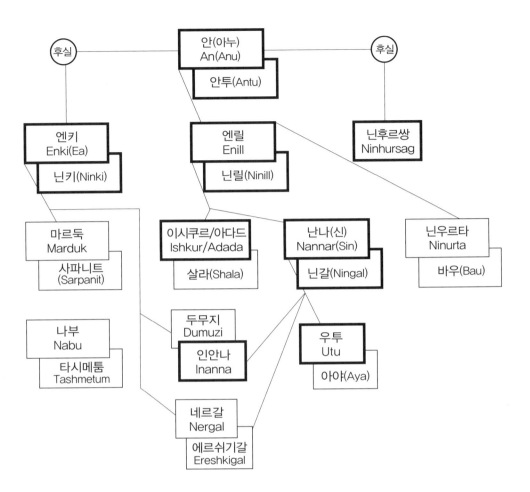

수메르시대의 주요 신들의 족보도. 굵은 선의 신들과 여신들은 12명의 아눈나키(Anunnaki) 그룹. 마르둑 신의 배우자인 사파니트는 인간이고, 여신인 닌후르쌍은 혼자 살았으나 이복형제인 엔릴 신과의 사이에서 엔릴의 정식 승계자인 닌우르타를 낳음. 그러나 마르둑이 엔릴의 신권과 왕권을 찬탈함. Credit : 시친, I, 2009, p. 190, © Z. Sitchin, Reprinted with permission.

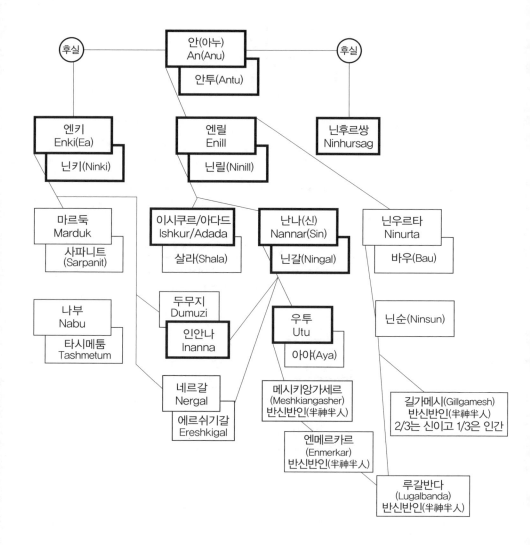

반신반인인 길가메시의 족보

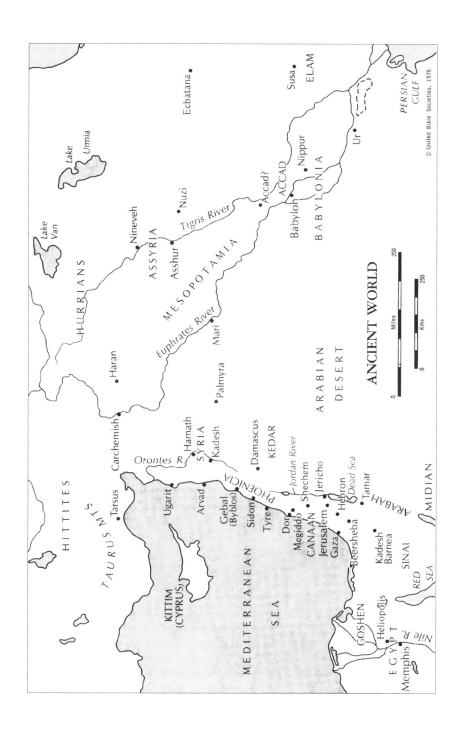

ANCIENT WORLD

© United Bible Societies, 1976

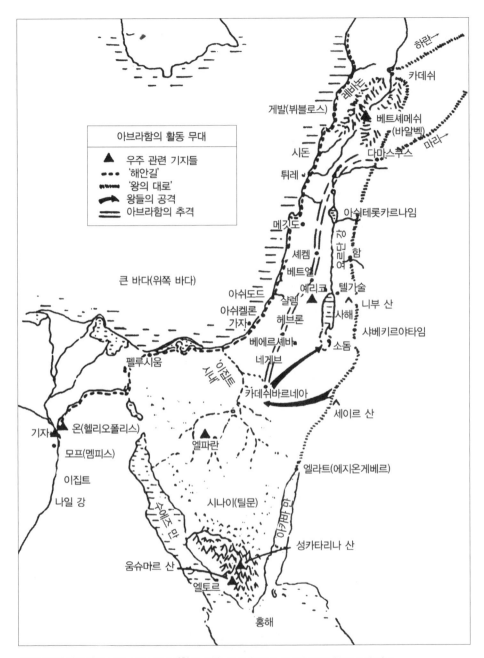

아브라함의 이동 경로. Image Credit : 시친, III, 480. © Z. Sitchin, Reprinted with permission.

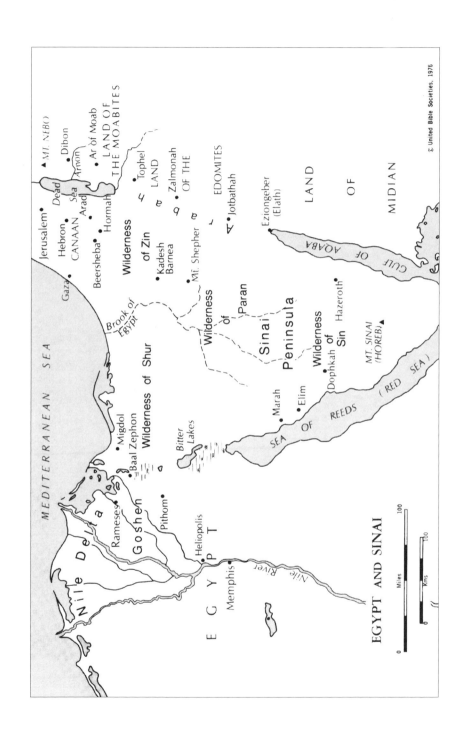

EGYPT AND SINAI

© United Bible Societies, 1975

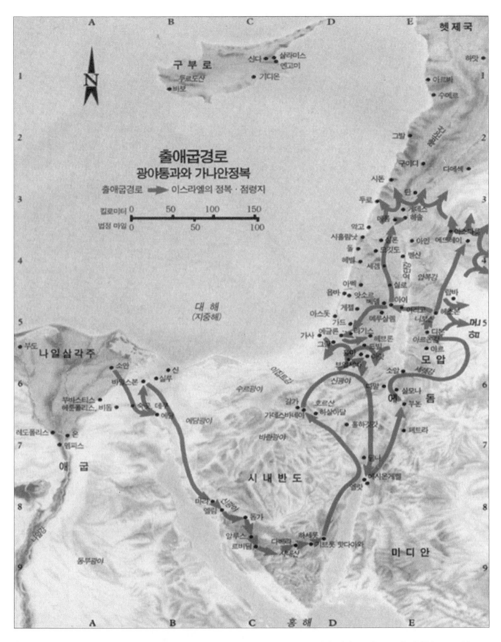

출애굽 경로 – 광야 통과와 가나안 정복. Credit : 케임브리지 한인교회, 주제별 시리즈 설교 19의 사명(1). http://web.
firstkoreanchurch.org/?document_srl=358·

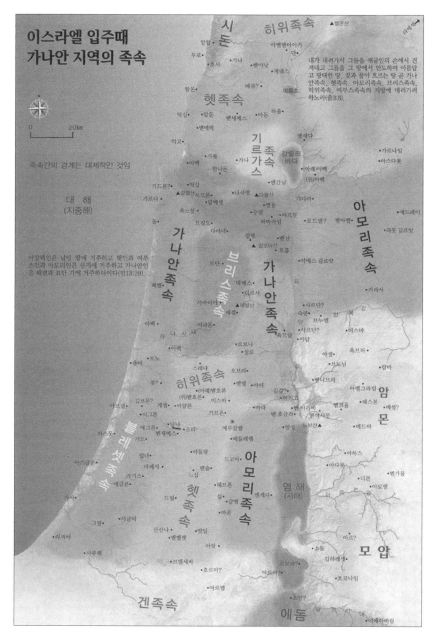

이스라엘 입주 때 가나안 지역의 족속. Credit : GLOHA, 은혜 안에 뛰놀며 주의 영광 보리라 by mikhail.
이스라엘 입국 때 가나안 족속들의 이미지. GLOHA – http://hoika6.egloos.com/4930339

DIVISION OF CANAAN

Miles 0 — 40

Kms 0 — 40

Sidon

SIDONIANS

LEBANON MTS.

HITTITES

ARAMEANS

Damascus

▲ MT. HERMON

DAN

Dan (Laish)

Tyre

MEDITERRANEAN

ASHER

NAPHTALI

Hazor

SEA

Lake
Galilee

MANASSEH
(EAST)

Ashtaroth

MT. CARMEL ▲

ZEBULUN

MT.
TABOR ▲

Endor
Shunem

Dor
Megiddo

ISSACHAR

Jezreel

MT. GILBOA ▲

Ramoth

MANASSEH
(WEST)

Jordan River

Jabesh

AMMONITES

Shechem

GAD

Shiloh

Joppa

EPHRAIM

Bethel

Gilgal

Rabbah

DAN

Ai

BENJAMIN

Jericho

Gibeah

Ashdod

Jerusalem

Bethpeor

Libnah

Bethlehem

Ashkelon

REUBEN

Gath?

Lachish

Hebron

Dead

Gaza

JUDAH

Engedi

Sea

PHILISTINES

Gath?

Beersheba

MOABITES

Hormah

SIMEON

The Negev

© United Bible Societies, 1976

EDOMITES

이스라엘 12지파에게 분할된 가나안. Credit : GLOHA, 은혜 안에 뛰놀며 주의 영광 보리라 by
mikhail, 이스라엘 입국 때 가나안 족속들의 이미지. GLOHA- http://hoika6.egloos.com/4930339

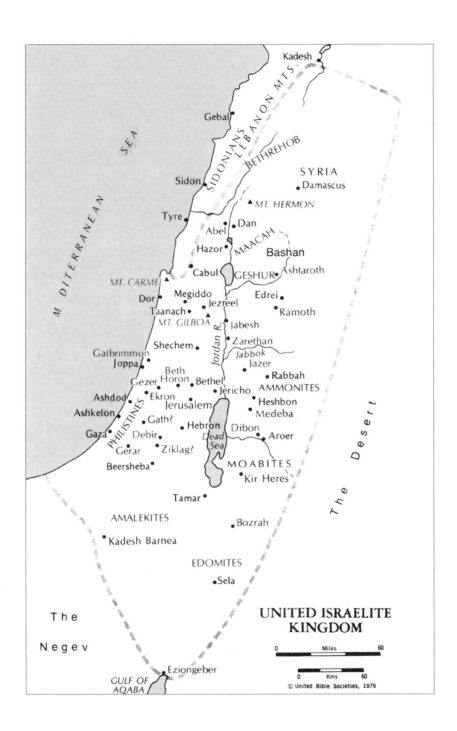

Kadesh

Gebal

SEA

MEDITERRANEAN

SIDONIANS
LEBANON MTS.

BETHREHOB

SYRIA

• Damascus

Sidon

▲ MT. HERMON

Tyre

Abel   • Dan

MAACAH

Hazor

Bashan

Cabul   GESHUR • Ashtaroth

MT. CARMEL ▲

Dor   Megiddo

Edrei

Taanach   Jezreel

Ramoth

MT. GILBOA

Jabesh

Jordan R.

Shechem

Zarethan

Jabbok

Gathrimmon

Jazer

Joppa

Beth

Gezer Horon Bethel

Rabbah

Ashdod   Ekron   Jericho

AMMONITES

Ashkelon   Jerusalem

Heshbon

Gath?

Medeba

Gaza   Debir

Hebron   Dibon

Gerar   Ziklag?

Dead
Sea

Aroer

Beersheba

MOABITES

Kir Heres

The Desert

Tamar

AMALEKITES

Bozrah

• Kadesh Barnea

EDOMITES

•Sela

The

Negev

UNITED ISRAELITE
KINGDOM

0   Miles   60

0   Kms   60

© United Bible Societies, 1976

GULF OF
AQABA   Eziongeber

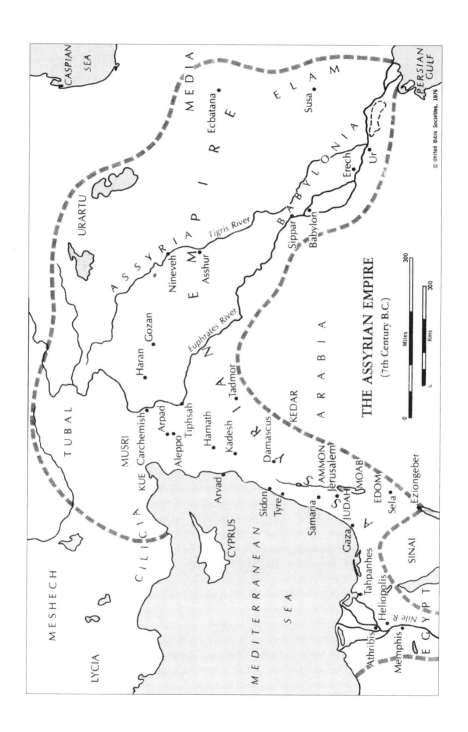

CASPIAN SEA

URARTU

MEDIA

Ecbatana

ELAM

Susa

PERSIAN GULF

© United Bible Societies, 1976

ASSYRIAN EMPIRE

Tigris River

Nineveh

Asshur

BABYLONIA

Erech

Ur

Sippar

Babylon

Haran

Gozan

Euphrates River

ARABIA

THE ASSYRIAN EMPIRE

(7th Century B.C.)

TUBAL

MESHECH

LYCIA

CILICIA

KUE

MUSRI

Carchemish

Arpad

Aleppo

Tiphsah

Hamath

Kadesh

Tadmor

Damascus

KEDAR

CYPRUS

Arvad

Sidon

Tyre

Samaria

Gaza

JUDAH

Jerusalem

AMMON

MOAB

EDOM

Sela

Eziongeber

MEDITERRANEAN SEA

Tahpanhes

Heliopolis

SINAI

Athribis

Memphis

Nile R.

EGYPT

Miles

Kms

0   300

0   300

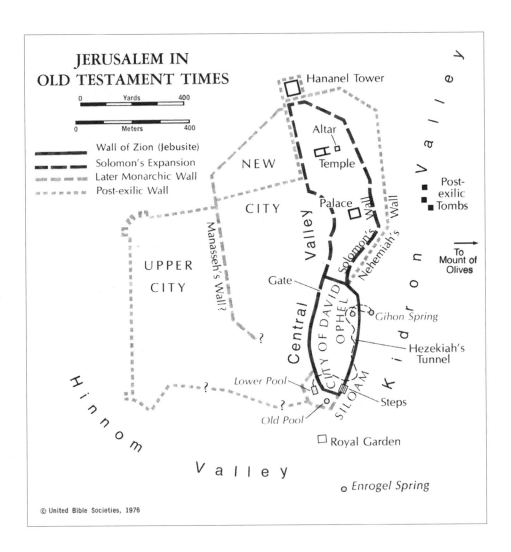

JERUSALEM IN OLD TESTAMENT TIMES

0 Yards 400

0 Meters 400

Wall of Zion (Jebusite)
Solomon's Expansion
Later Monarchic Wall
Post-exilic Wall

Hananel Tower

NEW

Altar

Temple

CITY

Palace

Post-exilic Tombs

Solomon's Wall

Nehemiah's Wall

UPPER CITY

Manasseh's Wall?

Valley

To Mount of Olives

Gate

Central

CITY OF DAVID

OPHEL

Gihon Spring

Kidron

?

Hezekiah's Tunnel

Lower Pool

SILOAM

Steps

?

Old Pool

Royal Garden

Hinnom

Valley

Enrogel Spring

© United Bible Societies, 1976

346

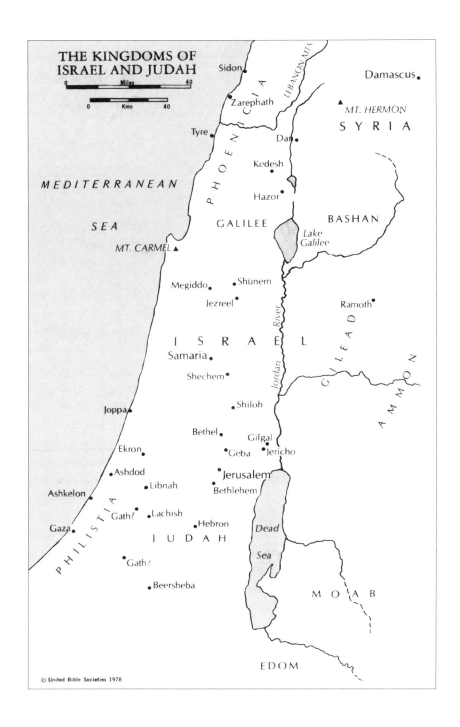

THE KINGDOMS OF
ISRAEL AND JUDAH

Sidon

Damascus

Zarephath

MT. HERMON

SYRIA

Tyre

PHOENICIA

LEBANON MTS.

Dan

Kedesh

MEDITERRANEAN

Hazor

GALILEE

BASHAN

SEA

Lake
Galilee

MT. CARMEL

Megiddo

Shunem

Jezreel

Ramoth

Jordan River

I S R A E L

GILEAD

Samaria

AMMON

Shechem

Shiloh

Joppa

Bethel

Gilgal

Ekron

Geba

Jericho

Ashdod

Jerusalem

Ashkelon

Libnah

Bethlehem

Gath?

Lachish

PHILISTIA

Gaza

Hebron

Dead

JUDAH

Sea

Gath ?

MOAB

Beersheba

EDOM

© United Bible Societies 1978

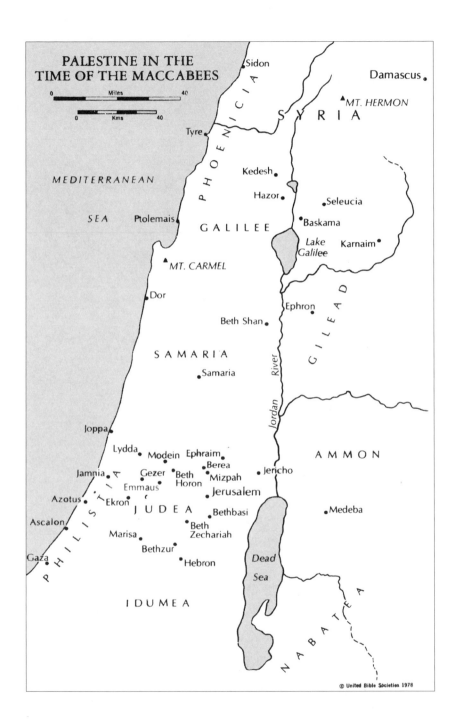

PALESTINE IN THE TIME OF THE MACCABEES

Miles
0   40

Kms
0   40

Sidon

Damascus

▲ MT. HERMON

S Y R I A

P H O E N I C I A

Tyre

MEDITERRANEAN

Kedesh

Hazor

Seleucia

SEA

Ptolemais

G A L I L E E

Baskama

Lake
Galilee

Karnaim

▲ MT. CARMEL

Dor

Ephron

Beth Shan

S A M A R I A

G I L E A D

Samaria

Jordan River

Joppa

Lydda

Modein

Ephraim

A M M O N

Berea

Jamnia

Gezer

Beth
Horon

Mizpah

Jericho

Emmaus

Azotus

Ekron

Jerusalem

Ascalon

J U D E A

Bethbasi

Medeba

Beth
Zechariah

Marisa

Bethzur

Hebron

Dead

Sea

Gaza

P H I L I S T I A

I D U M E A

N A B A T E A

© United Bible Societies 1978

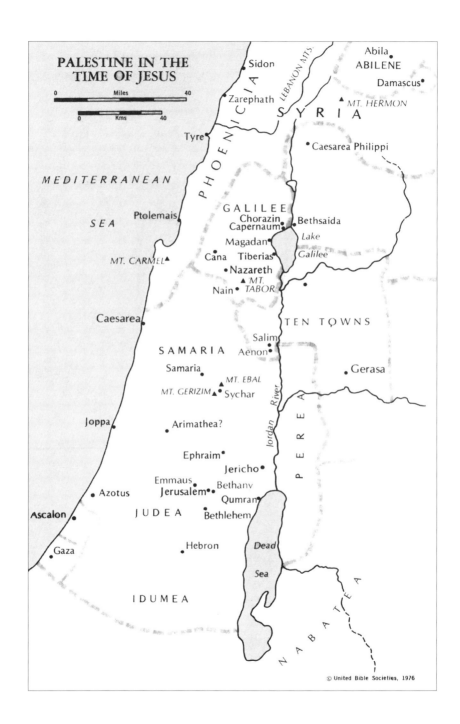

PALESTINE IN THE
TIME OF JESUS

0   Miles   40

0   Kms   40

Sidon

Abila
ABILENE
Damascus

Zarephath

LEBANON MTS.

S Y R I A

MT. HERMON

Tyre

P
H
O
E
N
I
C
I
A

Caesarea Philippi

MEDITERRANEAN

SEA

Ptolemais

GALILEE
Chorazin
Capernaum
Bethsaida
Lake
Magadan
Cana Tiberias
Galilee
Nazareth
MT.
TABOR
Nain

MT. CARMEL

Caesarea

TEN TOWNS

Salim
Aenon

SAMARIA

Samaria

Gerasa

MT. EBAL
MT. GERIZIM Sychar

Joppa

Arimathea?

Ephraim

Jericho

Emmaus
Jerusalem
Bethany
Qumran

Azotus

Ascalon

JUDEA
Bethlehem

Gaza

Hebron

Dead

Sea

P
E
R
E
A

Jordan River

N
A
B
A
T
E
A

IDUMEA

© United Bible Societies, 1976

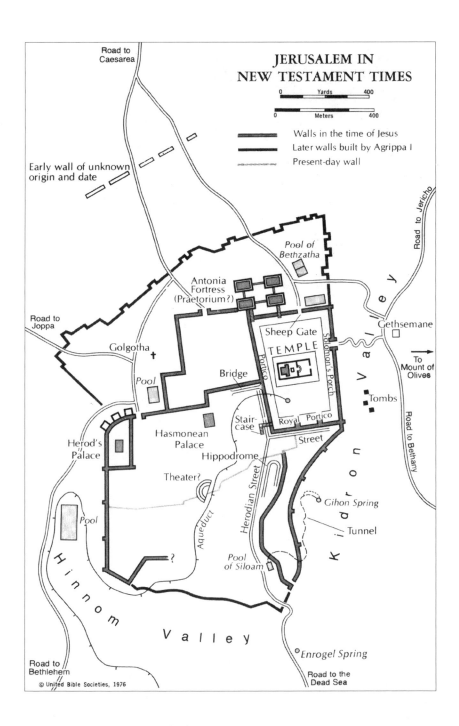

JERUSALEM IN NEW TESTAMENT TIMES

0 Yards 400

0 Meters 400

━━━ Walls in the time of Jesus
━━ Later walls built by Agrippa I
⋯⋯ Present-day wall

Road to Caesarea

Early wall of unknown origin and date

Road to Jericho

Road to Joppa

Pool of Bethzatha

Antonia Fortress (Praetorium?)

Golgotha

Sheep Gate

TEMPLE

Solomon's Porch

Gethsemane

To Mount of Olives

Pool

Bridge

Portico

Tombs

Road to Bethany

Staircase

Royal Portico

Street

Herod's Palace

Hasmonean Palace

Hippodrome

Theater?

Herodian Street

Kidron Valley

Aqueduct

Gihon Spring

Tunnel

Pool

?

Pool of Siloam

Hinnom Valley

Enrogel Spring

Road to Bethlehem

Road to the Dead Sea

© United Bible Societies, 1976

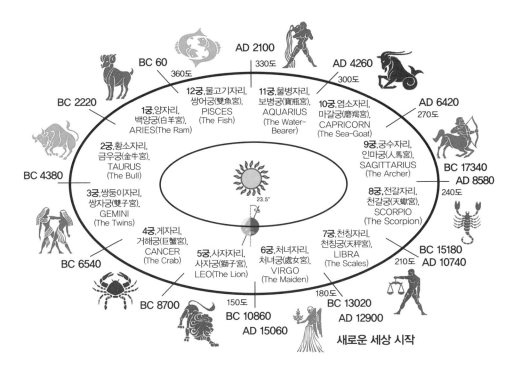

세차운동(歲差運動, Precession)에 의해 대주기(Grand Circle) 혹은 대년(Great Year)인 25,920년에 따라 변하는 시대별 춘분의 12개 별자리.

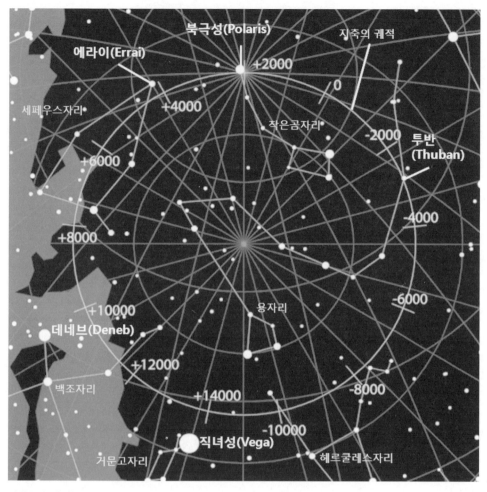

시대별 세차운동(歲差運動, Precession)에 따라 바뀌는 '하늘의 북극과 북극성의 변화'. 참조 : Wikipedia.org/Pole_star

용어해설

AD xx: anno Domini(A.D.), 서기 xx년이란 뜻.

AD xx(B): 성경에서 말하는 AD(A.D.) 연대를 계산했을 때의 서기 xx년이란 뜻. 즉 성경연대기(biblical chronology, Chronology of the Bible)의 연도를 말한다. 이는 현대의 역사연대기(historical chronology, Chronology of the History)와는 차이가 날 때 별도의 성경연대기로 표시함. 예를 들어 예수님의 탄생 연도는 역사연대기로는 AD 1년이지만, 성경학자들과 역사학자들이 정확히 계산한 탄생 연도는 BC 6(B)년이다. 따라서 사망 연도와 부활연도도 역사연대기로는 AD 33년이지만, 성경연대기로는 AD 27(B)임. 용어 설명의 '예수님의 탄생 연도' 참조할 것.

c.BC: circa Before Christ(c.BC), 대략 기원전 xx년이란 뜻.

BC xx(B): 기원전을 나타내는 성경연대기. 필자가 계산해 본 결과 아담(Adam)의 20대 손인 아브라함(Abram, Abraham, BC 2166–BC 1991)부터가 현대의 역사연대기와 일치함. 따라서 그 앞의 족장들은 성경연대기로 표시할 수밖에 없는데, 아담의 경우 성경연대기로 BC 4144(B)년에 태어나 930세에 죽었으니 성경연대기로는 BC 3184(B)에 죽음. 부록인 아브라함 기준의 '성경연대기'를 참조할 것.

가나안(Canaan): 원래 가나안(Canaan)은 고대 수메르시대의 12명의 고위급 신들로 구성된 아눈나키(Ahnunnaki)의 결정과 약속에 따라 아눈나키 그룹의 최고 높은 신인 엔릴(Enlil)계의 셈(Shem)족이 거주하게 된 땅이었으나 두 번째 높은 신인 엔키(에아, Enki, Ea)계와 엔키 신을 따르는 함(Ham)족이 이 결정을 거부하고 가나안 지역을 무력으로 점령하고 있었다. 가나안 지역을 무력으로 점령한 이유는 가나안 아래 지역의 시나이(Sinai) 우주공항(Departing Platform as Runways Platform)과 예루살렘 근처의 모리야 산(성전산, Mount Moriah, Temple mount, 아브라함이 아들 이삭을 번제물로 바치려 했던 산임)에 있던 우주비행통제센터(Spacecraft Mission Control Center)를 장악하기 위해서였다. 그 이후 이집트에서 신들의 제1차 피라미드 전쟁(The First Pyramid War, c.BC 9330-c.BC 8970)이 일어난다. 이집트 기자(Giza)에 있는 피라미드는 신들과 100미터 키의 반신반인(半神半人, Demigod)들이 세운 것으로 이는 신들의 고향인 니비루(Nibiru, 타원형 궤도의 가장 높은 점 또는 교차점이라는 뜻) 행성에서 오고 가는 우주선을 안내하는 관제센터(Marker and Control Tower for Spacecraft)였다. 노아의 방주가 닿았다는 터키의 아라라트(Ararat, 「창세기」 8:4절의 '아라랏') 산도 관제센터였다. 착륙장(Landing Platform, Landing Zone)은 레바논(Lebanon)의 바알벡(Baalbek)이었고, 금을 싣고 니비루로 돌아가는 우주선 이륙장은 시나이 반도에 위치한 시나이 우주공항이었다.

1차 피라미드 전쟁의 내용을 보면, 엔키 신의 맏아들인 마르둑(Marduk) 신의 후손인 세트(Seth)가 형인 오시리스(Osiris)를 붙잡아 사지를 절단하고 나일 강 유역과 피라미드의 단독 지배권을 확립한다. 이에 마르둑 신은 세트를 죽이고자 했으나 아버지인 엔키 신은 오시리스 시체에서 정액을 빼내 오시리스의 아내인 이시스(Isis)의 자궁에 주입해 호루스(Horus, Horon)를 낳게 한다. 마르둑 신의 동생인 기빌(Gibil)이 호루스에게 우주비행사와 미사일 다루는 방법 및 철로 무기를 만드는 방법을 가르쳐 준다. 호루스의 군대는 세트에게 쳐들어가 공중전을 벌인다. 호루스는 세트가 쏜 독이 든 화살에 맞는다. 그러나 엔키 신의 아들인 토트(Thoth, Nigishzidda)가 호루스에게 해독제(antidote)를 주고 눈부신 무기(blinding weapon)를 준다. 세트는 눈부신 무기에 맞아 그의 고환이 으깨진다. 호루스는 세트를 붙잡아 아눈나키 앞에 세운다. 아눈나키는 이때 세트로 하여금 이미 엔키 신계의 함족이 무력으로 점령한 가나안 땅에 살도록 결정한다. 이로써 세트는 공식적으로 가나안을 지배하게 되었으며 이에 따라 엔키 신계의 모든 자손들이 우주 관련 시설을 통제하게 된다. 이에 반발한 엔릴 신계가 제2차 피라미드 전쟁(c.BC 8670-c.BC 8500)을 일으키지만 여전히 가나안은 함 족속들이 차지하게 된다(Sitchin, 1976 & 1991 & 2004; 시친, 2009). 이로써 「창세기」 12장에 등장하는 아브라함(Abram, Abraham, BC 2166-BC 1991)의 이야기를 이해할 수 있다. 야훼 신(Yahweh, YHWH, JHWH, Jehovah, 영문성경의 'the LORD' 또는 'the LORD

God', 한글성경의 '여호와' 또는 '여호와 하나님', 카톨릭 성경의 '주님' 또는 '주 하느님')은 아브라함에게 약속했던 가나안 땅으로 가라고 명령한다. 가나안 땅은 원래 아눈나키의 결정과 약속에 따라 셈 족속에게 주려 했던 땅이다. 그러나 함 족속이 불법으로 차지하고 있었다. 결국 아브라함의 후손들은 출애굽을 하여 가나안 땅에 진입해 함 족속인 아모리 족속(Amorites)과 가나안 족속(Canaanites) 등을 무찌르고 가나안에 입성해 이스라엘 왕국을 이루게 된다. 이렇게 본다면 이스라엘의 야훼 신은 엔릴 신이 아닐까?

가나안(Canaan) 족속: 「창세기」 9장 25절에 나와 있듯이 함(Ham) 후손인 가나안(Canaan)은 노아(Noah)의 저주를 받아 셈(Shem) 후손의 종(Slaves)이 될 것임을 예언한다. 실제로 레위(Levi) 지파 출신인 모세와 에브라임(Ephraim) 지파 출신인 여호수아가 애굽(이집트)으로부터 12지파를 이끌어내어 가나안으로 들어간 족속이 바로 셈 족속이다. 이때부터 가나안은 셈 후손의 종이 된다. 처음에는 이집트 강에서부터 유프라테스 강에 이르기까지 가나안에 10족속이 살고 있었다. 겐(가인) 족속(Kenites), 그니스 족속(Kenizzites), 갓몬 족속(Kadmonites), 헷 족속(Hittites), 브리스 족속(Perizzites), 르바 족속(Rephaites), 아모리 족속(Amorites), 가나안 족속(Canaanites), 기르가스 족속(Girgashites)과 여부스 족속(Jebusites)이다. 이 10족속의 땅을 아브라함 후손에 줄 것이라고 야훼 신은 아브라함에게 약속한다(「창세기」 15:18-21). 그러나 실제 출애굽을 하고 가나안에 들어갈 때에는 6족속으로 줄어든다. 가나안 족속, 헷 족속, 아모리 족속, 브리스 족속, 히위 족속(Hivites), 여부스 족속이다(「출애굽기」 3:8, 3:17, 33:2, 34:11, 「신명기」 20:17). 그런데 이 6족속에 기르가스 족속을 합쳐 7족속으로 표현되기도 하고(「신명기」 7:1, 여호수아 3:10), 이 7족속에 히위 족속이 빠진 6족속으로 표현되기도 한다(「느헤미야」 9:8). 신약에 가면 7족속으로 표현된다(「사도행전」 13:19). 이렇게 6족속이나 7족속으로 줄어든 이유는 야훼 신께서 아브라함에게 약속한 가나안의 10족속을 이스라엘 12지파가 다 섬멸하거나 물리치지 못했기 때문이다. 결국 야훼의 명령을 이스라엘 백성들이 다 이루지 못한 것이다. 특히 가나안 족속, 헷 족속, 아모리 족속, 브리스 족속, 히위 족속, 여부스 족속들을 완전히 다 쫓아내지 못함으로써 이스라엘 백성은 가나안 정착 후, 이스라엘 12지파 출신들의 12명의 사사들(士師, the Judges)의 통치 시대(BC 1375-BC 1049)에 남은 이들 사이에 거하며 이들과 결혼도 하고 이들의 신들을 섬겨, 야훼의 노여움을 받아 남은 족속들로부터 곤경에 처하게 된다(「사사기」). 이를 성경은 야훼 신께서 이스라엘 백성을 시험하기 위해 그 땅에 블레셋 다섯 방백을 비롯산 열국(Nations)을 남겨 두었다고 기록하고 있다(「사사기」 3:1~4). 여하튼 이 책에서는 7족속으로 표현하기로 한다. 한 가지 조심할 것은 지금의 팔레스틴(Philistines, 팔레스타인, 「창세기」 10:14의 '블레셋')은 함(Ham) 족속이지만 가나안(Canaan) 계열이 아니라 미스라임(Mizraim)의 아들인 가슬루힘(Casluhites)의 후손이라는 점이다. 그래서 지금까지 이스라엘과 팔레스타인의 분쟁이 계속되고 있다. 이는 셈 족속과 함 족속의 분쟁이다.

가브리엘(Gabriel): 일곱 천사장 중의 하나로 하나님의 메시지를 인간에게 전달하는 전령(messenger)의 역할을 하고 낙원을 관장하며 체루빔(cherubim)을 관장하는 천사장이다. 가브리엘은 「다니엘(Daniel)」 8장 16절에 처음 등장하는데, 가브리엘 천사장이 다니엘에게 나타나 다니엘이 본 숫양과 숫염소의 이상(Vision of a Ram and a Goat)을 깨닫게 해준다. 「다니엘」 9장 21절에도 등장하는데, 다니엘에게 칠십 이레(The Seventy "sevens")를 설명한다. 「누가복음」 1장 19절과 26절에도 등장해 세례 요한의 출생을 예고하고(The birth of John the Baptist foretold) 예수의 나심을 예고한다(The birth of Jesus foretold). http://en.wikipedia.org/wiki/Gabriel

갈대아(Chaldea): 갈대아는 원래 바빌로니아(Babylonia) 남부의 수메르(Smuer, 「창세기」 10장 10절의 '시날=Shinar')를 가리키는 고대 지명이다. 그러다가 바벨탑(The Tower of Babylonia) 사건[「창세기」 11장, c.BC 3450, BC 2357(B)~BC 2118(B)] 이후 바빌로니아 전체로 지명이 확대되었다. 그래서 구약성경에서는 갈대아를 흔히 바빌로니아와 동의어로 사용하고 있다. 따라서 갈대아인(Chaldean)은 바로 바빌로니아인(Babylonian)이다. 이는 구약과 신약 전체를 통해 바빌로니아인들은, 여호와 하나님과 적대시되는, 이스라엘 민족과 적대시되는, 바빌론의 수호신이었던 마르둑(Marduk)이라는 신을 주신으로 섬겼기 때문이다. 그 유래는 함(Ham)족이다. 「창세기」 10장에는 함의 손자인 니므롯(Nimrod)은 용맹이 뛰어난 사냥꾼으로 시날(Shinar) 지역에 도시를 만들고 성벽을 쌓아 거대한 바벨론(바빌론) 왕조를 건설하였다고 기록되어 있다(「창세기」 10:8-12, c.BC 2300). 도시로는 바벨론(Babylon), 악갓(아카드, 아가데, Akkad), 에렉(에르크, Erech, 우르크, Urkuk, Unug), 갈레(Calneh)에서 시작하여 더 나아가 셈(Shem)의 아들인 앗수르(Asshur)가 거주하고 있던 앗수르(아슈르, 아시리아, Assyria)까지 나아가 니느웨(네네베=Nineveh)를 건설하였다고 기록되어 있다. 따라서 니므롯은 북쪽의 아시리아, 그 중간의 바벨론, 그리고 남부의 수메르를 잇는 사실상의 메소포타미아 전역을 통일했다고 보인다. 이는 우리가 역사에서 배운 고대 바빌로니아(BC 1830-c.BC 1531) 이전의 도시국가로 추정된다. 「창세기」 10장에 니므롯에 관해서 상세하게 설명이 나온 이유는 아시리아와 바벨론이 후에 아시리아(앗수르) 포로(Assyria Exile/Captivity, BC 723-BC 612)와 바벨론 유수(Babylonian Captivity or Babylon Exile, BC 605~BC 539) 등 이스라엘 백성과 역사적으로 중요한 관계에 있게 되기 때문이다. 갈대아는 히브리(헤브라이, Heberites, Hebreians) 민족의 발원지라 볼 수 있다. 히브리인은 수메르 남부에서 활약한 셈계(系)의 아르박삿(Arphaxad) 종족으로 아브라함(Abram, Abraham, BC 2166-BC 1991)의 아버지 데라(Terah, BC 2236-BC 2031)도 갈대아에 있는 니푸르(Nippur) 출신의 히브리인이다. 그 당시 니푸르는 성경에 언급되지 않는 우주비행통제센터(Spacecraft Mission Control Center)가 있던 도시이다. 이곳 니푸르에서 데라는 70세에 아브라함과 나홀(Nahor)과 하란(Haran)을 낳았다. 데라는 왕가 사제 집안의 출신으로 신전과 궁정사이의 연락을 위해 남쪽 우르(Ur)로 이주하였다(BC 2113). 「창세기」 11장과 15장의 기록을 보면 아브라함도 갈대아 우르(Ur) 출신의 히브리인이다.

그 후 함족(Ham)의 후손인 가나안(Canaan)의 아모리(Amorites) 족속이 갈대아(Chaldea) 지역의 바벨론을 중심으로 하는 고대 바빌로니아 왕조(BC 1830-c.BC 1531)를 세운다. 그 후 시리아에 거주하고 있던 셈계(系)의 아람(Aram)계 족속들이 남부 갈대아로 이주해 신아시리아 왕조(Neo-Assyrian Empire, BC 912-BC 612)를 멸망시킨 후 바벨론에 입성하여 신바빌로니아 왕조(BC 625~BC 539)를 연다. 그래서 신바빌로니아를 갈대아 왕조라고 한다. 고대 바빌로니아 왕조나 신바빌로니아 왕조나 모두 여호와 하나님(야훼)의 적(뱀으로 표현되는 신)으로 간주되는 마르둑(Marduk) 신을 신봉하였다. 따라서 여호와 하나님을 주신으로 섬기는 히브리인(유대인, 이스라엘인) 입장에서 보면 마르둑 신을 섬기는 갈대아인, 즉 바빌로니아인은 이방인이며 적이다.

고대 수메르 문서에 의하면 마르둑 신이 지지자들을 이끌고 갈대아, 즉 바벨론의 아카드와 수메르로 진군해 스스로 바빌론의 옥좌에 오르는데, 이를 '신들의 전쟁, 인간들의 전쟁(The wars of gods and men)'으로 규정한 시친(Sitchin)은 이때부터 신들의 전투가 중앙 메소포타미아로 확산되었다고 한다(BC 2024) (시친, III, 2009). 그 결과 바벨론을 장악한 마르둑 신이 예루살렘 근처의 모리야 산(성전산, Mount Moriah, Temple mount, 아브라함이 아들 이삭을 번제물로 바치려 했던 산임)에 있던 신들이 사용하는 우주비행통제센터(Spacecraft Mission

Control Center)와 시나이 반도에 있던 우주공항(Departing Platform as Runways Platform)을 장악하려고 가나안의 추종자들을 집결시키자, 여호와 하나님(야훼)은 하란(Haran)에 머물던 아브라함을 가나안 지역으로 이동시켜 이를 저지하고자 하나(BC 2041) 역부족이었다. 이에 분노한 여호와 하나님을 비롯한 고위 신들(아눈나키, Ahnunnaki)이 자신들을 배반하고 마르둑 신에 선 가나안 도시인 소돔과 고모라와 시나이 반도의 우주공항(필자가 보기엔 폐쇄하고자 결정함)을 핵(필가 보기엔 오늘날의 원자핵 또는 그 이상의 우리가 모르는 핵무기)으로 멸망시키게(BC 2023) 된다. http://en.wikipedia.org/wiki/Chaldea, http://100.naver.com/100.nhn?docid=150710, http://100.naver.com/100.nhn?docid=101741

거인(Great/Giant Man): 우리는 대홍수 이후에 이집트의 기자(Giza)에 세워진 세 개의 피라미드(Pyramid)와 스핑크스(Sphinx, 사자인간, 사람머리와 사자의 동체)가 어떻게 구축되었는지 그 비밀을 알게 되는데, 누가 거대한 돌들을 쌓아 올렸는가이다. 바로 대홍수 이후에도 살아남은 100 미터 키의 반신반인(半神半人, Demigod)인 거인(Great Man or Giant Man)들이 신들을 도와 이 작업을 했다는 것을 예측해 볼 수 있다. 또한 스핑크스의 사자의 동체로 보아 피라미드와 스핑크스는 대년(Great Year)의 시대별 춘분의 12개 별자리의 사자자리(사자궁, 獅子宮, Leo, 12황도대의 제5궁)시대인 BC 10860-BC 8700년 사이에 건축되었음을 알 수 있다. 이는 대홍수 이후의 일이다. 이렇게 볼 때 대홍수는 그 앞의 처녀자리(처녀궁, 處女宮, Virgo, 12궁의 6궁)과 천칭자리(천칭궁, 天秤宮, Libra, 12궁의 제7궁) 사이인 BC 13020년경에 일어났음을 예측해 볼 수 있다. 여호와 하나님은 서로 살육케 하고 동시에 대홍수로 네피림(Nephilim)의 자손인 거인들(Giant Men)을 쓸어 버리려고 했지만, 구약성경을 보면 이들은 대홍수 이후에도 살아남아 있었다고 기록하고 있다. 모세(Moses, BC 1526-BC 1406)가 이집트를 탈출해 40년간 광야 생활(Wilderness or Desert, Shur & Sin & Paran & Zin, BC 1446-BC 1406)을 할 때 (「출애굽기」 16:36), 가나안(Canaan) 지역을 탐사하는 과정에서, 가나안 땅에는 네피림의 후손들인 거인인 아낙(Anak, Anakim, Anakite) 자손들이 사는 곳이라고 기록한 것을 보면 알 수 있으며(「민수기」 13: 22 & 28 & 33; 「신명기」 1:28), 거인들은 여러 곳에 기록되어 있다(「신명기」 2:10-11, 20-21, 3:11, 9:2; 「여호수아」 11:21-22, 14:12-15, 15:13-14, 「사사기」 1:20).

경건한 자(Godly men): 경건(Godly)이란 단어는 구약과 신약에 등장하는 단어이다. '하나님께 경건한 자'를 'The godly' 또는 'Godly man'이라 부르고 '하나님께 불경한 자'를 'The ungodly' 또는 'Ungodly man'이라 표현하고 있다. 하나님께서는 경건한 자를 택하시고(「시편」4:3), 예수님 재림시에는 경건치 아니한 자들을 심판하신다고 기록되어 있다(「베드로후서」2:9 & 3:7;「유다서」1:15; 이외에도 다수). 결국 성경 전체를 통해 보면 인간을 두 부류로 나누는데 바로 Godly men과 Ungodly men으로 요약된다고 보인다. 또는 의로운 자(Righteous men)와 불의한 자(Unrighteous men)로 구분하기도 하는데 필자가 보기엔 둘 다 같은 의미를 갖고 있으나 전자가 더 설득력 있게 보인다.

고대 바빌로니아 왕조(Old Babylonian Empire, BC 1830-c.BC 1531): 함족(Ham)의 후손인 가나안(Canaan)의 아모리(Amorites) 족속이 갈대아(Chaldea) 지역의 바벨론을 중심으로 세운 고대 바빌로니아 왕조는 제6대 함무라비(Hammurabi, BC 1792~BC 1750) 왕이 죽은 후 쇠퇴하여 c.BC 1531년에 지금의 터키 남부와 시리아 지역에 살던, 같은 함 족속의 가나안 족속인 히타이트(Hittites, 구약의 '헷')의 침입으로 멸망한다. 고대 바빌로니아의 주신(Patron god)은 마르둑(Marduk)이다. 그 후 바빌로니아의 지배권은 동북부 산악지대를 장악한 카사이트(카시트, Kassites, c.BC 1600~c.BC 1115)로 넘어가 400년 동안 카사이트의 지배를 받는다. 그 후 악랄하기로 유명한 아시리아(앗시리아, 구약성경의 '앗수르=Asshur', 아슈르, Assur, Ashur, Assyria)가 점점 세력을 얻어 바빌론을 공격하여 함락시키고 자립하여 신아시리아 왕조(Neo-Assyrian Empire, BC 912-BC 612)를 연다. 아시리아의 주신은 아슈르(Ashur, 모든 것을 보는 자라는 'overseer' 뜻)이다. http://en.wikipedia.org/wiki/Babylonia

고대 수메르 문서: 고대 수메르(Smuer, 「창세기」10장 10절에 처음 나오는 '시날 = Shinar'을 말함) 도시에서 발굴되거나 발견된 c.BC 5000-c.BC 2400년의 점토판(Clay tablets)이나 유물/유적지에 기록된 문서들을 말한다. 이 문서들은 쐐기 모양의 설형문자(Sumerian cuneiform), 그림문자(Iconography)와 기호문자(Symbology)로 새겨지거나 기록되었다. 수메르의 설형문자는 1686년 독일의 자연주의자이자 내과의사인 캠퍼(Engelbert Kaempfer)가 고대 페르시아의 수도인 페르세폴리스(Persepolis, 그리스어로 페르시아의 도시, 페르시아인들은 '파르사(Parsa)'라 부름)를 방문하여 발견하였다. 그 이후 수메르 지역에서 고고학적으로 발굴된 설형문자들은 학자들이 음역(transliteration)하거나 번역(Tranlsation)하여 영국 옥스포드 대학의 수메르 전자문학문서(The Electronic Text Corpus of Sumerian Literature)로 집대성하여 일반에게 공개하고 있다. 고대 수메르 지역에서 발굴된

총 400개의 문서들을 목록에 따라 또는 번호로 매겨 집대성하고 있다. 이 전자 문학문서에는 신들의 고향인 열두 번째 행성인 니비루(Nibiru, 타원형 궤도의 가장 높은 점 또는 교차점이라는 뜻)가 등장하고, 하늘의 니비루에서 이 땅에 최초로 내려와 인간을 창조하시고 인간에게 문명을 가르쳐 주신 엔키(Enki) 신부터 시작하여 두 번째로 내려와 고위 신들(아눈나키, Ahnunnaki)의 최고 높은(Most High or Great Mountain) 신이 되신 엔릴(Enlil), 그리고 여신인 엔릴 신의 손녀인 인안나(Inana) 여신 등이 등장하고, 홍수 신화(The Flood story)도 등장하며, 우리가 잘 아는 고대 영웅이신 첫 번째 우르크(Uruk, Unug, 「창세기」 10장 10절의 '에렉=Erech', 에레크) 왕조의 다섯 번째 왕인 길가메시(Gilgamesh, c.BC 2700, 통치 126년)를 칭송하는 『길가메시 서사시(Epic of Gilgamesh)』와 이와 관련하여 수메르어로 쓰여진 길가메시의 5편의 시(Poems)도 등장한다. 따라서 이 고대 수메르 문서는 구약성경에서 말하지 않는 많은 역사적 진실을 말하고 있다. 이 땅에는 무수히 많은 신들이 내려왔으며 인간을 왜 창조했는지, 노아의 홍수가 왜 일어났는지, 「창세기」 10장에 등장하는 고대도시를 다스린 신들과 왕들에 대해 자세히 기록하고 있다.

http://en.wikipedia.org/wiki/Cuneiform

http://www.dmoz.org/search?q=Cuneiform

http://en.wikipedia.org/wiki/Engelbert_Kaempfer

http://www-etcsl.orient.ox.ac.uk/

http://www-etcsl.orient.ox.ac.uk/edition2/etcslbycat.php

http://en.wikipedia.org/wiki/Sumerian_religion

고센(Goshen): 이집트 나일 강 하류의 나일 델타(Nile Delta)를 이루는 지역 중 동쪽에 위치한 땅으로 이스라엘 족속(Israelites)이 거주했던 땅이다. 이스라엘 족속 중 야곱(Jacob)의 열한 번째 아들인 요셉(Joseph, BC 1916-BC 1806)이 17세에 이집트로 팔려가(「창세기」 37:25-28), 30세에 이집트의 총리가 되고(「창세기」 41:46), 40세(BC 1876)에 130세의 아버지 야곱과 11형제를 이집트의 고센 땅으로 모셔와 잘 살다가, 요셉과 형제가 모두 죽은 후부터 이집트의 노예가 된다(「창세기」 45:10, 「창세기」 46:28, 「창세기」 47:27, 「출애굽기」 8:22, 「출애굽기」 9:26). 이스라엘 민족은 고센 땅의 라암셋(Rameses)을 출발하여(「출애굽기」 12:37) 홍해(Red Sea, Sea of Reeds)를 건너고 시나이 반도(Sinai Peninsula)를 거쳐 가나안(Canaan)에 정착하게 된다.

http://en.wikipedia.org/wiki/Land_of_Goshen

구갈라나(Gugalana, Gugalanna): 수메르어로 구드안나(Gud.An.Na)는 하늘의 안(An, Anu) 신의 무기로, 금속으로 만들어진 공격무기, 즉 크루즈 미사일(Cruise missile) 이라는 뜻. 하늘의 위대한 황소(The Great Bull of Heaven)로 수메르시대의 신 (deity, God), 나중에 별자리의 황소자리 즉 황소좌의 타우루스(Taurus)가 됨.

http://en.wikipedia.org/wiki/Gugalanna

기능성자기공명영상(fMRI, Functional Magnetic Resonance Imaging): 기능성자기공 명영상은 물리적 감각이나 신체 활동의 유형에 따라 각각 다르게 활성화되는 뇌 의 부위를 알아내는 영상기술로, MRI보다 진보된 영상장비임. 활성화된 뇌의 영 역에서 혈류(blood flow)의 변화, 즉 증가와 감소로 활성화된 부위를 감지하는 장비임.

『길가메시 서사시』(Epic of Gilgamesh): 영국의 레이어드(Austen Henry Layard)와 그 의 조수인 라삼(Hormuzd Rassam)은 1852-1854년에 큐윤지크(Kuyunjik)라 불 리는 아시리아의 수도였던 니네베(Nineveh, 「창세기」 10장 11절의 '니느웨', 지금의 이 라크 '모술(Mosul)')의 발굴을 시도하여 1853년에 신아시리아 왕조(Neo-Assyrian Empire, BC 912-BC 612)의 마지막 왕인 아수르바니팔(Ashurbanipal, 에사르하돈 의 아들, 구약의 '오스납발', KJV의 'Asnappar', 통치 BC 668-BC 612)가 세운, 그러나 폐허가 된 아수르바니팔의 도서관(Library of Ashurbanipal)을 발굴하여 수메르 시대(c.BC 5000-c.BC 2023) 첫 번째 우르크(Uruk, Unug, 「창세기」 10장 10절의 '에렉 =Erech', 에레크) 왕조의 다섯 번째 왕인 길가메시(Gilgamesh, c.BC 2700, 통치 126 년)를 칭송하는 『길가메시 서사시(Epic of Gilgamesh)』를 발견한다. 오늘날 우리 에게 알려진 이 표준 버전의 『길가메시 서사시』는 1-12개의 점토판에 아카드어 로 쓰여진 완벽한 버전으로 그 점토판에는 BC 1300-BC 1000사이에 신-리크-우니나니(Sin-liqe-unninni)가 옛 수메르 전설과 신화를 바탕으로 편집했다고 기 록되어 있다. 이 서사시의 내용은 1876년 아시리아 학자인 스미스(George Smith) 가 『갈대아인과 창조의 근원(The Chaldean Account of Genesis)』이라는 제목으로 최초로 번역하여 출판했다(Smith, 1876). 단 주의할 것은 수메르시대에 일어난 일 을 중세 아시리아 왕조(Middle Assyrian Empire, BC 1380-BC 912) 시대에 아카드 어로 점토판에 기록했기 때문에 몇몇 수메르 신들의 수메르어 이름이 아카드어 이름으로 표현되고 있다는 점이다. 예를 들어 수메르시대의 여신인 인안나(수메 르어 Inanna)를 이시타르(아카드어 Ishtar)로 표현하고 있다. 『길가메시 서사시』의 원래 제목은 'He who Saw the Deep' 혹은 'Surpassing All Other Kings'이다. 이들이 발견한 점토판은 영국으로 옮겨져 지금은 영국 박물관(British Museum)에 전시되어 있다.

이 아카드어 표준 버전 이외에도 고대 바벨로니아 버전도 있는데, 이를 『바벨로니아 길가메시 서사시』(Babylonian Epic of Gilgamesh)』라고 한다(George, 2003). 특히 아카드어로 쓰여진 『길가메시 서사시(Epic of Gilgamesh)』를 고대 바벨로니아인들이(아카드어를 사용함) 각색 편집한 문서를 『바벨로니아 아트라하시스 서사시(Babylonian Epic of Atrahasis)』 또는 『아카드어 아트라하시스 서사시(Akkadian Atrahasis Epic)』라고 하는데, 『길가메시 서사시』가 1-12까지의 점토판에 기록된 반면 『아트라하시스 서사시』는 1-3까지의 점토판에 기록되어 있다(Lambert and Millard, 1965 & 1969). 길가메시의 〈점토판 11(XI)〉과 아트라하시스 점토판 3〉은 홍수의 비밀을 담고 있다. 특히 길가메시의 〈점토판 11〉를 길가메시의 홍수의 비밀(Gilgamesh flood myth)이라고 부른다. 이외에 기타 고대 수메르어로 기록된 시(Poem)도 5편이나 된다. 그래서 역사적으로 가장 오래된 수메르어 시대의 기록을 보려면 이 5편의 시를 참조해야 한다. 구약 「창세기」에는 노아(Noah, 쉬었다는 뜻)가 홍수의 영웅으로 등장하지만, 『수메르 창조 신화와 홍수 신화(Sumerian creation myth and flood myth)』, 즉 『에리두 창세기(Eridu Genesis)』에는 슈루팍(Shuruppak)의 왕인 지우수드라(Ziusudra, 영생을 찾다라는 뜻, 우트나피시팀의 수메르어 이름)가, 『길가메시 서사시』에는 우트나피시팀(Utnapishtim, 영생을 찾다라는 뜻, 수메르어 이름인 지우수드라의 아카드어)이, 『아트라하시스 서사시』에는 아카드어 이름인 아트라하시스(Atrahasis, 매우 현명하다는 뜻)가 홍수의 영웅으로 등장한다.

(1) Thompson, R. Campbell, 〈The Epic of Gilgamish〉, London, 1928. http://www.sacred-texts.com/ane/eog/index.htm

(2) Temple, Robert, 〈A verse version of the Epic of Gilgamesh〉, 1991 – http://www.angelfire.com/tx/gatestobabylon/temple1.html

(3) 아카드어 표준 버전 『길가메시 서사시(Epic of Gilgamesh)』의 1-11까지의 영어 번역본 – http://www.ancienttexts.org/library/mesopotamian/gilgamesh/

(4) Gilgamesh-In search of Immortality – http://www.mircea-eliade.com/from-primitives-to-zen/159.html

(5) 아카드어 표준의 『길가메시 서사시』의 요약본 : 『Epic of Gilgamesh』,

Summary by Michael McGoodwin, prepared 2001, revised 2006.

http://mcgoodwin.net/pages/otherbooks/gilgamesh.html

(6) 고대 바벨로니아 버전의 e-Book은 『길가메시 서사시』: Edited by Morris Jastrow, translated by Albert T. Clay

http://www.gutenberg.org/ebooks/11000

(7) 『길가메시 서사시』 풀이 : Richard Hooker(wsu.edu)

http://www.wsu.edu/~dee/MESO/GILG.HTM

(8) The Epic of Gilgamesh: A Spiritual Biography, By W. T. S.Thackara

http://www.theosociety.org/pasadena/sunrise/49-99-0/mi-wtst.htm

(9) Appendix V: The Epic of Gilgamesh, An Outline with Bibliography and Links

http://www.hist.unt.edu/web_resources/epic_gilgamesh_old_file.htm

(10) 수메르어로 된 5편의 시-수메르시대의 문서와 문학-옥스포드 대학에서 전 자문서로 집대성 번역하여 공개하고 있는 수메르시대의 길가메시 관련 5편의 시 - 영어 번역본.

『Gilgamesh and Aga』

http://etcsl.orinst.ox.ac.uk/cgi-bin/etcsl.cgi?text=t.1.8.1.1#

『Gilgameh and the bull of heaven』

http://etcsl.orinst.ox.ac.uk/cgi-bin/etcsl.cgi?text=t.1.8.1.2#

『The Death of Gilgameh』

http://etcsl.orinst.ox.ac.uk/cgi-bin/etcsl.cgi?text=t.1.8.1.3#

『Gilgamesh, Enkidu and the nether world』

http://etcsl.orinst.ox.ac.uk/cgi-bin/etcsl.cgi?text=t.1.8.1.4#

『Gilgamesh and Huwawa(Version A)』

http://etcsl.orinst.ox.ac.uk/cgi-bin/etcsl.cgi?text=t.1.8.1.5#

(11) Mitchell, Stephen, 『Gilgamesh: A New English Translation』, Free Press, 2004.

(12) George, Andrew R.(translator), 『The Epic of Gilgamesh』, Penguin Books, 1999.

(13) 기타 - http://en.wikipedia.org/wiki/Epic_of_Gilgamesh

http://en.wikipedia.org/wiki/Gilgamesh

http://en.wikipedia.org/wiki/Utnapishtim

http://en.wikipedia.org/wiki/Ziusudra

http://en.wikipedia.org/wiki/Sumerian_creation_myth

http://www.soas.ac.uk/baplar/recordings/

난나(Nannar) **신**(神): 수메르어로 난나(Nannar or Nanna), 아카드어로 수엔(Suen) 또는 신(Sin), 달의 신(God of the moon). 신(Sin)의 이름은 달을 의미하는 킨구(Kingu)=엔수(Ensu)에서 파생된 수엔(SU.EN, 황무지의 지배자). 엔릴(Enlil) 신의 두 번째 아들로 지구에서 태어남. 고대 도시인 메소포타미아 남부의 우르(Ur=Urim)와 북쪽의 하란(Harran)의 주신(Patron god). 난나 신의 지구라트 신전은 에키쿠누잘(E-kic-nu-jal). http://en.wikipedia.org/wiki/Sin_(mythology), http://en.wikipedia.org/wiki/Ur

남타라(NAM.TAR, Namtara, Namtar, Namtaru) **신**(神): 수메르의 신으로 지옥의 신이자 죽음의 신이며 운명의 신(god of fate). 안(An)이나 아래세계를 지배하고 있던 에르쉬기갈(Ereshkigal)과 네르갈(Nergal)의 메시지를 전달하는 신. 엔릴 신이 여신인 닌릴(Ninlil)과 결혼하기 전에 에르쉬기갈과의 정사로 하늘에서 태어난 신으로 질병과 페스트를 책임지는 신. 60개의 질병을 다양한 형태의 악마로 변형시켜 인간의 몸에 침투시키는 책임을 짐. 따라서 남타라 신에게 제물과 번제를 드리면 이와 같은 질병을 사전에 예방할 수 있음. http://en.wikipedia.org/wiki/Namtar

네르갈(Nergal, Nirgal, Nirgali) **신**(神): 엔키(Enki) 신이 지구에서 낳은 셋째아들로 죽은 자들이 가는 아래세계(Netherworld, Underworld)를 다스리던 신. 배우자는 에르쉬기갈(Ereshkigal, Ereckigala) 여신. 네르갈 신은 구약성경의 「열왕기하」(2 Kings)」 17장 30절에 등장하는데, 각 민족이 각기 자기의 신상을 만들어, "굿 사람들은 네르갈을 만들었고(the men from Cuthah made Nergal)"(NIV)에 나오듯이 메소포타미아의 고대 도시인 구스(Cush, Cuth, Cuthah)의 주신(Patron god)임을 알 수 있음. 자세한 것은 『바이블 매트릭스』 시리즈 4권의 『하나님들의 과학기술과 우리가 창조해야 할 미래』편을 참조하라.

http://en.wikipedia.org/wiki/Nergal

네피림(Nephilim), **이기기 신들**(Igigi gods): 「창세기」 6장 4절에 등장하는 '복수'의 단어인 네피림(Nephilim)을 의미하는데, 하나님의 아들들(sons of God), 즉 '하늘에서 지구로 내려온 신들'이라는 뜻이다. 특히 계급이 낮은 젊은 신들(Lower

Gods)을 지칭하는데, 『아트라하시스 서사시』 〈점토판 1~3〉과 『길가메시 서사시』의 〈점토판 11〉에는 네피림을 이기기 신들(Igigi-Gods)이라 표현하기도 한다. 이기기란 '돌면서 관측하는 자들(Those Who See and Observe)', 즉 '감시자 또는 주시자(Watchers)'이란 뜻이다. 또한 『창조의 서사시』 〈점토판 3(III)〉의 126줄과 〈점토판6(VI)〉의 21 줄과 123줄에도 이기기 신들이 등장한다. 이들은 주로 인간이 창조되기 이전에 신들의 고향 행성인 니비루(Nibiru)에서 이 땅에 내려와 광산에서 금을 캐거나 강을 막아 수로를 만들거나 또는 신들의 고향인 니비루로 금을 실어 나르기 위해 지구 궤도 위에 있던 혹은 화성에 베이스를 둔 우주선 모선이나 우주왕복선에 속해 일을 했다. 특히 모선에 속한 300명의 이기기 신들은 인간이 창조된 후에는 인간과 지구의 기후상황을 주시하고 감시하는 감시자들(Watchers)이었다. 문제는 이들 감시자들이었다. 위경인 「희년서(Book of Jubilees)」 4장 22절과 「에녹1서(The Book of Enoch 1)」 7장 7절에는 천사 또는 감시자 또는 주시자로 표현하고 있으며, 이들이 주어진 역할과 위치를 이탈하고 200명 규모로 이 땅에 내려와 인간의 여성들과 결혼하여 100미터 키의 거인(Great/Giant Man)을 낳았다고 기록하고 있다. 이는 「창세기」 6장 1절~5절의 내용과 일치한다. 자세한 것은 『바이블 매트릭스』 시리즈 2권의 『인간 창조와 노아 홍수의 비밀』편을 참고하시라.
http://en.wikipedia.org/wiki/Nephilim, http://en.wikipedia.org/wiki/Igigi

노아(Noah): 「창세기」의 홍수의 영웅인 노아(Noah)로 '유예' 혹은 '휴식(respite)'이라는 뜻으로 '쉬었다'는 뜻, '인간의 노동과 고통으로부터 인간을 편안하게 해주었다'는 뜻. c.BC 2150년경에 수메르어로 쓰여진 『에리두 창세기』에 나오는 슈루팍의 왕인 지우수드라(Ziusudra), c.BC 1150년경에 아카드어로 쓰여진 『길가메시 서사시』의 슈루팍의 왕인 우트나피시팀(Utnapishtim), c.BC 1640년에 아카드어로 쓰여진 『아트라하시스 서사시』의 슈루팍의 왕인 아트라하시스(Atrahasis), 이들은 모두 구약성경의 홍수의 영웅인 노아(Noah)와 동일 인물. 노아와 아트라하시스는 영생을 얻지 못하지만, 우트나피시팀과 지우수드라는 영생을 얻음.
http://en.wikipedia.org/wiki/Noah

누딤무드(Nudimmud=엔키=Enki=에아=Ea=해왕성=Neptune): 인간을 창조하신 엔키(Enki) 또는 에아(Ea) 신의 행성, 재주 좋은 창조자(artful creator), 땅을 고르게 펴거나 관개수로로 바꾸거나 유전자를 조작해 인간을 만든 것에 비유하여 수메르어로 이미지 패셔너(Image Fashioner)라는 뜻. 각주의 엔키(Enki) 신(神)을 참조. http://en.wikipedia.org/wiki/Nudimmud, http://en.wikipedia.org/wiki/Neptune

니네베(Niniveh): 수메르어로 니네베(Niniveh), 아카드어로 니느웨(Ninwe), 「창세기」 10장 11절의 '니느웨(Nineveh)', 지금의 이라크의 '모술(Mosul)'을 말함. http://en.wikipedia.org/wiki/Nineveh

니비루(Nibiru): 수메르어로 니-비-룸(ni-bi-rum), 아카드어로 니비루(Nibiru) 또는 니베루(Neberu) 또는 네비루(Nebiru)로, 번역하면 '통과(crossing)' 또는 '타원형 궤도의 가장 높은 점 또는 교차점(point of transition)'이라는 뜻. 태양계를 횡단하는 행성이라는 뜻. 신들의 고향 행성을 말함. 아직까지 과학적으로 발견되지 않은 행성. 천문학자들은 명왕성(Neptune) 너머의 이 행성을 '미지의 행성(Planet X)'이라 부르는데, 눈에 보이지 않지만 혜성의 궤도에 영향을 미치는 어떤 행성이 존재한다는 사실이 확인됨. 태양을 중심으로 다른 행성들과는 달리 시계방향의 궤도로 공전하는 행성으로 1년의 공전주기는 지구로 보면 3,600년이며 3,600년을 1샤르(Shar, Sar)라 하고, 니비루 행성이 지구에 근접할 때를 근지점(近地點, Perigee), 지구와 가장 먼 거리에 있을 때를 원지점(遠地點, Apogee)이라 함. 또는 태양과 가까울 때는 근일점(近日點, Perigee) 멀어질 때는 원일점(遠日點, Apogee)이라 함. 니비루 행성이 근지점에 다다를 때 엄청난 인력으로 인해 지구에서는 남극대륙의 빙하가 깨져 바다로 미끄러져 들어가고 지진과 해일 등 각종 재난이 일어남. 바로 「창세기」 6장~8장의 노아의 홍수는 과학적으로 이와 같은 천체 우주물리학의 원리에 의해 일어난 것임. 니비루 행성은 『창조의 서사시』〈점토판 7〉에 등장하며, 〈점토판 7〉의 109줄에는 니비루를 마르둑(Marduk) 행성이라고 표현하고 있음(Let his name(Marduk) be Nibiru)(King, 1902). 거대한 공전궤도를 가지고 있는 니비루 행성은 그 자체가 움직이는 관측기지이기 때문에, 이 행성의 신들은 외행성들을 포함한 태양계의 모든 것뿐만이 아니라 우주 전체를 관찰할 수 있음. 신들은 어떻게 지구에 도착했을까? 지구에 도착한 것은 니비루 행성이 3,600년마다 근지점에 도착할 때로 보는데, 근지점이란 비니루 행성이 화성(Mars)과 목성(Jupiter) 사이의 궁창(Expanse or Firmament), 즉 소행성대(Asteroid Belt)에 오는 것을 말함. 이때 니비루에서 모선(mother spaceship, 母船)을 발사하고 모선이 지구의 궤도를 돌면, 모선에서 착륙선을 발사해 지구에 도착. 착륙선은 시파르(Sippar)의 우주공항에 착륙(시친, I, 2009, pp. 392-393).
http://www.bibliotecapleyades.net/esp_hercolobus.htm

http://www.bibliotecapleyades.net/esp_hercolobus.htm#Libros-Tratados

http://en.wikipedia.org/wiki/Nibiru_(Sitchin)#Planets_proposed_by_Zecharia_Sitchin

http://en.wikipedia.org/wiki/Nibiru_(Babylonian_astronomy)

http://en.wikipedia.org/wiki/Planet_X

http://en.wikipedia.org/wiki/Enuma_Elish

니푸르(Nippur): 수메르어 니브루(Nibru), 아카드어 니브루(Nibbur), 아눈나키(Great Annunakki, Ahnunnaki)의 수장인 이 땅에 내려오신 최고 높은 신인 엔릴(Enlil)이 거주하던 도시. 지구의 니브루키(Nibruki), 즉 지구의 니비루(Nibiru)라는 뜻. 엔릴(Enlil) 신의 지구라트 신전은 니푸르에 건설한 에쿠르(Ekur, 높은 집). 니푸르에는 엔릴 신이 신들의 행성인 니비루와 지구의 교신을 하기 위한 우주관제센터와 통신센터가 있었는데, 바로 두르안키(DUR.AN.KI), 즉 '하늘과 땅의 유대'를 설치했다. 이를 통해 지구 궤도의 모선에 있던 이기기(Igigi, 돌면서 보는 자들인 감시자들 또는 주시자들) 신들과 통신했다.

http://en.wikipedia.org/wiki/Nippur

닌순(Ninsun) **여신**: 또는 닌순아(Ninsuna) 또는 리마트 닌순(Rimat Ninsun) –
http://en.wikipedia.org/wiki/Ninsun

닌우르타(Ninurta) **신**(神): 닝기루수(Ningirsu) 또는 닌닙(Ninib) 또는 닌닙(Ninip), 땅과 쟁기의 신(Lord of the Earth & Plough)이며 전쟁의 신(God of War)이라는 뜻. 『수메르 왕 연대기』에는 위대한 수호자의 파일상(Pabilsag)으로 기록. 엔릴(Enlil) 신이 이복남매지간인 여신 닌후르쌍(Ninhursag)과의 연인관계에서 태어난 첫 번째 아들로 하늘에서 태어남. 격납고와 인간을 돌보던 병원이 있던 고대 도시인 라가시(Lagash)의 주신(Patron god). 닌우르타 신의 지구라트(Ziggurat) 신전은 라가시의 에-닌누(E-Ninnu).

http://en.wikipedia.org/wiki/Ninurta, http://en.wikipedia.org/wiki/Lagash

닌후르쌍/아루루(Ninhursanga/Aruru) **여신**(女神): 닌후르쌍(Ninhursanga, Ninhursag, 니후르싹), 수메르어 닌(Nin)은 귀부인(Lady)이라는 뜻이고, 하르쌍(HAR.SAG)은 산(Mountain)이라는 뜻으로 산의 귀부인(Lady of Mountain)이라는 뜻. 이때 산은 높음(highest)을 의미. 닌마(Ninmah)는 위대한 여왕(Great Queen)과 모든 신들의 여왕(Mistress of All Gods)이라는 뜻. 남성 신인 벨(Bel)의 여성 신인 모든 신들의 벨릿틸리(Belet-ili=Lady of Gods)로 닌투르(Nintur), 닌투(Nin-

tu), 닌티(Nin.Ti)의 뜻으로 탄생의 여신(Lady of Birth)을 말함. 따라서 마미(Mami),
맘마(Mamma), 맘무(Mammu), 즉 어머니(Mother) 라는 뜻. 별명은 아루루(Aruru)
혹은 수드(Sud)로 자궁의 여신, 생명의 부인과 갈비뼈의 부인, 즉 어머니 혹은 엄
마라는 뜻. 생명공학에 정통한 여신으로 원인(猿人)의 난자와 신(神)의 정자를 추
출하고 진흙에서 기본 원자들을 추출하여 시험관 실험실에서 인간의 생명과 탄
생을 주도한 모신(母神). 하늘에 거처하는 안(An, Anu) 신(神)의 딸로 하늘에서
태어남. 닌후르쌍의 지구라트 신전은 의료센터(Medical/Science Center, Healing
Center), 즉 병원이 있었던 슈루팍(Shuruppak, Suruppag, Curuppag)에 세워짐.
http://en.wikipedia.org/wiki/Ninhursag

닝기쉬지다(Ningshizidda, Ningshizida) **신**(神): 아프리카에서 토트(Thoth) 신으로 불
림. 엔키(Enki) 신이, 엔릴(Enlil) 신의 아들인 난나(Nannar) 신의 딸인 에르쉬기갈
(Ereshkigal)이 엔키 신의 아들인 네르갈(Nergal) 신과 결혼하기 전에, 에르쉬기갈
과 성관계에 의해 나은 아들임. 엔키 신은 남아프리카에 있던 에르쉬기갈로 가서
그녀가 있는 곳에 천문과 기후와 지구를 관찰하는 관제센터(station)를 세워 주겠
다고 꼬셔 성관계를 맺음(Sitchin, III, p. 111-112 & 176, 1985). 따라서 닝기쉬지다는
엔릴 신의 족속(Enlilites)에도 속하고 엔키 신의 족속(Enkiites)에도 속했으나 다
소 엔릴 신의 편에 섬. 토트 신은 c.BC 3000년에 중앙아메리카로 이주하여 멕시
코의 아즈텍(Aztec) 문명과 마야(Maya) 문명을 건설함. 아프리카에서 멕시코로 이
주할 때 검은 머리 흑인의 수메르인과 아프리카의 기술자들을 데리고 이주함. 안
데스 산맥의 티티카카 호수(Titicaca Lake)의 채광지역과 관측소를 책임짐. 이런
관점에서 멕시코에서는 그를 케찰코아틀(Quetzalcoatl) 즉 '날개 달린 뱀(Winged
Serpent)'이라 부름(Sitchin, V, p. 310, 1994; The Lost of Enki, pp. 84 & 285, 2002). 닝
기쉬지다 신은 엔키 신과 닌후르쌍(Ninhursanga)여신, 그리고 아다무(Adamu)와
티아마트(Tiamat)를 마춰시켜서 유전자 조작을 통해 임신할 수 없었던 아담과 티
아마트로 하여금 임신하도록 함.
http://en.wikipedia.org/wiki/Ningishzida, http://en.wikipedia.org/wiki/
Quetzalcoatl

도플러 효과(Doppler effect): 도플러 효과는 비행기 소리에서 쉽게 확인할 수 있다.
비행기가 접근하고 있으면 소리의 파장이 짧아 소리가 크게 들리고, 비행기 멀
어져가면 파장이 길어져 소리가 안 들리게 된다. http://en.wikipedia.org/wiki/
Doppler_effect

두무지(Dumuzi) **신**(神): 수메르어로 두무지(Dumuzi or Dumuzid), 아카드어로 두주(Duzu), 바벨로니아어로 탐무즈 또는 담무스(Tammuz). 엔키(Enki) 신이 지구에서 낳은 둘째아들로 음식과 농작물을 관할하던 신(神). 구약성경 「에스겔(Ezekiel, 에제키엘, 이흐지키엘)」 8장 14절에 등장하는 담무스 신. 인안나(Inanna) 여신의 정식 남편. 두무지 신의 도시는 바드티비라(Bad-tibira)였으며, 두무지 신의 지구라트 신전은 에아라리(e.a.ra.li)였음. 수메르 신화의 인안나와 두무지는 이집트의 신화의 이시스(Isis)와 호루수(Horus, Horon), 바빌론 신화의 이시타르(Ishtar)와 탐무즈(Tammuz), 그리스 신화의 아프로디테(Aphrodite)와 아도니스(Adonis)로 발전한 것으로 학자들은 해석하고 있음(Campbell, 1976). 두무지 신과 인안나 여신은 구약성경에 실제로 등장하는데 이 내용은 『바이블 매트릭스』 시리즈 4권 『하나님들의 과학기술과 우리가 창조해야 할 미래』에서 자세히 다루기로 함.

http://en.wikipedia.org/wiki/Tammuz_(deity)

디아스포라(Diaspora, 이산, 離散): 유대인을 지배했던 왕조의 시대에 따라 정치적/종교적/군사적인 이유로 유대인에 대한 말살 정책 혹은 이산 정책에 의해 유대인들이 고향을 떠나 전 세계적으로 뿔뿔이 흩어진 역사적 사건을 의미한다. 최초의 디아스포라 대상은 아브라함(Abram, Abraham, BC 2166-BC 1991) 족속이라고 볼 수 있다. 그는 갈대아(Chaldea)의 니푸르(Nippur) 출신으로 남부 도시인 우르(Ur)로 이주한 후, 다시 우르를 떠나 아시리아(Assyria) 북쪽 도시인 하란(Haran)을 거쳐 지금의 이스라엘 지역인 가나안(Canaan)에 정착한다. 이 과정을 보면 아브라함 족속은 이미 고향인 갈대아를 떠나 떠돌이 생활을 한 것으로 볼 수 있다. 우르를 떠난 이유는 야훼(Yahweh) 신과 적으로 간주되는 마르둑(Marduk) 신이 바빌로니아를 장악하고 신의 옥좌에 오른 이유이다. 마르둑(므로닥) 신은 구약성경에 딱 한 번 나오는데 그게 「예레미야」 50장 2절에 기록되어 있다. 어찌 보면 인간에 의해서가 아니라 신의 권한에 의해 좌지우지 된다는 느낌이다. 가장 큰 디아스포라는 앗수르 유수(포로, Assyria Exile/Captivity, BC 723-BC 612)와 바벨론 포로(유수, Babylonian Captivity/Babylon Exile, BC 605~BC 538)로 많은 유대인들이 이를 피해 해외로 이주했다. 일제 36년 동안 많은 한국인들이 타의반 자의반, 해외로 이주한 것과 비슷하다. http://en.wikipedia.org/wiki/Israelite_Diaspora

딜문(Dilmun, Til.Mun): 미사일의 땅이라는 뜻으로, 즉 로켓이 발사되는 곳이며 생명나무가 있는, 살아 있는 자의 땅(the Land of the Living)으로, 하늘로 오르는 우주선 기지가 있던 곳. 페르시아만에 위치했던 것으로 고고학자들은 보고 있음. http://en.wikipedia.org/wiki/Dilmun

라르사(Larsa): 수메르어 약호문자(Sumerian logogram)로 라르삼(UD.UNUG), 「창세기」 14:1절과 14:9절에 나오는 엘라살(Ellasar). 태양의 신인(Sun God) 우투(Utu, 샤마시, Shamash)가 지배하던 도시. http://en.wikipedia.org/wiki/Larsa

랍비(Rabbi): 유대인들 중 모세의 율법에 정통한 율법교사 또는 율법사를 말한다. 히브리어로 'my master'란 뜻이다. 구약에서는 율법사 또는 행정 관료인 서기관(Secretary 혹은 Scribe)으로 표현되는데 대표적인 서기관은 에스라(Ezra, 제사장 겸 서기관)였다(「느헤미야」 8:9). 신약에서는 'Teachers of the Law'로 표현하고 있다. http://en.wikipedia.org/wiki/Rabbi

로마제국(Roman Empire, 공화정시대, BC 509-BC 26): BC 509년경에 로마 왕정이 무너지고 귀족과 평민 계급이 공화정을 세웠다. 평민 계급은 자신의 권리를 확보하기 위해 귀족과 투쟁을 벌여, 로마 사람들은 200여 년이 넘는 오랜 세월 동안 투쟁과 타협을 반복하며 점진적으로 로마 특유의 과두정 체제를 이루었다. 내부에서 신분 투쟁을 벌이는 가운데 로마는 바깥의 침입에 맞서 주변 지역을 복속하였으며, 기원전 272년경 로마 공화정은 게누아(제노바)에서 이탈리아 남단까지 이탈리아 반도 전체를 포괄하는 거대한 동맹 체제를 이끌었다. 그 뒤 로마는 150여 년 동안 여러 전쟁을 치르면서 점차 이탈리아를 넘어 지중해 전역을 침략하여 정복하였다. http://ko.wikipedia.org/wiki/%EA%B3%A0_%EB%8C%80_%EB%A1%9C%EB%A7%88

로마제국[Roman Empire, 제정시대, BC 27-AD 476(서로마제국) & AD 1453(동로마제국/비잔티움제국)]: BC 27년 로마제국의 공화정 시대가 끝나고 1대 황제인 아우구스투스(옥타비아누스, Augustus, AVGVSTVS, Gaius Julius Caesar Octavianus, 통치 BC 27-AD 14)가 황제 지배 체제 혹은 원수정(Principatus)을 시작한 BC 27년부터 로마제국의 제정시대라 일컫는다. 로마 제정시대의 콘스탄티누스 1세(Flavius Valerius Aurelius Constantinus, Constantine I, Constantine the Great, or Saint Constantine, 통치 AD 306-337)는 기독교(그리스도교, Christianity)로 개종하고 최초의 크리스찬 로마 황제가 되었으며 313년에 밀라노 칙령(Edict of Milan)을 통해 기독교를 승인하였다. 이로써 그리스도교(기독교)의 박해가 사실상 중지되었다. 로마 제정시대의 종식은 로마 황제 테(데)오도시우스 1세(Theodosius I, 통치

AD 379~395) 황제가 집권하고 그리스도교(기독교)를 국교로 선포한 시점인 392년, 혹은 그가 사망한 시점인 395년에 로마가 동서로 분할되는 시점과, 476년 서로마제국 멸망, 1453년 비잔티움 제국(동로마제국, 330-1453) 멸망 등 관점에 따라 다르게 볼 수 있다. http://en.wikipedia.org/wiki/Roman_Emperor

http://en.wikipedia.org/wiki/Augustus

http://ko.wikipedia.org/wiki/%EC%95%84%EC%9A%B0%EA%B5%AC%EC%8A%A4%ED%88%AC%EC%8A%A4,

http://ko.wikipedia.org/wiki/%EA%B3%A0%EB%8C%80_%EB%A1%9C%EB%A7%88

루갈반다(Lugalbanda 또는 Banda): 루갈(lugal)은 왕(king)이라는 뜻, 반다(banda)는 젊다(young 혹은 junior)라는 뜻. http://en.wikipedia.org/wiki/Lugalbanda

마르둑(Marduk) **신**(神): 수메르어로 마르둑, 아카드어로 아마르우트(AMAR.UTU), 히브리 성경의 히브리어인 므로닥(Merodach)을 말함. 순수한 언덕의 아들이라는 뜻으로 젊은 벨(Young Bel), 바알(Baal), 즉 주님(Lord)이란 뜻임. 연장자 벨(Elder Bel)은 엔릴(Enlil) 신과 엔키(Enki) 신을 말함. 아프리카에서는 라(Ra) 신으로 불림. 엔키(Enki) 신이 하늘에서 낳은 첫째아들로 지구에 내려와 인간인 사파니트(Sarpanit)와 결혼함. 그 후 c.BC 2024년경에 마르둑 신은 지지자들을 이끌고 갈대아(Chaldea) 즉 바벨론의 아카드(Akkad)와 수메르(Smuer)로 진군해 신들의 권력을 찬탈하고 스스로 바벨론의 옥좌에 올라, 신들 중의 최고의 신으로 등극하여 고대 바빌로니아 왕조(BC 1830-c.BC 1531)와 이어지는 신바빌로니아 왕조(BC 625~BC 539)에서도 마르둑 신을 수호신으로 섬김. 따라서 성경은 전체적으로 마르둑 신과 이를 수호신으로 받든 바벨론을 야훼(Yahweh, YHWH, JHWH, Jehovah, 영문성경의 'the LORD' 또는 'the LORD God', 한글성경의 '여호와' 또는 '여호와 하나님', 카톨릭 성경의 '주님' 또는 '주 하느님') 신의 적으로 표현하고 있음. 마르둑(므로닥) 신은 구약성경에 딱 한 번 나오는데, 「예레미야」 50장 2절에 나오는 므로닥(Merodach) 신은 야훼 신의 적으로, 멸망해야 할 바벨론의 주신(patron deity) 또는 수호신인 젊은 벨(Bel)이라 표현함. 따라서 성경은 전체적으로 마르둑 신을 수호신으로 받든 바벨론을 야훼 신의 적으로 표현하고 있음. 「요한계시록」 18장에는 이를 뒷받침하듯이 바벨론의 멸망(The Fall of Babylon)을 다루고 있음. http://en.wikipedia.org/wiki/Marduk

마르둑(Marduk) **신의 권력 찬탈**: 여기에 숨겨진 비밀이 「창세기」 11장의 바벨탑

(The Tower of Babel) 사건이며, 아브라함을 하나님이 부르신(「창세기」 12장) 이유이며, 하나님이 소돔과 고모라를 멸망시킨(「창세기」 19장) 이유이다. 이는 차차 『바이블 매트릭스』 시리즈를 통해 자세히 소개하기로 한다.

메소포타미아(Mesopotamia): 고대 그리스 시대의(c.BC 1100-BC 146) 그리스어로 '두 강 사이에 위치한 지역'이란 뜻으로 '두 강 유역'이라고 부른다. 여기서 두 강이란 터키에서 발원한 유프라테스 강(Euphrates, 「창세기」 2장 14절의 '유브라데')과 티그리스 강(Tigris, 「창세기」 2장 14절의 '힛데겔')을 말한다. c.BC 5000-c.BC 2023년의 고대 수메르 도시국가시대에는 이 두 강에 의해 이 일대 지역이 남과 북으로 나뉘었는데 북부를 아시리아, 남부를 바빌로니아(바빌론, 바벨론, Babylonia, Babylon, 지금 이라크의 '바그다드')라고 불렀다. 바빌로니아는 다시 남부의 수메르(Smuer, 「창세기」 10장 10절의 '시날=Shinar'), 북부의 바빌론을 중심으로 하는 아카드(Akkad, Agade, 아가데, 「창세기」 10장 10절에 나오는 '악갓')로 나뉘어졌다. 이 시기는 전기 청동기 시대로(Early Bronze Age) 고대 수메르 도시들 예컨대 에리두(Eridu), 우르(Ur, 「창세기」 11장 28절의 '우르'), 라르사(Larsa), 라가시(Lagash), 우르크(Uruk, Erech, 「창세기」 10장 10절의 '에렉'), 키시(Kish, Cush, 「창세기」 10장 6절의 함의 아들인 '구스'의 이름과 같음), 아카드, 니푸르(Nippur) 등의 도시를 중심으로 인간에 의한 왕권(Kingship)이 형성되어 지배하던 고대 도시국가시대였다. 바벨탑 사건이 일어나고[c.BC 3450, c.BC 2357(B)~BC 2118(B)] 소돔과 고모라가 멸망(c.BC 2023) 한 후 메소포타미아에는 고대 바빌로니아 왕조(BC 1830-c.BC 1531), 카사이트 왕조(카시트, Kassites, c.BC 1600-c.BC 1115), 신아시리아 왕조(Neo-Assyrian Empire, c.BC 912-c.BC 612)에 이어 신바빌로니아 왕조(BC 625~BC 539)가 들어서게 된다.

http://en.wikipedia.org/wiki/Sumerian_King_List

http://en.wikipedia.org/wiki/Kassites

http://en.wikipedia.org/wiki/Mesopotamia

http://en.wikipedia.org/wiki/Sargon_of_Akkad

메타물질(Metamaterials): 메타물질은 일반물질의 성질과 다른 독특한 성질을 갖고 있기 때문에 메타물질들은 신기한 마술(Bizarre Feats)을 부릴 수 있다. 다시 말해 물리법칙들(Laws of Physics)을 위반한다. 예를 들어 반물분자 메타물질이나 반중력 메타물질을 발견하면 물 위를 걸을 수 있다. 메타물질로 만든 렌즈는 일반 렌즈보다 빛을 더욱 날카롭게 초점을 맞출 수 있어 소위 회절한계(Diffraction

Limit)를 극복해 세포 안의 효소까지 들여다볼 수 있다. 튜닝이 가능한 메타물질들은 다양한 파장의 영역에 다양하게 반응하므로 이를 이용한 보청기를 만들면 이 세상의 모든 소리를 다 들을 수 있고 메타물질에 의한 테라헤르츠파는 지금의 네트워킹 속도를 천 배 높일 수 있고 X선이나 MRI 영상기기를 대체할 수 있다. 게다가 가시광선을 피하는 메타물질을 발견하면 보이지 않는 투명망토(Invisibility Cloak)도 만들 수 있고, 투명망토의 반대원리를 이용하면 빛의 모든 스펙트럼을 집중하는 메타물질 태양전지를 만들 수 있다. 또한 빛의 파장을 마음대로 제어할 수 있는 플라즈몬 광학 나노입자 메타물질을 이용하면 7가지 무지개 색을 만들 수 있고 7가지 무지개 색을 내고 빛에 따라 색이 변화하는 철이나 코팅제도 만들 수 있다. 스스로 자정하고 스스로 고치는 나노광코팅제 메타물질은 향후 기존의 아스팔트와 시멘트를 대체하게 될 것이다. 게다가 소리나 주파수를 물체 주위로 피해 가게 하는 침묵의 망토(Cloak of Silence) 또는 음향 망토(Acoustic Cloak) 메타물질은 옆 집의 개가 짖는 소리도 감출 수 있고 열을 감추는 열 망토(Thermo Cloak)도 만들 수 있다.

모세 승천기(Assumption of Moses 또는 Testament of Moses): 모세가 쓴 글이 아니다. 저자는 알려져 있지 않다. 헤로데스 왕(헤롯, Herod, 통치 BC 37-BC 4)과 그의 아들의 통치 등 c.BC 4년에 일어난 사건들과 AD 70년의 로마에 의한 예루살렘 성전 파괴 등이 예언으로 기록되어 있는 것으로 볼 때(「모세 승천기」 6장), BC 4년 혹은 그 직후에 팔레스타인(Palestine) 본토에서 정통파인 바리새파(바리사이파, 신약성경의 '바리새인', Pharisees) 혹은 은둔파인 엣세나파(엣세나인, Essenes) 사람이 기록한 것으로 추정되나, 성경 학자들은 일반적으로 c.AD 1세기 초에 쓰여진 것으로 본다. 내용은 모세가 죽기 직전 여호수아(Joshua)에게 말하는 식의 12장으로 구성된 이스라엘의 미래에 관한 예언서로 불완전하게 완성된 로마 시대의 라틴어로 쓰여진 문서이다. 성경 학자들은 내용의 1/3이 없어진 것으로 보고 있다. 따라서 1장~12장까지 모세의 승천에 대한 구체적인 언급은 보이지 않지만, 다른 정황으로 볼 때 없어진 장들에서 승천을 묘사한 것으로 추정된다. 라틴어로 번역된 것으로 보아 성경 학자들은 히브리어 사본이 있을 것으로 추정하고 있으나 아직까지 발견되지 않고 있다.
http://en.wikipedia.org/wiki/Assumption_of_Moses, http://www.pseudepigrapha.com/pseudepigrapha/assumptionofmoses.html

뭄무(Mummu=수성=Mercury): 태어난 자(one who was born), 깨어난 자(the one who has awoken). http://en.wikipedia.org/wiki/Mummu

미가엘(Michael): 히브리어의 영어식 발음이다. 일곱 천사장 중의 하나로 인간의 선행(human virtue)과 각 나라의 군대를 관장한다(commands the nations). 미가엘은 「다니엘」 10장 13절과 21절에 처음 등장하는데, 다니엘이 힛데겔 강가에서 본 이상(Vision)에 등장하고 끝날에 미가엘 군대가 일어날 것이다에 등장한다. 또한 「유다서」 1장 9절의 "천사장 미가엘이 모세의 시체에 대하여 마귀와 다투어 변론할 때에 감히 훼방하는 판결을 쓰지 못하고 다만 말하되 주께서 너를 꾸짖으시기를 원하노라 하였거늘"에 등장하고, 「요한계시록」 12장 7절의 "하늘에 전쟁이 있으니 미가엘과 그의 사자들이 용으로 더불어 싸울쌔 용과 그의 사자들도 싸우나"에 등장한다. 주로 전쟁에 관여하는 천사장으로 등장한다. http://en.wikipedia.org/wiki/Michael

바드티비라(Bad-tibira): 바드티비라의 이름은 문자 그대로 번역하면 '대장장이, 즉 금속 가공의 토대', 즉 '광석이 최종 처리되는 밝은 곳'이라는 뜻으로 구약성경의 두발(Tubal, 「창세기」 4:22)에 해당된다. 구약에 나오는 두발가인은 철과 동과 금의 기술자였다. 『에리두 창세기』와 『수메르 왕 연대기』에 따르면, 대홍수 이전 시대(Antediluvian)에, 하늘로부터 왕권(Kingship)이 땅에 내려와(After kingship had descended from heaven) 최초의 도시를 건설했는데, 그게 에리두(Eirdu)였으며, 에리두 다음의 도시가 바로 에리두 위쪽에 건설한 바드티비라였다고 기록하고 있다. 에리두와 바드티비라는 엔키(Enki) 신의 영역이었으나 차후에 바드티비라는 인안나(Inanna) 여신과 그녀의 남편인 두무지 신(Dumuzi)에게 배분되었다. 엔키 신의 거처는 에리두였다. http://en.wikipedia.org/wiki/Bad-tibira, http://en.wikipedia.org/wiki/Sumerian_King_List

반신반인(半神半人, Demigod): 신과 인간, 인간과 신이 결혼하여 출생한 후세들을 반신반인(半神半人, Demigod)이라고 하는데, 처음 출생한 후세들은 거의 키가 100미터가 넘는 거인들(Great or giant man)이었다. 이때의 신이란 「창세기」 6장 1절~7절의 네피림(Nephilim), 즉 젊은 신들인 이기기(Igigi) 신들로, 그 뜻은 '하늘에서 내려온 젊은 신들'을 말한다. 우리가 잘 알고 있는 첫 번째 우르크(Uruk, 「창세기」 10장 10절의 '에렉=Erech', 에레크) 왕조(c.BC 2900~c.BC 2370)의 다섯 번째 왕이 길가메시(Gilgamesh, c.BC 2700, 통치 126년)인데, 그는 신인 어머니 닌순(Ninsun)과 인간인 아버지 루갈반다(Lugalbanda 또는 Banda) 사이에서 출생한 반신반인이었다. 정확하게 말하자면 2/3는 신이었고 1/3은 인간이었는데, 키는 무려 4-6미터였고 가슴둘레만 2미터였다. http://en.wikipedia.org/wiki/Demigod

뱀(serpent), **용**(dragon), **괴물**(Monster), **악마**(devil), **사단**(Satan): 수메르시대의 신들의 전쟁 또는 관계에서 적(enemy)의 신들을 뱀-용-괴물로 표현하는 전통은 그리스 신화에도 그대로 전승되어, 하늘을 지배한 제우스(Zeus) 신에 대항하는 티폰(Typhon) 신들은 모두 뱀으로 표현하고 뱀의 모양으로 그려져 있으며, 나중에 『바이블 매트릭스』 시리즈에서 자세히 소개하겠지만, 성경도 마찬가지이다. 「요한계시록」 20장 2절에는 "용을 잡으니 곧 옛 뱀이요 마귀요 사단이라 잡아 일천년 동안 결박하여(He seized the dragon, that ancient serpent, who is the devil, or Satan, and bound him for a thousand years)(NIV)"라는 내용이 나오는데, 여기에서 옛 뱀이란 「창세기」 3장에 등장하여 하와(Eve)를 꼬셔 선악과를 따먹도록 한 그 뱀(serpent)이다. 이때 뱀이란 여호와 하나님의 반대편에 선 신들이다. 결국 성경도 신들의 전쟁이 배경을 이룬다. 이 배경을 알아야 성경을 이해할 수 있다. 재미있지 않은가? 선악과(the tree of the knowledge of good and evil)란 무엇인가? 『바이블 매트릭스』 시리즈의 『인간 창조와 노아 홍수의 비밀』편과 『예수님의 재림과 새 하늘과 새 땅』편을 참조하시라.

베로수스(베로소스, Berossus, Berosus, Berossos): 기원전 3세기의 헬레니즘시대의 바빌로니아의 마르둑(Marduk) 신전인 벨로스 신전 신관(priest)이자 역사가이며 천문학자인 베로수스는 BC 280년에 역사서인 『바빌로니아지(誌, Babyloniaca, History of Babylonia)』 3권을 그리스어로 써서, 시리아의 왕인 안티오쿠스 1세(Antiochus I Soter)에게 바쳤다. 이 책을 일명 『베로수스』라 부른다. 지금은 책의 원본이 사라져 존재하지 않지만, 그 이후 많은 역사가들이 베로수스를 인용해 그 내용을 전했다. 아리스토텔레스(Aristotle)의 제자였던 아비데누스(Abydenus, BC 200), 아테네의 아폴로도로스(Apollodorus, BC 160), 그리고 알렉산더 폴리히스토르(Alexander Polyhistor, BC 50) 등에 의해 베로수스의 책이 인용되어 현재 전해지고 있다. 제1권에서는 바빌로니아 역사의 시작에서 대홍수의 기원(起源)까지를, 제2권에서는 나보나사로스 왕의 시대(BC 747)까지를, 제3권에서는 알렉산더 대왕(Alexander the Great, BC 330- BC 323)의 죽음까지를 다루고 있다. 바빌로니아의 역사와 천문학을 그리스 세계에 소개한 점에서 중요한 자료이다. 문제는 1권의 내용으로 바빌로니아 관점에서의 창조, 홍수와 바벨탑(Babel) 사건을 다루고 있는데, 실제로 BC 380년까지도 아라라트 산(Mt. Ararat)에 노아의 방주가 있었다고 기록하고 있다. 사람들이 산에 올라 노아의 방주 나무 조각을 찾으면 그것이 액운을 없앤다고 기록되어 있다(people actually climbed Mt. Ararat to gather wood to be used a lucky charms to ward off evil). 그런데 『베로수스』에는 대홍수 이전에 8명의 왕이 아니라 10명의 왕이 다스렸다고 기록되어 있다. 아리스토텔레스의 제자였던 아비데누스는 『베로수스』를 인용하면서 대홍수 이전에 지구를 120샤르 동안 다스렸던 10명의 지도자(ten pre-Diluvial rulers)에 대해 언급하고 있으며, 10명의 지도자들과 그들의 도시가 모두 고대 메소포타미아에 있었다고 분명히 기록하고 있다. 『Babyloniaca or History of Babylonia』 BC 280 at The Search for Noah's Ark. http://www.noahs-ark.tv/noahs-ark-flood-creation-stories-myths-berossus-xisuthrus-babyloniaca-history-of-babylonia-abydenus-apollodorus-alexander-polyhistor-josephus-eusebius-georgius-syncellus-oannes-280bc.htm

벨(Bel): En=Lord=Baal=Bel의 '신' 또는 주님'이라는 뜻. 벨(Bel)은 남성 신에 쓰이고 여성 신에는 벨이트(Belit)가 쓰임. 동부 셈어(East Semitic)에서는 벨(Bel)이 쓰였고, 북서 셈어(Northwest Semitic)에서는 바알(Baal)이 쓰임. 고대 아카드 시대에는 수메르의 신인 엔릴(Enlil)을 일컬었으나 바벨론시대에는 마르둑(Marduk) 신을 일컬음. 또한 수메르시대에는 연장자 벨(Elder Bel)과 젊은 벨(Younger Bel)로 나누기도 했는데, 연장자 벨은 아눈나키(Anunnaki)의 12명의 고위신(高位神)들을 일컫고, 젊은 벨은 마르둑(Marduk) 신을 일컬음. http://en.wikipedia.org/wiki/Bel_(god), http://en.wikipedia.org/wiki/Baal

사르곤(Sargon, 통치 c.BC 2334-c.BC 2279): Sargon, Sargon of Akkad, 사루킨,샤르루킨. 사르곤은 신아시리아 왕조의 사르곤 2세(Sargon II, King of Assyria, 통치 BC 721-BC 705)와는 다름. http://en.wikipedia.org/wiki/Sargon_of_Akkad, http://en.wikipedia.org/wiki/Sargon_II

사마리아인(Samaritans): 신아시리아 왕조(Neo-Assyrian Empire, BC 912-BC 612)의 살만에셀(Shalmaneser) 왕과 그 다음의 사르곤 2세 왕(Sargon II)은 북이스라엘(Kingdom of Israel, BC 931-BC 722)의 수도인 사마리아(Samaria)와 남부 팔레스타인 지역인 가자(Gaza)를 침입하여 멸망시킨다(BC 723-BC 722). 이때 사르곤 2세 왕은 신아시리아 남부 도시인 바벨론(Babylon), 쿠타(구다, Cuthah, 키시, Cush)와 서북부 도시인 하마스(Hamath) 지역에 사는 사람들을 사마리아에 강제로 이주시킨다(「열왕기하」 17:24). 그 결과 이스라엘 민족과 이들 간의 이종교배가 일어나고(Inter-mixed), 이로 인해 태어난 후손들을 그 후 역사적으로 사마리아인라고 부른다. 그 후 BC 716년에 사르곤 2세 왕은 아랍인들까지 사마리아에 이주시켰다. 그 결과 풍습과 관습, 그리고 그들이 섬기던 신(God)까지 혼합되어 사마리아에 남아 있던 이스라엘 족속들의 유대민족 전통이 부패하기 시작했다. 이후 사마리아인들은 각종 우상과 신상들을 만들고, 특히 풍요와 농토의 신인 바알(Baal) 신을 섬기게 되었다. 따라서 이 지역의 이스라엘 민족도 야훼를 배반하고 이들과 같이 우상을 만들며 다른 신을 섬기게 되었다(「열왕기하」 17장).

http://en.wikipedia.org/wiki/Israelite_Diaspora

사사(士師, 판관, the Judges)**들의 통치시대**(BC 1375-BC 1049): 사사란 히브리어로 '재판한다', '다스린다', '구원한다'는 의미로 구약시대에 유대 민족을 다스리던 제정일치의 통치자 및 군사적 지도자를 말한다. 이들은 가나안 땅에 들어갈 때부터 왕이 세워지기 전까지 이스라엘 백성들을 지도하고 인도(Lead)하였다. 우리 말로는 법령과 형벌에 관한 일을 맡아보던 재판관이나 판관(判官)과 비슷한데, 여기에 신께 제사를 드리고 정치를 하며 비상시에는 군사적인 지도자 역할도 하였다. 또한 예언자로서 하나님을 대신해서 하나님의 말씀을 대변하는 역할과 이스라엘 백성들이 하나님의 언약과 말씀을 순종할 수 있게 도와주는 역할을 했다. 이스라엘이 주변의 나라들로부터 공격을 받을 때마다 여호와 하나님께서는 이들을 구원하기 위해 사사를 세워 주셨다. 사사들의 신분과 직업은 아주 다양하였으며 임무가 끝나면 대부분 제자리로 다시 돌아갔다. 12지파 출신들의 사사는 이스라엘 전체를 다스리기보다는 지역적으로 배분 받은 12지역을 다스렸으며 세습되지 않았다. 이들 12명이 통치하던 기록은 「사사기(판관기, Judges)」에 자세히 나와 있다. 우리가 잘 아는 삼손(Samson)도 12명의 사사 중 마지막 사사로 40년간 블레셋 사람들(Philistines, 팔레스시타, 팔레스타인)로부터 압제를 받아 고생하던 이스라엘 백성들을 구출한다(「사사기」 또는 가톨릭 성경의 「판관기」 13-16장).

http://en.wikipedia.org/wiki/Biblical_judges

사이보그(Cyborg): 인조인간, 인공인간, Cyborg=Cybernetic+Organism. http://en.wikipedia.org/wiki/Cyborg

샤르(Shar, Sar): 위대한 지도자라는 뜻의 행성의 형용사, 완전한 원을 의미. 숫자 3,600을 의미, 3,600은 커다란 원을 의미.

설형문자: 전 세계 박물관의 설형문자 라이브러리 - http://www.cdli.ucla.edu/ http://en.wikipedia.org/wiki/Cuneiform

성경연대기(Chronology of the Bible, biblical chronology)란 성경에 기록되어 있는 아담(Adam)에서 20대손인 아브라함(Abram, Abraham, BC 2166-BC 1991)까지의 모든 족장들의 출생과 사망 연도를 전부 계산했을 때의 연대기를 말한다. 또는 아담에서 아브라함 → 이삭(Issac) → 야곱(이스라엘, Jacob)의 넷째아들인 유다(Judah)에서 다윗(David)의 후손인 예수님까지의 연대기를 말한다. 이 성경연대기를 종합해 보면 아브라함부터 그 이후 후손들의 연대기는 우리가 알고 있는 역사연대기(Chronology of the History, historical chronology)와 거의 같다. 그러나 아브라함부터 그 위의 조상인 아담의 연대기는 정확히 알 수가 없다. 인간 창조가 언제 되었는지, 노아(Noah)의 홍수(the Flood)가 언제 일어났는지, 바벨탑(The Tower of Babylon) 사건이 언제 일어났는지 알 수가 없다. 이런 경우 성경연대기는 연도 뒤에 (B)로 표시하기로 한다. 성경연대기로 아브라함에서 아담까지의 족보를 다 계산해 보면 아담의 창조 연도는 c.BC 4114(B)년이다. 이는 현대 과학이 밝힌 호모 사피엔스(Homo Sapiens)의 출현 연도인 c.BC 301,000년과는 엄청난 차이가 난다. 자세한 것은 『바이블 매트릭스』 시리즈 2권 『인간 창조와 노아 홍수의 비밀』의 부록인 "성경연대기(아브라함 기준의 아담의 족보)"를 참조하라.

세다 산(Cedar Forest/Mountain/Felling): 삼목나무 숲, 그 당시 우주선의 착륙장(Landing Platform)이 있던 곳. http://en.wikipedia.org/wiki/Cedar_Forest

세라핌(단수=seraph=스랍, 복수=seraphim): 세라핌은 히브리어의 라틴어로 「이사야(Isaiah)」 6장 1~2절과 6절에 '스랍'이란 이름으로 처음이자 마지막으로 등장한다. 6장 1~2절의 장면은 야훼께서 여섯 개의 소형 제트엔진을 갖춘 이동식의 우주선을 타고 내려오셔서(착륙하셔서), 개인용 우주복을 입고 단(altar)의 보좌에 앉아 계신 것을 표현한 것이다. 여기서 중요한 것은 우주선이 착륙했다는 점이다. 스랍이란 6개의 소형 제트엔진을 말하며, 세라핌은 6개의 엔진이 합쳐 하나의 우주선 또는 우주로봇을 만든다는 의미이다. 6개의 소형 제트엔진을 6개의 날개라고 표현하고 있다. 날개 둘로 얼굴을 가렸고(등에 달린 날개라는 뜻), 날개 둘로 발을 가렸으며, 날개 둘로는 난다(flying)고 묘사되어 있다(팔에 부착된 날개라는 뜻). 등과 팔과 발에 각각 두 개씩 부착된 소형 엔진은 방향전환에 사용되는 것이며, 발에 부착된 엔진은 분사를 뿜을 시에는 난다는 뜻이다. 6절은 한 스랍이 핀 숯(a live coal)을 가지고 이사야에게 날아와서 입술에 대는 장면으로, 6개의 엔진은 각각 분리되어 날 수 있다는 것을 의미한다. 착륙했으므로 야훼의 명령에 따라 분리되어 날 수 있다는 뜻이다. 그러나 세월이 흐른 오늘날에는, 우리가 지금 말하는 우주선 또는 우주로봇 기술 이상의 천상(celestial or heavenly)의 과학기술로 발전하였을 것으로 보고 있다.
http://en.wikipedia.org/wiki/Seraphim

세차운동(歲差運動, Precession)**과 대년**(Great Year): 지구의 지축(Earth's axis)은 항상 같은 방향을 가리키고 있지 않다. 지축은 우주공간에 고정되어 있지 않아, 지구가 태양주위를 공전할 때 팽이가 쓰러지면서 좌우로 비틀대듯이 비틀거리며 천천히 원운동(Rotation Axis)을 한다. 이 지축의 흔들거림(wobble)을 세차운동(歲差運動, Precession)이라 한다. 이러한 세차운동 현상으로 그 결과 북극성을 가리키는 북극 하늘에 거대한 가상의 원(Grand Circle)을 그리게 되며, 지구에서 볼 때 이 가상의 원에 12개의 별자리들이 보이게 된다. 그리고 이들 별자리들을 세차원동에 의해 360도 돌게 되며, 1도 도는 데 72년이 걸리고, 하나의 별자리를 도는 데 2,160년(72년×30도)이 걸린다. 결국 지구의 지축이 360도 돌아 다시 북극성(Polaris)을 가리키게 되는 이른바 대주기(Grand Circle)는 25,920년에 다시 돌아오게 된다(72년×360도=25,920년, 2,160년×12별자리 = 25,920년). 이것을 천문학자들은 '대년(Great Year)' 혹은 '플라톤의 해(Platonic Great Year)' 혹은 '피타고라스의 해(Pythagorean Great Year)'라고 부르는데, 이러한 명칭이 붙은 것은 고대 그리스의 철학자인 플라톤(Plato, BC 428~BC 348)도 이러한 현상을 알고 있었기 때문이다. 따라서 이 현상을 세차운동의 주기(세차주기)라 하는데, 밀란코비치는 세차운동의 주기를 약 22,000년으로 보았고, 에드헤마르(Joseph Adhemar, 1797~1862)는 세차주기를 26,000년으로 계산했으며, 현대 과학은 정확히 25,920년으로 계산한다. http://en.wikipedia.org/wiki/Precession, http://en.wikipedia.org/wiki/Great_year

센터우루스자리(Centaurus): 별자리의 이름은 그리스 신화에 나오는 반인반마(半人半馬)의 거인 켄타우로스(Kentauros, Centaur)로부터 따온 것이다. http://en.wikipedia.org/wiki/Centaurus, http://en.wikipedia.org/wiki/Centaur

셀롯당/젤롯당/열성당/열심당(Zealot): 유다공동체 하시딤(Hasidim) 중 가장 과격한 독립운동단체의 하나로 유대인을 지배하는 다른 국가를 인정하지 않고 오로지 하나님만 왕으로 인정하고 무력으로 독립을 얻고자 하는 단체였음. http://en.wikipedia.org/wiki/Zealots

셈어(Semitic languages): 성경의 노아(Noah)의 아들인 셈(Shem)족에서 유래된 셈어는 원래 고대 수메르 도시국가시대(c.BC 5000-c.BC 2400)에 널리 쓰여졌던 언어이다. 아카드어를 비롯하여 앗수르(Asshur)의 아람어(Aramaic or Arama(e)an language, Aram어, 시리아어), 아랍어, 히브리어, 지중해 지역의 페니키아어 등이 이 당시의 셈어족에 속한다. 「창세기」 9장에 노아의 아들인 셈(Shem), 함(Ham), 그리고 야벳(Japheth)이 등장하는데, 포도주에 취해 벌거벗고 누은 아비인 노아를 보고 함이 나가 형제들에게 알리지만, 셈과 야벳은 자기들의 옷을 벗어 아비의 하체를 가린다. 이를 안 노아가 노하여 "함은 셈의 종이 되고 야벳은 셈의 장막에 거하기를 원하노라"(「창세기」 9:27)라고 말한 것에 따라 노아가 세 아들 중 셈이 최고가 된다. 따라서 이 당시 이들이 말하던 언어를 대표격인 셈을 빗대어 셈어라고 한 것이다. 그러나 셈어에 속한다고 해서 모두 셈족으로 분류하면 안 된다. 함족이나 야벳족도 셈어를 구사했다는 사실을 잊으면 안 된다. 이러한 이유로 사르곤(Sargon) 대왕이 셈어인 아카드어를 사용하는 아카드인이라고 해서 셈족으로 분류하기도 하는데, 이에 대한 정확한 역사적 기록은 없다. 다만 고고학자들과 성경학자들은 사르곤이 「창세기」 10장 6절~12절에 나오는 함의 아들인 구스(Cush)가 나은 니므롯(Nimrod)이 아닌가 추측할 뿐이다(Levin, 2002; Poplicha, 1929).

http://en.wikipedia.org/wiki/Semitic

소행성대(The Asteroid belt): 소행성들(Minor planets), 왜성(Dwarf planets), 유성체(Meteoroids), 주소행성대(Main asteroid belt or main belt)라고 하며, 바이블적으로는 두들겨 편 팔찌(Hammered Bracelet) 또는 하늘들을 펴셨다(Stretched out the heavens)라고도 한다(「욥기」 9:8 & 37:18; 「이사야」 40:22; 「예레미야」 10:12 & 51:15; 「스가랴」 12:1). 소행성대는 화성(Mars)과 목성(Jupiter) 사이의 공간에 존재하는 소행성들로, 거의 원형 궤도로 태양 주위를 돌고 있다. 주로 4개의 커다란 소행성들, 즉 세레스(Ceres), 4베스타(4Vesta), 2팔라스(2Pallas), 그리고 10히기아(10Hygiea)가 대표적 커다란 소행성들로 지름이 400~950km나 된다. 그리고 그보다 작은 200개가 넘는 소행성들은 지름이 100km나 되고, 이보다 작은 70만~170만 개의 소행성들은 지름이 1km나 된다. 이들의 공전주기는 지구의 공전주기로 3.3~6.0년이다. 이들 소행성들은 『창조의 서사시』에 따르면 시계방향으로 태양을 공전하는 마르둑(Marduk) 행성(神)이 티아마트(Tiamat)와 충돌하여 두 동강을 내서, 윗부분은 지구(Earth)를 만들고, 아랫부분은 산산조각 내고 쭉 펴서 소행성대 즉 「창세기」 1장 6절~8절에 나오는 궁창(expanse/NIV, firmament/KJV, space/New Living, dome/Good News), 즉 하늘(sky/NIV/New Living, Sky/Good News, Heaven/KJV)을 만들었다고 기록되어 있음. http://en.wikipedia.org/wiki/Asteroid_belt

수메르/시날(Smuer, Shinar): 「창세기」 10절 10절에 처음 나오는 시날(Shinar)은 남부 메소포타미아 지역의 이름으로 초기 이름은 수메르(Sumer, Shumer)이다. 지금의 이라크 남부 지방에 해당한다. 수메르는 티그리스 강(Tigris, 「창세기」 2장 14절의 '힛데겔')과 유프라테스 강(Euphrates, 「창세기」 2장 14절의 '유브라데')의 하류에 형성된 지방으로 BC 5000년경부터 농경민이 정주하여 BC 3000년경에는 오리엔트 세계 최고의 문명을 창조하였다. 그 후에는 바빌로니아(Babylonia)로 불리게 되었는데, 영문성경 New Living과 Good News에는 시날을 바빌로니아(Babylonia)로 표현하고 있다. 고고학적으로 수메르어가 적힌 점토판이 발굴되어 수메르 문자가 해독되면서 이 수메르어는 그 후 아카드(Akkad, Agade)-바빌로니아-아시리아(Assyria) 문명의 근원으로 밝혀졌다. http://en.wikipedia.org/wiki/Sumer, http://en.wikipedia.org/wiki/Shinar

수메르 왕 연대기(Sumerian King List): 영국의 여행가인 웰드-블런델(Herbert Joseph Weld Blundell, 1852~1935)은 1922년에 이라크의 고대 도시인 라르사(Larsa)를 발굴하여, c.BC 2119년경의 『수메르 왕 연대기』 또는 그의 이름을 딴 웰드-블런델 프리즘(Weld-Blundell Prism, WB 444)을 발견하였다. 20Cm×9 Cm 큐브 크기의 4개의 면에 각각 2줄(Columns)의 수메르 왕 연대기를 수메르어 설형문자로 기록하고 있다. 이 WB 444는 영국 옥스포드 대학의 애쉬몰린 박물관(Ashmolean Museum)에 전시되어 있다. 라르사 외에도 니푸르(Nippur) 등에서 총 16개 이상의 복사본이 발견되었는데, 그 순서에 따라서 A, B, C 등으로 매겨 업데이트하고 있다. 이 중에서 이 책에 참고한 버전은 WB 444와 G로 라르사에서 발견된 『수메르 왕 연대기』이다. 오늘날 가장 많이 알려진 것으로 영국 옥스포드 대 수메르 전자문학문서의 『수메르 왕 연대기』(Black et al. 1998-2006)도 이 WB 444 버전과 G 버전을 기초로 하여 영어로 번역해 공개하고 있다. http://www-etcsl.orient.ox.ac.uk/section2/tr211.htm,
http://etcsl.orinst.ox.ac.uk/cgi-bin/etcsl.cgi?text=t.2.1.1#
『수메르 왕 연대기』에 따르면 하늘로부터 왕권(Kingship)이 땅에 내려와 최초의 도시를 건설했는데, 그게 에리두(Eirdu, Eridug)였으며, 최초의 왕은 알루림

(Alulim)이었다. 그는 8샤르(Shar, Sar)—1샤르는 신들의 고향인 니비루(Nibiru)의 1년 공전주기로서 지구의 연도로는 3600년을 말한다(Sitchin, 1991; Proust, 2009)—즉 8×3600 = 28,800년을 통치하였다. 이는 노아 홍수 이전의 통치자들(Antediluvian Rulers)로서 이같이 오래 통치한 이유는 초기의 왕들은 신들(Gods)에 속하는 계급이었기 때문이다. 수메르 왕 연대기에는 총 8명의 왕들이 다스렸으며 『베로수스(베로소스, Berossus, Berosus, Berossos)』와 WB 62 버전에는 총 10명의 왕들이 다스렸다고 기록되어 있다. 특히 베로수스는 총 10명의 왕들이 다스린 기간을 120샤르, 즉 120 x 3,600 = 432,000 동안 다스렸다고 기록하고 있다. 즉 신들이 이 땅에 오신 기간이 대홍수가 일어나기 전의 432,000년에 오셨다는 것으로, 대홍수가 일어난 시점은 처녀자리(처녀궁, 處女宮, Virgo, 12궁의 6궁)와 천칭자리(천칭궁, 天秤宮, Libra, 12궁의 제7궁) 사이인 BC 13020년경에 일어났으므로 대략 13,000년 전이라고 본다면, 신들이 지구에 최초로 착륙한 시점은 432,000 + 13,000 = 약 445,000년 전임을 알 수 있다. 즉 445,000년 전에 신들은 이 지구를 처음 방문한 것이다.

수메르(Sumer, Shinar=시날) **고대 도시국가시대**(City-States, c.BC 5000-c.BC 2023): 「창세기」 10절 10절에 처음 나오는 시날(Shinar)을 말한다. 시날은 남부 메소포타미아(Mesopotamia) 지역의 이름으로 초기 이름은 수메르(Sumer, Shumer)이다. 지금의 이라크 남부 지방에 해당한다. 수메르는 티그리스 강(Tigris, 「창세기」 2장 14절의 '힛데겔')과 유프라테스 강(Euphrates, 「창세기」 2장 14절의 '유브라데')의 하류에 형성된 지방으로 c.BC 5000년경부터 농경민이 정주하여 c.BC 3000년경에는 세계 최고의 오리엔트 문명을 창조하였다. 고대 수메르 도시국가시대에는 티그리스 강과 유프라테스 강에 의해 이 일대 지역이 남과 북으로 나뉘었는데 북부를 아시리아(Assyria), 남부를 바빌로니아(바빌론, 바벨론, Babylonia, Babylon, 지금 이라크의 '바그다드')라고 불렀다. 바빌로니아는 다시 남부의 수메르(Smuer, 「창세기」 10장 10절의 '시날=Shinar'), 북부의 바빌론을 중심으로 하는 아카드(Akkad, Agade, 아가데, 「창세기」 10장 10절에 나오는 '악갓')로 나뉘어졌다. 이 시기는 전기 청동기시대(Early Bronze Age)로 고대 수메르 도시들 예컨대 에리두(Eridu), 우르(Ur, 「창세기」 11장 28절의 '우르'), 라르사(Larsa), 라가시(Lagash), 우르크(Uruk, Erech, 「창세기」 10장 10절의 '에렉'), 키시(Kish, Cush, 「창세기」 10장 6절의 함의 아들인 '구스'의 이름과 같음), 아카드, 니푸르(Nippur) 등의 도시를 중심으로 인간에 의한 왕권(Kingship)이 형성되어 지배하던 고대도시국가시대였다. 그 후에는 바빌로니아(Babylonia)로 불리게 되었는데, 영문성경 New Living과 Good News에는 시날을 바빌로니아(Babylonia)로 표현하고 있다. 이 시대에 사용한 언어가 수메르어이다. 고고학적으로 수메르어가 적힌 점토판(Clay tablets, 粘土板)이 발굴되어 수메르 문자가 해독되면서 이 수메르어는 그 후 아카드(Akkad, Agade) 왕조(Akkadian Empire, c.BC 2330-c.BC 2193)의 아카드어 문명, 고대 바빌로니아 왕조(Old Babylonia Empire, BC 1830-c.BC 1531)의 바벨로니안(Babylonian) 문명, 고대 아시리아 왕조(Old Assyrian Empire, c.BC 1800-c.BC 1381)와 신아시리아 왕조(Neo-Assyrian Empire, BC 912-BC 612)의 아시리안(Assyrian) 문명과 언어의 근원으로 밝혀졌다. http://en.wikipedia.org/wiki/Sumer, http://en.wikipedia.org/wiki/Shinar

시내 산(Mt. Sinai, 히브리어로 Horeb): 시나이 반도 남단에 위치한 산으로 히브리어로는 호렙(Horeb)이다. 「창세기」 5장 21절~24절에 등장하는 하나님(God)과 동행하다 365세에 하나님이 데려갔다는 에녹(Enoch, BC 3492(B)-BC 3127(B) 혹은 에녹의 4대손인 노아(Noah, BC 3058(B)-BC 2108(B)가 쓴 것으로 추정되고, 위경(僞經, Pseudographia, Pseudepigrapha)으로 간주되는 「에녹1서(The Book of Enoch or Ethiopian Enoch or 1 Enoch)」의 1장 4절에도(Charles & Laurence, 인터넷 공개), 하나님(God)이 시내 산에 많은 무리를 이끌고 강림해 하늘의 권능을 이곳에서 증명하고 천명했다고(Who will hereafter tread upon Mount Sinai; appear with his hosts; and be manifested in the strength of his power from heaven) 기록하고 있다. 또한 모세(Moses)가 40일 동안 주야로 금식하면서 두 개의 돌판에 적힌 십계명(The Ten Commandments)과 지켜 할 규례(「레위기」 등) 등 증거의 두 판(Two tablets of Testimony)을 여호와 하나님으로부터 받은 산이기도 하다(「출애굽기」 20장, 「출애굽기」 34장). 성경은 이 산을 '하나님의 산 호렙(Horeb, the mountain of God, the mountain of LORD)'이라 표현하고 있다(「출애굽기」 3:1 & 33:6, 「민수기」 10:33). 모세(Moses)가 타지 않는 떨기 나무를 이상히 여겨 돌이켜보고자 하자 "하나님이 가라사대 이리로 가까이 하지 말라 너의 선 곳은 거룩한 땅이니 네 발에서 신을 벗으라("Do not come any closer," God said. "Take off your sandals, for the place where you are standing is holy ground)"(「출애굽기」 3:5)라고 말씀하신 것으로 보아 이 높은 산, 즉 시내 산과 캐서린 산(Mt. Katherine)에는 신들, 특히 야훼(Yahweh, YHWH, JHWH, Jehovah) 신이 사용하던 우주선 안내기지(관제센터, Marker and Control Tower for Spacecraft)와 주위에는 우주공항(시나이 우주

공항, Departing Platform as Runways Platform)이 있었음에 분명하다. 구약성경에는 시내 산(Mount Sinai)이란 이름이 모세가 고센(Goshen)의 라암셋(Rameses)을 출애굽하여(이집트를 탈출하여) 시내 광야(Desert of Sinai)에 이르러서야(「출애굽기」 19:2) 등장하는데, 여호와 하나님(야훼)이 시내 산에 강림하면서 부터이다(「출애굽기」 18:11). 야훼는 다음과 같이 말씀하신다. "너는 백성을 위하여 사면으로 지경을 정하고 이르기를 너희는 삼가 산에 오르거나 그 지경을 범하지 말찌니 산을 범하는 자는 정녕 죽임을 당할 것이라"(「출애굽기」 19:12). "손을 그에게 댐이 없이 그런 자는 돌에 맞아 죽임을 당하거나 살에 쐬어 죽임을 당하리니 짐승이나 사람을 무론하고 살지 못하리라 나팔을 길게 불거든 산 앞에 이를 것이니라 하라"(「출애굽기」 19:13). 방사선의 우주선 기지가 있었으므로 함부로 시내 산에 오르지 말라는 것이다. 오늘날 높은 산에는 공군부대나 방위부대가 있는 것과 같다. 서울 관악산 꼭대기에는 최첨단 통신시설로 갖춰진 벙커(bunker)가 있는 것과 같다. 따라서 영역을 정해 영역을 침범하는 자는 정녕 죽임을 당한다는 것이다. 설사 영역을 침범하는 자나 동물이 있으면 손으로 만지지 말고 그대신 돌로 치고 화살을 쏴서 죽이라는 것이다. 이 말은 정해진 영역에는 항상 전기가 흐르거나 방사선이 나오거나 레이저 광선이 나오므로 영역을 침범한 사람이나 동물이 있으면 반드시 죽게 되므로, 이들을 손으로 만지면 만진 사람도 감전되거나 방사선/레이저 광선에 노출되어 죽는다는 뜻이다. 그러나 나팔을 길게 불면 이러한 위험이 해제되므로 산 위로 올라오라는 것이다. 그런데 조건이 있다. 몸을 깨끗이 씻어 성결케 한 다음(Consecrate) 옷을 깨끗이 빨아(wash their clothes/robes) 입은 후 오르라는 것이다(「출애굽기」 19:10 & 14). 옷을 깨끗이 빤다는 것은 더러운 불순물을 제거하라는 것이다. 우리가 약품 연구소나 반도체 연구소에 들어갈 때 깨끗이 소독한 린넨 복(Linen Clothes)으로 입고 들어가듯이 신들이 있는 우주선 기지에 들어갈 때에도 마찬가지이다. '옷을 빨라!!' 이 말은 「요한계시록」 22장 14절의 "그 두루마기를 빠는 자들은 복이 있으니 이는 저희가 생명나무에 나아가며 문들을 통하여 성에 들어갈 권세를 얻으려 함이로다(Blessed are those who wash their robes, that they may have the right to the tree of life and may go through the gates into the city)"의 두루마리를 빤다는 것과 같은 의미이다. 자세한 것은 『바이블 매트릭스』 시리즈의 『하나님들의 과학기술과 우리가 창조해야 할 미래』편과 『예수님의 재림과 새 하늘과 새 땅』편을 참조하라.
http://en.wikipedia.org/wiki/Mt_Sinai

시파르(Sippar): 수메르어로 짐비르(Zimbir), 시파르란 '새(Bird)'와 '우투가 일어선 곳'을 의미, 즉 독수리들(우주선들)이 찾아오는 집이라는 뜻으로 시파르에는 신들의 우주공항이 있었음. 우주공항을 감독하고 다스린 신은 우투(Utu), 즉 샤마시(Shamash) 신임. http://en.wikipedia.org/wiki/Sippar

신바빌로니아 왕조(Neo-Babylonian Empire, BC 625~BC 539): 시리아(Aram, 아람, 성경의 '수리아')에 거주하고 있던 셈계(系)의 아람(Aram)계 족속들이 남부 갈대아(Chaldea)로 이주해 신아시리아 왕조(Neo-Assyrian Empire, BC 912-BC 612)를 멸망시킨 후 바벨론에 입성하여 신바빌로니아 왕조(BC 625~BC 539)를 연다. 그래서 신바빌로니아를 갈대아 왕조라고 한다. 이들도 이스라엘 야훼 신의 적인 마르둑(Marduk) 신을 섬기고 숭배하였다. 신바빌로니아 왕조는 BC 586년에 예루살렘을 침공하여 남유대(다) 왕국(BC 931-BC 586)을 멸망시킴으로써 이스라엘 민족은 그 유명한 70년 동안의 바벨론 유수시대(Babylonian Captivity or Babylon Exile, BC 605~BC 538)를 맞게 된다(「역대하」 36:21; 「예레미야」 25:11-12 & 29:10, 「마태복음」 1:11-12). 신바빌로니아 왕조는 엘람(Elam, 지금의 이란 남부 고지대 지역)을 중심으로 세워진 페르시아 제국(Persian Empire, BC 691~BC 330)에 의해 멸망한다. 신바빌로니아 왕조의 지배 영역은 다음 사이트를 참조하라. http://en.wikipedia.org/wiki/Babylonia
http://100.naver.com/100.nhn?docid=68716 http://100.naver.com/100.nhn?docid=105214

신아시리아 왕조(Neo-Assyrian Empire, BC 912-BC 612): 고대 아시리아 왕조(Old Assyrian Empire, c.BC 1800-c.BC 1381)와 중세 아시리아 왕조(Middle Assyrian Empire, BC 1380-BC 912)를 이어 악랄하기로 유명한 아시리아(앗시리아, 구약성경의 '앗수르=Asshur', 아슈르, Assur, Ashur, Assyria)는 점점 세력을 얻어 바빌론을 공격하여 함락시킨다. 그 이후 자립하여 신아시리아 왕조를 세운다. 신아시리아 왕조는 메소포타미아를 비롯, 동북부를 넘어 니네베(Nineveh)를 수도로 터키인 튜발(Tubal), 가나안 일대, 그리고 이집트의 멤피스(Memphis)까지 거대한 제국을 이룬다. 원래 아시리아는 노아의 홍수 이후 셈(Shem) 아들인 앗수르(Asshur)가 거주하며 건설한 앗시리아(아시리아)의 도시였으나 함(햄)족의 3대손인 니므롯(Nimrod)이 침공해 멸망시켰을 것으로 추정한다(「창세기」 10장, c.BC 2350). 이는 고대 바빌로니아(BC 1830-c.BC 1531)나 고대 아시리아 왕조(Old Assyrian Empire, c.BC 1800-c.BC 1381) 이전의 일이다. 따라서 아시리아의 후예는 함족의 니므롯이라고 보아야 할 것이다. 신아시리아 왕조는 북이스라엘 왕국(BC 931-BC 722)의 수도인 사마리아(Samaria)를 침공하여 멸망시키면서(BC 723-BC 722) 이때부터 이스라엘 민족의 앗수르 포로(Assyria Exile/Captivity, BC 723-BC 612)가 시작되었으며(「열왕기하」17:1-6 & 23, 「열왕기하」18:9-10, 이사야 20:1), 그 유명한 이스라엘 유대인의 디아스포라(Diaspora, 이산, 離散)가 시작되었다. 신아시리아 왕조는 신바빌로니아 왕조(BC 625~BC 539)에 의해 멸망된다. 신아시리아 왕조의 지배 영역은 다음 사이트를 참조하라. 신아시리아의 주신은 아슈르(Ashur, 모든 것을 보는 자라는 'overseer' 뜻)이다.

http://en.wikipedia.org/wiki/King_of_Assyria

http://en.wikipedia.org/wiki/Assyria

http://en.wikipedia.org/wiki/Neo-Assyrian_Empire

http://100.naver.com/100.nhn?docid=68716 http://100.naver.com/100.nhn?docid=105214

아눈나키(Anunnaki) **고위신**(高位神) **그룹**: 수메르시대의 수메르어로 쓰여진 고문서에 따르면 이 땅에 내려 오신 고위급 신들(Higher gods) 중 최고 12명으로 구성된 고위 신들의 그룹으로 위대한 아눈나키(Great Annunakki, Ahnunnaki, Anunakk, Annunakki, Anunnaku, Ananaki)라고도 함. 접미사 키(ki)는 지구(earth)라는 뜻으로 히브리 성경 「창세기」 1장 1절의 에레츠(Eretz, 지구). 엔릴(Enlil) 신(神)이 최고 높은(Most High or Great Mountain) 신으로 아눈나키의 수장이 됨. 반면 하늘의 고위 신들의 그룹은 아눈나(Anuna or Anunna)라고 함.

http://en.wikipedia.org/wiki/Anunnaki

http://en.wikipedia.org/wiki/Enlil,

http://www.bibliotecapleyades.net/sumer_anunnaki/anunnaki/1-anunnaki-main.html

아다드/이시쿠르(Adad/Ishkur) **신**(神): 수메르어로 이시쿠르, 아카드어로 아다드, 아람어(Aramaic)로 하다드(Hadad). 폭풍의 신(storm-god). 엔릴(Enlil) 신이 지구에서 나은 세 번째 아들임. 테슙(Teshub), 리막(Rimac), 라만(Ramman), 리몬(Rimmon, Rimon), 자바 디바(Zabar Dibba)라고도 함. 남아메리카 페루에서는 비라코차(Viracocha)라 불림, 마르둑(Marduk) 신과 네피림(Nephilim), 즉 이기기 신들(Igigi gods)과 결탁해 인간의 여성들과 결혼하여 거인(Great/Giant men)을 낳아 세를 레바논(Lebanon)과 바빌론(Bybylon)으로 확장하는 것을 저지하기 위해, 엔릴(Enlil) 신이 아들인 닌우르타(Ninurta) 신과 이시쿠르 신에게 가인(Kain)의 후예, 즉 수염이 나지 않는(Beardless) 후예들을 모아 안데스(Andes) 산맥, 즉 대홍수 이후의 지금의 티티카카 호수(Titicaca Lake) 지역에 정착해 금을 캐게 했는데, 이들은 높은 산에 있었기 때문에 노아의 홍수에서 살아남. 노아의 홍수 때 이시쿠르 신께서 티티카카 지역에 가서 이들을 보살핀 데서 비라코차라 불림. 이런 이유로 안데스 산맥에서 흑인이 발견되는데 이들은 가인의 후예로 '안데스 인디언(Andean Indians)'이라 불림. 아다드 신은 아람(Aram) 지역인 시리아(Aram=아람=시리아=Syria) 지역을 관할함. http://en.wikipedia.org/wiki/Adad, http://en.wikipedia.org/wiki/Viracocha

아담(Adam): 히브리어로 '지구의 흙(Earth's Clay)'인 아다마(Adama)로 만들어졌기 때문에 지구인(Earthling)이란 뜻. 고대 아시리아 왕 연대기의 아다무(Adamu). 카사이트(Kassite)족이 바벨로니아를 지배하던 c.BC 14세기의 『아다파의 신화(The Myth of Adapa)』에는 아담의 2세대(Filial 2=F2)인 아다파(Adapa, 모범적 인간)가 등장함(Mark, 2011; Rogers, 1912). 이는 엔키(Enki) 신이 아담의 딸들로부터 나온 똑똑한 인간으로 표현됨. 「창세기」 1장 26절에 나오는 "우리의 형상(our image=영=Spirit)을 따라 우리의 모양대로(our likeness=육신/육체=Flesh) 우리가 사람을 만들고"의 내용처럼, 신들이 처음에 원시적인 인간을 창조했을 때는 불완전한 인간을 창조했지만, 아담을 창조했을 때야 비로소 신들의 형상과 모습이 똑같은 아주 똑똑한 인간을 만들었다는 뜻임. 성경에 등장하는 아담은 검은 머리(Black-headed, black-hair)와 흑인 피부(dark red blood-colored skin)의 흑인(黑人). 자세한 것은 『바이블 매트릭스』 시리즈 2권 『인간 창조와 노아 홍수의 비밀』에서 소개하기로 한다.
http://en.wikipedia.org/wiki/Adam, http://en.wikipedia.org/wiki/Adapa

아람어(Aramaic or Arama(e)an language, Aram어, 시리아어): 노아(Noah)의 아들인 셈(Shem)의 막내아들들의 이름이 아람(Aram)이다(「창세기」 10:22-23). 아람은 아르메니아(Armenia)의 조상으로 지금의 시리아(아람=시리아=Syria) 지역에 거주하였다. 성경연대기로 c.BC 2400(B) 전의 일이다. 그 이후로 아람어는 신아시리아 왕조(Neo-Assyrian Empire, c.BC 912-c.BC 626)와 신바빌로니아 왕조(BC 625-BC 539) 시대의 공용어로 사용되었는데, 이때 유대인들의 아시리아(앗수르) 포로(Assyria Exile/Captivity, BC 723-BC 612)와 바벨론 유수(Babylonian Captivity/Babylon Exile, BC 605-BC 538)가 일어났다. 이러한 장기간의 역사적 사건과 그에 따른 언어적 영향을 받아 이스라엘 민족, 즉 유대 민족은 히브리어를 잊어 버리고 주로 아람어를 일상적인 언어로 사용하였다. 그러다가 마케도니아 왕국 (Kingdom of Macedonia, BC 691 or 514-BC 146)의 알렉산드로스(알렉산더) 대왕 (Alexander Ⅲ, 통치 BC 336-BC 323)의 동방 지배와 BC 146년부터 이어진 로마 제국(Roman Empire, 공화정시대, BC 509-BC 27)과 로마제국[Roman Empire, 제정 시대, BC 27-AD 476(서로마제국) & AD 1453(동로마제국/비잔티움제국)]의 지배에 의 한 영향으로 그리스어도 일상적인 언어로 사용하였다. 따라서 예수님이 탄생하 신 시점[BC 6(B)]부터 AD 1세기 말까지, 이스라엘 민족은 아람어, 그리스어(코이 네, Koine), 그리고 히브리어를 혼합해서 사용하던 때라고 볼 수 있다. 예수님도 이 세 가지 언어를 사용하셨는데 주로 아람어를 사용하셨다. 특히 예수님이 십 자가에 못 박혀 운명하시기 전에 "엘리 엘리 라마 사막다니 하시니 이는 나의 하 나님, 나의 하나님, 어찌하여 나를 버리셨나이까 하는 뜻이라[Eloi(Eli), Eloi(Eli), lama sabachthani? - which means, "My God, my God, why have you forsaken me?]"라고(NIV, KJV, 「마태복음」 27:46; 「마가복음」 15:34, 「시편」 22:1을 인용) 하신 말씀이 아람어(Aramaic)였다. 예수님을 반박하는 사람들은 이를 두고 인도 어라고 생각하여 예수님이 어린 시절 인도에 가서 공부를 했다고 생각한다. 이 것은 필자가 보기엔 아주 잘못 알고 있는 것이다. 1948년 이스라엘이 재건되자 아람어는 현대 히브리어(헤브라이어, Hebrew Language)와 함께 공용어로 채택되 었다. http://en.wikipedia.org/wiki/Aramaic_language

아수르바니팔(Ashurbanipal): 에사르하돈(Esarhaddon)의 아들. 신아시리아 왕조의 마지막 왕. 구약의 '오스납발', 영문성경 KJV의 'Asnappar' - http://en.wikipedia.org/wiki/Ashurbanipal

아카드(Akkad): 수메르어 'Agade', 아카드어 'Akkad', 「창세기」 10:10의 '악갓', 히 브리어 성경의 'Akkad', 그리스어 70인역의 'Archad'. http://en.wikipedia.org/wiki/Akkad

아카드(Akkad, Agade) **왕조**(Akkadian Empire, c.BC 2330-c.BC 2193): 메소포타미 아는 고대 그리스어(c.BC 1100-BC 146)로 '두 강 사이에 위치한 지역'이란 뜻으 로 '두 강 유역'이라고 부른다. 여기서 두 강이란 터키에서 발원한 유프라테스 강 (Euphrates, 「창세기」 2장 14절의 넷째 강인 '유브라데')과 티그리스 강(Tigris, 「창세 기」 2장 14절의 '힛데겔')을 말한다. c.BC 5000-c.BC 2023년 고대 수메르시대에 는 이 두 강에 의해 이 일대 지역이 남과 북으로 나뉘었는데 북부를 아시리아

(Assyria), 남부를 바빌로니아(바빌론, 바벨론, Babylonia, Babylon, 지금 이라크의 '바그다드')라고 불렀다. 바빌로니아는 다시 남부의 수메르(Smuer, 「창세기」 10장 10절의 '시날=Shinar'), 북부의 바빌론을 중심으로 하는 아카드(Akkad, Agade, 아가데, 「창세기」 10장 10절에 나오는 '악갓')로 나뉘어졌다. 이는 지금의 페르시아만 지역인 이라크 남단과 사우디 아라비아 반도 북부 지역에 살던 셈(Shem)족인 아르박삿[Arphaxad, BC 2456-BC 2018(B)] 족속의 한 갈래로 유목민이었던 아카드인(Akkad)인 사르곤(Sargon, 사루킨,샤르루킨, c.BC 2334-c.BC 2279) 왕이 c.BC 2330년 아카드 지방을 근거지로 수메르인의 도시국가들을 정복하고 메소포타미아 최초의 통일국가인 아카드 왕조를 건설한다. 아카드 왕조의 지배 영역을 말한다면 지금의 이라크를 중심으로 시리아의 북동부와 이란의 남서부가 포함된다. 이 당시의 지도와 자세한 내용은 아래 참조 사이트를 참조하라. 아카드 왕조는 c.BC 2255년경에 인안나 여신 등 젊은 신들의 권력투쟁으로 인해 고위 신들인 아눈나키(Ahnunnaki)에 의해 멸망하고 왕권이 약화되 수메르 지역의 우르(Ur)를 중심으로 우르남무 왕(Ur-Nammu, Ur-Engur, Ur-Gur, BC 2113-BC 2096)의 새 제국이 들어서게 된다. 이때 갈대아(Chaldea) 니푸르(Nippur)의 사제였던 아브라함(Abram, Abraham, BC 2166-BC 1991)의 아버지 데라[Terah, BC 2236(B)-BC 2031(B)]가 신전과 궁정 사이의 연락을 위해 우르(Ur)로 이주한다. 그러다가 c.BC 2024년 신들에 의한 전쟁의 결과 마르둑(Marduk) 신이 지지자들을 이끌고 아카드와 수메르로 진군해 스스로 바빌론의 옥좌에 오르고 가나안 추종자들을 이끌고 시내 산(Mt. Sinai, 히브리어로 Horeb)과 캐서린 산(Mt. Katherine)에 위치한 우주선 안내기지(관제센터, Marker and Control Tower for Spacecraft)와 우주공항(시나이 우주공항, Departing Platform as Runways Platform) 및 예루살렘 근처의 모리야 산(성전산, Mount Moriah, Temple mount, 아브라함이 아들 이삭을 번제물로 바치려 했던 산임)에 있던 우주비행통제센터(Spacecraft Mission Control Center)를 장악하고자 한다. 그 결과 고위 신들에 의해 시나이 반도의 우주공항과 반역한 가나안 도시인 소돔과 고모라가 핵(제가 보기엔 오늘날의 원자핵 또는 그 이상의 우리가 모르는 핵무기)으로 파괴되고(c.BC 2023), 이 영향으로 수메르와 찬란한 문명도 붕괴된다. 그 다음 고대 바빌로니아 왕조(BC 1830-c.BC 1531)가 들어서고 그 다음 신바빌로니아 왕조(BC 625~BC 539)가 들어서게 된다.
http://100.naver.com/100.nhn?docid=105855,
http://100.naver.com/100.nhn?docid=40954, http://en.wikipedia.org/wiki/

Mesopotamia

아트라하시스(Atrahasis): c.BC 1640년에 아카드어(Akkadian)로 쓰여진 『아트라하 시스 서사시(Babylonian Epic of Atrahasis or Atra-Hasis, Akkadian Atrahasis Epic)』 의 슈루팍의 왕인 아트라하시스(Atrahasis)로 '매우 현명하다(exceedingly wise)' 라는 뜻. c.BC 2150년경에 수메르어로 쓰여진 『에리두 창세기(Eridu Genesis)』에 나오는 슈루팍(Shuruppak)의 왕인 지우수드라(Ziusudra), c.BC 1150년경에 아 카드어(Akkadian)로 쓰여진 『길가메시 서사시』의 슈루팍의 왕인 우트나피시팀 (Utnapishtim), 이들은 모두 구약성경의 홍수의 영웅인 노아(Noah)와 동일 인물. 노아와 아트라하시스는 영생을 얻지 못하지만, 우트나피시팀과 지우수드라는 영 생을 얻음. http://en.wikipedia.org/wiki/Atrahasis

아트라하시스 서사시(Babylonian Epic of Atrahasis or Atra-Hasis): 1876년 고대 수 메르 도시인 시파르(Sippar)에서 발견된 『아트라하시스 서사시』는 c.BC 1640년 에 쓰여진 것으로, 이는 고대 수메르어로 된 『길가메시 서사시』(아직 발견되지 않 음)를 아카드어 설형문자(Akkadian Cuneiform)로 각색 편집한 문서로 바벨로니 아 버전이라 한다. 이 서사시에는 창조 신화와 노아의 홍수 이야기가 적혀 있다. 구약 「창세기」에는 노아(Noah, 쉬었다는 뜻)가 홍수의 영웅으로 등장하지만, 『수 메르 창조 신화와 홍수 신화(Sumerian creation myth and flood myth)』, 즉 『에 리두 창세기』에는 슈루팍의 왕인 지우수드라(Ziusudra, 영생을 찾다라는 뜻, 우 트나피시팀의 수메르어 이름)가 영웅으로, 『길가메시 서사시』에는 우트나피시팀 (Utnapishtim, 영생을 찾다라는 뜻, 수메르어 이름인 지우수드라의 아카드어 이름)이 영 웅으로 등장하지만, 『아트라하시스 서사시』에는 아카드어 이름인 아트라하시스 (Atrahasis, 매우 현명하다는 뜻)가 홍수의 영웅으로 등장한다. 시파르에서 발견된 길이 25cm에 넓이 19.4cm의 아카드어 설형문자 점토판들은 현재 영국의 대영 박물관에 보관되어 있다.

안(An)/**아누**(Anu) **신**(神): 수메르어 안(An), 아카드어 아누(Anu), An=하늘 =Sky=Heaven이라는 뜻, 따라서 Sky-God, the God of Heaven, the Lord of Constellations, King of Gods라는 뜻. 하늘에 거주하시며 연례적으로 이 땅을 방문하셨던 신. 적자(嫡子)인 엔릴(Enlil) 신과 서자(庶子)인 엔키(Enki) 신(神)의 아버지. http://en.wikipedia.org/wiki/Anu

안식일(Sabbath): 금요일 해질 무렵부터 토요일 해질 때까지를 말한다. 유대 교회에 서는 지금도 이렇게 안식일을 지킨다. 기독교 개신교에서는 안식일 대신 주일, 곧 주님의 날(Lord's Day)을 안식일로 기념한다. 예수님이 로마제국[Roman Empire, 제정시대, BC 27-AD 476(서로마제국), 1453(동로마제국/비잔티움제국)]의 디베료 황제 (Tiberius Caesar, Tiberius Julius Caesar Augustus, 통치 AD 15-AD 37)가 AD 30년에 임명한 유대의 총독(Prefect or Governor)인 본디오 빌라도(Pontius Pilate, 통치 AD 26–36)에게(「누가복음」 3:1) 재판받던 AD 33년의 재판은, 실제 AD 27(B)년의 목요일 오후부터 금요일 아침에 있었다. 따라서 금요일에 장사된 지 사흘 후, 즉 일요일 아침에 부활하셨기에 예수님의 부활을 기념하기 위해 초대 교인들이 주일 아침에 모여 예배를 드렸다.

알버트 아인슈타인(Albert Einstein, 1879-1955): 아인슈타인은 1905년에 4편의 논문을 발표했다. 첫 번째는 빛을 전도성의 금속에 비추면 전자가 방출되는 광전효과(光電效果, Photoelectric Effect)로 이는 후에 양자역학 이론(Quantum theory)의 기초가 된다. 두 번째는 스코트랜드의 식물학자인 로버트 브라운(Robert Brown, 1773-1858)이 1827년에 발견한 유체(Liquid) 속의 미립자의 불규칙적인 운동인 브라운 운동(Brownian motion or movement), 세 번째는 특수상대성이론(Special relativity=SR or Special theory of relativity=STR), 그리고 네 번째는 우리가 잘 알고 있는 물질과 에너지의 등가(Matter-energy equivalence) 방정식인 $E = mc^2$ 이다. 그리고 1916년에 일반상대성이론(General relativity or General Theory of Relativity)을 발표한다. 그러나 그 당시에는 특수상대성이론이나 일반상대성이론이 워낙 어려워 전문가들조차 이해하는 것이 불가능했다. 그 결과 상대성이론이 아니라 1921년에 광전효과(光電效果, Photoelectric Effect)로 노벨 물리학상을 수상했다. 노벨상위원회는 논쟁의 여지가 많다고 생각해서 상대성이론에 대해서는 한 마디도 하지 않았다. 광전효과의 원리를 응용하는 기술로는 태양전지(Solar cell)에 의한 태양광 발전, 빛 검출기와 카메라 등이 있다.

http://nobelprize.org/nobel_prizes/physics/laureates/1921/index.html
http://www.albert-einstein.org/, http://en.wikipedia.org/wiki/Albert_Einstein,
http://en.wikipedia.org/wiki/Special_relativity, http://en.wikipedia.org/wiki/Photoelectric_effect, http://en.wikipedia.org/wiki/Robert_Brown_(botanist)

알렉산드로스(알렉산더) **대왕**(Alexander Ⅲ, 통치 BC 336~BC 323): 알렉산더 대왕은 그리스-페르시아-인도에 이르는 대제국을 건설하여 그리스 문화와 오리엔트 문화를 융합시킨 새로운 헬레니즘 문화를 이룩하는 데 지대한 공헌을 했는데, 이 때를 기점으로 그리스 역사의 헬레니즘(Hellenism)시대가 시작된다. 당시의 유명한 철학자가 바로 아리스토텔레스(Aristoteles, BC 384~BC 322)이다. 그는 마케도니아 수도인 펠라의 궁정에 초빙되어 3년 동안 알렉산더 대왕에게 윤리학, 철학, 문학, 정치학, 자연과학, 의학 등을 가르쳤다. 아리스토텔레스의 스승은 바로 플라톤(Plato, BC 428/427~BC 348/347)이다. 플라톤의 아카데미는 가장 유명하고 중요한 철학학교로 BC 387년부터 AD 529년까지 세계사에서 가장 오랫동안 유지된 아테네에 있는 학교였다. 플라톤이 초감각적인 이데아(Idea)의 세계를 존중한 것에 대해, 아리스토텔레스는 인간에게 가까운, 감각되는 자연물을 존중하고 이를 지배하는 원인들의 인식을 구하는 현실주의 입장을 취하였다.

야훼(히브리 성경의 Yahweh=YHWH=JHWH=Jehovah, 영문성경의 'the LORD' 또는 'the LORD God', 한글성경의 '여호와' 또는 '여호와 하나님', 가톨릭 성경의 '주님' 또는 '주 하느님') : 이스라엘의 신인 야훼(Yahweh, 히브리어= יהוה)의 실제 이름은 영문성경인 New Living과 가톨릭 성경의 「출애굽기」 3장 15절에 처음 등장한다. 다른 영문성경인 NIV, KJV, 그리고 Good News에는 야훼 신을 'the LORD'라 표현하고 있다. "하나님이 또 모세에게 이르시되 너는 이스라엘 자손에게 이같이 이르기를 나를 너희에게 보내신 이는 너희 조상의 하나님 곧 아브라함의 하나님, 이삭의 하나님, 야곱의 하나님 여호와라 하라 이는 나의 영원한 이름이요 대대로 기억할 나의 표호니라(God also said to Moses, "Say this to the people of Israel : Yahweh(1), the God of your ancestors - the God of Abraham, the God of Isaac, and the God of Jacob - has sent me to you. This is my eternal name, my name to remember for all generations. / (1) Yahweh is a transliteration of the proper name YHWH that is sometimes rendered "Jehovah"; in this translation it is usually rendered "the LORD")(New Living, 「출애굽기」 3:15)." 그리고 영문성경 New Living에는 Yahweh는 'YHWH'의 음역(transliteration)이며, 때때로 'Jehovah'로 간주되기도 하고 'the LORD'로 번역되기도 한다는 각주가 붙어 있다. 이때의 Yahweh는 「출애굽기」 3장 14절에 정의를 명시한 "I AM WHO I AM"(NIV, KJV, Good News) 또는 'I WILL BE WHAT I WILL BE'이다. 또한 「출애굽기」 6장 2절과 3절에도 등장한다. "하나님이 모세에게 말씀하여 가라사대 나는 여호와로라. 내가 아브라함과 이삭과 야곱에게 전능의 하나님으로 나타났으나 나의 이름을 여호와로는 그들에게 알리

지 아니하였고(And God said to Moses, "I am Yahweh – 'the LORD,' I appeared to Abraham, to Isaac, and to Jacob as El-Shaddai – 'God Almighty' – but I did not reveal my name, Yahweh, to them"(New Living, 「출애굽기」 6:2-3)이다. 이때 KJV 에는 'JEHOVAH'라 표현하고 있으며(「출애굽기」 6:3), 대부분의 한글성경은 이를 '여호와'로 번역하고 있고, 가톨릭 한글성경은 '야훼'로 번역하고 있다. 중요한 것은 아브라함과 이삭과 야곱에게는 전능의 하나님(히브리어로 El-Shaddai = God Almighty)으로 나타났으나, 그들에게는 이름이 무엇인지 알리지 않았고, 이제서야 그 이름이 야훼(Yahweh)라고 알렸다는 점이다. 그렇다면 문맥상 야훼(Yahweh, the LORD, Jehovah, 여호와)라는 이름은 「출애굽기」 이후에만 등장해야 한다. 그렇지만 「창세기」 2장 4절부터 'the LORD God'(KJV/NIV 등 대부분의 영문성경) 또는 'Jehovah God'(ASV) 또는 'Yahweh God'(World English)이 등장한다. 이는 무엇을 의미하는가? 성경이 이스라엘의 입장에서 이스라엘의 신인 야훼가 유일신(唯一神)이라는 것을 강조하기 위해 유대교(Judaism) 입장에서 유대인들(Jews)이 편집했다는 것을 의미한다. 즉 유대인들은 「출애굽기」를 가장 먼저 편집하였으며, 이어서 「창세기」와 다른 토라(Torah)의 내용들을 편집하였다. 따라서 「창세기」 1장과 그 이후에 등장하는 'God', 즉 '엘로힘(Elohim)'을 제외하곤 구약성경 어디를 보나 'Yahweh(the LORD)' 또는 'Yahweh Elohim(the LORD God)'으로 일관성 있게 정리되었다. 참고로 가톨릭 성경은 '하나님(God)'을 '하느님'으로, '여호와 하나님(the LORD God)'을 '주 하느님'으로, 그리고 '여호와(the LORD)'를 '주님'으로 표현하고 있다. http://en.wikipedia.org/wiki/Yahweh

야살의 책(Book of Jashar): 영문성경 KJV이나 NIV에 나오는 영문의 책 이름으로 히브리어로는 'Sefer haYashar'이다. 이는 '잃어버린 구약성경(Lost books of the Old Testament)'으로 잘 알려져 있는데, 현존하는 복사본은 없다. 원래 오리지널 히브리어를 영어로 번역하면 'Book of the Upright'이다. 이는 「여호수아」 10장 13절과 「사무엘하」 1장 18절에도 언급되어 있다. 그리스어 번역본인 70인역(Septuagint)을 영어로 번역하면 'Book of the Just'이다. 자세한 것은 다음 사이트를 참조하라. http://en.wikipedia.org/wiki/Book_of_Jashar

에녹서(Books of Enoch)**의 에녹1서와 에녹2서**: 1947년에서 1956년에 쿰란 동굴(Qumran Cave)에서 발견된 사해사본(死海寫本, 사해문서, 死海文書, Dead Sea Scrolls, DSS)에서 고대 에티오피아어(Ethiopic language)와 아람어(Aramaic language)와 슬라브어(Slavonic language)로 쓰여진 「에녹서」가 발견되었다. 이는

히브리어를 번역한 것으로 보이며, 따라서 히브리어 사본이 있을 것으로 추정되고 있으나 아직까지 발견되지 않고 있다. 「에녹서」는 에녹(Enoch, BC 3492(B)-BC 3127(B)이 썼다기보다는 에녹의 4대손인 노아(Noah, BC 3058(B)-BC 2108(B)가 썼다고 보는 학자들이 많다. 그 이유는 「에녹서」 내용의 일부가, 지금은 손실되고 없는 「노아의 계시록(Apocalypse of Noah)」의 일부 파편조각과 같기 때문이다(Charles, 1893, p. 155 & Internet Publishing). 또한 에녹 이후의 편집한 사람들이 대부분의 내용을 변경하거나 삭제했을 가능성이 높은 이유로 위경(僞經, Pseudographia, Pseudepigrapha)으로 간주되었으나, 1-10번째 하늘, 미래의 예언, 노아의 신분 등 중요한 내용을 담고 있다. 「에녹서」의 영문 번역본은 다음 찰스와 로렌스의 인터넷 사이트를 참고하였다(Charles & Laurence, 인터넷 공개).
http://reluctant-messenger.com/1enoch01-60.htm, http://reluctant-messenger.com/1enoch61-105.htm, http://reluctant-messenger.com/2enoch01-68.htm,
http://www.johnpratt.com/items/docs/enoch.html, http://www.sacred-texts.com/bib/boe/

에돔(Edom) **족속**(Edomites): 아담(Adam)의 20대손인 아브라함(Abraham)의 아들인 이삭(Issac, BC 2066~BC 1886)의 쌍둥이 아들 중 장자인 에서(Esau, Edom)를 에돔이라고 하며(「창세기」 25:30), 에돔이 야곱(Jacob)에 속아 장자의 자리를 내주고(「창세기」 27장), 가나안을 떠나 유대 지방 남쪽의 세일(Seir) 산에 거처하여 거대한 에돔 족속(Edomites)을 이루고(「창세기」 36장), 홍해(Red Sea, Sea of Reeds) 반대쪽에 위치한 아카바만(Gulf of Aqaba)에 있는 에시온게벨(Ezion-Geger, 지금의 엘라트=Elath) 주변에 살던 족속이다. 이 에돔 족속은 이스라엘 민족이 출애굽을 하여 홍해를 건너고 호렙 산(Mt. Horeb or Sinai)을 거쳐 세일 산(Mt. Seir)을 지나 가데스 바네아(Kadesh Barnea)에 이르러(「신명기」 1:2), 가나안 남부, 즉 사해 남부의 호르 산(Mt. Hor)에 가고자 할 때, 이스라엘의 통과를 거절한 족속이다(「민수기」 20:14-21). 이스라엘은 에돔의 왕에게 형제 이스라엘(Brother Israel)이 왕의 대로(King's Highway)로만 갈 테니 허락해 달라는 모세(Moses)의 간청을 거절한다. 결국 이스라엘은 그들을 돌아 우회하여 호르 산에 이른다. 헤롯도 에돔 족속 출신이다. 역시 처음에 무엇인가 잘못된 족속 혹은 야훼를 거역한 족속들은 끝까지 말썽이다. 신약에 와서는 에돔 출신의 헤롯이 문제이다. 에돔은 '붉다(Red)'라는 뜻이다(「창세기」 25:30). 민족끼리의 투쟁이나 전쟁은 항상 붉은 것이 문제이다. 우리나라도 마찬가지이다.

http://en.wikipedia.org/wiki/Edomites

에르쉬기갈(Ereshkigal, Ereckigala) 여신: 아래세계의 위대한 여인(great lady under earth)이라는 뜻. 때론 아라루(Aralu) 혹은 이르칼라(Irkalla)라 불리는데, 이 것은 그리스 신화에 나오고 영문성경인 NIV의 「마태복음」 및 「요한계시록」에 나오는 하데스(Hades)와 같은 의미임(「마태복음」 16:18, 「요한계시록」 1:18 & 6:8 & 20:13 & 20:14). 죽은 자들이 가는 아래세계(Netherworld, Underworld)를 다스리는 여신으로, 난나(Nannar) 신이 지구에서 낳은 여신. 인안나(Inanna) 여신의 여동생임. 배우자는 네르갈(Nergal) 신임. http://en.wikipedia.org/wiki/Ereshkigal

에리두(Eridu, Eridug): '먼 곳에 지어진 집'이라는 뜻. 고고학적으로 이 땅에 제일 먼저 내려오신 신이 바로 엔키(Enki)이다. 엔키 신을 물의 신(Water of God)이라고 하는데, 바로 페르시아만 늪지대에 위치한 에리두를 건설하고 거기에 지구라트 신전인 압주(Abzu) 혹은 압수(Apsu)를 세웠다. 이러한 이유로 엔키 신을 종종 뱀(Serpent)으로 표현하기도 한다.『수메르 왕 연대기』에 따르면 하늘로부터 왕권(Kingship)이 땅에 내려와(After kingship had descended from heaven) 최초의 도시를 건설했는데 그게 에리두(Eirdu, Eridug)였으며, 최초의 왕은 알루림(Alulim)이었다라고 기록하고 있다. 문맥상 일치하는 내용이다. 그런데 여기에서 의문이 하나 인다. 엔키 신은 왜 늪지대에 도시를 건설했을까? 처음에는 바다에서 금을 캐지 않았을까? http://en.wikipedia.org/wiki/Eridu, http://en.wikipedia.org/wiki/Sumerian_King_List

에리두 창세기(Eridu Genesis):『수메르 창조 신화와 홍수 신화(Sumerian creation myth and flood myth)』, 즉 『에리두 창세기』는 고대 수메르시대(c.BC 5000-c. BC 2023)의 도시인 니푸르(Nippur)에서 발굴된 것으로, 단 하나의 점토판(Clay tablet, 粘土板) 위에 c.BC 2150년에 수메르어 설형문자(Sumerian Cuneform)로 쓰여진 문서이다(Davila, 1995). 점토판은 수메르의 신들인 안(An), 엔릴(Enlil), 엔키(Enki), 닌후르쌍(Ninhursanga)등의 신들이 검은 머리에(black-headed)에 검붉은 피부를 가진(dark red blood-colored skin) 인간을 창조한 이야기에서, 왕권이 하늘로부터 내려와 에리두(Eridu), 바드티비라(Bad-tibira), 라락(Larak/Larag), 시파르(Sippar), 슈루팍(Shuruppak)에 도시를 건설했다는 내용으로 이어진다. 그 다음 슈루팍의 왕인 지우수드라(Ziusudra, 『아트라하시스 서사시』의 아트라하시스(Atrahasis),『길가메시 서사시』의 우트나피쉬팀(Utnapishtim, 「창세기」의 노아)의 홍수 이야기가 이어지고, 홍수가 끝난 후 '인간과 동물을 홍수로부터 보호했다는' 공을 인정 받아 지우수드라는 하늘의 신인 안(An)과 이 땅의 최고 높으신 엔릴(Enlil) 신으로부터 영생(Eternal Life)을 얻고 그 당시 생명나무가 있던 동쪽의 해 뜨는 지역인 딜문(Dilmun)에 거처하게 된다는 이야기로 끝을 맺는다.

http://etcsl.orinst.ox.ac.uk/cgi-bin/etcsl.cgi?text=t.1.7.4#,

http://www.noahs-ark.tv/noahs-ark-flood-creation-stories-myths-eridu-genesis-sumerian-cuneiform-zi-ud-sura-2150bc.htm

에안나(Eanna): 수메르어 에-아나(E-ana), 아카드어 에안나(Eanna, Eana). 천상의 거처(house of heaven)라는 뜻으로 천상에 거주하던 최고 높은 신인 안(An)의 처소(house of An)라는 뜻. 안(An) 신이 이 땅에 연례행사차 내려오실 때 사용하던 신전임. 인안나(Inanna) 여신은 안(An) 신의 증손녀인데, 두 신이 연인관계가 되어, 인안나 여신의 거처가 되었음. 인안나 여신은 그래서 섹스와 사랑과 풍요와 전쟁의 여신이라 불리며, 구약성경에도 자세히 기록되어 있음. 자세한 내용은 『바이블 매트릭스』 시리즈 4권 『하나님들의 과학기술과 우리가 창조해야 할 미래』편을 참조하라.

http://en.wikipedia.org/wiki/E-anna

엔릴(Enlil) **신**(神): 수메르어 엔릴(Enlil), 아카드어 엘릴(Ellil), 바빌로니아어(Babylonian) 엘릴(Ellil). En=Lord=Bel이라는 뜻. Lil=Air or Loft라는 뜻. 따라서 Lord of the Open 혹은 Lord of the Wind 혹은 Lord of the Air라는 뜻. 이 땅에 내려오신 신들 중 최고 높은(Most High or Great Mountain) 신. 이 땅에 내려 오신 신들 중 최고 12명으로 구성된 고위 신들의 그룹인 아눈나키(Great Annunakki, Ahnunnaki, Anunakk, Annunakki, Anunnaku, Ananaki, 접미사 ki=earth라는 뜻. 반면 하늘의 고위 신들의 그룹은 Anuna 또는 Anunna라고 함)의 수장. 따라서 Lord of the Command라는 뜻. 그 당시 우주통제관제센터가 있던 니푸르(Nippur)의 주신(Patron god). 엔릴 신의 지구라트(Ziggurat) 신전은 니푸르(Nippur)의 에쿠르(Ekur, 높은 집). 하늘에 거처하는 안(An, Anu) 신(神)의 적자(嫡子)아들로 하늘에서 태어남. 고고학적으로 발굴된 고대 수메르의 그림문자에는 엔(En)이란 거대한 안테나가 우뚝 솟은 구조물로 표현되어 있고, 릴(Lil)이란 신호를 주고받는 거대한 그물(vast net), 즉 오늘날의 거대한 레이더 신호들의 연결망으로 표현. http://en.wikipedia.org/wiki/Anunnaki

http://en.wikipedia.org/wiki/Enlil, http://en.wikipedia.org/wiki/Nippur

엔키(Enki) **신**(神): 수메르어로 엔키(Enki), En=Lord=Baal=Bel 이라는 뜻. 접미사 ki 는 지구(Earth)라는 뜻으로 히브리 성경 「창세기」 1장 1절의 에레츠(Eretz= 지구)와 같은 뜻임. 따라서 '지구의 주인'이라는 뜻. 담수물(Freshwater)과 지식 (Knowledge)의 신. 따라서 땅의 주님(Lord of Earth)이라는 뜻으로 지혜의 신 (God of Wisdom). 인간에게 과학과 기술을 전수하여 주신 신. 고대 도시인 에 리두(Eridu)의 주신(Patron of Eridu). 수메르어로 에아(E-A)는 물의 집(the house of water)이라는 뜻. 아카드어로 에아(Ea)는 물의 신(Water of God) 또는 '그의 집 이 물인 자'라는 뜻. 따라서 황도대(黃道帶, Zodiac)의 12궁 별자리 중 물병자리 (보병궁, 寶瓶宮, Aquarius, 제11궁)의 전형으로 묘사되는 신. 따라서 페르시아만 근 처의 늪지대에 위치한 에리두에 건설한 엔키의 지구라트(Ziggurat) 신전은 압주 (Abzu=E-abzu=E-engura)로 아카드어로 압수(Apsu)를 말함. 압주(Abzu) 또는 압 수(Apsu)는 때론 엔키 신의 주요관할 지역인 아프리카나 아프리카의 짐바브웨를 뜻하기도 함. 이집트에서는 프타(Ptah) 신으로 불림. 수메르어로 이미지 패셔너 (Image Fashioner)라는 뜻의 누딤무드(Nudimmud)로 불리기도 함. 이는 땅을 고 르게 펴거나 관개수로로 바꾸거나 유전자를 조작해 인간을 만든 것에 비유하여 사용함. 물의 신으로 종종 뱀(Serpent)으로 표현됨. 인간 창조는 엔키 신과 아루 루(Aruru, 닌후르쌍, Ninhursanga) 여신이 주도함. 엔키 신은 달(초승달)로 표현하기 도 했는데 그 이유는 바다의 조석(潮汐)을 만들어냈기 때문임. 하늘에 거처하는 안(An, Anu) 신(神)의 서자(庶子)로 하늘에서 태어남. http://en.wikipedia.org/ wiki/Enki, http://en.wikipedia.org/wiki/Nudimmud

엔키두(Enkidu, ENKI.DU): 과학과 지식문명의 최고 신인 엔키(Enki) 신의 이름을 딴 피조물이란 뜻. 『길가메시 서사시(Epic of Gilgamesh)』 〈점토판 1〉에 등장하는 원시 인간인(a primitive man, 猿人) 짐승 같은 엔키두(Enkidu, ENKI.DU). http:// en.wikipedia.org/wiki/Enkidu

염색체(chromosome): 식물과 동물의 세포 내부에서 발견되는 그 정보의 운반자는 염색체이다. 이 염색체는 세포의 핵이 두 개로 나뉘기 전에 실 가닥 같은 모양을 드러낸다. 염색체(chromosome)란 단어는 'colored body'란 뜻으로, 과학자들은 현미경으로 세포를 쉽게 관찰하기 위해 염료를 사용했는데, 이것이 염료를 잘 흡수하는 까닭에 염색체라 이름 지어졌다. 모든 세포에는 단지 한 줄기의 염색체 만 있는 데 반해, 인간과 다른 포유류의 생식세포에는 두 줄기, 즉 두 쌍의 염색 체가 있기 때문에 생식이 가능하다. 인간의 정자와 난자에는 1번에서 22번 염색체와 남자와 여자의 성을 구별하게 해주는 X와 Y의 23개로 이루어진 두 줄기, 즉 두 쌍의 염색체가 있다.

영국 옥스포드 대학 수메르 전자문학문서(The Electronic Text Corpus of Sumerian Literature): 고고학적으로 가장 오래된 고대 수메르(Smuer, 「창세기」 10장 10절에 처음 나오는 시날=Shinar)의 도시들, 예컨대 에리두(Eridu), 니네베(Niniveh, 「창세기」 10장 11절의 니느웨, 이라크의 모술=Mosul), 우르크(Uruk, 「창세기」 10장 10절의 에렉=Erech=에레크), 니푸르(Nippur), 라르사(Larsa), 시파르(Sippar), 슈루팍(Shuruppak) 등에서 발굴되거나 발견된 c.BC 3000~c.BC 2100년경의 수메르어로 새겨진 점토판들(Clay tablets, 粘土板), 원통형 인장들(Cylinder seals), 그리고 유물/유적지에 새겨진 부조(浮彫)나 조각(彫刻)의 형태로 남아 있는 문자로 이루어진 문서들을 말한다. 이 문서들은 쐐기 모양의 설형문자(Cuneiform), 그림문자(Iconography), 약호문자(Logogram), 그리고 기호문자(Symbology)로 새겨지거나 기록되었다. 수메르의 설형문자는 1686년 독일의 자연주의자이자 내과의사인 캠퍼(Engelbert Kaempfer)가 고대 페르시아(Persian)의 수도인 페르세폴리스(Persepolis, 그리스어로 '페르시아의 도시', 페르시아인들은 파르사(Parsa)라 부름)를 방문하여 발견하였다. 그 이후 수메르 지역에서 고고학적으로 발굴된 설형문자들은 학자들이 음역(transliteration)하거나 번역(translation)하여 영국 옥스포드 대학의 수메르 문학전자문서(The Electronic Text Corpus of Sumerian Literature, ETCSL)로 집대성하여 일반에게 공개하고 있다. 고대 수메르 지역에서 발굴된 총 400개 이상의 문서들을 목록에 따라 또는 번호로 매겨 집대성하고 있다.

이 전자문서에는 신들의 고향인 열두 번째 행성인 니비루(Nibiru)에서 이 땅에 내려와 인간을 창조하시고 인간에게 문명을 가르쳐 주신 엔키(Enk) 신(神)부터 시작하여, 두 번째로 이 땅에 내려와 최고 7명의 고위 신들의 그룹인 아눈나키(Great Ahnunnaki, the great Anunakk)의 최고 높은(Most High or Great Mountain) 신이 되신 엔릴(Enlil) 신(神), 그리고 엔릴 신의 손녀 여신인 인안나(Inanna, Ishtar, 이시타르)가 등장하고, 홍수 신화(The Flood story)도 등장하며, 우리가 잘 아는 고대 영웅인 첫 번째 우르크(Uruk) 왕조(c.BC 2900~c.BC 2370)의 다섯 번째 왕인 길가메시(Gilgamesh, 半神半人=Demigod=2/3는 신이고 1/3은 인간 c.BC 2700, 통치 126년)를 칭송하는 수메르어로 쓰여진 다섯 개의 시(Poems)도 등장한다. 따라서 이 고대 수메르 문서가 구약성경의 원천이라 말할 수 있으며, 또한 구약성경에서 말하지 않은 많은 역사적 진실을 말하고 있다. 이 땅에는

300명의 많은 신들과 신들의 배우자인 여신들, 기타 여신들, 그리고 200명의 젊은 신들이(「창세기」 6장 1절-4절의 하나님의 아들들=sons of God=네피림=Nephilim을 의미함) 내려왔으며(Charles & Laurence, 인터넷 공개, 에티오피아어의 번역, 외경인 「에녹1서」 7:7; Charles, 2002, 「희년서」 4:22-24), 인간을 왜 창조했는지, 노아의 홍수가 왜 일어났는지와 「창세기」 10장에 등장하는 고대도시를 다스린 신들과 왕들에 대해 자세히 기록하고 있다.

Black, J.A., Cunningham, G., Ebeling, J., Fluckiger-Hawker, E., Robson, E., Taylor, J., and Zolyomi, G., The Electronic Text Corpus of Sumerian Literature , Oxford 1998-2006.

http://www-etcsl.orient.ox.ac.uk/

http://www-etcsl.orient.ox.ac.uk/edition2/etcslbycat.php

http://www.sacred-texts.com/search.htm

http://www.ancienttexts.org/library/mesopotamian/index.html

예루살렘 성전: 예루살렘 성전 또는 여호와 하나님 성전(Temple of Jerusalem or Temple of the Lord)-이스라엘 백성이 야훼(Yahweh, YHWH) 신을 예배하기 위하여 모리야 산(성전산, Mount Moriah, Temple Mount, 아브라함이 아들 이삭을 번제물로 바치려 했던 산임) 정상에 세운 신전(神殿)으로 성서시대에 따라 예루살렘에는 같은 장소에 세 곳의 성전이 건축되었다. 제1성전은 솔로몬 왕(통치 BC 970-BC 930)이 세운 성전이다. BC 966년에 건축하기 시작하여(「열왕기상」 6:1, 6:37, 「역대하」 3:1) BC 959년에 완공하였다(「열왕기상」 6:38). 이스라엘 자손이 애굽 땅에서 나온 지 480년이요 솔로몬이 이스라엘 왕국의 왕이 된 지 4년에 건축을 시작하였다 했으니 애굽 땅을 나온 때가 BC 1446년이므로 1446-480=966년이며, 왕이 된 때가 BC 970이므로 970-4=966년이 된다. 또 솔로몬이 성전을 건축한 기간이 7년이었다 했으니 966-7=959년에 완성하였다. 솔로몬 왕이 건축한 제1성전은 신바빌로니아 왕조의 네브카드네자르 2세(구약의 '느부갓네살', Nebuchadnezzar, 통치 BC 605~BC 562)에 의해 파괴되었다(BC 586년). 제2성전은 70년간의 바빌로니아 포로(유수)에서 돌아온(BC 538년) 유대인들이 스룹바벨(Zerubbabel)의 지휘 아래 소규모의 성전 재건을 시작했는데 BC 516년에 완공되었다(「에스라」 5장-6장). 제3성전은 BC 20년경 공화정 및 제정시대의 로마제국(BC 509-BC 27, BC 27-AD 476)이 유대를 간접 지배하기 위해 임명한 유대의 분봉왕(Tetrarch, 分封王)인 헤롯 왕(Herod Ⅰ, 헤로데, 헤로데스, 통치 BC 47-BC 40 & BC 37-BC 4)이 유대인의 민

심을 얻기 위해 기존의 제2성전을 헐고 대규모의 성전, 부속 건물, 요새 등을 세우며 과거 솔로몬 왕 시절의 웅장함과 아름다움을 재현했는데, 이를 제3성전이라고 부른다. 그 후 예수님 사후[AD 33 또는 AD 27(B)] 로마제국[Roman Empire, 제정시대, BC 27-AD 476(서로마제국), 1453(동로마제국/비잔티움제국)]에서 벗어나고자 유대인들이 총 궐기하여 유대전쟁(유대-로마전쟁, AD 66-73)을 일으킨다. 결과는 유대인의 패배로 AD 70년에 로마제국의 티토(Titus, AD 39-AD 81, 로마 황제로서의 통치 AD 79-AD 81)가 이끄는 로마군은 많은 유대인을 죽이고 예루살렘 성전을 완전히 파괴하였다. 이 성전 파괴는 예수 그리스도에 의해 이미 예언되어 있었다(「마태복음」 24:1-2, 「마가복음」 13:1-2, 「누가복음」 21:5-6). 현재의 통곡(痛哭)의 벽(Wailing Wall)은 제3성전 서쪽 벽의 남은 잔해에 해당한다. 이 같은 비극을 지켜 본 이 성벽은 밤이 되면 통탄의 눈물을 흘렸다고 한다. 그래서 붙여진 이름인데, 중세 유대인들은 성전이 파괴된 날이라는 아부월(유대력 5월) 9일에 이 벽 앞에 모여 성전 파괴와 예루살렘 함락을 슬퍼하고 그 회복을 기원하였다. 제2차 세계대전 후 예루살렘이 이스라엘과 요르단으로 분할되면서 동부의 성벽은 요르단측에 속하고 서부의 성벽은 1948년부터 이스라엘령이었으나, 1967년 6월의 제 3차 중동전쟁에서 이스라엘이 예루살렘 구시가지를 점령하여 동부의 성벽까지 이스라엘로 넘어왔다. 따라서 중동전쟁 이후로 유대교도, 그리스도교도(기독교도), 이슬람교도가 저마다 성지(聖地)로 받들고 있는 동쪽 지역도 이스라엘의 점령지가 되었다. 기타 내용은 다음을 참조하라.

http://en.wikipedia.org/wiki/Temple_of_Jerusalem

예수님의 탄생 연도: 원래 예수 그리스도(Jesus Christ)가 탄생한 시점을 기준으로 A.D.(Anno Domini)로 표기하는 것이 원칙이지만, 후에 성서학자와 역사학자들은 예수님 탄생을 잘못 계산했다는 사실을 발견했다. 마태(오)(Matthew)가 AD 70-80년에 쓴 「마태복음」에는 로마제국[Roman Empire, 제정시대, BC 27-AD 476(서로마제국) & AD 1453(동로마제국/비잔티움제국)]이 유대를 간접 지배하기 위해 임명한 유대의 분봉왕(Tetrarch, 分奉王)인 헤롯 왕(Herod I, Herod the Great, 헤로데, 헤로데스, 통치 BC 37-BC 4)이 유대를 지배할 때 예수님이 나셨다고 적고 있다(「마태복음」 2:1). 그리고 헤롯 왕이 살아 있을 때 두 살 아래 갓난 사내아이들을 다 죽였다라고 적고 있다(「마태복음」 2:16). 예수님은 애굽(이집트)으로 피하셨다가 헤롯 왕이 BC 4년에 죽은 후 갈릴리(Galilee)의 나사렛(Nazareth)으로 들어가신다(「마태복음」 2:19-23). 그렇다면 분명 BC 4년 이전에 탄생하셨음이 분명

하다. 그러나 이방인 의사 출신인 누가(Luke)가 c.AD 63년에 쓴 「누가복음」에는 이스라엘을 지배하고 있던 로마 황제 아우구스투스(옥타비아누스, Augustus, AVGVSTVS, Gaius Julius Caesar Octavianus, 신약의 아구스도, 통치 BC 27-AD 14)가 로마제국의 전 지역에 인구조사를 할 것을 명령하는 칙령(Decree)을 내린다. 이에 로마가 임명한 시리아 총독인 구레뇨(Publius Sulpicius Quirinius, BC 51-AD 21)가 첫번째 구레뇨 인구조사(Census of Quirinius)를 실시할 때 예수님이 나셨다라고 적고 있다(「누가복음」 2:1-7). 그러면 예수님은 분명 AD 1년에 나셨음이 분명해 보인다. 어느 것이 맞을까? 나중에 성서 학자들과 역사학자들은 구레뇨의 인구조사는 BC 6년에 실제로 실시되었음을 확인했다. 그래서 예수님 탄생은 AD 1년이 아니라 BC 6년으로 수정되었다. 그러나 이미 예수님 탄생 기준 시점을 AD 1년으로 보고 그 이후 모든 역사가 기록되었으므로 이를 고칠 수는 없어, 성경연대기(Chronology of The Bible)만 예수님 탄생 시점을 BC 6(B)년으로 수정하였다(Good News English Bible, p. 1531). 따라서 이 땅에서 사망과 부활한 연도도 33살에 하셨으니 AD 33년이 아니라 AD 27(B)로 수정하였다. B.C.는 Before Christ의 약자로 기원전을 말함.
http://en.wikipedia.org/wiki/Census_of_Quirinius

요한(John, AD 6-100): 예수님의 12제자로서 신약성경의 「요한복음」(Gospel of John)」과 「요한 1서-3서」와 「요한계시록」을 썼다. 요한(John)은 끓는 기름가마에 들어갔으나 죽지 않아 밧모 섬(Patmos)에 유배당하였다. 90세가 다 된 나이에 요한은 밧모 섬의 동굴에서 18개월이나 살았으며, 이곳에서 하늘의 목소리를 듣고 「요한복음」과 「요한계시록」을 썼으며, 죽지 않고 승천했다는 기록과 함께 터키인 에베소(Ephesus)에서 94세에 사망한 것으로 전하며, 12제자 중 유일하게 자연사한 것으로 알려진다. http://en.wikipedia.org/wiki/John_the_apostle

우르크(Uruk): 수메르어로 우누그(Unug), 아카드어로 우르크(Uruk), 아랍어로 와카(Warka), 「창세기」 10장 10절의 '에렉=에레크(Erech)'. 우르크의 주신(Patron god)은 인안나(Inanna) 여신(女神). 인안나 여신의 지구라트(Ziggurat) 신전은 우르크에 세워진 에안나(Eanna)로 하늘의 집(house of heaven)이라는 뜻. http://en.wikipedia.org/wiki/Uruk

우투(Utu) **신**(神): 수메르어로 우드(UD), 아카드어로 우투(Utu), 아시리아-바벨로니아어로 샤마시(Shamash), 모두 태양(Sun)이라는 뜻으로 태양의 신(God of Sun, Sun God). 우주공항이 있던 고대 도시인 시파르(Sippar, 수메르어로 Zimbir)

의 주신(Patron god). 우투 신의 지구라트(Ziggurat) 신전은 시파르의 에-바브바라(E-babbara). 난나(Nannar) 신(神)이 지구에서 낳은 쌍둥이 남매 중 아들로 우투 신의 쌍둥이 여동생은 인안나(Inanna) 여신임. 샤마시(우투) 신은 시파르에 있던 우주공항과 레바논의 바알벡(Baalbek)에 위치한 세다 산(Cedar Forest/Mountain/Felling)의 우주공항, 그리고 그 당시 생명나무가 있던 페르시아만 동쪽의 해 뜨는 지역인 딜문((Dilmun, Til.Mun) 우주기지 등 전체 신들의 우주공항과 우주기지를 책임지고 있던 신이었음. http://en.wikipedia.org/wiki/Utu, http://en.wikipedia.org/wiki/Sippar

우트나피시팀(Utnapishtim): c.BC 1150년경에 아카드어로 쓰여진 『길가메시 서사시(Epic of Gilgamesh)』의 슈루팍의 왕인 우트나피시팀(Utnapishtim)으로 '영생을 찾다'라는 뜻의 아카드어 이름. c.BC 2150년경에 수메르어로 쓰여진 『에리두 창세기』에 나오는 슈루팍의 왕인 지우수드라(Ziusudra), c.BC 1640년에 아카드어로 쓰여진 『아트라하시스 서사시』의 슈루팍의 왕인 아트라하시스(Atrahasis), 이들은 모두 구약성경의 홍수의 영웅인 노아(Noah)와 동일 인물. 노아와 아트라하시스는 영생을 얻지 못하지만, 우트나피시팀과 지우수드라는 영생을 얻음. http://en.wikipedia.org/wiki/Utnapishtim

원자(Atom): 원자는 핵과 전자로 구성돼 있는데, 에너지는 양성자와 중성자로 이루어진 핵에 집중돼 있다. 가장 밖의 음전하(-)를 띤 전자와 양전하(+)의 양성자 수는 같다. 따라서 일반적으로 원자는 중성이다. 그러나 인위적이든 자연적이든 어떤 상황에서 다른 원자나 분자의 상호작용을 받아 원래 중성의 원자나 분자가 전자를 잃거나 얻는 등의 전자이동이 일어나 음전하나 양전하를 띠게 되는 현상을 이온(Ion)이라 한다. 원자의 질량은 양성자 수와 중성자 수의 합이다. 원자번호는 양성자의 수에 따라 붙여지므로 가장 가벼운 원자가 1번이고 가장 무거운 원자번호가 118번이다. 1번은 수소원자로 양성자 1개만 있고, 2번은 헬륨으로 양성자 2개와 중성자 2개로 구성되어 있다. 원자번호는 같지만 중성자 수가 달라 질량수가 다른 원소를 동위원소(Isotope)라 한다. 예를 들어 양성자 1개에 중성자 1개가 있으면 이중수소(듀테륨, Deuterium), 양성자 1개에 중성자 2개가 있으면 삼중수소(티리튬, Tritium)가 되고, 양성자 2개와 중성자 1개로 구성되면 헬륨의 동위 원소인 헬륨3이 된다. 가장 무거운 원자 번호인 118번은 2006년 10월에 미국과 러시아 과학자들이 발견한 운운노시티움(Ununoctium, Uuo)이다. 다음 원자 주기율표 참조 - http://www.webelements.com/

유대인(Judean): 유다인(People of Judah) 혹은 유태인(猶太人, Jews)을 말하며, 넓게 는 이스라엘들을 유대인이라고 부르고 히브리인(헤브라이인, Hebrew, Heberites, Hebreians)이라 부른다. 좁게는 이스라엘 12지파 지파 중 유다(Judah) 지파의 족 속이 다윗(David, 통치 BC 1010-BC 970) 왕과 솔로몬(Solomon, 통치 BC 970~930) 왕으로 이어지면서 신약의 예수 그리스도(Jesus Christ)를 탄생케 하는데, 이 유 다 지파의 족속을 유대인(유다인, Judean)이라 부른다. http://en.wikipedia.org/ wiki/Judean, http://en.wikipedia.org/wiki/Jews

이기기 신들(Igigi gods), **네피림**(Nephilim): 「창세기」 6장 4절에 등장하는 '복수'의 단어인 네피림(Nephilim)을 의미하는데, 하나님의 아들들(sons of God), 즉 '하 늘에서 지구로 내려온 신들'이라는 뜻이다. 특히 계급이 낮은 젊은 신들(Lower Gods)을 지칭하는데, 『아트라하시스 서사시』〈점토판 1~3〉과 『길가메시 서사시』 의 〈점토판 11〉에는 네피림을 이기기 신들(Igigi-Gods)이라 표현하기도 한다. 이기 기란 '돌면서 관측하는 자들(Those Who See and Observe)', 즉 '감시자 또는 주시 자(Watchers)'이란 뜻이다. 또한 『창조의 서사시』〈점토판 3(III)〉의 126줄과 〈점토 판6(VI)〉의 21 줄과 123줄에도 이기기 신들이 등장한다. 이들은 주로 인간이 창 조되기 이전에 신들의 고향 행성인 니비루(Nibiru)에서 이 땅에 내려와 광산에서 금을 캐거나 강을 막아 수로를 만들거나 신들의 고향인 니비루로 금을 실어 나르 기 위해 지구 궤도 위에 있던 혹은 화성에 베이스를 둔 우주선 모선이나 우주왕 복선에 속해 일을 했다. 특히 모선에 속한 300명의 이기기 신들은 인간이 창조된 후에는 인간과 지구의 기후상황을 주시하고 감시하는 감시자들(Watchers)이었다. 문제는 이들 감시자들이었다. 위경인 「희년서(Book of Jubilees)」 4장 22절과 「에녹 1서(The Book of Enoch 1)」 7장 7절에는 천사 또는 감시자 또는 주시자로 표현하 고 있으며, 이들이 주어진 역할과 위치를 이탈하고 200명 규모로 이 땅에 내려와 인간의 여성들과 결혼하여 거인(Great/Giant Man)을 낳았다고 기록하고 있다. 이 는 「창세기」 6장 1절-5절의 내용과 일치한다. 자세한 것은 『바이블 매트릭스』 시 리즈 2권 『인간 창조와 노아 홍수의 비밀』편을 참고하시라. http://en.wikipedia.org/wiki/Nephilim, http://en.wikipedia.org/wiki/Igigi

인안나(Inanna) **여신**: 수메르어로 인안나(Inanna) 혹은 이르니니(Irnini) 또는 닌니 (Ninni), 아카드어로 인안나(Inana) 혹은 이시타르(이슈타르, 이사타르, Ishtar). 섹 스와 사랑과 풍요와 전쟁의 여신(Goddess of sexual love, fertility, and warfare/ battle). 하늘 황후 또는 하늘 여신(Queen of Heaven) 또는 신들의 여인(Lady of the Gods). 인안나 여신은 그리스 신화의 사랑과 아름다움의 여신인 아프로디테(Aphrodite)와 동일시되었으며, 로마 신화에는 아침과 저녁 별(the morning & evening star)인 금성(Venus)으로 표현함. 고대 도시인 우르크(Uruk)의 주신(Patron god). 인안나의 지구라트(Ziggurat) 신전은 우르크에 세워진 에안나(Eanna)로 하늘의 집(house of heaven)이라는 뜻. 난나(Nannar) 신(神)이 지구에서 낳은 쌍둥이 남매 중 딸로 인안나 여신의 쌍둥이 오빠는 우투(Utu) 신(神)임. 인안나 여신은 구약성경에 실제로 등장하는데, 시돈(Sidon)과 두레(Tyre)의 여신인 아스타테(Astarte), 가나안(Canaan)의 여신인 아세라(Asherah), 그리고 가나안과 시돈의 여신인 아스다롯(Ashtoreth, Ashtoret, Astaroth)으로 불렸으며 지저분한 섹스의 여신과 매춘(prostitute)의 여신으로 기록되어 있음. 이 내용은 『바이블 매트릭스』 시리즈 4권 『하나님들의 과학기술과 우리가 창조해야 할 미래』에서 자세히 다루기로 함.

http://en.wikipedia.org/wiki/Inanna, http://en.wikipedia.org/wiki/Uruk

지구라트(Ziggurat): 하늘로 이어지는 계단식 피라미드(Step pyramid)의 신전(Temple)을 말한다. 신들께서 거주하는 고대 7개 도시들인 에리두(Eridu), 라르사(Larsa), 바드티비라(Bad-tibira), 라가시(Lagash), 슈루팍(Suruppak), 니푸르(Nippur), 라락(Larak/Larag) 등과 기타 도시에는 이와 같은 지구라트를 건설했는데, 대개 7개 계단의 피라미드였다. 이 지구라트에는 각 도시를 지배한 고대 주신(Patron god)이 이 땅에 거주할 때 머무르곤 했는데, 오로지 제사장(Priest)만이 이곳을 출입할 수 있었다. 제사장들은 각 층의 방에 접근하여 신을 모시고, 신의 음식이나 요구에 시중드는 역할을 했다. 따라서 수메르시대(c.BC 5000-c. BC 2400)의 수메르 사회에서 제사장의 권력은 엄청나게 컸다. 또한 각 도시의 인간 왕들은 반드시 신의 허락과 재가를 받아야만 왕권이 주어졌다. 엔릴(Enlil) 신의 지구라트 신전은 니푸르(Nippur)에 건설한 에쿠르(Ekur)였으며, 엔키(Enki) 신의 지구라트 신전은 에리두(Eridu)에 건설한 압수(Abzu, 아카드어로 Apsu)였고, 인안나(Inanna) 여신의 지구라트 신전은 우르크에 세워진 에안나(Eanna)였다. 그 이후 고대 바벨론시대(BC 1830-c.BC 1531)에 신권과 왕권을 찬탈한 마르둑(Marduk) 신의 신전은 에-사길라(E-Sagile)에 세워졌다. 아카드(Akkad, Agade)와 바빌로니아에서는 지구라트를 주키라투(Zukiratu), 즉 '신성한 영의 수상기(tube of divine spirit)'라고 불렀으며 수메르인(Sumerian)은 에시(ESH), 즉 '최고의(supreme)' 혹은 '가장 높은(most high)' 혹은 '열을 뿜는 근원(a heat source)'

이라고 불렀다. 히브리어(Hebrew)로는 불(fire)이란 뜻이다. 지구라트에는 최소한 계단 세 개 정도의 높이와 맞먹는 두 개의 거대한 통신용인 '고리 안테나들(ring antennas or two horns)'이 세워져 있었다. 따라서 지구라트의 진정한 역할은 하늘에 있는 신들과 인간들의 연결이 아니라, 하늘에 있는 신들과 지구에 있는 신들과의 통신을 하기 위한 것이었다(시친, I, 2009, p. 430). 필자가 보기엔 이 안테나들은 아마도 「요한계시록」에 등장하는 하나님 보좌 앞의 일곱 등불(seven lamps)과 예수님의 일곱 뿔과 일곱 눈(seven horns and seven eyes)인 온 땅에 보내심을 입은 하나님의 일곱 영(the seven spirits of God)과 관계가 있는 것 같다(계1:4, 4:5 & 5:6). 이는 『바이블 매트릭스』 시리즈의 최종편인 『예수님의 재림과 새 하늘과 새 땅의 창조』편에서 자세히 다루기로 한다. http://en.wikipedia.org/wiki/Ziggurat

지우수드라(Ziusudra): 고고학적으로 고대 문서를 살펴보면 구약성경의 현존하는 문서는 1947년에서 1956년에 이스라엘 사해(死海) 서쪽 해안가인 쿰란 동굴(Qumran Cave)에서 BC 150-AD 75년에 히브리어로 쓰여진 타나크(Tanakh)의 사본인 사해사본(死海寫本, 사해문서, 死海文書, Dead Sea Scrolls, DSS)이다. 이 사해사본이 가장 오래된 것으로 사해사본의 「창세기」에는 노아(Noah, 쉬었다는 뜻)가 홍수의 영웅으로 등장하지만, 고대 도시인 니푸르(Nippur)에서 발굴된 단 하나의 점토판(Clay tablet, 粘土板)에 c.BC 2150년에 수메르어로 쓰여진 문서인 (Davila, 1995) 『수메르 창조 신화와 홍수 신화』, 즉 『에리두 창세기』에는 슈루팍의 왕인 지우수드라(Ziusudra, 영생을 찾다라는 뜻, 우트나피쉬팀의 수메르어 이름)가 홍수의 영웅으로 등장한다. 또한 1876년 고대 수메르 도시인 시파르(Sippar, 수메르어로 Zimbir)에서 발견된 c.BC 1650년에 쓰여진 것으로 추정되는 아카드어로 쓰여진 『아트라하시스 서사시』에는 아카드어 이름인 아트라하시스(Atrahasis, 매우 현명하다= exceedingly wise는 뜻)가 홍수의 영웅으로 등장하고, 1852-1854년에 큐윤지크(Kuyunjik)라 불리는 아시리아의 수도였던 니네베(Niniveh)에서 발굴된 c.BC 1150년에 신-리크-우니나니(Sin-liqe-unninni)가 옛 수메르 전설과 신화를 바탕으로 1-12개의 점토판들(Clay tablets, 粘土板)에 아카드어로 기록한 『길가메시 서사시』에는 슈루팍의 왕인 우트나피쉬팀(Utnapishtim, 영생을 찾다라는 뜻, 수메르어 이름인 지우수드라의 아카드어 이름)이 홍수의 영웅으로 등장한다. 이것은 원래 수메르어의 지우수드라가 각 시대에 따라 각기 다른 아카드어로 음역되거나 번역된 것이다. 그러므로 지우수드라=아트라하시스=우트나피쉬팀=노아는 같은 인물로 보는 것이 타당하다.http://en.wikipedia.org/wiki/Ziusudra, http://en.wikipedia.org/wiki/Utnapishtim, http://en.wikipedia.org/wiki/Atra-Hasis

창조의 서사시(Epic of Creation, Enuma Elish, Creation Tablets) 또는 『바벨로니아 창조의 서사시(The Babylonian Epic of Creation)』: 오늘날 알려진 『바벨로니아 창조의 서사시』는 『바벨로니아의 창조의 신화(Babylonian creation myth)』로, 이를 에누마 엘리시(Enuma Elish, 아카드 설형문자의 영어 번역)라 한다. 영국의 레이어드(Austen Henry Layard)는 1845-1849년에 큐윤지크(Kuyunjik)라 불리는 아시리아의 수도였던 니네베[Niniveh, 「창세기」 10장 11절의 '니느웨', 지금의 이라크 '모술(Mosul)']의 발굴을 시도하여 1849년에 신아시리아 왕조의 마지막 왕인 아수르바니팔(Ashurbanipal, 에사르하돈의 아들, 구약의 '오스납발', KJV의 'Asnappar', 통치 BC 668-BC 612)이 세운, 그러나 폐허가 된 아수르바니팔의 도서관(Library of Ashurbanipal)을 발굴하여 아카드어로 쓰여진 c.BC 18-c.BC 17세기의 에누마 엘리시를 발견해냈다. 이 내용은 1876년 아시리아 학자인 조지 스미스(George Smith)가 『갈데아인과 창조의 근원(The Chaldean Account of Genesis)』이라는 제목으로 최초로 번역하여 출판했다(Smith, 1876). 에누마 엘리시는 총 7개의 점토판에 기록되어 있는데, 각 점토판은 115-117개 라인으로 구성되어 있다. 이 중 〈점토판 5(V)〉는 해독이 불가능했지만, 복사본이 터키의 산리울파(Sanliurfa) 근처에 위치한 고대 도시인 후지리나(Huzirina)의 술탄테페(Sultantepe)에서 발굴되어 오늘날에는 총 7개 점토판이 번역되어 일반에게 공개되고 있다(King, 1902; Budge, 1921). 이 『창조의 서사시』는 그 후 『바벨로니아 창조의 서사시』로 불리게 되었는데, 이는 원래 수메르로 쓰여진 『메소포타미아 창조의 서사시』를—이는 아직 발견되지 않음—바벨로니아 시대에 바벨로니아인들이 자기들의 주신인 마르둑(Marduk)과 바벨론의 관점에서 각색 편집한 것이다. 따라서 바벨론의 옥좌에 오른 마르둑이 모든 신중에 최고의 신이며, 신들에게 시중을 들게 하고(for the service of the gods) 신들을 고된 노동으로부터 해방시키기[I will set them (i.e., the gods) free] 위해 마르둑 신이 본인의 피(blood)와 뼈(bone)로 인간을 창조했다고 〈점토판 6(VI)〉의 6줄(Line 6)에 적고 있다. 결국 인간은 신들의 노예(Slave)로 창조되었다는 것이다. 특히 『창조의 서사시』에는 「창세기」 1장에 기록된 하늘(Sky)과 지구(Earth) 창조의 비밀이 자세히 기록되어 있는데, 〈점토판 7(VII)〉에는 신들의 고향인 열두 번째 행성의 이름이 아카드어로 니비루(Nibiru, 타원형 궤도의 가장 높은 점 또는 교차점이라는 뜻, 횡단하는 행성이라는 뜻)인데 이를 마르둑이라 표현하고(His name shall be 'Nibiru') 있다(Line 109). 또한 이기기 신들(Igigi-gods)이 등장하는데, 〈점토판 3(III)〉의 126줄과, 점토판 6(VI)의 21줄과 123줄에도 이기기 신들이 등장한다. 그리고 『창조의 서사시』에는 이 땅에 오신 신들, 예컨대 아누(안, Anu, An) 신과 엔키(Enki, Ea) 신 등 다수의 복수의 신들(The gods)이 등장한다.

Budge, W.A. Wallis, 『The Babylonian Legends of Creation』, 1921, at sacred-texts.com, http://www.sacred-texts.com/ane/blc/index.htm

King, L.W., 『Enuma Elish(The Epic of Creation): The Seven Tablets of Creation』, London 1902, at sacred-texts.com, http://www.sacred-texts.com/ane/enuma.htm

체루빔(단수=cherub, 복수=cherubim): 히브리어의 라틴어로 「창세기」 3장 24절에 처음 등장하는 '그룹들', 즉 체루빔이다. 하나님이 아담과 이브를 에덴동산에서 쫓아내시고, 에덴 동산 동편에 그룹들과 두루 도는 화염검(a flaming sword flashing back and forth)을 두어 생명나무(the tree of life)의 길을 지키게 한다. 따라서 육적인 생명체가 아니라 오늘날의 로봇과 같은 그러나 그 이상의 존재이다. 「에스겔」 1장에는 네 생물의 형상(four living creatures)이 등장하는데 모양이 사람의 형상이요 각각 네 얼굴과 네 날개가 있다고 묘사하고 있다. 이것은 네 명의 하나님들이 반중력(Anti-gravity) 우주복과 방향전환용 소형 원자로를 장비하고, 궁창(expanse)에 있는 거대한 우주선(보좌)으로부터 내려오는 장면이다. 눈이 가득하다(full of eyes)는 뜻은 우주복 또는 우주선에 난 창(window)이나 비행등을 의미하는 것이다. 그리고 「에스겔」 10장에는 "여호와의 영광이 성전을 떠나시다(The Glory Departs From the Temple)"이라는 장면이 등장한다. 이는 반대로 우주선을 타고 하나님들이 성전을 떠나시는 장면이다. 따라서 에스겔 10장에 등장하는 체루빔은 우주선이나 우주복을 의미하는 우주로봇을 말하는 것이다. 우주선이나 우주복 속의 하나님!! 하나님을 태우신 우주선이나 하나님이 입으신 우주복을 모두 체루빔이라 기록하고 있다. 그러나 세월이 흐른 오늘날에는, 에스겔에서 말하는 우주로봇이 아니라 우주로봇 기술 이상의 천상(celestial or heavenly)의 과학기술로 발전하였을 것으로 보고 있다.

http://en.wikipedia.org/wiki/Cherubim

코이네(Koine, 헬레니즘 그리스어): 알렉산더(Alexander III, 통치 BC 336~BC 323) 대왕

은 일찍 죽었지만 그의 공헌은 대단히 컸다. 무엇보다도 헬라(Hellas) 문화의 보급과 언어의 보급은 헬라 문명을 동방에 소개함으로써 그리스(헬라) 문화와 오리엔트 문화가 융합되는 헬레니즘(Hellenism) 문화를 형성했다. 그리하여 헬라 문화는 무려 600여 년 동안(BC 300-AD 300) 지중해를 중심으로 한 당시의 세계를 지배하게 되었으며, 그리스어(헬라어)는 당시의 세계어로 발전하게 되었다. 그러므로 신약성경이 이 당시의 세계어인 그리스어 코이네(Koine)로 기록된 것은 결코 우연이 아니다. 본래 코이네란 말은 '일반적인(Common)'이란 뜻이다. 코이네는 BC 300년에서 AD 500년까지 사용된 말이다. 헬라어에는 고전 헬라어와 일반 헬라어 두 종류가 있었는데 코이네 헬라어는 알렉산더 대왕이 세계를 정복한 후 통용시킨 말이다. 본래 코이네 헬라어는 고전 헬라어에 비해 누구나 읽고 이해하기 쉬운 글로 알렉산더 대왕이 문화의 교류와 정신세계의 통일을 위해 보급했지만 코이네 헬라어가 복음(福音)을 전 세계에 보급하는 데 사용될 줄은 알렉산더 대왕 자신도 몰랐을 것이다. http://en.wikipedia.org/wiki/Koine_Greek

키시 또는 구스(Kish, Cush, Cuth, Cuthah): 「창세기」 2장 13절의 지역 이름인 수메르 지역의 고대 도시인 구스(Cush). 히브리어 구스(Cush)라는 명칭은 노아(Noah)의 아들인 함(Ham)의 아들인 구스(Cush)와 같은데(「창세기」 10:6), 이는 지금의 수단 북동부 지역인 고대 누비아(Nubia) 또는 에티오피아(Ethiopia)를 가리킨다. 실제 영문성경인 NIV나 다른 영문성경에서는 구스(Cush)라고 표현하고 있지만 또 다른 영문성경인 New Living에서는 이를 에티오피아(Ethiopia)로 표현하고 있다(「에스더」 1:1; 8:9; 「욥기」 28:19). 또한 대부분의 영문성경은 구스 사람(Cushite)라고 표현하고 있지만, New Living에서는 이를 에티오피아인(Ethiopian)이라고 표현하고 있다(「사무엘하」 18:21, 23, 31, 32). 영문성경 NIV의 「다니엘」 11장 43절에는 구스 사람을 누비안(Nubians)이라 표현하고 있다. 그리고 에티오피아는 나일 강의 중심 항구의 땅, 날개 치는 소리 나는 땅을 에티오피아라고 적시하고 있다(New Living, 「이사야」 18:1). 이 지역의 주신(Patron of God)은 엔키(Enki) 신의 셋째 아들인 네르갈(Nergal, Nirgal, Nirgali) 신(神).
http://en.wikipedia.org/wiki/Kish_(Sumer)

테라헤르츠파(THz Wave): 최근 혁신적인 전자파 이용 신기술로서 메타물질(Metamaterial), 테라헤르츠(THz) 및 스마트 라디오(Smart Radio) 기술이 접목된 미래 신성장 동력 산업의 기반기술로, 미·일·유럽 등 선진국에서 범 국가적 차원에서 전자파 신기술 개발을 가속화하고 있다. 테라헤르츠 대역 이용의 활성화를 위하여 소재 및 부품의 고성능화 및 고출력화, 응용 시스템의 소형화 등 다각적인 연구를 추진하고 있다. 전자파의 임의 조정이 가능한 메타물질 기술 도입으로 정보 통신, 전자 기기, 의료영상기기, 물의 분자구조를 마음대로 조율하여 신약 만들기 등에 대한 산업 전반의 패러다임 변화가 예상되고 있다. 메타물질은 『Science』지에서 2003/2006년에 10대 혁신기술로 선정되었는데, 전파자원인 주파수 이용 효율 증대 기술 및 초광대역화/초고속화로 추구되는 기술이다.

특이점(Singularity): 영국의 수학 물리학자인 로저 펜로즈(Sir Roger Penrose, 1931~)는 1965년에 블랙홀의 중심에서 점으로 이루어진 중력을 발견하고 '특이점'이라고 불렀다. 시간의 끝이나 시작이 되는 특이점은 무한 밀도의 지점이다. 그 후 펜로즈는 스티븐 호킹(Stephen Hawking, 1942~) 박사와 공동연구를 통해 '펜로즈-호킹의 특이점 원리(Penrose-Hawking singularity theorems)'를 발견하고 이를 증명하였다. 즉 이들은 알버트 아인슈타인(Albert Einstein, 1879-1955)이 1916년에 발표한 일반상대성 이론의 수학적 모형 속에서 시간이 바로 빅뱅(Big Bang)이라고 불리는 출발점을 가질 수밖에 없음을 증명하였다. 마찬가지 논리로 항성이나 은하들이 자체 중력으로 붕괴해서 블랙홀을 생성할 때 시간이 끝나게 된다는 것을 입증하였다. 블랙홀은 시간의 끝이고 빅뱅은 시간의 시작이다. 따라서 특이점에서 일반상대성 이론이 붕괴된다. 이들은 시간이 출발점을 가진다는 것을 증명한 논문 덕분에 1968년 중력연구재단(Gravity Research Foundation)으로부터 상을 받았다.

http://en.wikipedia.org/wiki/Gravitational_singularity, http://en.wikipedia.org/wiki/Roger_Penrose, http://en.wikipedia.org/wiki/Stephen_Hawking

티아마트(Tiamat): 수메르어의 'T(티)' = 생명(Life), 'Ama(아마)' = 어머니(Mother)라는 뜻임. 대양의 여신(the goddess of the ocean), 혼돈의 괴물(Chaos Monster), 태고의 혼돈(primordial chaos), 생명의 처녀(maiden of life), 소금의 물(salt water), 나중에 마르둑(Marduk) 행성과 충돌해 두 동강 나서 윗 부분은 지구(Earth)가 되고 아랫 부분은 산산조각이 나서, 「창세기」 1장 6절~8절에 나오는 태양계(Solar system)의 궁창(expanse/NIV, firmament/KJV, space/New Living, dome/Good News), 즉 하늘(sky/NIV/New Living, Sky/Good News, Heaven/KJV)을 의미하는 소행성대(The Asteroid belt)가 됨. 「창세기」 1장 2절에 나오는 깊음(the deep, abyss)의 뜻인 북서 셈어(Semitic)의 히브리어(Hebrew)인 테홈(Tehom)(תהום)도 티아마트에서 파생된 것임.

http://en.wikipedia.org/wiki/Tiamat, http://en.wikipedia.org/wiki/Deeps,
http://en.wikipedia.org/wiki/Chaos_(cosmogony)
http://en.wikipedia.org/wiki/Primordial_chaos, http://en.wikipedia.org/
wiki/Tehom

페르시아 제국(Persian Empire, BC 691-BC 330): 페르시아는 원래 고대 지명인 엘람 (Elam, 지금의 이란 남부 고지대 지역)을 일컬었으나, 이란 고지대를 중심으로 서아 시아, 중앙아시아, 코카서스 지방을 포함하는 넓은 지역을 통치하던 제국을 통칭하는 말로, 그 기원은 아케메네스(Achaemenes) 제국이다. 아케메네스란 페르 시아 왕조의 창시자들이 스스로를 하캄아니시(Hacham-Anish, 현명한 자)라 불렀 던 전통에 따라 부른 말로 이는 셈족의 호칭이다. 이는 셈족의 히브리 신인 야 훼(Yahweh, YHWH, JHWH)와 아케메네스의 현명한 신들 사이에는 매우 친밀하고 유사성이 있음을 의미한다. 페르시아(구약성경의 '바사') 제국의 키루스 대왕 (고레스, Cyrus, 쿠루쉬, Kurush, 통치 BC 559-BC 529)은 세를 남쪽으로 확장시켜 바빌론 성을 무혈점령하고 신바빌로니아 왕조를 멸망시킨 후, BC 538년에 고레 스 칙령을 발표함으로써 이스라엘 민족의 바벨론 유수 시대(Babylonian Captivity or Babylon Exile, BC 605~BC 538)가 끝이 나게 된다(「역대하」 36:20-21, 「에스라」 1 장, 「예레미야」 25:11-12 & 29:10, 「마태복음」 1:11-12). 페르시아 제국은 BC 330년 그 리스 위쪽을 중심으로 세운 마케도니아 왕조(Kingdom of Macedonia, BC 691 or 514-BC 146)의 알렉산더 3세(Alexander Ⅲ, 통치 BC 336~BC 323), 즉 알렉산드 로스(알렉산더) 대왕의 동방원정에 의해 멸망한다. http://100.naver.com/100. nhn?docid=107407

플라즈몬(Plasmon): 물질 내의 전자들이 동시에 진동하는 현상으로 전자들의 파 동(waves of electrons)이라 부른다. 예를 들어 호수에 돌을 던지면 잔물결이 일 어나는 현상과 같은 것이다. 표면 플라즈몬(Surface plasmon)이란 호수의 잔물결 같이 물질의 표면에 에너지 파동(energy waves)이 집중되는 현상인데, 이러한 플 라즈몬을 일으키는 금속물질에 빛을 쏘이면 전자들의 파동이 일어나고 그 다음 전자들은 회절한계를 극복하는 하나의 빛을 방출해 이 빛이 특정 전자들의 파 동을 통해 통과된다. 이때 전자 파동들의 형태와 움직임은 전적으로 그 금속물 질의 성질에 의해 결정되는데, 더욱 작고, 얇고, 나노구슬의 입자일수록 그 성질 은 더욱 독특하다. 예를 들어 일반 광학 결정체들은 특정 광자는 통과시키고 다 른 광자들은 막는다. 따라서 새로운 메타물질(Metamaterials, 일반 물질과는 전혀 다른 성질을 보이는 물질)을 이용해 새로운 광학 결정체를 만들면 플라즈몬 형태에서 빛에 포함된 에너지의 흐름을 원하는 대로 조절할 수 있다.

하나님의 아들(the son of God): 구약과 신약 영문성경(NIV)에는 'the son of God'이란 표현이 「누가복음」 3장 38절에 딱 한 번 나온다. 유대인들은 이를 하나님이 아담(Adam)을 창조한 것으로 해석하지만, 이방인들은 아담도 하나님의 아들로 본다. 특히 바울(Paul, AD 5-68)이 이방인 지역을 전도할 때에 'sons of God'이란 표현을 썼는데, '이방인도 하나님의 아들들이다'라는 것을 강조한 것이다. 이때 하나님의 아들들이란 하나님의 영(Spirit of God)으로 인도함을 받은 자(「로마서」 8:14), 피조물이(The creation) 열과 성의를 다해 나타나기를 기다리는 자(「로마서」 8:19), 그리스도 안에서 믿음으로 말미암은 자(「갈라디아서」 3:26), 그리고 여호와 하나님(Lord God)을 아버지로 영접하는 아들과 딸들을 가리키는(「고린도후서」 6:18) 말이다. 이는 「창세기」 6장 2절과 4절에 나오는 '하나님의 아들들(sons of God)'과는 의미가 전적으로 다른 뜻이다. 참고로 신약에만 등장하는 '하나님의 아들(Son of God)'이나 '인자(Son of Man)'는 예수님이 스스로를 부를 때 쓰이는 칭호이다(「요한복음」 1:51 & 10:36). 그리고 '인자(Son of man)'는 선지자 에스겔(Ezekiel) 등을 하나님이 부를 때 쓰는 말이다(「에스겔」 2:1).

하나님의 아들들(sons of God)(「창세기」 6:2): 「창세기」 6장 2절에는 '하나님의 아들들(sons of God)'(KJV & NIV)이라 표현되고 있으나 그들이 누구인지를 정확히 밝히지 않아 알 수 없다. 그러나 에티오피아어로 쓰여진 「에녹1서」 7장 2절에는 하나님의 아들들은 '천사들－하늘(천국)의 자식들(the angels, the children(sons) of the heaven)'이라 표현하고 7장 3절과 9절에는 사미야자(Shamgaz, Samyaza)라는 리더와 아자지엘(Azazyel) 등 직분과 처소를 이탈해 이 땅에 내려와 인간의 딸들을 아내로 삼아 거인을 낳는 등 불의에 가담한 천사들의 이름이 거론되고 있으며, 이에 가담한 천사만 200명이라고 적고 있다. 그런데 「마태복음」 22장 30절에는 예수님께서 "부활 때에는 장가도 아니 가고 시집도 아니 가고 하늘에 있는 천사들과 같으니라(For in the resurrection they neither marry, nor are given in marriage, but are as the angels of God in heaven.)"(KJV)고, 결혼할 수 없는 천사의 신분에 대해 말씀하신 것을 보면 「에녹1서」 7장 2절의 '하나님의 아들들'이 '천사들'이라고 언급된 것이 잘못되었음을 알 수 있다. 그러나 그 후 신약에 가면 계속해서 '범죄한 천사들(Sinned Angels)'이라고 나온다(「베드로후서」 2:4, 「유다서」 1:6). 밀리크(Milik)의 〈쿰란 동굴 4에서 발견된 아람어 조각(Aramaic Fragments of Qumran Cave 4)〉, 즉 아람어로 쓰여진 「에녹1서」 7장 2절에는 '천사'들이 '감시자 또는 응시자 또는 주시자(Watchers)'로 기록되어 있다(Milik, 1976). 재미난 것은 「에녹1서」 1장 5절과 10장 11절과 13절, 그리고 18절 이하에도 천사 대신 '감시자(Watchers)'라는 표현이 나온다(Charles & Laurence, 인터넷 공개). 또한 위경인 히브리어로 쓰여진 「희년서」 4장 22절에도 감시자가 나오고 5장 1절에는 천사가 나온다(Charles, 2002). 이때의 감시자란 하늘에서 지구를 내려보는 자들로 시친(Sitchin)에 의하면 이들은 지구와 신들(Gods)의 고향 행성인 니비루(Nibiru)를 오가는 모선(우주선)에 타고 있던 이기기(Igigi, 우주비행사 군단) 신들이다(Sitchin, 1976 & 1980 & 1985). 따라서 이들은 그 역할과 신분상 이 땅에 내려올 수 없는 자들이다. 「에녹1」서와 「희년서」는 '감시자'와 '천사'를 같은 신분으로 혼동하고 기록한 것 같다. 그러나 분명 이 둘의 신분과 역할은 다르다. 이런 관점에서 「창세기」 6장 2절의 'sons of God'과 그 이후의 'Sinned Angels' 사이에는 모순이 일어나게 되는데 이는 유일신 입장에서 보면 '하나님에게도 아들들이 있다'는 뜻으로 유대교와 기독교에서는 말도 안 되는 얘기이다. 이러한 이유로 「에녹1서」와 「희년서」는 위경으로 분류되었다. 그러나 분명 「창세기」 6장 2절에는 'sons of God'이라 기록되어 있다. 따라서 『모세오경(Five Books of Moses)』을 편집한 유대인들의 실수가 아닌가 생각한다. 유대인 관점에서 보면 「창세기」 6장 1절-4절을 뺐어야 했다. 그러나 성경은 진실을 기록한 것이다. 따라서 하나님의 아들들이란 천사가 아니고 인간과 관계(섹스)할 수 있는 하나님의 아들들, 즉 네피림(Nephilim), 즉 이기기 신들이다. 하나님들에게도 아들들이 있다. 예수님도 최고 높으신 하나님의 독생자 아들이시다. 인간은 하나님의 형상대로 만들어졌기 때문에 하나님의 아들들은 인간과 섹스할 수 있다. 그것은 바로 천사와는 다른 하나님의 아들들인 주시자들이다. 이러한 관점에서 감시자 즉 주시자들과 인간의 딸들 사이에 낳은 자식들, 즉 거인(Great man 또는 Giant Man)을 사생아(Biters, Bastards)라고 표현하는 학자들도 있다(Charles, 1893; Knibb, 1978). 자세한 것은 『바이블 매트릭스』 시리즈 2권 『인간 창조와 노아 홍수의 비밀』을 참조하라.

헬라어(Hellas language, 그리스어, Greek language): 고대 그리스인들은(c.BC 1100-BC 146) 스스로를 헬라스(Hellas, 헬레네스)라 불렀기 때문에 고대 그리스어를 헬라스어 또는 헬라어(Hellas language)라고 하며, 헬라어의 한자 음역인 희랍어(希臘語)라 불리기도 한다. 헬레네스가 사는 곳을 본토와 식민도시를 통틀어 헬라스(Ελλάς)라고 칭하였다.
http://en.wikipedia.org/wiki/Hellas

훔바바(Humbaba): 아시리아어로 괴물과 같은 반신반인의 훔바바(the monstrous demigod Humbaba) 또는 바벨로니아어로 후와와(Huwawa). http://en.wikipedia.org/wiki/Humbaba

히브리어(헤브라이어, Hebrew Language): BC 2166-BC 2091년에 메소포타미아 남부 도시인 우르(Ur)를 떠나 아시리아(Assyria) 북쪽 도시인 하란(Haran)을 통해 가나안(Canaan)에 이주한 셈(Shem)족 후손인 아브라함(Abram, Abraham, BC 2166-BC 1991) 족속의 집단 언어로 고대 바벨로니아와 고대 아시리아의 공용어인 아람어(Aramaic or Arama(e)an language, 시리아어)와 가나안어와의 혼합 언어이다. 셈의 아들 중 아르박삿(Arphaxad)은 지금의 페르시아만 지역인 이라크 남단과 사우디 아라비아 반도 지역에 거주하였다. 특히 지금의 이라크 남단 지역을 그 당시에는 갈대아(Chaldea)라 불렀는데, 아르박삿의 9대손인 아브라함도 갈대아의 우르(Ur) 출신의 히브리인(헤브라이인, Heberites, Hebreians)이다(「창세기」 11:27-29 & 14:13 & 15:7). 아브라함은 우르를 떠나 가나안으로 가기 전에 셈계 (Shem) 아람(Aram, 지금의 시리아) 족속들이 살던 하란(Haran)에 머물다, 여호와 하나님의 지시에 따라 75세에 가나안으로 들어간다(「창세기」 12:4-5, BC 2091). 따라서 히브리어의 조상은 셈족이며 직접 연계 있는 조상은 아브라함이라 말할 수 있다. http://en.wikipedia.org/wiki/Hebrew_language

히브리인(헤브라이인, Hebrew, Heberites, Hebreians): 「창세기」 10장 21절에는 "셈은 에벨 온 자손의 조상이요(Shem was the ancestor of all the sons of Eber)"(NIV)라는 구절이 나오는데 이때 에벨(Ever)이란 '건너온 땅' 또는 '저 건너쪽의 땅', 즉 강 건너의 땅이란 뜻으로 유프라테스 강(Euphrates, 「창세기」 2장 14절의 '유브라데')과 티그리스 강(Tigris, 「창세기」 2장 14절의 '힛데겔')이 흐르는 메소포타미아(Mesopotamia) 지역의 아시리아와 바벨론(바빌론)을 의미한다. 유대인의 조상을 일컬어 히브리 족속이라고 하는데 '히브리'의 어원이 바로 '에벨'이다. 「창세기」 10장의 셈족에 관한 내용[c.BC 2450(B)]과 바벨론 유폐/유수/포수(幽囚 또는 捕囚, Babylonian Captivity/Babylon Exile, BC 605-BC 538) 사건과의 연대 차이가 대략 1,000년이란 간격이 있지만, 유대인들이 그들 자신을 히브리인이라 부른 것은 바벨론 유수 이후이다. 즉 강 건너 땅인 바벨론에서 고생 끝에 살아서 가나안(Canaan)으로 건너온 민족이란 뜻이다. 그래서 바벨론 유수기를 거쳐 고향으로 돌아온 이스라엘인 또는 히브리인을 모두 유대인이라 불렸고, 이들은 스스로 히브리인 또는 이스라엘인이라고 불렀다. 그런데 바벨론 유수기에 앞서 강을 건너온 히브리인이 있었다. 셈의 아들 중 아르박삿[Arphaxad, BC 2456(B)-BC 2018(B)]은 지금의 페르시아만 지역인 이라크 남단과 사우디 아라비아 반도 지역에 거주하였다. 특히 지금의 이라크 남단 지역을 그 당시에는 갈대아(Chaldea)라 불렀는데, 아르박삿의 9대손인 아브라함(Abram, Abraham, BC 2166-BC 1991)도 갈대아 지역의 우르(Ur)에서 자란 히브리인이다(「창세기」 11:27-29; 「창세기」 15:7). 가나안에 이주하면서 아브라함 족속들은 히브리어(헤브라이어, Hebrew Language)를 사용하게 되었는데 이 히브리어를 말하는 사람들과 그 자손을 일컬어 유대인이라고 부른다. 이처럼 아브라함이 최초로 메소포타미아 남부를 건너온 히브리인이었다. 이런 점에서 유대인의 직접적인 조상은 아브라함이라고 볼 수 있다. 실제로 구약성경에는 히브리인(Hebrew)이라는 단어가 「창세기」 14장 13절(KJV, NIV)에 처음 등장하는데 아브라함을 일컬어 히브리 사람이라고 표현하고 있다. http://en.wikipedia.org/wiki/Hebreians

희년서(The Book of Jubilees): 혹은 「소(小)창세기」(the Little Book of Genesis)」라고도 한다. 히브리어로 쓰여진 「희년서」가 발견되지 않아 위경으로 간주되었으나 1947년에서 1956년에 쿰란 동굴(Qumran Cave)에서 발견된 사해사본(死海寫本, 사해문서, 死海文書, Dead Sea Scrolls)에서 히브리어로 쓰여진 「희년서」가 발견되었다. 원래 희년(The Year of Jubliee)이란 말은 「레위기」(Leviticus)」 25장 8절~12절에 처음 나온다. "너는 일곱 안식년을 계수할찌니 이는 칠년이 일곱 번인 즉 안식년 일곱 번 동안 곧 사십구 년이라… 제 오십 년을 거룩하게 하여 전국 거민에게 자유를 공포하라 이해는 너희에게 희년이니 너희는 각각 그 기업으로 돌아가며 각각 그 가족에게로 돌아갈찌며 그 오십 년은 너희의 희년이니 너희는 파종하지 말며 스스로 난 것을 거두지 말며 다스리지 아니한 포도를 거두지 말라 이는 희년이니 너희에게 거룩함이니라 너희가 밭의 소산을 먹으리라." 즉 희년은 50년을 말한다. 이 연수에 따라 「희년서」는 「창세기」부터 「출애굽기」 12장까지 기술되어 있는 사건들의 연대를 7년이 7번, 즉 49년마다 돌아오는 희년들을 가지고 계산하여 수록했다. 이렇게 희년력이 제정됨으로써 유대인들은 유대인의 종교적 절기와 성일(聖日)을 제 날짜에 지킬 수 있었고, 유대인들을 다른 이방인들과 구별해 하느님의 계약공동체라는 구약성서의 이스라엘 상(像)을 강조할 수 있었다. 「창세기」의 내용을 쉽게 풀어 쓰고 각색한 것 외에도 「희년서」는 당시의 유대교 율법과 관습의 기원을 설명하는 이야기들을 수록하고 있다. 이 책은 창세기의 족장들이 족장시대 이후에 생긴 율법과 절기들을 이미 지켰다고 주장함으로써 모세 율법과 「레위기」의 여러 율법의 기원을 더 오랜 과거로 소급시켰다. 따라서 헬레니즘적 사고에 젖은 유대인들에게는 그것이 더 성스럽게 보였다. 「희년서」의 최종 형태는 BC 150년경에 씌어진 것으로 보이지만, 그 안에 수록된 신화적 전승들은 훨씬 전에 형성된 것들이다. 「희년서」에 담긴 종교적 고립주의 정신과 엄격성 때문에 팔레스타인 쿰란(Qumran)에 있던 유대교 에세네파(은둔파, Essenes)는 그들의 주요 저작인 『다마스쿠스 문서(Damascus Document)』에서 「희년서」를 폭넓게 인용했다. 「희년서」는 「창세기」와 유사할 뿐만 아니라 쿰란 공동체가 애독하던 「창세기 외경」과 밀접한 관계를 가지고 있다. 쿰란 서고, 즉 사해사본에서는 히브리어 원본인 「희년서」의 여러 단편들이 발견되었다. 희년서는 본문 서두에 "그들의 희년들과 칠칠절을 위한 시대 구분에 대한 책(the book of the Divisions of the Times for Their Jubilees and Weeks)"이라고 기록되어 있다. 이 제목은 나중에 「희년서(The Jubilees)」나 「소(小)창세기(The Little Genesis)」로 짧아졌다. 또한 나중에는 『모세의 증거(The Testament of Moses)』나 『모세의 계시록(The Apocalypse of Moses)』이라는 제목으로 출판되기도 했다. 원어가 히브리어였음에도 불구하고 모든 현존하는 버전들(Latin, Ethiopic)은 그리스의 헬라어(Hellas Language, Greek Language)로부터 번역된 것이다. 「희년서」의 영문 번역본은 다음 찰스(Charles, 1917 & 2002, 인터넷 공개)의 것을 참고하였다.

12지파(12 Tribes of Israel): 아브라함(Abraham, BC 2166-BC 1991)의 아들인 이삭(Issac, BC 2066-BC 1886)의 아들인 야곱(Jacob, BC 2006-BC 1859), 즉 이스라엘(Israel, 「창세기」 32:28 & 35:10, 하나님이 야곱을 이스라엘이라 부름)의 아들 12명을 지칭한다(「창세기」 35:23-26 & 49:3-28). 장자는 루우벤(Reuben), 네 번째는 유다(Judah), 11번째는 요셉(Joseph), 막내는 베냐민(Benjamin)이다. 아모리(Amorites)족속 등 가나안(Canaan) 족속에게서 빼앗은 가나안 땅을 야곱의 아들 12지파에게 분할할 때 요셉(Joseph, BC 1916-BC 1806)은 다른 형제들보다 땅의 한 부분을 더 받는데, 이는 여호와 하나님이 야곱을 통해 요셉의 두 아들인 므낫세(Manasseh)와 에브라임(Ephraim)에게 둘 다 장자와 같은 권위와 축복을 내린 데서 비롯된다(「창세기」 48:13-20). 따라서 므낫세와 에브라임은 각기 한 지파로 땅을 분배받아 요셉 입장에서 보면 다른 형제들보다 몫을 두 배로 받은 셈이다. 「창세기」 48장 22절에 야곱이 축복하기를 "내가 네게 네 형제보다 일부분을 더 주었나니 이는 내가 내 칼과 활로 아모리 족속의 손에서 빼앗은 것이니라(And to you I give one portion more than to your brothers-the portion of land I took from the Amorites with my sword and my bow.)"(NIV)라고 기록하고 있다. 물론 야곱이 가나안 아모리 족속에게서 직접 땅을 빼앗은 것은 아니지만 차후 그렇게 될 것이라는 여호와 하나님의 말씀을 예언한 구절이라고 볼 수 있다. 단, 야곱이 두 손자에게 축복을 내릴 때 좌우수가 바뀌어(왼손과 오른손이 어긋나게) 동생인 에브라임을 므낫세보다 앞세웠기 때문에, 후일에 이스라엘 지파들이 광야에 집결했을 때 에브라임의 수가 므낫세 수보다 많았으며(「민수기」 1:33 & 35, 「신명기」 33:17), 여호수아(Hoshea→Joshua)도 에브라임 지파 출신이다(「민수기」 13:8 &16, 「역대상」 7:20-27). 더욱이 가나안 땅에 입성한 므낫세 지파는 요르단(Jordan) 강을 중심으로 반은(half-tribe of Manasseh) 동쪽에 반은 서쪽으로 나뉘어져 힘이 없게 되었다(「여호수아」 13:8 & 14: 3-4). 이와 같이 에브라임의 후손들이 므낫세 후손들보다 강대해졌다. 「요한계시록」에는 이스라엘 12지파에서 12,000명씩 총 144,000명의 하나님의 인 맞은 자들이(Sealed) 등장하는데 여기에서는 야곱의 아들 12명 중 단(Dan) 지파가 빠지고 요셉 지파와 므낫세 지파가 기록되어 있다(「요한계시록」 7:4-8). 또한 전체 성경을 통해서 므낫세와 에브라임을 각각 12지파의 한 지파로 표현하기도 하고, 때론 장자인 므낫세 지파를 요셉 지파로, 차자인 에브라임 지파를 요셉 지파로 표현하기도 한다. 12지파 중 레위(Levi, Levites) 지파는 여호와 하나님께 시중드는 제사장(Priests) 직을 맡은 신분의 지파로(「민수기」 3장 & 18장), 가나안 족속과의 전쟁에는 직접 참여하지 않아(「민수기」 1:47-54), 가나안 땅에 들어가서는 나머지 11지파처럼 땅을 배분 받지 못하지만(「민수기」 18:20-24, 「민수기」 26:62, 여호수아 13:14 & 33), 레위 족속들이 특별히 거주할 수 있는 레위 족속의 성읍(Levitical Towns)을 배분 받는다(「레위기」 25:32, 「민수기」 35장, 「여호수아」 21장). http://en.wikipedia.org/wiki/12_tribes_of_Israel

70인역(셉튜아진타, The Septuagint Version, LXX): 디아스포라(Diaspora, 이산, 離散)의 유대인들은 본토 팔레스타인에 머물던 유대인들보다 그리스 문화에 대해 훨씬 개방적이어서 헤브라이어(히브리어, Hebrew Language)와 아람어(Aram, 시리아어)를 사용하던 극소수를 제외하고는 대부분이 그리스어인, 즉 헬라어(Hellas Language)의 코이네(Koine)를 상용(常用)했다. 그 결과 디아스포라 유대인들은 히브리어 구약성서 원문을 헬라어로 번역할 필요가 있었다. 그래서 c.BC 250년 알렉산드리아에서 탄생한 것이 바로 70인역으로 이는 현존하는 가장 오래된 그리스어역의 구약성서이다. 70을 뜻하는 라틴어의 Septuaginta에서 유래한 70인이라는 명칭은, 유대인 12지파 중에서 헬라어와 히브리어에 정통한 학자 6명씩 뽑아 총 72명으로 하여금 각각 다른 독방에 분리해 놓고, 히브리 구약성경을 헬라어로 번역하도록 시켰는데, 이들은 70일 만에 번역을 완성하였고, 나중에 그것을 모아 보니 그 번역 내용이 다 똑같았다는 전승에서 유래되었다. 이러한 전승은 '70인역'도 하나님의 영감으로 된 것이라는 점을 강조하기 위해서 생겨난 것으로 추정된다. 처음에는 율법서인 『모세 5서(경)(Five Books of Moses, 「창세기」, 「출애굽기」, 「레위기」, 「민수기」, 「신명기」)』가 번역되었고, 그 이후로 성서 번역 작업은 AD 1세기까지 꾸준히 계속되었다. 그 결과 당시에 성립된 24권의 히브리 원문 성경을 39권으로 재 분류한 가운데, 새로이 그리스어나, 아람어(시리아어), 혹은 히브리어로 쓰여진 10권의 외경(外經)(유딧, 토비트, 마카베오 상/하, 송시, 지혜서, 집회서, 바룩서, 수산나, 벨과 뱀 등) 문헌들까지 추가되었다. 그 결과 70인역은 총 49권으로 구성되었다. 70인역은 성서 연구에는 물론, 언어학상으로도 중요한 자료인데, 신약성서의 문체와 사상을 연구하는 데 특히 귀중한 자료이다. 자세한 것은 부록의 "구약성경의 역사"를 참조하라.

http://en.wikipedia.org/wiki/Septuaginta, http://www.sacred-texts.com/bib/sep/index.htm

참고문헌

단행본

차원용, 『바이블 매트릭스』 시리즈 2권 『인간 창조와 노아 홍수의 비밀』 갈모산방, 2013, p. 164

차원용, 『바이블 매트릭스』 시리즈 1권 『우주 창조의 비밀』, 갈모산방, 2013

차원용 외, 『미래가 보인다, 글로벌 미래 2030』, 박영사 2013, pp. 73~75

차원용, 『c.BC 1150년에 쓰여진 c.BC 2700의 길가메시의 서사시(Epic of Gilgamesh)에나타난 로봇윤리에 대한 고찰』, 한국산업로봇진흥원, 지식경제부, 2012

차원용, 『한국을 먹여 살릴 녹색융합 비즈니스』, 아스팩국제경영교육컨설팅(주), 2009, pp. 39~46

차원용, 『미래기술경영 대예측 : 매트릭스 비즈니스』, 굿모닝미디어, 2006, p. 58

번역본

에모토 마사루 지음, 홍성민 옮김, 『물은 답을 알고 있다 : 물이 전하는 신비한 메시지』, 더난출판사, 2008년 03월

칼 세이건 [홍승수 옮김], 『코스모스(Cosmos)』, 사이언스북스, 2006

Sagan, Carl, 『Pale Blue Dot: A Vision of the Human Future in Space』, 1st ed., New York: Random House, ISBN 0-679-43841-6, pp. xv-xvi, 1994[현정준 역, 『창백한 푸른 점』, 사이언스북스, 2001년 12월]

Sitchin, Zecharia, 『The 12th Planet(Book I)(The First Book of the Earth Chronicles)』, Harper, 1976; Bear & Company, May 1, 1991[제카리아 시친 지음, 이근영 옮김, 『수메르, 혹은 신들의 고향』 SK, 2009]
http://www.bibliotecapleyades.net/sitchin/planeta12/12planeteng_index.htm

Sitchin, Zecharia, 『The Stairway to Heaven(Book II)(2nd Book of Earth Chronicles)』, Avon Books, 1980; Bear & Company, 1992; Harper, 2007[제카리아 시친 지음, 이근영 옮김, 『틸문, 그리고 하늘에 이르는 계단』, AK, 2009]
http://www.bibliotecapleyades.net/sitchin/stairway_heaven/stairway.htm

Sitchin, Zecharia, 『The Wars of Gods and Men(Book III)(Earth Chronicles, Book 3)』, Avon Books, 1985; Bear & Company, 1992; Harper, March 27, 2007[제카리아 시친 지음, 이재황 옮김, 『신들의 전쟁, 인간들의 전쟁』, AK, 2009]
http://www.bibliotecapleyades.net/archivos_pdf/wars_godsmen.pdf
http://www.bibliotecapleyades.net/sitchin/sitchinbooks03.htm

외국서적

Berossus, 『Babyloniaca or History of Babylonia』, BC 280 at The Search for Noah's Ark. http://www.noahs-ark.tv/noahs-ark-flood-creation-stories-myths-berossus-xisuthrus-babyloniaca-history-of-babylonia-abydenus-apollodorus-alexander-polyhistor-josephus-eusebius-georgius-syncellus-oannes-280bc.htm

Black et al., 『A balbale to Inana as Nanaya(Inana H)』, The Electronic Text Corpus of Sumerian Literature (http://etcsl.orinst.ox.ac.uk/), Oxford 1998-2006.
http://etcsl.orinst.ox.ac.uk/cgi-bin/etcsl.cgi?text=t.4.07.8&charenc=j#

Black et al., 『A song of Inana and Dumuzid(Dumuzid-Inana J)』, The Electronic Text Corpus of Sumerian Literature, University of Oxford Library, 1998-2006.
http://www-etcsl.orient.ox.ac.uk/section4/tr40810.htm
http://etcsl.orinst.ox.ac.uk/cgi-bin/etcsl.cgi?text=c.4.08*#

Black et al., 『Dumuzid and Geshtin-ana』, The Electronic Text Corpus of Sumerian Literature, Oxford 1998-2006.

http://www-etcsl.orient.ox.ac.uk/section1/tr1411.htm

Black et al., 『Dumuzid's dream』, The Electronic Text Corpus of Sumerian Literature, Oxford 1998-2006.

http://www-etcsl.orient.ox.ac.uk/section1/tr143.htm,

http://www-etcsl.orient.ox.ac.uk/section4/tr4078.htm,

http://etcsl.orinst.ox.ac.uk/cgi-bin/etcsl.cgi?text=t.1.4.3&charenc=j#

Black et al., 『Enlil in the E-kur (Enlil A) or Hymn to Enlil, the all beneficent』, The Electronic Text Corpus of Sumerian Literature, Oxford 1998-2006.

http://etcsl.orinst.ox.ac.uk/cgi-bin/etcsl.cgi?text=t.4.05.1#, http://en.wikipedia.org/wiki/Hymn_to_Enlil

Black et al., 『Enmerkar and the lord of Aratta』, The Electronic Text Corpus of Sumerian Literature, Oxford 1998-2006.

http://www-etcsl.orient.ox.ac.uk/section1/tr1823.htm

http://en.wikipedia.org/wiki/Enmerkar_and_the_Lord_of_Aratta

Black et al., 『Gilgamesh Related』, The Electronic Text Corpus of Sumerian Literature, Oxford 1998-2006. 길가메시 관련 5편의 시 - 영어 번역본.

http://etcsl.orinst.ox.ac.uk/cgi-bin/etcsl.cgi?text=c.1.8.1*#

『Gilgamesh and Aga』

http://etcsl.orinst.ox.ac.uk/cgi-bin/etcsl.cgi?text=t.1.8.1.1#

『Gilgamesh and the bull of heaven』

http://etcsl.orinst.ox.ac.uk/cgi-bin/etcsl.cgi?text=t.1.8.1.2#

『The Death of Gilgamesh』

http://etcsl.orinst.ox.ac.uk/cgi-bin/etcsl.cgi?text=t.1.8.1.3#

『Gilgamesh, Enkidu and the nether world』

http://etcsl.orinst.ox.ac.uk/cgi-bin/etcsl.cgi?text=t.1.8.1.4#

『Gilgamesh and Huwawa(Version A)』 - 아카드어 표준 버전 『길가메시 서사시』〈점토판 3-5〉의 내용과 일치.

http://etcsl.orinst.ox.ac.uk/cgi-bin/etcsl.cgi?text=t.1.8.1.5#

『Gilgamesh and Huwawa(Version B)』 - 아카드어 표준 버전 『길가메시 서사

시』〈점토판 3-5〉의 내용과 일치.

http://www-etcsl.orient.ox.ac.uk/section1/tr18151.htm

http://etcsl.orinst.ox.ac.uk/cgi-bin/etcsl.cgi?text=t.1.8.1.5.1#

Black et al., 『Hymns addressed to deities : Inana and Dumuzid(Dumuzid-Inana A~F1)』, The Electronic Text Corpus of Sumerian Literature, Oxford 1998-2006.

http://www-etcsl.orient.ox.ac.uk/catalogue/catalogue4.htm

Black et al., 『Inana A~I)』, The Electronic Text Corpus of Sumerian Literature, Oxford 1998-2006. http://etcsl.orinst.ox.ac.uk/cgi-bin/etcsl. cgi?text=c.4.07*#

Black et al., 『Inana's descent to the nether world』, The Electronic Text Corpus of Sumerian Literature, Oxford 1998-2006.

http://www-etcsl.orient.ox.ac.uk/section1/tr141.htm

http://www.bibliotecapleyades.net/sitchin/guerradioses/ guerradioses11a.htm

Black et al., 『Inana and An』, The Electronic Text Corpus of Sumerian Literature, Oxford 1998-2006.

http://etcsl.orinst.ox.ac.uk/cgi-bin/etcsl.cgi?text=t.1.3.5#

Black et al., 『Inana and Enki』, The Electronic Text Corpus of Sumerian Literature, Oxford 1998-2006. http://etcsl.orinst.ox.ac.uk/cgi-bin/etcsl. cgi?text=t.1.3.1#

http://etcsl.orinst.ox.ac.uk/cgi-bin/etcsl.cgi?text=t.1.7.8&charenc=j#

Black et al., 『The cursing of Agade or The Curse of Akkad』, The Electronic Text Corpus of Sumerian Literature, Oxford 1998-2006.

http://etcsl.orinst.ox.ac.uk/cgi-bin/etcsl.cgi?text=t.2.1.5#

http://www-etcsl.orient.ox.ac.uk/section2/tr215.htm

Black et al., 『The Flood Story』, The Electronic Text Corpus of Sumerian Literature, Oxford 1998-2006.

http://etcsl.orinst.ox.ac.uk/cgi-bin/etcsl.cgi?text=t.1.7.4#

http://www.noahs-ark.tv/noahs-ark-flood-creation-stories-myths-eridu-genesis-sumerian-cuneiform-zi-ud-sura-2150bc.htm

Black et al., 『The Sumerian king list: translation』, The Electronic Text Corpus of Sumerian Literature, Oxford 1998-2006.

http://www-etcsl.orient.ox.ac.uk/section2/tr211.htm

http://etcsl.orinst.ox.ac.uk/cgi-bin/etcsl.cgi?text=t.2.1.1#

Budge, W.A. Wallis, 『The Seven Tablets of Creation, The Babylonian Legends of Creation』, 1921, at sacred-texts.com,

http://www.sacred-texts.com/ane/blc/index.htm

Campbell, Joseph, 『The Masks of God: Occidental Mythology』, New York: Penguin, 1976.

Charles, R.H.(ed. and trans.), 『The Book of Enoch』, Oxford: Clarendon Press, 1893, p. 63 & 65 & 73 & 155 & 162.

Charles, R.H.(tr), 『The Book of Enoch : Chapters 1-105 & 106-108 ; also referred to as "Ethiopian Enoch" or "1 Enoch"』, 1917, Internet Publishing at sacred-texts.com. http://www.sacred-texts.com/bib/boe/index.htm, http://reluctant-messenger.com/book_of_enoch.htm

Charles, R.H.(tr), 『The Book of Jubilees Or the Little Book of Genesis』, Wipf & Stock Publishers, July 2002. Internet Publication : http://reluctant-messenger.com/book_jubilees.htm

Charles, R.H.(tr), 『The Book of Jubilees』, Society for Promoting Christian Knowledge, London, 1917. Internet Publication :

http://www.sacred-texts.com/bib/jub/index.htm

Crichton, Michael, Prey : A Novel, Harper Collins, 2002

Dalley, Stephanie, 『Myths From Mesopotamia: Gilgamesh, The Flood, and Others』, 1998; Excerpted "Epic of Atra-Hasis, Tablet I-III" at http://www.noahs-ark.tv/

http://www.noahs-ark.tv/noahs-ark-flood-creation-stories-myths-epic-of-atra-hasis-old-babylonian-akkadian-cuneiform-flood-creation-tablet-1635bc.htm

http://www.bibliotecapleyades.net/serpents_dragons/boulay03e_a.htm

Drexler, K. Eric, 『Engines of Creation : The Coming Era of Nanotechnology』, Anchor Books, p.94, 1986. http://e-drexler.com/d/06/00/EOC/EOC_

Cover.html

Ellis, Elsi Vassdal, 『Inanna: The sacred marriage rite』, EVE Press, 1987.

Fraser, James, 『The Golden Bough』, The 3rd Edition, 1922, Chapter 31: Adonis in Cyprus.

George, Andrew R.(Tr.), 『The Epic of Gilgamesh』, Penguin Books, 1999.

Halloran, John A., 『Sumerian Lexicon Version 3.0』 http://www.sumerian. org/sumerlex.htm

http://www.sumerian.org/suma-e.htm

Haupt, Paul, 『The Dimensions Of The Babylonian Ark』, Nabu Press, 28 Pages, 15 Mar 2012

Haupt, Paul, 『The ship of the Babylonian Noah and Other Papers』, J.C. Hinrichs'sche Buchhandlung, 1 Jan 1927.

Herodotus, The Histories 1.199, tr A.D. Godley, 1920.

Horowitz, Wayne, 『Mesopotamian Cosmic Geography』, Eisenbrauns, December 1, 1998. p. 4 & 283.

http://books.google.co.kr/books?id=P8fl8BXpR0MC&pg=PA283&lpg=P A283&dq=A.RA.LI&source=bl&ots=JdXndCU0P6&sig=uNKuou-2d_TStb K0uhAScUXQyq0&hl=ko&ei=hsQeTpHIJZHRiAKhrPyhAw&sa=X&oi=b ook_result&ct=result&resnum=3&sqi=2&ved=0CDkQ6AEwAg#v=onep age&q=A.RA.LI&f=false

Jacobsen, Thorkild, 『The Treasures of Darkness: a History of Mesopotamian Religion』, Yale University Press, New Haven and London, 1976.

Jastrow, M., 『The Descent of Ishtar Into the Lower World』 [From The Civilization of Babylonia and Assyria], 1915. http://www.sacred-texts.com/ ane/ishtar.htm, http://www.ancienttexts.org/library/mesopotamian/ ishtar.html

Jastrow, M., 『Descent of The Goddess Ishtar Into The Lower World』, Amazon Kindle Edition, Kindle eBook, Oct. 29, 2010.

King, Leonard William, 『Enuma Elish : The Seven Tablets of Creation』, London 1902, at sacred-texts.com, http://www.sacred-texts.com/ane/ enuma.htm, http://www.sacred-texts.com/ane/stc/index.htm

(Akkadian(akk) - http://wikisource.org/wiki/Enuma_Elish)

Kleiner, Fred S. and Christin J. Mamiya, 『Gardner's Art Through the Ages: The Western Perspective - Volume 1』, 12th Edition ed., Thomson Wadsworth, pp. 20-21, 2006.

Kramer, Samuel Noah, 『Sacred Marriage Rite: Aspects of Faith, Myth and Ritual in Ancient Sumer』, Indiana University Press, 1970.

Kramer, Samuel Noah, 『The Sumerians: Their History, Culture and Character』, University of Chicago Press, 1963.

Kramer, Samuel Noah, 『Sumerian Mythology : A Study of Spiritual and Literary Achievement in the Third Millennium B.C.』, University of Pennsylvania Press, Philadelphia, 1944, revised 1961 & 1998. http://www.sacred-texts.com/ane/sum/index.htm

Kramer, Samuel Noah and Diane Wolkstein, 『Inanna : Queen of Heaven and Earth』, New York: Harper & Row, 1983.

Laurence, Richard(tr), 『The Book of the Secrets of Enoch : Chapters 1-68 ; also referred to as "Slavonic Enoch" or "2 Enoch"』, Internet Publishing. http://reluctant-messenger.com/2enoch01-68.htm

Laurence, Richard(tr), 『The Book of Enoch : Chapters 1-60 ; also referred to as "Ethiopian Enoch" or "1 Enoch"』, Internet Publishing. http://reluctant-messenger.com/1enoch01-60.htm

Laurence, Richard(tr), 『The Book of Enoch : Chapters 61-105 ; also referred to as "Ethiopian Enoch" or "1 Enoch"』, Internet Publishing. http://reluctant-messenger.com/1enoch61-105.htm

Mallon, Alexis, 『Voyage D'Exploration Au Sud-Est De La Mer Morte(Voyage of Exploration to South-East of Dead Sea)』, Institus Biblique Pontifical, 1 January 1924. http://www.amazon.com/Voyage-DExploration-Sud-Est-Exploration-South-East/dp/B004PHW14C

Milik, J.T., 『Aramaic Fragments of Qumran Cave 4』, Oxford: Clarendon Press, 1976, p. 167.

Mitchell, Stephen, 『Gilgamesh: A New English Translation』, Free Press, 2004.

O'Neill, Gerard K., 『The High Frontier : Human Colonies in Space』, William Morrow, 1977

O'Neill, Gerard K., 『The High Frontier: Human Colonies in Space』, Apogee Books Space Series 12, 1 Dec 2000.

Sandars, Nancy K.(Tr), 『The Epic of Gilgamesh』, Harmondsworth: Penguin, 1985.

Scafi, Alessandro, 『Mapping Paradise, A History of Heaven on Earth』, Chicago and London, University of Chicago Press & The British Library, 2006; Figure 11.3 on p. 349, Figure 11.4 on p. 350, Figure 11.5 on p. 351.

Sitchin, Zecharia, 『The Lost Realms(Book IV) (4th Book of Earth Chronicles)』, Bear & Company, September 1, 1990.

http://www.bibliotecapleyades.net/archivos_pdf/lostrealms.pdf

Sitchin, Zecharia, 『The Lost Book of Enki : Memors and Prophecies of an Extraterrestrial God』, Bear & Company; X edition, p. 139, 148, 167-170, 198-199, August 16, 2004.

http://www.bibliotecapleyades.net/archivos_pdf/lostbook_enki.pdf

Speiser, E.A.(Tr.), 『The Descent of Ishtar』, From Ancient Near Eastern Texts.

http://www.bibliotecapleyades.net/serpents_dragons/boulay08e_b.htm

Tellinger, Michael, 『Slave Species of God』, APG Sales & Distribution; 2nd Edition edition, p. 251 & 452 & 472, 2006; December 11, 2009.

Temple, Robert, 『A verse version of the Epic of Gilgamesh』, 1991.

http://www.angelfire.com/tx/gatestobabylon/temple1.html

http://www.bibliotecapleyades.net/serpents_dragons/gilgamesh.htm

Thompson, R. Campbell(Tr), 〈The Epic of Gilgamish』, London, 1928.

http://www.sacred-texts.com/ane/eog/index.htm

논문

Amato, Ivan, "Metallic hydrogen: Hard pressed", 『Nature』, Vol. 486, No. 7402, pp. 174-176, 14 Jun 2012.

http://www.nature.com/news/metallic-hydrogen-hard-pressed-1.10817

Appeltans et al., "The Magnitude of Global Marine Species Diversity", 『Current Biology』, Vol. 22, No. 23, pp. 2189-2202, 15 Nov 2012.
http://www.cell.com/current-biology/abstract/S0960-9822(12)01138-4

Arzt & Spolenak et al., "From micro to nano contacts in biological attachment devices", 『PNAS』, Vol. 100, No. 19, pp. 10603-10606, 25 Jul 2003
http://www.pnas.org/content/100/19/10603.abstract

Ayub & Fisher et al., "FOXP2 Targets Show Evidence of Positive Selection in European Populations", 『The American Journal of Human Genetics』, Vol. 92, No. 5, pp. 696-706, 18 April 2013. http://www.cell.com/AJHG/retrieve/pii/S0002929713001274

Blackstone et al., "H2S Induces a Suspended Animation - Like State in Mice", 『Science』, Vol. 308, No. 5721, p.518, 22 Apr 2005.
http://www.sciencemag.org/content/308/5721/518.abstract

Boixo & Lidar et al., "Experimental signature of programmable quantum annealing", 『Nature Communications』, 4, Article number: 2067, DOI: doi:10.1038/ncomms3067, 28 June 2013.
http://www.nature.com/ncomms/2013/130628/ncomms3067/full/ncomms3067.html

Burguiere et al., "Optogenetic Stimulation of Lateral Orbitofronto-Striatal Pathway Suppresses Compulsive Behaviors", 『Science』, Vol. 340, no. 6137, pp. 1243-1246, 7 June 2013. http://www.sciencemag.org/content/340/6137/1243.abstract

Clark et al., "Inferring Nonneutral Evolution from Human-Chimp-Mouse Orthologous Gene Trios(인간-침팬지-쥐의 정통 유전자 삼각관계로부터 추론하는 비중립적 진화)", 『Science』, Vol. 302, No. 5652, pp. 1960-1963, 12 December 2003.
http://www.sciencemag.org/cgi/content/short/302/5652/1960

Colgin et al., "Frequency of gamma oscillations routes flow of information in the hippocampus(감마 리듬(진동)은 해마에서 정보의 흐름을 라우팅)", 『Nature』, Vol. 462, No. 7271, pp 353-357, 19 November 2009.

http://www.nature.com/nature/journal/v462/n7271/abs/nature08573.
html

Collinger et al, "High-performance neuroprosthetic control by an individual with tetraplegia", 『The Lancet』, Volume 381, Issue 9866, Pages 557 - 564, 16 February 2013, doi:10.1016/S0140-6736(12)61816-9, Published Online: 17 December 2012. http://www.thelancet.com/journals/lancet/article/PIIS0140-6736%2812%2961816-9/fulltext

Desland & Simpson, "Resource distribution mediates synchronization of physiological rhythms in locust groups", 『Proc. R. Soc. A.』, vol. 273, No. 1593, pp. 1517-1522, 22 Jun 2006
http://rspb.royalsocietypublishing.org/content/273/1593/1517.abstract

Dominguez & Rakic, "Language evolution: The importance of being human", 『Nature』, Vol. 462, No. 7270, p. 169, 12 November 2009.
http://www.nature.com/nature/journal/v462/n7270/full/462169a.html

Emery & Clayton et al., "The Mentality of Crows: Convergent Evolution of Intelligence in Corvids and Apes", 『Science』, Vol. 306, No. 5703, pp. 1903-1907, 10 Dec 2004. http://www.sciencemag.org/content/306/5703/1903.abstract

Eremets, M. I. & I. A. Troyan, "Conductive dense hydrogen", 『Nature Materials』, Vol. 10, No. 12, pp. 927~931, Published online13 November 2011
http://www.nature.com/nmat/journal/v10/n12/full/nmat3175.html

Gehring & Boyd et al., "Observation of Backward Pulse Propagation Throught a Midium with a Negative Group Velocity", 『Science』, Vol. 312, No. 5775, pp. 895-897, 12 May 2006. http://www.sciencemag.org/content/312/5775/895.abstract

Guthrie et al., "Neutron diffraction observations of interstitial protons in dense ice", 『PNAS』, 2013 ; doi:10.1073/pnas.1309277110, Published ahead of print on 11 June 2013. http://www.pnas.org/content/early/2013/06/11/1309277110.abstract

Hassabis et al., "Imagine All the People: How the Brain Creates and Uses Personality Models to Predict Behavior," 『Cerebral Cortex』, 10.1093/

cercor/bht042, published online 5 March 2013.

http://cercor.oxfordjournals.org/content/early/2013/03/04/cercor.bht042. abstract

Haupt, Paul, "The dimensions of the Babylonian ark", is an article from 『The American Journal of Philology』, Vol. 9, No. 4, pp. 419-424 Jan 1988.

http://www.jstor.org/stable/287191

https://archive.org/details/jstor-287191

Hochberg et al., "Neuronal ensemble control of prosthetic devices by a human with tetraplegia", 『Nature』, Vol 442, No. 7099, pp. 164-171, 13 July 2006.

http://www.nature.com/nature/journal/v442/n7099/abs/nature04970. html

Horikawa et al., "Neural Decoding of Visual Imagery During Sleep", 『Science Express』, DOI: 10.1126/science.1234330, Published Online 4 April 2013.

http://www.sciencemag.org/content/340/6132/639.abstract

Kilmer, Anne Draffkorn, "How was Queen Ereshkigal tricked? A new interpretation of the Descent of Ishtar", 『Ugarit-Forschungen』 3, pp 299-309, 1971.

Konopka et al, "Human-specific transcriptional regulation of CNS(the central nervous system) development genes by FOXP2", 『Nature』, Vol. 462, No. 7270, p. 213-217, 12 November 2009.

http://www.nature.com/nature/journal/v462/n7270/abs/nature08549. html

Lai & Fisher et al., "A forkhead-domain gene is mutated in a severe speech and language disorder", 『Nature』, Vol. 413, No. 6855, pp. 519-523, 4 October 2001.

http://www.nature.com/nature/links/011004/011004-4.html

http://www.nature.com/nature/journal/v413/n6855/abs/413519a0.html

Lauwers et al., "An Iron-Rich Organelle in the Cuticular Plate of Avian Hair Cells", 『Current Biology』, 10.1016/j.cub.2013.04.025, 25 April 2013

http://www.cell.com/current-biology/abstract/S0960-9822(13)00433-8

Levin, Yigal, "Nimrod the Mighty, King of Kish, King of Sumer and Akkad", 『Vetus Testementum』, Vol. 52, Facs. 3, 2002, pp. 350-366. http://www.jstor.org/pss/1585058

Mannoor, "A 3D Printed Bionic Ear", 『Nano Letters』, DOI: 10.1021/nl4007744, Publication Date (Web): May 1, 2013 (Communication)

http://pubs.acs.org/doi/abs/10.1021/nl4007744

Mora et al., "Magnetoreception and its trigeminal mediation in the homing pigeon", 『Nature』, Vol. 432, No. 7016, pp. 508-511, 25 November 2004 http://www.nature.com/nature/journal/v432/n7016/abs/nature03077.html

Poplicha, Joseph, "The Biblical Nimrod and the Kingdom of Eanna", 『Journal of the American Oriental Society』, Vol. 49, 1929, pp. 303-317. http://www.jstor.org/pss/593008

Rauch et al., "Illuminating the Neural Circuitry of Compulsive Behaviors", 『Science』, Vol. 340, no. 6137, pp. 1174-1175, 7 June 2013. http://www.sciencemag.org/content/340/6137/1174.summary

Robertson et al., "Sound beyond the speed of light: Measurement of negative group velocity in an acoustic loop filter", 『Applied Physics Letters』, Vol. 90, Iss. 1, Articles(014102), Published online 2 Jan 2007 http://apl.aip.org/resource/1/applab/v90/i1/p014102_s1

Schiff et al., "Behavioural improvements with thalamic stimulation after severe traumatic brain injury(심각한 외상성 뇌손상 이후 전극을 이식한 시상 자극 치료법으로 환자의 활동 향상에 관한 연구)", 『Nature』, Vol. 448, No. 7153, pp. 600-603, 2 August 2007. http://www.nature.com/nature/journal/v448/n7153/abs/nature06041.html

Spolenak et al., "Effects of contact shape on the scaling of biological attachments", 『Proc. R. Soc. A.』, Vol. 461, No. 2054, pp. 305-319, 8 February 2005

http://rspa.royalsocietypublishing.org/content/461/2054/305.abstract

Sun et al., "3D Printing of Interdigitated Li-Ion Microbattery Architectures", 『Advaned Materials』, DOI: 10.1002/adma.201301036, Article first published online: 17 Jun 2013. http://onlinelibrary.wiley.com/doi/10.1002/adma.201301036/abstract

Swisdak et al., "A Porous, Layered Heliopause", 『The Astrophysical Journal Letters, Vol. 774, No. 1, L8, doi:10.1088/2041-8205/774/1/L8, 14 Aug 2013. http://iopscience.iop.org/2041-8205/774/1/L8

Tinney, Steve, "A New Look at Naram-Sin and the Great Rebellion", 『Journal of Cuneiform Studies』, Vol. 47, pp. 1-14, 1995.

Uomini & Meyer, "Shared Brain Lateralization Patterns in Language and Acheulean Stone Tool Production: A Functional Transcranial Doppler Ultrasound Study", 『PLoS ONE』 8(8): e72693. doi:10.1371/journal.pone.0072693, 30 August 2013. http://www.plosone.org/article/info%3Adoi%2F10.1371%2Fjournal.pone.0072693

Yu. Ts. Oganessian et al., "Synthesis of the isotopes of elements 118 and 116 in the 249Cf and 245Cm+48Ca fusion reactions(칼리포르늄과 칼슘의 융합 반응에서 조합되는 원소번호 118과 116의 동위원소 발견)", 『Phys. Rev. C』, Vol. 74, 044602, 2006. http://prc.aps.org/abstract/PRC/v74/i4/e044602

You et al., "Non-Invasive Brain-to-Brain Interface (BBI): Establishing Functional Links between Two Brains", 『PLoS ONE』, 8(4): e60410. doi:10.1371/journal.pone.0060410, 3 Apr 2013. http://www.plosone.org/article/info%3Adoi%2F10.1371%2Fjournal.pone.0060410

Velliste et al., "Cortical control of a prosthetic arm for self-feeding(보철팔을 이용해 스스로 먹게 하는 보철팔의 대뇌피질 제어)", 『Nature』, advance online publication 28 May 2008, http://www.nature.com/nature/journal/v453/n7198/abs/nature06996.html

Weir, Chappell & Kacelnik, "Shaping of Hooks in New Caledonian Crows", 『Science』, Vol.
297, No. 5583, p. 981, 09 Aug 2002.
http://www.sciencemag.org/content/297/5583.toc

신문/방송 미디어

동아일보 - '태양계 울타리' 넘는 보이저 1호(20 Jun 2013) http://news.donga.

com/Inter/3/02/20120620/47147187/1

동아일보-루이터즈 – 지상에서 포착한 가공할 쓰나미의 위력(13 Mar 2011)
　　http://reuters.donga.com/bbs/main.php?tcode=10102&no=15309

동아일보 – 서울대병원'뇌심부자극술'이용 파킨슨병 수술현장 가보니…(12 Mar
　　2007 & 27 Sep 2009). http://news.donga.com/3//20070312/8416714/1

동아일보 – 21세기 '북극大戰' 시작됐다…"석유-어족자원 신천지"(10 Oct 2005)
　　http://news.donga.com/3/all/20051012/8236926/1

동아일보 – 남극반도 빙하 급속히 녹아(22 Apr 2005) http://news.donga.com/3/
　　all/20050422/8182311/1

동아일보 – 제주도 1.4배 빙산, 남극서 충돌(20 Apr 2005) http://news.donga.
　　com/3/all/20050420/8181729/1

동아일보 – "일본이 독도 탐내는 이유는 지하자원 때문"(18 Mar 2005)
　　http://news.donga.com/3/all/20050318/8170432/1

서울신문 – 영화 '쥬라기 공원'처럼 공룡이 부활할 수 있나요(02 Jul 2013)
　　http://www.seoul.co.kr/news/newsView.php?id=20130702023001

세계일보 – 대만, 전자칩 이식으로 식물인간 6명 의식 회복(30 Mar 2005)
　　http://www.segye.com/Service5/ShellView.asp?TreeID=1052&PCode=0
　　003&DataID=200503301355002507

세계일보 – 바다 밑 독도는 울릉도 면적의 6배(18 Mar 2005)
http://www.segye.com/Articles/News/Article.asp?aid=20050318000111&cid
　　=0101090400000&dataid=200503182041000254

아주경제 – 대전시, 국방벤처기업 지능형 비행로봇 '멀티콥터' 비행(29 May 2013)
　　http://www.ajunews.com/kor/view.jsp?newsId=20130529000368

연합뉴스 – "중국, 1만1천m급 심해잠수정 개발 착수"(30 Jun 2013)
　　http://news.naver.com/main/read.nhn?mode=LSD&mid=sec&sid1=100&
　　oid=001&aid=0006344233

이데일리 – 태양 주변서 UFO 포착… '벌써 세번째'(12 May 2013)
　　http://www.edaily.co.kr/news/NewsRead.edy?SCD=DH34&newsid=0110
　　5366599528264&DCD=A00710

조선일보 – 주라기 공원처럼… 황우석 이번엔 매머드 복원한다고?(29 Jun 2013)
　　http://news.chosun.com/site/data/html_dir/2013/06/28/2013062802172.

html

조선일보 - [오늘의 세상] 영화 아바타처럼… 사람 생각만으로 동물을 움직였다(4 Apr 2013). http://biz.chosun.com/site/data/html_dir/2013/04/04/2013040400202.html

조선일보 - 보이저 1호, 태양계 끝 새 영역 발견(04 Dec 2012)
http://news.chosun.com/site/data/html_dir/2012/12/04/2012120401048.html

조선일보 - [오늘의 세상] 초콜릿도 혈관도 비행기도… '3D 프린터(입체 분사방식)'로 찍어낸다(01 Dec 2011)
http://news.chosun.com//site/data/html_dir/2011/12/01/2011120100334.html

조선일보 - 태양계, 원형이라는 편견 깨져… 찌그러진 타원형(03 Jul 2008)
http://news.chosun.com/site/data/html_dir/2008/07/03/2008070301052.html

조선일보- 6천m급 심해무인잠수정 '해미래' 개발 완료(07 Dec 2005)
http://www.chosun.com/economy/news/200512/200512070109.html

조선일보 - 독도 바다 밑에 전국민 30년 쓸 수 있는 가스 묻혀 있다. 독도 남서해역 포함 동해일원에 6억t 매장 추정(17 Mar 2005)
http://www.chosun.com/economy/news/200503/200503170291.html

중앙일보 - [Life] "물도 감정에 반응해요", 01 Sep 2008
http://article.joinsmsn.com/news/article/article.asp?total_id=3281104

중앙일보-우주탐사선 '보이저 1호' 태양계 끝자락까지 갔다(27 May 2005)
http://article.joins.com/article/article.asp?total_id=1605228

한국일보 - 인류의 메시지, 드디어 태양계 너머로…(19 Aug 2013)
http://news.hankooki.com/lpage/world/201308/h2013081903344922450.htm

한국일보 - 日강타 쓰나미, 최고 높이 37.9m(03 Apr 2011)
http://news.hankooki.com/lpage/world/201104/h2011040323321522450.htm

헤럴드생생뉴스 - 태양 주변서 천사 형태 UFO 또 포착 기사 입력(23 Feb 2013)
http://news.heraldcorp.com/view.php?ud=20130222000585&

md=20130224003231_AN

BBC – 'Language gene' effects explored(13 Nov 2009).
http://news.bbc.co.uk/2/hi/science/nature/8355541.stm

BBC – Pentagon plans cyber-insect army(15/Mar/2006) http://news.bbc.
co.uk/1/hi/world/americas/4808342.stm

BBC – Arctic ice 'disappearing quickly'(28 Sep 2005) http://news.bbc.
co.uk/2/hi/science/nature/4290340.stm

BBC – Voyager 1 pushes for deep space. The Voyager 1 probe is getting
very close to the edge of the Solar System(24 May 2005)
http://news.bbc.co.uk/2/hi/science/nature/4576623.stm

BBC – Mice put in 'suspended animation'(21 Apr 2005)
http://news.bbc.co.uk/2/hi/science/nature/4469793.stm

BBC – Brain chip reads man's thoughts. A paralysed man in the US has
become the first person to benefit from a brain chip that reads his
mind(31 Mar 2005)
http://news.bbc.co.uk/2/hi/health/4396387.stm

BBC – Crows and jays top bird IQ scale(22/Feb/2005)
http://news.bbc.co.uk/1/hi/sci/tech/4286965.stm

BBC – Pigeons 'sense magnetic field'(24 Nov 2004)
http://news.bbc.co.uk/2/hi/science/nature/4038179.stm

Cnet – 7-foot crab robot may be future of underwater exploration(30 Jul
2013)
http://news.cnet.com/8301-11386_3-57596202-76/7-foot-crab-robot-
may-be-future-of-underwater-exploration/

Cnet – Brain implants let paralyzed woman move robot arm(17 Dec 2012)
http://news.cnet.com/8301-17938_105-57559675-1/brain-implants-let-
paralyzed-woman-move-robot-arm/

CNN – Will mammoths be brought back to life? Liquid blood find fuels
cloning hopes(02 Oct 2013)
http://edition.cnn.com/2013/05/30/world/asia/siberia-mammoth-
blood-discovery/

CNN - Brain downloads 'possible by 2050'(23/May/2005)]

    http://edition.cnn.com/2005/TECH/05/23/brain.download/index.html

EBS - 창백한 푸른 점 지구_1(20 Feb 2006)

    http://www.ebs.co.kr/

KBS - 日 뇌파 분석…꿈 일부 해독(6 Apr 2013)

    http://news.kbs.co.kr/news/NewsView.do?SEARCH_NEWS_
CODE=2638844

Korea News1 - 러시아 소유스호…우주정거장 도킹 성공(29 May 2013)

    http://news1.kr/articles/1153222

List 25 - 25 Most Intelligent Animals On Earth(03 June 2013)

    http://list25.com/25-most-intelligent-animals-on-earth/

Livescience.com- Sound Pulses Exceed Speed of Light(12 Jan 2007)

    http://www.livescience.com/1212-sound-pulses-exceed-speed-light.
html

Livescience.com- Light Travels Backward and Faster than Light(18 May
2006)

    http://www.livescience.com/790-light-travels-faster-light.html

MSNBC - News Week-Inventing the Future(25/Oct/2004)

    http://www.msnbc.msn.com/id/6256766/site/newsweek/

National Geographic - Episode: Mammoth: Back from the Dead(15 Mar
2013)

    http://channel.nationalgeographic.com/channel/a-night-of-
exploration/episodes/mammoth-back-from-the-dead/

    http://channel.nationalgeographic.com/channel/a-night-of-
exploration/episodes/mammoth-back-from-the-dead/video/

National Geographic - Crows as Clever as Great Apes, Study Says(09 Dec
2004)

    http://news.nationalgeographic.com/news/2004/12/1209_041209_crows_
apes.html

National Geographic - Magnetic Beaks Help Birds Navigate, Study Says(24
Nov 2004)

http://news.nationalgeographic.com/news/2004/11/1124_041124_magnetic_birds.html

National Geographic - Crow Makes Wire Hook to Get Food(08 Aug 2002) http://news.nationalgeographic.com/news/2002/08/0808_020808_crow.html

National Geographic - Scientists Identify a Language Gene(04 Oct 2001) http://news.nationalgeographic.com/news/2001/10/1004_TVlanguagegene.html

Nature, News Feature, "Metallic hydrogen: Hard pressed"(13 June 2012) http://www.nature.com/news/metallic-hydrogen-hard-pressed-1.10817

SBS - [취재파일] 인류로부터 가장 멀리 날아간 물체, 보이저 1호(13 Sep 2013) http://news.sbs.co.kr/section_news/news_read.jsp?news_id=N1001981464

Science - 125 Questions, What don't we know?(1 Jul 2005) http://www.sciencemag.org/site/feature/misc/webfeat/125th/

Science Daily - Language and Tool-Making Skills Evolved at the Same Time(03 Sep 2013). http://www.sciencedaily.com/releases/2013/09/130903102003.htm

Science Daily - Researcher Controls Colleague's Motions in First Human Brain-To- Brain Interface(27 Aug 2013). http://www.sciencedaily.com/releases/2013/08/130827122713.htm

Science Daily - Voyager 1 Has Left the Solar System(15 Aug 2013) http://www.sciencedaily.com/releases/2013/08/130815133726.htm

Science Daily - NASA's Voyager 1 Explores Final Frontier of Our 'Solar Bubble'(27 Jun 2013). http://www.sciencedaily.com/releases/2013/06/130627140803.htm

Science Daily - Unfrozen Mystery: H2O Reveals a New Secret(10 June 2013) http://www.sciencedaily.com/releases/2013/06/130610152133.htm

Science Daily - Printable Functional 'Bionic' Ear Melds Electronics and Biology(01 May 2013). http://www.sciencedaily.com/releases/2013/05/130501193208.htm

Science Daily - Bird Navigation: Great Balls of Iron(25 Apr 2013)

http://www.sciencedaily.com/releases/2013/04/130426073811.htm

Science Daily - Evolving Genes Lead to Evolving Genes: Selection in European Populations of Genes Regulated by FOXP2(18 Apr 2013). http://www.sciencedaily.com/releases/2013/04/130418124905.htm

Science Daily - Mental Picture of Others Can Be Seen Using fMRI, Finds New Study(5 Mar 2013). http://www.sciencedaily.com/releases/2013/03/130305091000.htm

Science Daily - At Least One-Third of Marine Species Remain Undescribed(15 Nov 2012). http://www.sciencedaily.com/releases/2012/11/121115133148.htm

Technology Review - Samsung Demos a Tablet Controlled by Your Brain, An easy-to-use EEG cap could expand the number of ways to interact with your mobile devices(19 Apr 2013) http://www.technologyreview.com/news/513861/samsung-demos-a-tablet-controlled-by-your-brain/

Telegraph - Biblical plagues really happened say scientists(27 Mar 2010) http://www.telegraph.co.uk/science/science-news/7530678/Biblical-plagues-really-happened-say-scientists.html

The Washington Post - Paralyzed woman uses robotic arm controlled by her thoughts to feed herself(By Reuters, 31 December 2012) http://articles.washingtonpost.com/2012-12-31/national/36104181_1_robotic-arm-brain-controls-healthy-limbs-brain-signals

UFO Sightings Daily - Giant Angel Returns To Our Sun For Second Time In NASA PHOTOS(20 Feb 2013). http://www.ufosightingsdaily.com/2013/02/giant-angel-returns-to-our-sun-for.html

UFO Sightings Daily - Angelic UFO Travels Toward Sun In NASA Photo(15 Oct 2012) http://www.ufosightingsdaily.com/2012/10/angelic-ufo-travels-toward-sun-in-nasa.html

Wired - Sweet Dreams Made by Machine(23 Jan 2004) http://www.wired.com/gadgets/miscellaneous/news/2004/01/62004

Wired - Plants: New Anti-Terror Weapon?(05/Apr/2003)

　http://www.wired.com/science/discoveries/news/2003/04/58118

Youtube - Message to Voyager: Welcome to Interstellar Space(12 Sep 2013)

　https://www.youtube.com/watch?v=lwW3ZNdaeU0

Youtube - Voyager Captures Sounds of Interstellar Space(6 Sep 2013)

　http://www.youtube.com/watch?v=LIAZWb9_si4

Youtube - Direct Brain-to-Brain Communication in Humans: A Pilot Study(26 Aug 2013).

　http://www.youtube.com/watch?v=rNRDc714W5I

Youtube - Crabster CR200 1st underwater test at SSRIKIOST)(19 Jul 2013)

　http://www.youtube.com/watch?v=MVfzIPBAyEs

Youtube - Quadriplegic Jan Scheuermann has been able to feed herself for the first time(17 Dec 2012). http://www.youtube.com/watch?feature=player_embedded&v=QVhJuwfNTC4

Youtube - 일본 소마 쓰나미 동영상(11 Mar 2011)

　http://www.youtube.com/watch?v=JibTcNQeZB0

Youtube - BrainGate lets your brain control the computer(14 Aug 2008)

　http://www.youtube.com/watch?v=TJJPbpHoPWo

Youtube - Organ Repair: ScienCentral News Video(12 Sep 2006)

　http://www.youtube.com/watch?v=rv6ZJeEBOPo

Zdnet - 게 로봇...거친 바다 탐사 작업 '척척' (31 Jul 2013)

　http://www.zdnet.co.kr/news/news_view.asp?artice_id=20130731083632

기타

두란노성서지도 - 아브라함의 이동 경로

　http://www.youngseo.org/bbs/skin/ggambo7002_board/print.php?id=ed07&no=3

브레이크뉴스 @ 빛과 흑암의 역사, '노아의 방주-2'(23 Aug 2005).

　http://www.aspire7.net/belief-1-5-b.html

비피솔루션 - 가시광통신(VLC, Visible Light Communication)- www.ibps.co.kr

성평건, 제이스텝(주) 회장, "주역으로 풀어 본 물의 비밀", 24 Aug 2012, 필자에게

온 이메일

시장판, '물 이야기'의 '육각수는 생명수(生命水)다'와 '육각수는 생명수(生命水)다' 2011
년 11월 9일자 웹 사이트, http://www.sijangpan.com/

이영제 목사 - 신약의 배경과 총론 - http://kcm.co.kr/bible/new/new005.html

후루사키 코이치 박사, "테라헬츠테크놀로지 : 자연환경의 개선과 건강의 창조",
리켄테크노시스템(주), 발표자료, 일본, 2011년 7월

케임브리지 한인교회, 주제별 시리즈 설교 19의 사명(1) 이미지 중 '출애굽 경
로-광야통과와 가나안 정복'의 이미지 - http://web.firstkoreanchurch.
org/?document_srl=358

한국컴퓨터선교회의 출애굽의 시내반도(Sainai) 이미지-http://kcm.kr/dic_view.
php?nid=38027&key=&kword=%C3%E2%BE%D6%B1%C1&page,
http://kcm.kr/dic_view.php?nid=38414&key=&kword=%C3%E2%BE%D
6%B1%C1&page

GLOHA, 은혜 안에 뛰놀며 주의 영광보리라 by mikhail, 이스라엘 입국 때 가나
안 족속들의 이미지 중 '노아의 후손들과 민족(「창세기」 10장)'의 이미지, '이스
라엘 입주 때 가나안 지역의 족속'의 이미지, '이스라엘 12지파에게 분할된 가
나안' 이미지 - http://hoika6.egloos.com/4930339

IAU(International Astronomical Union) - The IAU draft definition of "planet"
and "plutons"(16 Aug 2006, Prague).
http://www.iau.org/public_press/news/detail/iau0601/
http://www.iau.org/administration/resolutions/ga2006/

IBM - The 5 in 5 - Innovations that will change our lives in the next five
years(17 Dec 2012). http://www.ibm.com/smarterplanet/us/en/ibm_
predictions_for_future/ideas/

NASA - Spacecraft Embarks on Historic Journey Into Interstellar
Space(12 Sep 2013). http://www.nasa.gov/mission_pages/voyager/
voyager20130912.html
http://www.jpl.nasa.gov/news/news.php?release=2013-277

NASA - NASA's Voyager 1 Explores Final Frontier of our 'Solar Bubble'(27
Jun 2013). http://voyager.jpl.nasa.gov/news/voyager_final_frontier.html

NASA - Station Crew Expands to Six Following Express Soyuz Flight(29

May 2013)

http://www.nasa.gov/mission_pages/station/expeditions/expedition36/
e36_052813_launch.html

NASA - Expedition 36 Soyuz Launch(28 May 2013)

http://www.nasa.gov/multimedia/imagegallery/image_feature_2519.html

NASA - PIA00452: Solar System Portrait - Earth as 'Pale Blue Dot'(12 Sep
1996) http://photojournal.jpl.nasa.gov/catalog/PIA00452

NASA - "Eagle" In Lunar Orbit(20 Jul 1969)

http://grin.hq.nasa.gov/ABSTRACTS/GPN-2000-001210.html

http://grin.hq.nasa.gov/IMAGES/SMALL/GPN-2000-001210.jpg

Sony - Optical Communication Apparatus and Optical Communication
Method(20120147043, 14 June 2012)

http://appft1.uspto.gov/netacgi/nph-Parser?Sect1=PTO2&Sect2=HITOFF&
p=1&u=%2Fnetahtml%2FPTO%2Fsearch-bool.html&r=1&f=G&l=50&
col=AND&d=PG01&s1=20120147043.PGNR.&OS=DN/20120147043RS=
DN/20120147043

University of Washington - Researcher controls colleague's motions in 1st
human brain-to-brain interface(27 Aug 2013)

http://www.washington.edu/news/2013/08/27/researcher-controls-
colleagues-motions-in-1st-human-brain-to-brain-interface/

바이블 매트릭스 4 : 하나님들의 과학기술과 우리가 창조해야 할 미래·상

2014년 5월 15일 초판 1쇄 인쇄
2014년 5월 20일 초판 1쇄 발행

지은이 차원용
펴낸이 권오상
펴낸곳 갈모산방

등록 2012년 3월 28일(제2013-000090호)
주소 경기도 고양시 일산서구 대화동 2232번지 402-1101
전화 031-907-3010
팩스 031-912-3012
이메일 galmobooks@naver.com

ISBN 978-89-969524-0-4 04230
ISBN 978-89-969524-4-2 (세트)

값 18,000원